2024 하반기 | 한국철도공사 | NCS

고시넷
공기업

코레일 한국철도공사
고졸채용 NCS + 철도법
기출예상모의고사

5회

정오표 확인 방법

고시넷은 오류 없는 책을 만들기 위해 최선을 다합니다. 그러나 편집 과정에서 미처 잡지 못한 실수가 뒤늦게 나오는 경우가 있습니다. 고시넷은 이런 잘못을 바로잡기 위해 정오표를 실시간으로 제공합니다. 감사하는 마음으로 끝까지 책임을 다하겠습니다.

> 고시넷 홈페이지 접속 > 고시넷 출판-커뮤니티 > 정오표

www.gosinet.co.kr

모바일폰에서 QR코드로 실시간 정오표를 확인할 수 있습니다.

학습 질의 안내

학습과 교재선택 관련 문의를 받습니다. 적절한 교재선택에 관한 조언이나 고시넷 교재 학습 중 의문 사항은 아래 주소로 메일을 주시면 성실히 답변드리겠습니다.

이메일주소 qna@gosinet.co.kr

채용기업 소개 & 채용 절차

코레일의 미션, 비전, 핵심가치, 경영목표, 인재상 등을 수록하였으며 최근 채용 현황 및 채용 절차 등을 쉽고 빠르게 확인할 수 있도록 구성하였습니다.

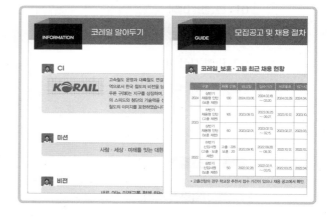

코레일_보훈 · 고졸 기출 유형분석

최근 기출문제 유형을 분석하여 최신 출제 경향을 한눈에 파악할 수 있도록 하였습니다.

기출예상문제로 실전 연습 & 실력 UP!!

총 5회의 기출예상문제로 자신의 실력을 점검하고 완벽한 실전 준비가 가능하도록 구성하였습니다.

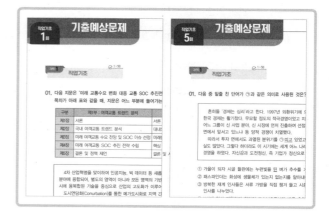

4

인성검사 & 면접으로 마무리까지 OK!!!

최근 채용 시험에서 점점 중시되고 있는 인성검사와 면접 질문들을 수록하여 마무리까지 완벽하게 대비할 수 있도록 하였습니다.

5

부록의 철도법령으로 간편한 학습

필기시험 영역에 추가된 철도법령(철도산업발전기본법·시행령, 한국철도공사법·시행령, 철도사업법·시행령)을 모아 볼 수 있게 부록으로 수록하여 필기시험에 대비할 수 있도록 하였습니다.

6

상세한 해설과 오답풀이가 수록된 정답과 해설

기출예상문제의 상세한 해설을 수록하였고 오답풀이 및 보충 사항들을 수록하여 문제풀이 과정에서의 학습 효과가 극대화될 수 있도록 구성하였습니다.

CI

고속철도 운영과 대륙철도 연결로 21C 철도 르네상스 시대를 열어 나갈 주역으로서 한국 철도의 비전을 담은 새로운 철도 이미지를 구현하였습니다. 푸른 구(球)는 지구를 상징하며, 구를 가로지르는 힘찬 선(LINE)은 고속철도의 스피드와 첨단의 기술력을 상징화하여, 세계를 힘차게 달리는 21C 한국 철도의 이미지를 표현하였습니다.

미션

사람 · 세상 · 미래를 잇는 대한민국 철도

비전

새로 여는 미래교통 함께 하는 한국철도

핵심가치

안전 (국민안전, 안전제일) / 혁신(지속성장, 수익개선) /
소통 (열린마음, 상호존중) / 신뢰(공익우선, 고객만족)

경영목표

| 디지털기반 안전관리 고도화 | 자립경영을 위한 재무건전성 제고 | 국민이 체감하는 모빌리티 혁신 | 미래지향 조직문화 구축 |

전략과제

디지털통합 안전관리	운송수익 극대화	디지털 서비스 혁신	ESG 책임경영 내재화
중대재해 예방 및 안전 문화 확산	신성장사업 경쟁력 확보	미래융합교통 플랫폼 구축	스마트 근무환경 및 상호존중 문화 조성
유지보수 과학화	자원운용 최적화	국민소통 홍보강화	융복합 전문 인재 양성 및 첨단기술 확보

 인재상

인재상	사람지향 소통인	고객지향 전문인	미래지향 혁신인
	사람 중심의 사고와 행동을 하는 인성, 열린 마인드로 주변과 소통하고 협력하는 인재	내외부 고객만족을 위해 지속적으로 학습하고 노력하는 인재	한국철도의 글로벌 경쟁력을 높이고 미래의 발전을 끊임없이 추구하는 인재

HRD 미션	KORAIL 핵심가치를 실현하기 위한 차세대 리더의 체계적 육성
HRD 비전	통섭형 인재양성을 통해 국민의 코레일 실현

| HRD 전략 | HRD 조직발전 | 미래성장동력 확보 | 성과창출형 HRD | 공감/소통의 조직문화 조성 |

코레일_보훈·고졸 최근 채용 현황

(단위 : 명)

구분		채용 인원	공고일	접수기간	서류발표	필기시험	필기발표	면접시험	최종발표
2024	상반기 채용형 인턴 (보훈 제한)	130	2024.03.06.	2024.03.18. ~ 03.20.	2024.03.29.	2024.04.06.	2024.04.15.	2024.04.22. ~ 04.29.	2024.05.09. (*이후 철도적성검사 및 신체검사)
2023	하반기 채용형 인턴 (고졸 제한)	165	2023.09.13.	2023.09.25. ~ 09.27.	2023.10.12.	2023.10.21.	2023.11.10.	2023.11.27. ~ 11.29.	2023.12.14. (*이후 철도적성검사 및 신체검사)
	상반기 채용형 인턴 (보훈 제한)	60	2023.02.01.	2023.02.13. ~ 02.15.	2023.02.27.	2023.03.04.	2023.03.21.	2023.03.30. ~ 04.07.	2023.04.18. (*이후 철도적성검사 및 신체검사)
2022	하반기 신입사원 (고졸·보훈 제한)	고졸 : 226 보훈 : 20	2022.09.16.	2022.09.28. ~ 09.30.	2022.10.12.	2022.10.29.	2022.11.18.	2022.11.28. ~ 11.30.	2022.12.14. (*이후 철도적성검사 및 신체검사)
	상반기 신입사원 (보훈 제한)	50	2022.02.28.	2022.03.11. ~ 03.15.	2022.03.25.	2022.04.16.	2022.05.06.	2022.05.16. ~ 05.25.	2022.06.10. (*이후 철도적성검사 및 신체검사)

* 고졸전형의 경우 학교장 추천서 접수 기간이 있으니 채용 공고에서 확인

 ## 채용 절차

  채용공고 입사지원 〉 서류검증 〉 필기(실기) 시험 〉 면접시험 (인성검사 포함) 〉 철도적성검사 채용신체검사 〉 채용형 인턴 〉 정규직 채용

• 각 전형별 합격자에 한하여 다음 단계 지원 자격을 부여함.

• 공개경쟁 사무영업(수송), 토목(공개채용 및 취업지원대상자 제한경쟁) 등의 분야는 실기시험 추가 시행

입사지원서 접수

• 온라인 접수(방문접수 불가)

■ 서류검증

• 직무능력기반 자기소개서 불성실 기재자, 중복지원자 등은 서류검증에서 불합격 처리

■ 필기시험

채용분야	평가 과목, 문항 수	시험시간
일반공채	• NCS 직업기초 30문항 • 직무별 전공 30문항 • 철도관련법령 10문항	70분
제한경쟁채용	• 실기시험 미포함 전형 : NCS 직업기초 30문항, 직무별 전공 30문항, 철도관련법령 10문항 • 실기시험 포함 전형 : NCS 직업기초 50문항, 철도관련법령 10문항	
고졸 · 장애인 · 보훈	• NCS 직업기초 50문항 • 철도관련법령 10문항	

■ 면접시험 등

• 면접시험 : 신입사원의 자세, 열정 및 마인드, 직무능력 등을 종합평가
  ※ 면접시험에는 경험면접 및 직무 상황면접 포함
• 인성검사 : 인성, 성격적 특성에 대한 검사로 적격 · 부적격 판정(면접 당일 시행)
  ※ 부적격 판정자는 면접시험 결과와 상관없이 불합격 처리
⇒ 면접시험 고득점 순으로 합격자 결정. 단, 실기시험 시행 분야는 면접시험(50%), 실기시험(50%)을 종합하여 고득점 순으로 최종합격자 결정

■ 철도적성검사 및 채용신체검사

• 사무영업, 운전, 차량, 토목, 전기통신 등 분야에 한해 철도안전법에 따라 철도적성검사 시행
• 채용신체검사 불합격 기준

(시행방법) 한국철도 협약병원에서 개인별 시행하고 결과 제출	
채용직무	신체검사 판정 기준
사무영업, 운전, 장비	철도안전법시행규칙 "별표2"의 신체검사 항목 및 불합격 기준 준용
차량, 토목, 건축, 전기통신	한국철도 채용시행세칙 "별표7"에 따른 신체검사 불합격판정기준 준용

• 철도적성검사 및 채용신체검사에 불합격한 경우 최종 불합격 처리

코레일 2024년 하반기 신입사원 채용제도 변경

구분	2023년 채용제도	2024년 하반기 변경사항
우대 자격증	◎ 최대 2개, 12점 우대 ▶공통직무 자격증 최대 1개, 직무관련 자격증 최대 2개, 합산 2개(최대 12점) 인정	◎ 최대 3개, 12점 우대 ▶공통직무 자격증 최대 1개, 안전관련 자격증 최대 1개, 직무관련 자격증은 최대 2개, 합산 3개(최대 12점) 인정
서류전형 도입	◎ 자기소개서 적·부 평가 ▶짜깁기, 표절, 회사명 오기재, 반복 단어 사용, 비속어 기재자 등을 제외한 전원에게 필기시험 기회 부여	◎ 서류전형 평가를 계량화하여 고득점 순으로 채용 인원의 10배수 이내 필기시험 기회 부여 ▶서류전형 배점 : 고졸·장애인·보훈 전형 등 사회형평적 채용 자기소개서 88점+자격증 12점 ※ 단, 그 외 전형의 채용은 자기소개서 78점+자격증 12점+어학 10점
필기시험 개선	◎ 시험문항 : 50문항 ▶고졸·장애인·보훈 전형 등 사회형평적 채용은 NCS 직업기초 [50문항] ※ 단, 그 외 전형의 채용은 NCS 직업기초 [25문항], 직무별 전공 [25문항] ◎ 제한경쟁채용 필기시험 미시행 ▶실기시험이 없는 전형(사무영업_관제, 운전_전동차) : NCS 직업기초 [25문항], 직무별 전공 [25문항] ◎ 시험시간 : 60분	◎ 시험문항 : 60문항 ▶고졸·장애인·보훈 전형 등 사회형평적 채용은 NCS 직업기초 [50문항], 철도관련법령 [10문항] ※ 단, 그 외 전형의 채용은 NCS 직업기초 [30문항], 직무별 전공 [30문항], 철도관련법령 [10문항] ◎ 제한경쟁채용 필기시험 시행 ▶실기시험이 없는 전형(사무영업_관제, 운전_전동차) : NCS 직업기초 [30문항], 직무별 전공 [30문항], 철도관련법령 [10문항] ▶실기시험이 있는 전형(사무영업_관제, 운전_전동차 분야를 제외한 전형) : NCS 직업기초 [50문항], 철도관련법령 [10문항] ◎ 시험시간 : 70분

실기시험 개선	◎ 실기시험 진행
	▶공개경쟁채용
	  – 사무영업_수송, 토목
	▶제한경쟁채용
	  – 사무영업_무선제어
	  – 차량_장비유지보수, 용접, 도장, 천장
	    기중기 등
	  – 토목_장비운전, 굴착기
	  – 전기통신_장비운전
		◎ 실기시험 진행
		▶공개경쟁채용
		  – 사무영업_수송, 토목
		▶제한경쟁채용
		  – 사무영업_무선제어
		  – 차량_장비유지보수, 용접, 도장, 천장
		    기중기 등
		  – 토목_장비운전, 굴착기
		  – 전기통신_장비운전
		
		◎ 실기시험이 없는 차량, 건축, 전기통신 직렬
		채용시 체력심사 시행
		▶국민체력100 체력인증센터의 6개 평가
		  항목 중 4개 항목이 3등급 이상 (근력, 근
		  지구력 필수) 시 적격(단 장애인은 체력
		  심사 면제)
		▶제출서류 : 국민체력100 체력 인증서(공
		  고일로부터 1년 이내 인증 받은 인증서만
		  인정)

<table>
<tr><td rowspan="2">최종
합격자
선정방식
개선</td><td>◎ 면접시험 점수와 가점의 합산점수 고득점
순</td><td>◎ 필기, 실기, 면접시험 점수와 가점의 합산점
수 고득점 순</td></tr>
<tr><td></td><td>

구분		계	필기	실기	면접
실기 시행	필기 시행	100%	50%	25%	25%
	필기 미시행	100%	–	50%	50%
실기 미시행		100%	50%	–	50%
필기·실기 미시행		100%	–	–	100%

</td></tr>
</table>

공개경쟁채용(운전 직렬) 지원자격 변경

구분	2023년 채용제도		2024년 하반기 변경사항
지원자격	◎ 제한 없음.	→	◎ 철도차량운전면허(장비 면허 제외) 소지자에 한하여 지원 가능

※ 채용제도 변경과 관련된 내용은 내부사정에 따라 변경될 수 있습니다.

필기시험 과목 변경

구분	필기시험		
	직업기초능력평가 [NCS 공통영역]	직무수행능력평가 [전공시험]	철도법령
사무영업	• 의사소통능력 • 수리능력 • 문제해결능력	• 일반, 수송_경영학 • IT_컴퓨터일반(정보보호개론 포함)	• 철도산업발전기본법 · 시행령 • 한국철도공사법 · 시행령 • 철도사업법 · 시행령
운전		• 기계일반, 전기일반 중 택1	
차량		• 차량기계_기계일반 • 차량전기_전기일반	
토목		• 토목일반	
건축		• 건축일반_건축일반 • 건축설비_건축설비	
전기통신		• 전기이론	

코레일_보훈·고졸 기출 유형분석

GUIDE

2024년

1 의사소통능력

의사소통능력에서는 그동안 잘 출제되지 않은 고전 시가나 수필 등의 문학 지문이 출제되고, 외래어 표기법과 속담 관련 문제가 출제되면서 자료해석 중심의 기존 출제구조에서 일부 벗어나는 유형의 문제들이 시도되었다.

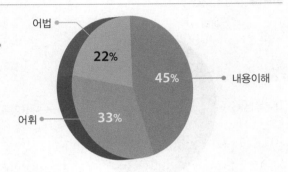

2 수리능력

수리능력에서는 수열문제와 금액 계산 등의 기초연산과 도표의 수치 해석, 도표를 그래프로 변환하는 문제 등의 도표 관련 문제까지 수리능력에서 주로 출제되는 유형 전반이 출제되었다.

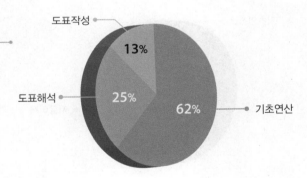

3 문제해결능력

문제해결능력에서는 문제해결에 필요한 이론과 함께 명제 해석, 자료해석까지 문제해결능력 출제 범위 내에서 다양한 유형의 문제로 구성되었다. 이와 함께 자료해석 유형에서는 문제 풀이에 상당한 시간을 요구하는 분량의 자료가 제시되었다.

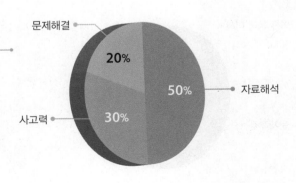

2023년

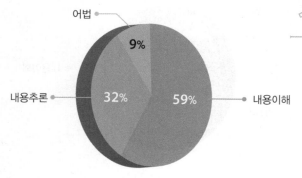

1 의사소통능력

의사소통능력에서는 철도 관련 혹은 코레일 사업 위주의 한국철도공사 관련 내용 위주로 지문이 제시되었으며, 내용 이해, 지문의 빈칸 추론 등의 문제가 출제되었다. 어법으로는 문장 사이에 들어갈 올바른 접속어를 찾는 문제가 출제되었다.

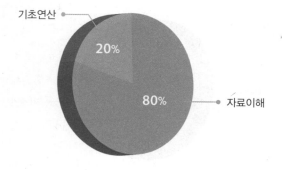

2 수리능력

수리능력에서는 도표 자료를 해석하는 문제가 주로 출제되었다. 증감 추이나 항목 간 수치 비교, 시간에 따른 수치 변화 파악 등 자료의 수치 분석을 요했다. 응용수리에서는 중앙값, 방정식을 활용한 인원 계산 문제가 출제되었다.

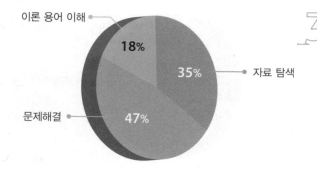

3 문제해결능력

3C분석, 창의적 사고, 로직 트리, 하드 어프로치 등 NCS 문제해결능력 이론을 묻는 모듈형 문제가 새롭게 출제되었다. 이와 더불어 기존 출제 경향에 따라 도표 자료를 바탕으로 한 상황 판단, 자원 선택, 결과 추론, 금액 계산 문제와 공문서와 같은 자료의 내용을 파악하는 문제도 출제되었다.

2022년

1 의사소통능력

의사소통능력에서는 제시된 글을 읽고 세부적인 내용을 파악해 선택지와의 일치 여부를 확인하는 문제, 여러 개의 문단을 문맥에 따라 논리적으로 배열하는 문제, 지문의 주제 또는 제목을 추론하는 문제, 빈칸에 들어갈 내용을 찾는 문제 등이 출제되었다.

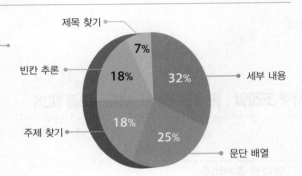

2 수리능력

수리능력에서는 확률 또는 경우의 수를 계산하는 문제, 응용 수학에 사용되는 적절한 공식을 사용하여 해결하는 문제, 자료를 해석하고 변환하여 문제에서 요구하는 값을 산출하는 문제 등이 출제되었다.

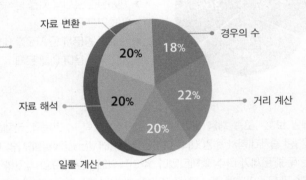

3 문제해결능력

문제해결능력에서는 규정에 대한 글을 읽고 일비 또는 임금을 계산하는 문제, 제시된 조건에 따라 적절한 결론을 도출해 내는 문제, 중장문의 글을 읽고 적절한 내용을 추론해 요구 사항을 처리하는 문제 등이 출제되었다.

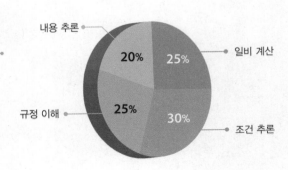

영역별 출제비중

- ▶ 코레일 사업 관련 자료를 파악하는 문제
- ▶ 글의 내용을 바탕으로 빈칸의 내용을 추론하는 문제
- ▶ 제시된 도표의 수치를 분석하는 문제
- ▶ 기초연산 문제
- ▶ 도표와 공문서 등 자료를 바탕으로 결과를 도출하는 문제
- ▶ 사고기법 용어 이해 문제

코레일 보훈 · 고졸 채용 필기시험은 의사소통능력, 수리능력, 문제해결능력의 세 영역으로 출제된다. 2023년 출제대행사 변경 이후 의사소통능력에서는 코레일의 사업과 고속철도 관련 자료를 읽고 이해하는 독해 문제가 다수 출제되었다. 수리능력에서는 도표의 수치를 분석하고 계산하는 문제들과 함께 응용수리 유형의 기초연산 문제도 2문항 출제되었다. 문제해결능력에서는 도표자료, 공문서 등의 다양한 유형의 자료를 바탕으로 해석하는 문제와 요금을 계산하는 문제도 출제되었다.

코레일 | 한국철도공사_보훈 · 고졸

파트 1   기출예상모의고사

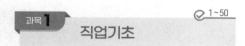

01. 다음 지문은 '미래 교통수요 변화 대응 교통 SOC 추진전략 수립'에 대한 보고서의 일부이다. 목차가 아래 표와 같을 때, 지문은 어느 부분에 들어가는 것이 적절한가?

구분	제1부 : 여객교통 트렌드 분석	제2부 : 국가교통 미래트렌드
제1장	서론	서론
제2장	국내 여객교통 트렌드 분석	대내외 교통정책 연구환경 분석
제3장	미래 여객교통 수요 전망 및 SOC 이슈 선정	미래변화와 교통 트렌드의 전망 및 영향 분석
제4장	미래 여객교통 SOC 추진 전략 수립	핵심 연구이슈 도출
제5장	결론 및 정책 제언	결론 및 시사점

4차 산업혁명을 맞이하여 인공지능, 빅 데이터 등 새롭게 주목받는 혁신적인 기술들이 전 분야에 융합되어, 별도의 영역이 아니라 모든 영역의 기반을 제공하는 기술로써 작용함과 동시에 융복합된 기술을 중심으로 산업의 고도화가 이루어질 것으로 전망된다.

도시연담화(Conurbation)를 통한 메가도시화로 지역 간 이동이 활발해질 것으로 전망됨에 따라, 더 빠르고 효율적이며 안전하게 이동할 수 있는 새로운 교통수단이 개발되고, 기존 도시 내부에서도 다양한 교통수단을 편리하게 이용할 수 있도록 통합 운영체계가 도입될 것으로 예상된다.

특히, 안전 부문에 대한 관심이 높아지면서 고도화된 센싱 기술과 발달된 통신기술과의 접목을 통한 시설물 모니터링 기술의 신뢰성이 급격히 향상될 것으로 전망되고 있다. 이러한 변화는 서비스 산업의 고도화를 요구하기도 하는데, 단순 기능직의 일자리를 기계가 대체함으로써, 앞선 기술환경에서 제시된 바와 같이, 인공지능, 센서기술 등과 결합되어 첨단기술을 활용한 지식정보 · 서비스 산업이 주력산업으로 변모하는 등 고용환경의 변화가 예상된다.

① 국내 여객교통 트렌드 분석
② 미래 여객교통 수요 전망 및 SOC 이슈 선정
③ 미래 여객교통 SOC 추진 전략 수립
④ 대내외 교통정책 연구환경 분석
⑤ 미래변화와 교통 트렌드의 전망 및 영향 분석

www.gosinet.co.kr gosinet

1회 기출예상

2회 기출예상

3회 기출예상

4회 기출예상

5회 기출예상

인성검사

면접가이드

철도법령

02. 다음은 교통안전 관련 논문의 일부이다. 내용을 대표하는 핵심 키워드 네 개를 선정할 때, 적합하지 않은 것은?

> 국내 교통사고는 매년 수십만 건 이상이 발생하여 그 어떤 재난과 비교할 수 없을 만큼 심각한 인명 및 재산 손실을 초래하고 있다. 국가는 국민의 생명과 안전을 지키기 위해 다양한 교통안전사업을 시행하고 있지만 여전히 선진국 수준에는 미치지 못해 보다 적극적인 노력이 필요하다.
>
> 교통안전사업의 평가체계는 다음 두 가지 문제점을 지니고 있다. 첫 번째, 교통안전사업의 성과분석 및 평가가 사망자 수 감소에 집중되어 있다는 점이다. 두 번째, 교통안전사업 평가에 기존 투자된 예산이 비용으로 처리된다는 점이다. 교통안전사업이 잘 운영되려면 교통안전사업의 정확한 평가를 통한 불요불급한 예산방지 및 예산효율의 극대화가 무엇보다 중요하다. 교통안전사업 시행에 따른 사회적 비용 감소 효과를 명확하게 분석할 수 있다면 명확한 원칙과 기준을 제시할 수 있을 뿐만 아니라, 교통안전사업의 효과를 높일 수 있어 교통사고 비용 감소에 크게 기여할 수 있을 것이다.
>
> 그러므로 본 연구는 국내에 시행 중인 교통안전사업을 유형별로 분류하고, 교통안전 사업 시행에 따른 교통사고 비용감소 효과를 분석하여 사업의 효과를 계량적으로 도출한다. 더불어 교통안전사업에 투자되는 예산을 비용이 아닌 자산으로 인식하고 평가하는 패러다임을 제공해 보다 명확한 교통안전사업평가가 이루어질 수 있도록 시사점을 제시한다. 이로 인해 교통안전사업이 효과적으로 수행될 수 있는 초석을 제공하는 것이 본 연구의 목적이다.
>
> 교통안전사업을 시설개선, 교통단속, 교육홍보연구의 세 가지 범주로 나누고 사업별 예산 투자에 따른 사상종별 비용감소 효과를 분석하였다. 도로교통공단 연구자료인 '도로교통사고 비용의 추계와 평가'에 제시된 추계방법을 활용하여 2007년부터 2014년도까지 8개년간의 지자체와 사고비용을 계산하였으며, 정부기관 문헌자료를 참고하여 8개년간 각 지자체의 교통안전사업 투자예산을 계산하였다.
>
> 이를 바탕으로 교통안전사업 투자예산과 사고비용 감소와의 상관관계를 분석하였다. 과거 연구모형을 수정하여 사업 투자금액을 자산으로 분류하였다. 연구결과, 사망자 사고비용 감소를 위해 가장 유효한 사업은 교통단속으로 나타났으며, 중상자 및 경상자 사고비용 감소를 위해 가장 유효한 사업은 안전한 보행환경조성 사업으로 나타났다.
>
> 비용으로 분류되던 교통안전사업의 결과를 자산으로 처리하고 종속변수를 교통사고 비용으로 하여 기존 연구와 차별점을 두었다. 사상종별로 효과가 있는 사업이 차이가 있음을 확인하였으며, 교통사고 현황 분석을 통해 주로 발생하는 사고유형을 확인하고 맞춤형 교통안전사업을 전개한다면 보다 효과적이고 수용성 높은 방향으로 사업이 시행될 것이다.

① 교통안전사업
② 시설개선
③ 교통단속
④ 교육홍보연구
⑤ 사고비용

03. 다음 글의 ㉠~㉤에 들어갈 내용으로 적절하지 않은 것은?

> 단어의 '하의 관계'는 단어의 의미가 계층 구조에서 한 쪽이 의미상 다른 쪽을 포함하거나 다른 쪽에 포함되는 관계를 말한다. (㉠) 여기서 동위 관계에 있는 하위어의 무리를 '공(통) 하위어'라고 한다. '동물, 개, 삽살개'의 경우 '동물'은 '개'의 상위어이며 역으로 '개'는 '동물'의 '하위어'가 된다. (㉡) 하의 관계의 논리와 기본 층위의 특성을 살펴보려고 한다.
>
> 하의 관계의 논리와 기본 층위의 특성에는 '포함'과 '함의' 논리가 있다. '포함' 논리에서 무엇이 무엇을 포함하는가는 의미를 외연적으로 보느냐, 내포적으로 보느냐에 따라 달라진다. 즉, 외연적인 관점에서 보면 '동물'과 같은 상위어가 지시하는 부류는 '개'와 같은 하위어가 지시하는 부류를 포함하고 있다. 한편 내포적인 관점에서 보면, '개'의 의미는 '동물'의 의미보다 더 풍부하므로 '개'가 '동물'의 의미를 포함한다. (㉢) 반면 '함의' 논리는 일방적 함의가 성립되는 논리로 다음과 같은 함의 관계가 유지된다면 B는 A의 하위어이다.
>
> ㄱ. '이것은 B이다'는 '이것은 A이다'를 일방적으로 함의한다.
> ㄴ. '이것은 A가 아니다'는 '이것은 B가 아니다'를 일방적으로 함의한다.
>
> ㄱ, ㄴ에 따라 '이것은 개(B)이다'는 '이것은 동물(A)이다'를 일방적으로 함의하며, '이것은 동물(A)이 아니다'는 '이것은 개(B)가 아니다'를 일방적으로 함의하는 경우, '개(B)'는 '동물(A)'의 하위어가 된다. (㉣)
>
> 다음으로 하의 관계는 수직적으로 상위 층위, 중간 층위, 하위 층위의 계층 구조를 이루고 있다. 의미상 이론에서 각 층위의 가치는 등가적이며, 분류의 편의상 상위어가 하위어에 비해 우선적으로 간주되어 왔으며, 언어 습득에서 상위어가 하위어보다 의미 성분이 단순하므로 먼저 습득될 것으로 보았다. 그러나 중간 층위, 즉 '기본 층위'는 다음과 같은 특징을 지니고 있다.
>
> 첫째, 인지적인 측면에서 기본 층위는 사람들이 보편적으로 사물을 지각하고 개념화하는 층위이다. 예를 들어, 한 사물을 보고 "저것이 무엇이냐"라는 질문에 대답할 때 '동물-개-삽 살개-청삽사리' 가운데 일반적으로 '개'를 선택하게 되는데, 계층 구조에서 이 층위가 곧 기본 층위에 해당한다. (㉤) 둘째, 기능적인 측면에서 기본 층위는 발생 빈도가 높고 언어 습득 단계에서 가장 이른 시기에 습득된다. 셋째, 언어적인 측면에서 기본 층위는 형태가 짧고 고유어인 경우가 대부분이다. 대조적으로 하위 층위는 합성어나 파생어가 많다는 점에서 형태가 길며, 상위 층위나 하위 층위는 다른 언어에서 차용되는 경우가 흔하다.

① ㉠ : 상위어는 포괄적이며 일반적인 뜻, 하위어는 구체적이고 자세한 뜻을 가지고 있다.
② ㉡ : '개'와 함께 '소, 고양이'는 '동물'에 대한 '공 하위어' 또는 '동위어'가 된다.
③ ㉢ : '상위어'는 의미의 외연이 좁고 내포가 넓은 반면, '하위어'는 의미하는 외연이 넓고 내포가 좁다.
④ ㉣ : 하위어는 상위어를 함의하지만, 역으로 상위어는 하위어를 함의하지 않는다.
⑤ ㉤ : 기본 층위는 우리의 머릿속에서 그 영상을 명확히 떠올릴 수 있다는 점에서 인식의 기준점이 된다.

04. ○○공사에서는 다음 안내문과 같이 시민들에게 전동차 안전체험의 기회를 제공하고 있다. 안전 체험 신청 경험자들에 대한 설명이 안내문의 내용에 부합하지 않는 것은?

- 전동차 안전체험! 차량사업소로 오세요!

  ○○공사에서는 전동차 객실 내 비상사태 발생 시 비상장치 사용방법을 포함한 행동요령에 대한 교육 및 도시철도 안전에 대한 지속적인 홍보를 위하여, 1호선 N 차량사업소 및 2호 선 H 차량사업소에서 전동차에 승차하여 직접 안전장치를 작동하는 등 전동차 안전체험을 제공하고 있습니다.

- 운영기준
  - 대상 : 유치원(만 5세 이상), 초 · 중 · 고등 · 대학생 및 일반인 단체(1회 20 ~ 60명)
  - 개방시간 : 매주 월요일 ~ 금요일 10 : 00 ~ 16 : 00, 공휴일 · 공사 지정 휴일 제외
  - 소요시간 : 1시간 30분(홍보 및 안전교육 : 30분 / 견학 : 20분 / 체험 및 실습 : 40분)
  - 운임부담 : 신청자 부담

- 진행방법
  - 홍보장 : ○○공사 홍보, 비상사태 발생 시 행동요령과 안전준수사항 영상 시청
  - 견학 : 주 공장 및 검수고에서 시행하는 전동차 중 · 경정비 현황 견학
    ※ 안전관계로 초등학생 이상 견학
  - 체험장 : 전동차 객실 내 비상장치 취급 및 훈련용 소화기로 직접 화재 진화

- 신청방법 : 온라인 신청
  - 체험하고자 하는 호선, 견학 일자, 단체명, 인원, 연락처 등을 입력하신 후 예약신청을 하 시면 됩니다.
  - 체험신청 : http : //www.○○○○○○.kr(홈 > 고객참여 > 도시철도체험학습 > 예약 신청)

- 안전체험 기념품 증정
  전동차 모형도, 메모장 및 볼펜(변경 가능)

---

① 만 12세 초등학생 미주는 홍보장에서 보고 배운 소화기 작동요령으로 체험장에서 직접 소화기 를 사용해 볼 수 있었다.

② 만 7세 유치원생 지훈이는 지난주 안전체험 시, 전동차 정비 현황을 보고 기관사가 되겠다고 다짐했다.

③ Y 초등학교 2학년 학생 전원(120명)은 전동차 체험학습을 신청하였으나, 하루에 모든 인원이 체험할 수 없어 이틀에 나누어 진행하였다.

④ D 중학교에서는 평일에 안전체험을 하고자 신청하였으나, 해당 날짜는 ○○공사의 설립일인 관 계로 휴일로 지정되어 있어 일정을 변경해야만 했다.

⑤ 평소 2호선을 타고 출퇴근을 하는 J씨는 자신이 타고 다니는 전동차의 안전체험을 위해 온라인 으로 신청하여 H 차량사업소에서 체험할 기회를 가졌다.

[05 ~ 06] 다음 글을 읽고 이어지는 질문에 답하시오.

한국어 사용자들은 사람을 만날 때 대화에 앞서 상대를 높여야 하는지 낮춰도 되는지 먼저 고민한다. 언어가 그걸 요구한다. 한 문장을 말할 때마다 그렇게 상대와 자신의 지위를 확인한다. 상대방은 나에게 반말과 존댓말을 마음대로 쓸 수 있지만, 나는 상대방에게 존댓말밖에 쓰지 못할 때 나는 금방 무력해지고 순종적인 자세가 되고 만다. 그런 때 존댓말은 어떤 내용을 제대로 실어나르지 못한다. 세상을 바꿀 수도 있을 도전적인 아이디어들이 그렇게 한 사람의 머리 안에 갇혀 사라진다.

이 언어의 문제를 해결하지 못하면 상호 존중 문화를 만들 수 없고, 그 문화가 없으면 시민사회도, 민주주의도 이룰 수 없다고 믿는다. 이 적폐가 끊이지 않고 유전병처럼 후대로 이어질 것 같아 두렵다.

내가 제안하는 해결책은 가족이나 친구가 아닌 모든 성인, 예를 들면 점원에게, 후배에게, 부하 직원에게 존댓말을 쓰자는 것이다. 언어가 바뀌면 몸가짐도 바뀐다. 사회적 약자는 존댓말을 듣는 동안에는 자기 앞에 최소한의 존엄을 지키는 방어선이 있다고 느낀다. 그 선을 넘는 폭력의 언어를 공적인 장소에서 몰아내자는 것이다. 고객이 반말을 하는 순간 콜센터 상담사들이 바로 전화를 끊을 수 있게 하자는 것이다.

그리고 반말은 가족과 친구끼리, 쌍방향으로 쓰는 언어로 그 영역을 축소하자는 것이다. '직장 후배지만, 정말 가족이나 친구처럼 친한 관계'라면 상대가 나에게 반말을 쓰는 것도 괜찮은지 스스로 물어보자. 상대가 입원했을 때 병원비를 내줄 수 있는지도 따져보자. 그럴 수 없다면 존댓말을 쓰자.

나는 몇 년 전부터 새로 알게 되는 사람에게는 무조건 존댓말을 쓰려 한다. 그럼에도 불구하고 앞서 말했듯이 상대의 나이는 여전히 살피게 된다. 반말을 쓰던 지인에게 갑자기 존댓말을 쓰는 것도 영 쑥스러워 하지 못한다. 존댓말과 반말이라는 감옥의 죄수라서 그렇다. 그러나 다음 세대를 위해 창살 몇 개 정도는 부러뜨리고 싶다. 다음 세대는 벽을 부수고, 다음다음 세대는 문을 열고, 그렇게 ㉠새 시대를 꿈꾸고 싶다.

www.gosinet.co.kr gosinet

1회 기출예상
2회 기출예상
3회 기출예상
4회 기출예상
5회 기출예상
인성검사
면접가이드
철도상식

05. 윗글의 내용 및 글쓴이의 의도를 바르게 이해하지 못한 사람은?

① 아름 : 한국어는 상대와 자신의 지위를 확인할 수 있는 언어이군.

② 다운 : 상대에게 반말을 하면 그 사람이 입원했을 때 병원비를 내줘야 한다는 내용이네.

③ 우리 : 상호 간의 존댓말은 존중받는다는 느낌을 줄 수 있군.

④ 나라 : 몇몇 고객에게 반말을 듣는 콜센터 상담사들은 무력감을 느낄 수 있겠어.

⑤ 한국 : 글쓴이의 실천으로 존댓말의 가치를 아는 한국어 세대가 오기를 바라고 있어.

06. 윗글의 밑줄 친 ㉠의 의미로 적절한 것을 모두 고르면?

> (가) 자신의 생각을 제대로 말하는 시대
> (나) 도전적인 아이디어를 창출하는 시대
> (다) 상호 존중하는 시대
> (라) 직장 동료를 가족처럼 친근하게 대하는 시대

① (가) ② (가), (다) ③ (가), (나), (다)

④ (가), (나), (라) ⑤ (가), (나), (다), (라)

[07 ~ 08] 다음 제시상황과 글을 읽고 이어지는 질문에 답하시오.

> ○○공사 직원 갑은 고객서비스와 관련된 보도자료를 살펴보고 있다.

　△△시 지하철 고객센터에 6개월간 전화 38회·문자 843회를 보내며 열차 지연이 기분 나쁘다는 이유로 욕설·고성·반말로 직원들을 괴롭혔던 악성 민원인이 유죄를 선고받았다.

　○○공사는 공사와 고객센터 상담직원 3명이 남성 김 씨를 지난 20X1년 7월 업무방해죄 등으로 고소한 건과 관련하여, 최종적으로 김 씨가 지난달 1일 대법원에서 징역 6개월·집행유예 2년·사회봉사 160시간의 양형에 처해졌다고 밝혔다. 김 씨 고소의 근거는 형법 제314조(업무방해죄) 및 정보통신 이용촉진 및 정보보호 등에 관한 법률 제44조 및 제74조(공포심·불안감 유발 문언·음향 등 반복 전송)다.

　김 씨는 지난 20X1년 3월 12일 저녁 지하철 2호선이 막 1 ~ 5분 연착되었다며 공사 고객센터에 전화를 걸어 상담 직원에게 연착에 대한 책임을 지고 통화료 및 소비한 시간에 대한 보상을 지급하라는 등 과도한 사항을 요구하였다. 이후 김 씨는 고객센터 직원의 사과를 받았음에도 불구하고 자신이 만족할 만한 대답을 듣지 못했다는 이유로 같은 해 9월까지 6개월간 전화 38회·문자 843회를 보내며 욕설과 반말 등을 통해 직원들의 업무를 방해하는 등 비상식적인 행위를 계속 이어갔다.

　특히 폭력적인 언행을 지속적으로 일삼으며 직원들이 업무 중 심한 공포감과 자괴감을 느끼게 만들었다. 전화를 여러 차례 받았던 상담직원 정 씨는 김 씨로 인한 스트레스로 결국 작년 1월 29일 근로복지공단에서 업무상 질병(적응장애)에 따른 산업재해를 인정받는 등 막대한 정신적 피해를 호소했다.

　이러한 행위를 더는 그대로 둘 수 없겠다고 판단한 공사는 결국 김 씨를 업무방해죄 등으로 고소하였으며, 1심과 2심을 거쳐 지난 달 1일 최종적으로 유죄가 선고됐다. 김 씨는 자신의 양형이 과도하다며 항고 및 상고하였지만, 법원은 상담 직원들이 입은 정신적 피해가 적지 않다며 이를 받아들이지 않았다.

　공사는 김 씨 사건 이외에도 감정노동자로서 고객을 응대하는 직원을 보호하고, 폭력 등을 사전에 방지하기 위한 대책 마련에도 힘을 쏟고 있다. 먼저, 감정노동 전담 부서를 새롭게 만들어 피해 직원 보호 및 대응 매뉴얼 제작 등 관련 업무를 전문적으로 수행하게 하고 있다. 또한 피해를 입은 직원에게는 심리 안정 휴가를 부여하고 공사 내 마음건강센터에서 심리치료를 받을 수 있도록 지원하고 있으며, 고객센터 및 각 역에 전화 시 직원을 존중해달라는 안내방송을 사전에 자동으로 송출하고 있다.

　○○공사 고객서비스본부장은 "고객 응대 직원에 대한 도를 넘어선 행위에 대해서는 앞으로도 무관용 원칙하에 엄정히 대처할 것이다."라며 "지하철을 이용하는 고객 편의와 안전을 위해 직원들이 최선을 다하고 있는 만큼, 고객 여러분께서도 직원을 인간적으로 존중하여 대해 주시기 바란다."라고 말했다.

07. 다음 중 위 자료를 이해한 내용으로 적절한 것은?

① 김 씨는 유죄를 선고받은 이번 판결에 불복하여 항고 및 상고할 예정이다.

② 김 씨는 지하철 연착에 대한 민원 이후 4개월간 욕설 및 폭언을 일삼았다.

③ 공사는 고객 존중 우선 원칙으로 인해 엄격한 대처가 힘들다고 호소하였다.

④ 김 씨의 전화를 받은 직원 정 씨는 업무상 질병에 따른 산업재해를 인정받았다.

⑤ 김 씨가 고소된 근거는 업무방해죄 및 허위사실 적시에 의한 명예훼손 혐의이다.

08. 다음 중 갑이 동료 직원 을의 질문에 답한 내용으로 적절하지 않은 것은?

동료 직원 을

> 공사가 감정노동자로서 고객을 응대하는 직원 보호 및 폭력 방지 대책을 마련하고 있다던데, 이에 대한 구체적인 사항으로 어떤 것이 있나요?

① 피해를 입은 직원에게 휴가를 제공하고 있습니다.

② 피해를 입은 직원이 공사 내 마음건강센터에서 심리치료를 받을 수 있도록 지원하고 있습니다.

③ 피해 직원이 고소를 원한다면 그를 위한 변호사 선임과 보상금을 지원하고 있습니다.

④ 피해 직원 보호 및 대응 매뉴얼 제작 등 관련 업무를 전담하는 부서를 신설했습니다.

⑤ 고객센터 및 각 역에 전화 시 직원을 존중해 달라는 안내방송을 사전에 자동으로 송출하고 있습니다.

09. 다음 글의 ⊙ ~ ⊚에서 설명하고 있는 퇴고의 방법으로 적절하지 않은 것은?

> 퇴고의 중요성은 백 번 천 번 강조해도 지나치지 않는다. 습작이란 퇴고의 기술을 익히는 행위인지도 모른다. 그렇다고 ⊙ 퇴고가 외면을 화려하게 만들기 위한 덧칠이 되어서는 안 된다. 진실을 은폐하기 위한 위장술이 되어서도 안 된다. 퇴고를 글쓰기의 마지막 마무리 단계라고 생각하면 오산이다. 퇴고는 틀린 문장을 바로잡거나 밋밋한 문장을 수려하게 다듬고 고치는 일에 그치지 않는다. ⓒ 퇴고는 글쓰기의 처음이면서 중간이면서 마지막이면서 그 모든 것이다.
>
> 시라고 해서 우연에 기댄 착상과 표현을 시의 전부라고 여기면 바보다. 처음에 번갯불처럼 떠오른 생각만이 시적 진실이라고 오해하지 마라. 퇴고가 시적 진실을 훼손하거나 은폐한다고 제발 바보 같은 생각 좀 하지 마라. 처음에 떠오른 '시상' 혹은 '영감'이라는 것은 식물로 치면 씨앗에 불과하다. 그 씨앗을 땅에 심고 물을 주면서 싹이 트기를 기다리는 일, 햇볕이 잘 들게 하고 거름을 주는 일, 가지가 쑥쑥 자라게 하고 푸른 잎사귀를 무성하게 매달게 하는 일, 그 다음에 열매를 맺게 하는 일... 그 모두를 퇴고라고 생각하라.
>
> (중략)
>
> 당신도 시를 고치는 일을 두려워하지 마라. 밥 먹듯이 고치고, 그렇게 고치는 일을 즐겨라. 다만 서두르지는 마라. ⓒ 설익은 시를 무작정 고치려고 대들지 말고 가능하면 시가 뜸이 들 때까지 기다려라. 석 달이고 삼 년이고 기다려라. 그리고 시를 ⓒ 어느 정도 완성했다고 생각하는 그 순간, 주변에 있는 사람에게 시를 보여 줘라. 시에 대해서 잘 아는 전문가가 아니어도 좋다. 농부도 좋고 축구선수도 좋다. 그들을 스승이라고 생각하고 잠재적 독자인 그들의 말씀에 귀를 기울여라. 이규보는 "다른 사람의 시에 드러난 결점을 말해 주는 일은 부모가 자식의 흠을 지적해 주는 일과 같다."라고 했다. 누군가 결점을 말해 주면 다 들어라. 그러고 나서 또 고쳐라.
>
> "절망하여 글을 쓴 뒤, 희망을 갖고 고친다."라고 한 이는 소설가 한승원이다. 니체는 "피로써 쓴 글"을 좋아한다고 했고, 〈혼불〉의 작가 최명희는 "원고를 쓸 때는 손가락으로 바위를 뚫어 글씨를 새기는 것만 같다."라고 말했다. 시를 고치는 일은 옷감에 바느질을 하는 일이다. ⓜ 끊임없이 고치되, 그 바느질 자국이 도드라지지 않게 하라. 꿰맨 자국이 보이지 않는 천의 무봉의 시는 퇴고에서 나온다는 것을 명심하라.

① ⊙ : 그럴듯하고 번지르르하게 표현하기 위해 퇴고를 이용하면 안 된다.

② ⓒ : 퇴고는 글쓰기의 전체적인 과정에서 계속적으로 수행돼야 한다.

③ ⓒ : 퇴고를 함에 있어 너무 서두르거나 급하게 고치지는 않아야 한다.

④ ⓒ : 독자를 고려하여 퇴고해야 한다.

⑤ ⓜ : 새로운 단어나 문장을 추가하여 퇴고해야 한다.

10. 다음 중 복사 냉난방 패널 시스템에 대한 설명으로 옳은 것은?

> 복사 냉난방 시스템은 실내 공간과 그 공간에 설치되어 있는 말단 기기 사이에 열 교환이 있을 때 그 열 교환량 중 50% 이상이 복사에 의해서 이루어지는 시스템이다. 라디에이터나 적외선 히터, 온수 온돌 등이 이에 속하는데, 최근 친환경 냉난방 설비에 대한 관심이 급증하면서 복사 냉난방 패널 시스템이 주목받고 있다. 이는 열매체로서 특정 온도의 물을 순환시킬 수 있는 회로를 바닥, 벽, 천장에 매립하거나 부착하여 그 표면 온도를 조절함으로써 실내를 냉난방하는 시스템을 말한다.
>
> 복사 냉난방 패널 시스템은 열원, 분배기, 패널, 제어기로 구성된다. 우선 열원은 실내에서 난방 시 열을 공급하고 냉방 시 열을 제거하는 열매체를 생산해 내는 기기로, 보일러와 냉동기가 있다. 각 건물에 맞는 용량의 개별 열원을 설치하는 경우도 있고, 지역의 대규모 시설에서 필요한 만큼의 열매체를 공급받아 사용하는 지역 냉난방 열원도 있다.
>
> 분배기는 열원에서 만들어진 냉온수를 압력 손실 없이 실별로 분배한 뒤 환수하는 장치이다. 이 장치를 통해 온도와 유량을 조절하고 냉온수 공급 상태를 확인하며 냉온수가 순환되는 성능을 개선하는 일이 수행될 수 있어야 한다. 그동안 우리나라에서 주로 사용된 분배기는 난방용 온수 분배기이다. 하지만 복사 냉난방 패널 시스템의 분배기는 난방용뿐만 아니라 냉방용으로도 사용된다.
>
> 패널은 각 방의 바닥, 벽, 천장 표면에 설치되며 열매체를 순환시킬 수 있는 배관 회로를 포함한다. 분배기를 통해 배관 회로로 냉온수가 공급되면 패널의 표면 온도가 조절되면서 냉난방 부하가 제어되어 실내 공간을 쾌적한 상태로 유지할 수 있게 된다. 이처럼 패널은 거주자가 머무르는 실내 공간과 직접적으로 열 교환을 하여 냉난방의 핵심 역할을 담당하고 있으므로 열 교환이 필요한 양만큼 필요한 시점에 효율적으로 이루어질 수 있도록 설계, 시공되는 것이 중요하다.
>
> 열원, 분배기, 패널이 복사 냉난방 패널 시스템의 하드웨어라면 제어기는 이들 하드웨어의 작동을 특정 알고리즘을 통해 조절하는 소프트웨어라고 할 수 있다. 각 실별로 설치된 온도조절기가 냉난방 필요 여부를 판단하여 해당 실의 온도 조절 밸브를 구동하고, 열원의 동작을 제어함으로써 냉난방이 이루어지게 된다. 냉방의 경우는 거주자가 쾌적할 수 있도록 실내 온도를 조절하는 것 이외에 너무 낮은 온도로 인해 바닥이나 벽, 천장에 이슬이 맺히지 않도록 제어해야 한다.

① 복사 냉난방 패널 시스템의 분배기는 냉방으로 사용이 가능하다.

② 열원은 냉온수의 공급 상태를 확인하여 냉온수가 순환되는 성능을 개선하는 일을 수행한다.

③ 패널은 실내에 난방 시 열을 공급하고 냉방 시 열을 제거하는 열매체를 생산해 내는 기기이다.

④ 분배기는 실내 공간과 직접적으로 열 교환을 하여 냉난방의 핵심 역할을 담당하고 있다.

⑤ 제어기는 냉방의 경우 너무 높은 온도로 인해 바닥이나, 벽, 천장에 이슬이 맺히지 않도록 제어한다.

[11 ~ 12] 다음은 한 연구논문의 요약본이다. 이어지는 질문에 답하시오.

도시철도 차량은 높은 수송력을 가지고 정시성 및 높은 수준의 주행 안정성을 확보하여 승객을 운송하는 대표적인 대중교통 시스템으로서, 인구가 밀집한 도시는 물론 외곽지역과도 연결시켜주는 중요한 교통수단이 되어 국민의 편익에 많은 기여를 하고 있다. 그러나 최근에는 열차의 탈선 및 충돌 등 국 · 내외 대규모 철도차량 사고가 증가하고 있으며, 사고의 파급력도 어떤 교통수단보다도 크게 나타나고 있다.

사고발생 시 일어나는 인적 · 물적 피해는 안전관리기준 강화 및 이용자의 안전 욕구 수준을 크게 증가시켰다. 따라서 철도차량 제작 시 불안전한 요인들이 운영자 및 이용자(고객)들에게 노출되지 않도록 안전에 대한 내용들을 사전 예측 · 판단하여 위험요소를 제거하거나 허용범위 안에서 관리되어야 할 필요성이 대두되었다. 이러한 이유로 도시철도 차량 제작은 성능 기반 제작에서 안전 기반 제작으로 전환되고 있다.

안전 기반 도시철도 차량시스템의 설계 및 제작은 기본적으로 안전 요구조건의 선정과 단계별 분석을 통해 위험원 선정 및 저감 방안 수립, 검증 및 확인, 마지막으로 폐기 단계를 거치게 된다. 위험원의 식별은 설계 및 제작, 시운전 단계까지의 모든 단계에서 진행되며, 시스템 상세 설계 전 사전위험분석을 통해 안전 설계의 기본 방향을 설정한다. 사전위험분석은 시스템 안전 프로그램에서 정의하는 안전 관련 항목과 잠재적 사고 위험을 내재한 설비나 기능을 위주로 평가를 진행한다.

본 연구에서는 영향, 감전, 실족, 유독 물질, 질식, 열 소모, 폭발, 탈선, 화상, 고립, 상처의 11가지 고수준 위험원 리스트를 식별하여 사전위험분석을 실시하였다. 사전위험분석을 위한 대상 시스템은 표준규격의 대형 전동차를 적용하였으며, 가장 많이 운행되고 있는 DC 1,500V 전동차를 대상으로 진행하였다. 위험도 평가기준은 준정량적 방법으로 설치하였으며, 발생빈도를 동종 시스템의 운행 경험을 통해 운행주기별 고장 발생 빈도로 별도 정의하였고, 심각도는 가장 많이 적용하고 있는 항목을 적용하여 위험도 매트릭스를 작성하였다.

도시철도 차량시스템에 적용되는 사전위험분석을 실시한 결과, 차량분야 109개의 위험원이 도출되었으며, 이 중 31개는 허용 불가능한 위험원으로 분류하였다. 정리된 위험원은 경감 및 사고대책을 실시하여 위험도를 관리범위 내로 낮추었으며, 몇 개 위험원의 경우는 세부설계과정에서 분석되는 시스템 위험 분석(SHA ; System Hazard Analysis)에서도 같은 종류의 위험원으로 구분하여 관리토록 하였다.

이러한 연구 활동을 통하여 표준규격 전동차의 안전 요구사항을 도출하고 상세 설계 전 위험원을 제거할 수 있었다. 잔존하는 위험원은 상세설계 단계에서 추적 관리를 통해 위험원 경감대책을 다시 적용하여 경감할 필요가 있다. 본 연구에서 수행된 일반론적 접근 방법은 시스템 위험분석(SHA ; System Hazard Analysis), 하부 시스템 위험분석(SSHA ; Sub System Hazard Analysis), 인터페이스 위험분석(IHA ; Interface Hazard Analysis)의 분석을 위한 기반이 될 것이다.

www.gosinet.co.kr **gosi**net

1회 기출예상

2회 기출예상

3회 기출예상

4회 기출예상

5회 기출예상

인성검사

면접가이드

철도법령

11. 다음 중 윗글의 내용을 함축적으로 표현한 제목으로 가장 적절한 것은?

① 도시철도 사고 방지를 위한 차량시스템 개선 방안
② 도시철도 차량시스템의 사전위험분석에 관한 연구
③ 도시철도 차량시스템의 성능 기반 제작에 관한 연구
④ 도시철도 차량의 주행 안정성 강화에 관한 연구
⑤ 도시철도 안전성 확보를 위한 사전위험분석의 결과

12. 다음 중 윗글을 통해 획득할 수 있는 정보가 아닌 것은?

① 연구의 방법 및 결과　　② 연구의 배경 및 필요성
③ 연구의 목적 및 절차　　④ 연구의 의의 및 한계
⑤ 연구의 결론 및 제언

[13 ~ 14] 다음 글을 읽고 이어지는 질문에 답하시오.

편의점은 도시 문화의 산물이다. 도시인, 특히 젊은이들의 인간관계 감각과 잘 맞아떨어진다. 구멍가게의 경우 단순히 물건을 사고파는 장소가 아니라 주민들이 교류하는 사랑방이요, 이런저런 소식이나 소문들이 모여들고 퍼져나가는 허브 역할을 한다. 주인이 늘 지키고 앉아 있다가 들어오는 손님들을 예외 없이 '맞이'한다. 　(A)　 무엇을 살 것인지 확실하게 정하고 들어가야 한다. 　(B)　 편의점의 경우 점원은 출입할 때 간단한 인사만 건넬 뿐 손님이 말을 걸기 전에는 입을 열지도 않을뿐더러 시선도 건네지 않는다. 그 '무관심'의 배려가 손님의 기분을 홀가분하게 만들어 준다. 　(C)　 특별히 살 물건이 없어도 부담 없이 들어가 둘러볼 수 있고, 더운 여름날 에어컨 바람을 쐬며 잡지들을 한없이 들춰보아도 별로 눈치 보이지 않는다. 그런 점에서 편의점은 인간관계의 번거로움을 꺼려하는 도시인들에게 잘 어울리는 상업 공간이다. 대형 할인점이 백화점보다 매력적인 것 중에 한 가지도 점원이 '귀찮게' 굴지 않는다는 점이 아닐까.

　(D)　 주인과 고객 사이에 인간관계가 형성되지 않는 편의점은 역설적으로 고객에 대한 정보를 매우 상세하게 입수한다. 소비자들은 잘 모르지만, 일부 편의점에서 점원들은 물건 값을 계산할 때마다 구매자의 성별과 연령대를 계산기에 붙어 있는 버튼으로 입력한다. 그 정보는 곧바로 본사에 송출된다. 또 한 가지로 편의점 천장에 붙어 있는 CCTV가 있는데, 그 용도는 도난 방지만이 아니다. 연령대와 성별에 따라서 어느 제품 코너에 오래 머물러 있는지를 모니터링하려는 목적도 있다. 녹화된 화면은 주기적으로 본사로 보내져 분석된다. 어떤 편의점에서는 삼각김밥 진열대에 초소형 카메라를 설치해 손님들의 구매 형태를 기록한다. 먼저 살 물건의 종류를 정한 뒤에 선택하는지, 이것저것 보며 살펴 가면서 고르는지, 유통 기한까지 확인하는지, 한 번에 평균 몇 개를 구입하는지 등을 통계 처리하는 것이다. 이와 같이 정교하게 파악된 자료는 본사의 영업 전략에 활용된다. 편의점이 급성장해 온 이면에는 이렇듯 치밀한 정보 시스템이 가동되고 있다.

13. 윗글을 바탕으로 판단한 내용으로 적절하지 않은 것은?

① 도시인들은 복잡한 인간관계를 좋아하지 않는다.

② 편의점 천장에 있는 CCTV는 그 용도가 다양하다.

③ 편의점 본사는 일부 지점에서 받은 정보를 활용하여 영업 전략을 수립한다.

④ 구멍가게는 편의점과 마찬가지로 손님들에게 '무관심'의 배려를 제공하는 공간이다.

⑤ 편의점에는 소비자의 정보를 입수하기 위한 장치들이 치밀하게 설치되어 있다.

14. 다음 글을 고려할 때, 윗글의 (A) ~ (D)에 들어갈 접속어를 적절하게 연결한 것은?

> 응집성을 갖춘 담화를 구성하는 데에는 지시 표현이나 대응 표현 이외에 접속 표현이 특히 중요한 기능을 한다. 예를 들어, '드라마가 정말 재미있다.'는 발화와 '시청률이 매우 낮다.'는 발화는 서로 관련이 없어 보이지만 '그러나'와 같은 접속 표현으로 묶일 수 있다.

	(A)	(B)	(C)	(D)
①	따라서	그러나	그래서	그런데
②	따라서	그런데	그리고	또한
③	그러므로	하지만	그러므로	또한
④	예를 들어	따라서	그래서	하지만
⑤	예를 들어	그래서	따라서	그런데

[15 ~ 16] 다음은 지구온난화와 관련된 사례이다. 이어지는 질문에 답하시오.

(가) 지구온난화의 가장 큰 피해국인 투발루의 현지민인 루사마 알라미띵가 목사가 지구온난화 위험성을 호소하기 위해 대한민국을 찾았다. 그는 전국 여러 도시를 방문하여 강연회와 간담회를 진행하였다.

(나) 빗물로만 생활이 가능했던 투발루는 지구온난화로 인한 가뭄으로 생활용수 부족 현상이 발생하고 있다고 한다. 해수를 담수화해서 먹고, 대형 탱크에 물을 저장하는 새로운 생활 방식을 만들고 있지만 이것으로는 매우 부족하다고 한다. 결국 지금은 물마저 사 먹어야 한다고 루사마 목사는 허탈한 감정을 토로했다. 또한 해수면 상승으로 투발루인들이 매일 아침 주식으로 먹는 '플루아트'라는 식물이 죽고 있어 그들의 식생활마저 바뀌었다고 한다.

(다) 이뿐만 아니라 자연환경의 측면에서도 피해가 발생하고 있다고 한다. 지구온난화로 인해 높아진 해수 온도와 해수면은 산호초와 야자나무가 서식하지 못하게 하였고, 더 이상 넓은 모래사장도 볼 수 없게 되었다고 말한다.

(라) 투발루 주민들은 지구온난화로 인한 피해를 온몸으로 감당하면서도 자신들의 생활 패턴을 바꿔가면서까지 그곳에서 계속 살기를 원한다고 한다. 정부 또한 망그로나무 식재 등을 통해 해변 침식을 막는 등 국가를 지키기 위한 지속적인 노력을 하고 있다고 한다.

(마) 루사마 목사의 방문은 지구온난화에 대처하는 우리의 모습을 되돌아보게 한다. 이제는 생활 방식을 바꾸고 지구온난화를 걱정해야 할 때이다. 지금처럼 편리한 생활 방식만을 고집하다 보면 결국 제2, 제3의 투발루가 발생할 것이며, 우리나라도 결국 투발루와 같은 상황에 처하게 될 것이다.

15. (가) ~ (마) 각 문단의 중심내용으로 알맞지 않은 것은?

① (가) : 루사마 목사가 지구온난화 위험성을 호소하기 위해 대한민국을 찾았다.

② (나) : 지구온난화로 인한 가뭄이 투발루 주민들의 식생활 변화를 초래했다.

③ (다) : 지구온난화의 피해는 자연환경의 측면에서도 발생하고 있다.

④ (라) : 투발루는 지구온난화로부터 국가를 지키기 위해 지속적인 노력을 다하고 있다.

⑤ (마) : 지금처럼 편리한 생활 방식만을 고집한다면 지구온난화로 인한 피해는 투발루만의 문제가 아니게 될 것이다.

16. 다음 중 윗글에 대한 보충 자료로 적절하지 않은 것은?

① 세계기상기구(WMO)가 발표한 자료에 따르면 지난 100년간 지구 온도는 약 0.7℃, 해수면 높이는 10 ~ 25cm 상승했다. 이는 최근 2만 년 동안 전례가 없을 정도의 엄청난 변화이다.

② 북극 및 남극 지대 기온 상승, 빙하 감소, 홍수, 가뭄 및 해수면 상승 등 이상기후 현상에 의한 자연재해가 현실로 나타나고 있으며, 대부분의 사람들이 그 심각성을 인식하고 있다.

③ 지구의 연평균기온은 400 ~ 500년을 주기로 약 1.5℃의 범위에서 상승과 하강을 반복했다. 15세기에서 19세기까지는 기온이 비교적 낮은 시기였으며 20세기에 들어와서는 기온이 계속 오르고 있다.

④ 지구 평균온도가 지난 100년간 0.74℃ 상승한 것으로 나타나고 있다. 지난 12년 중 11년이 1850년 이후 가장 기온이 높은 시기로 기록되기도 하였다. 이로 인해 극지방과 고지대의 빙하, 설원이 녹는 현상이 나타나고 있다.

⑤ 화석연료를 많이 사용하게 된 산업혁명 이후 대기 중 온실가스 농도는 산업화 이전의 280ppm에서 2005년 기준 379ppm으로 증가했다. 더불어 1960 ~ 2005년 평균 이산화탄소 농도 증가율은 연간 1.4ppm으로 나타나고 있다.

[17 ~ 18] 다음은 ○○연구원의 '열차 출발 · 도착 데이터와 교통카드 데이터를 활용한 도시철도 역사 시설물 서비스 수준 추정 방안 연구'의 제1장 서론 부분이다. 이어지는 질문에 답하시오.

4차 산업혁명 시대에 교통은 모빌리티 4.0이라고 일컬으며, 대중교통 중심의 지속가능한 교통체계를 중심으로 이용자 맞춤형, 수요 대응형 서비스를 지향하고 있다. 이로 인해 교통시장의 기능이 강조되고 있으며 사람 중심의 교통체계 구축, 국민의 삶의 질 향상 등의 정부 정책에 따라 국민 체감형 편의서비스 제공이 요구되고 있다. 특히 대중교통 중심의 교통체계는 터미널을 거점으로 발생한다. 따라서 터미널에 대한 계획, 설계 및 활용 기술에 대한 과학적이고 객관적인 정량화 기법을 기반으로 이용자 중심의 편의성에 대한 정교한 분석 및 평가의 필요성이 대두되고 있다.

철도 및 도시철도 역사는 단지 이동의 공간뿐만이 아니라 이동, 상업, 여가 등의 다양한 공간으로 변화하고 있다. 이러한 역사를 이용하는 이용자들에게 편의성을 제공하기 위해 다양한 연구 및 기술개발이 수행되고 있으며, 이를 위해서는 대중교통 이용자들에 대한 현상 파악, 서비스 분석, 이동 행태 분석이 선행되어야 한다. 그러나 이러한 요구와 기대를 담아내기에는 다양한 이용자 특성에 대한 대중교통 이동 패턴 조사 및 데이터 기반의 문제점 파악이 미비한 실정이다. 우리나라는 2004년 대중교통체계개편사업을 통해 전국 호환 스마트카드 기반의 대중교통 통합 이용이 가능해졌으며, 이로 인해 서울 98%, 대도시 90% 이상의 전수에 가까운 대중교통 통행데이터 획득이 용이해졌다. 이를 통해 열차 승 · 하차 정보를 이용하여 역사 서비스 수준, 혼잡도 등을 예측하고 있으나, 도시철도 역사 내의 이동패턴, 이동시간 등은 교통카드 데이터만으로 분석하기에는 한계가 존재한다. 현장조사, 설문조사 및 시뮬레이션 등을 통해 도시철도 역사 내 이용자들의 이동 패턴, 이동성 등에 대한 연구는 다수 수행되었으나 데이터 기반의 이동시간, 서비스 분석 등에 대한 연구는 미비한 실정이다.

이에 본 연구에서는 도시 – 광역철도 간 노선별 개별 열차의 실시간 위치 정보를 기반으로 한 열차 출발 · 도착 데이터와 교통카드 데이터를 연계하여 실적기반의 도시철도와 관련된 두 데이터에 대한 연계성을 검토하였다. 역사 내 하차 이용객의 이동시간을 분석하여 이용객 수와 이동속도 기반의 도시철도 역사별 보행 서비스 수준 추정을 위한 방안을 제시하고자 한다.

본 연구에서는 2017년 10월 31일의 교통카드 데이터와 열차 출발 · 도착 데이터를 활용하여 각기 다른 두 데이터의 연계 분석 가능성을 검토하고, 연계된 데이터셋 기반으로 이용객 특성에 따른 도시철도 역사 내 이동성을 분석하였다. 데이터에 대한 누락데이터 검토 및 보정과정을 통해 데이터와 교통카드 하차 정보를 이용하여 자료의 연관성을 분석하였으며, 시간 기준으로 열차 도착 데이터와 교통카드 하차 정보를 연계하였다. 분석시간대에 따른 누적 하차량과 열차 도착정보를 이용하여 자료의 연관성을 분석하였으며, 열차 도착시간과 하차태그 시간을 이용하여 역사 내 하차 이동시간을 분석하여 도시철도 역사 내 서비스 수준을 추정하기 위한 데이터 기반의 분석 및 활용 가능성을 제시하였다.

본 논문의 구성은 다음과 같다.

제2장에서는 철도 및 도시 철도 역사 관련 서비스 평가 관련 기존 연구를 고찰하였고, 제3장에서는 연구방법론 및 분석자료에 대한 내용을 제시하였다. 제4장에서는 열차 출발 · 도착 데이터와 교통카드 데이터 연계 및 이동성 분석 결과를 제시하였으며, 제5장에서는 연구 결과에 대한 논의와 결론을 제시하였다.

www.gosinet.co.kr **gosinet**

1회 기출예상

2회 기출예상

3회 기출예상

4회 기출예상

5회 기출예상

인성검사

면접가이드

철도법령

17. 다음 중 윗글의 내용을 통해 유추할 수 있는 사실로 적절하지 않은 것은?

① 정부는 사람 중심의 교통체계 구축과 국민의 삶의 질 향상 등에 대한 정책을 수립하고 있다.

② 교통카드 데이터만으로는 도시철도 역사 내의 이용패턴, 이용시간 등을 분석하는 데 한계가 있다.

③ 4차 산업혁명 시대의 교통은 지속가능한 대중교통체계를 중심으로 이용자 맞춤형 서비스를 지향한다.

④ 철도 및 도시철도 역사를 이용하는 사람들을 위한 편의성 제공에 대한 연구가 거의 이루어지지 않고 있다.

⑤ 대중교통 이용자 특성을 파악하기 위한 대중교통 이용 패턴 조사 및 데이터 기반의 문제점 파악에 대한 연구가 제대로 이루어지지 않고 있다.

18. 다음의 (가)와 (나)는 윗글에서 언급한 논문 목차 중 각각 어느 항목과 관련된 내용인가?

> (가) 본 연구에서는 교통카드 데이터와 열차 출발·도착 데이터를 활용한 도시철도 역사 서비스 수준 추정을 위해 3단계로 연구 체계를 구성하였다. 1단계에서는 분석 자료를 구축하기 위해 분석대상 역사를 설정하고 열차 출발·도착 데이터에 대한 누락데이터 검토 및 보정 과정을 수행하였다. 2단계에서는 열차 도착시간과 교통카드 데이터의 하차 태그 데이터를 기준으로 분석 데이터를 연계하였다. 3단계에서는 열차 도착 시간과 하차 태그 시간차이를 분석하여 역사별로 이동시간을 분석하였다.
>
> (나) 본 연구에서 제안한 방법론의 신뢰성 및 활용가능성을 증가시키기 위해서는 다음과 같은 추가 연구가 필요하다. 첫째, 본 연구에서는 2017년 10월 31일 하루 자료를 이용하여 3개 역사만을 대상으로 분석을 수행하였으나 다양한 요일별 특성, 역사별 특성 및 이용객 수요를 반영하기 위해 분석 범위를 확대할 필요가 있다. 둘째, 결과에서 도출한 이동 속도 비수와 열차 하차 이용객 간의 관계에 대하여 보다 세부적인 분석이 필요하며, 이를 통해 개찰구, 보행통로 등의 시설물별 서비스 수준 평가 방안을 제시할 필요가 있다. 셋째, 최근 도시철도 역사가 복합 환승역사의 기능으로 확대되고 있음에 따라 승강장에서 개찰구까지의 서비스 수준 분석 외에 승차 이용객에 대한 영향 분석, 환승 이용객을 위한 환승 통로에 대한 서비스 수준 분석이 가능하도록 추가 분석을 수행해야 할 것이다.

	(가)	(나)
①	제3장 연구방법론 및 분석자료	제4장 분석 및 결과
②	제5장 논의 및 결론	제3장 연구방법론 및 분석자료
③	제4장 분석 및 결과	제3장 연구방법론 및 분석자료
④	제4장 분석 및 결과	제5장 논의 및 결론
⑤	제3장 연구방법론 및 분석자료	제5장 논의 및 결론

19. ○○공사는 매달 각 직원의 고객 만족도 점수를 산출하여 인사평가에 반영하고 있다. 100명의 고객을 대상으로 만족도를 조사하여 만족한 경우에는 3점을 주고 불만족한 경우에는 4점을 감점한다고 할 때, 고객 만족도 점수가 80점 이상이 되려면 불만족한 고객을 최대 몇 명 이하로 관리해야 하는가?

① 29명   ② 30명   ③ 31명
④ 32명   ⑤ 33명

20. 다음은 차량 A와 차량 B의 주행 및 주유 기록이다. 이에 대한 설명으로 옳은 것을 〈보기〉에서 모두 고르면? (단, 제시된 조건 이외의 모든 조건은 동일하다고 가정한다)

〈차량 A〉

서울에서 광주까지 300km의 거리를 왕복하려고 한다. 서울에서 출발할 때, 기름탱크가 절반만 찬 상황에서 기름을 가득 주유하고 4만 원을 지불했다. 350km를 달린 지점에서 기름탱크에 40%의 기름이 남아서 다시 가득 주유하고 서울로 돌아와서 다시 가득 주유했다.

〈차량 B〉

기름탱크가 가득 찬 상황에서 서울에서 부산까지 400km의 거리를 왕복하려고 한다. 부산에서 서울로 돌아오던 길에 기름이 부족(10% 이하)하여 가득 주유하고, 250km를 더 달려서 서울에 도착한 후 가득 주유하고 3만 원을 지불했다.

보기

㉠ 차량 B가 차량 A보다 적은 주유비를 지불했다.
㉡ 기름탱크의 용량은 차량 B가 더 크다.
㉢ 차량 A는 기름을 가득 주유한 후에 추가 주유 없이 서울에서 광주까지 왕복이 가능하다.
㉣ 예상 가능한 범위 내에서 추가 주유 없이 차량 B의 최대 주행가능거리는 610km 이상이다.

---

① ㉠, ㉡   ② ㉠, ㉣   ③ ㉡, ㉢
④ ㉠, ㉢, ㉣   ⑤ ㉡, ㉢, ㉣

21. A 전공 졸업생의 전공 평균 성적은 87점, 표준편차는 10점이고, 토익 점수 평균은 700점, 표준편차는 20점이라고 한다. A 전공 졸업생인 재현의 전공 평균 성적과 토익 점수가 각각 90점, 800점이라고 할 때, 다음 중 옳지 않은 것은?

① $Z-$값은 표본평균에서 재현의 점수를 차감하고 표본표준편차로 나누어 계산한다.

② 재현의 전공 점수의 $Z-$값은 0.3이다.

③ 재현의 토익 점수의 $Z-$값은 5이다.

④ 재현의 토익 성적이 전공 성적보다 상대적으로 우수하다고 할 수 있다.

⑤ $Z-$값을 통하여 표준화하여 전공과 토익의 점수를 비교할 수 있다.

22. 다음은 주요 5개 공공기관의 직원채용에 관한 자료이다. 이에 대한 설명으로 옳지 않은 것은?

(단위 : 명)

구분	신입직		경력직	
	사무직	기술직	사무직	기술직
A 기관	92	80	45	70
B 기관	77	124	131	166
C 기관	236	360	26	107
D 기관	302	529	89	73
E 기관	168	91	69	84

① B 기관 전체 채용인원은 E 기관 전체 채용인원보다 86명 많다.

② 각 기관별 전체 채용인원에서 사무직 채용인원의 비중은 E 기관이 가장 높다.

③ 5개 공공기관의 전체 채용인원에서 C 기관 채용인원의 비중은 약 25%이다.

④ D 기관 전체 채용인원에서 경력직 채용인원의 비중은 10%를 초과하지 않는다.

⑤ 각 기관별 전체 채용인원에서 신입직 채용인원의 비중이 50% 미만인 공공기관은 B 기관뿐이다.

2회 기출예상 / 3회 기출예상 / 4회 기출예상 / 5회 기출예상 / 인성검사 / 면접가이드 / 철도법령

[23 ~ 25] 다음 자료를 바탕으로 이어지는 질문에 답하시오.

○○공사 직원인 정아윤 씨는 국가철도 개량투자계획을 살펴보고 있다.

〈국가철도 개량투자계획〉

IoT(사물인터넷), 빅 데이터 등 4차 산업혁명 핵심기술의 발전에 따라 철도분야에도 신기술을 접목하여 미래에 대비할 필요가 있다. 또한 철도시설의 개량을 통해 열차운행 안전을 확보하고 편의성을 향상시키기 위하여 개량투자계획을 수립한다.

(단위 : 억 원)

구분		20X6년	20X7년	20X8년	20X9년	계
철도역사 이용편의 향상	이동편의시설 개량	400	350	370	380	1,500
	승강장조명설비 LED 개량	100	120	–	–	220
시설관리 과학화	구조물원격관리시스템 구축	130	140	160	170	600
	전기설비원격진단시스템 구축	20	50	150	200	420
	스마트전철급전제어장치 구축	5	15	70	100	190
철도교통관제시스템 고도화		10	5	150	120	285
기반시설 성능개선	LTE 기반 철도 무선망 구축	120	1,300	900	1,000	3,320
	양방향 신호시스템 구축	15	30	30	40	115
	철도통신망 이중화	30	60	80	100	270
노후기반 시설 개량	노후신호설비 개량	370	420	500	550	1,840
	노후통신설비 개량	150	155	160	165	630
재해예방 시설 확충	내진성능보강	500	100	150	125	875
	재난방송수신설비(FM/DMB)	25	40	50	50	165
합계		1,875	2,785	2,770	3,000	10,430

23. 다음 중 위 자료에 대한 설명으로 적절하지 않은 것은?

① 노후기반시설 개량에 투자하는 금액은 매년 증가한다.
② 이동편의시설 개량에 투자하는 금액은 매년 감소한다.
③ LTE 기반 철도 무선망 구축에 대한 총 투자금이 가장 많다.
④ 승강장조명설비 LED 개량에는 2년 동안만 투자가 이루어진다.
⑤ 구조물원격관리시스템 구축에 투자하는 금액은 20X9년에 가장 많다.

24. 다음은 철도통신망 이중화와 노후신호설비 개량에 투자하는 금액의 전년 대비 증감률을 나타낸 그래프이다. ㉠, ㉡에 해당하는 값이 바르게 짝지어진 것은? (단, 소수점 아래 첫째 자리에서 반올림한다)

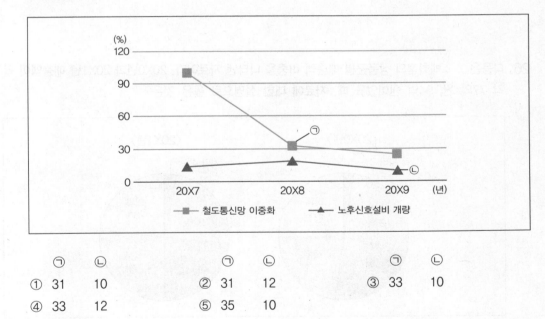

	㉠	㉡		㉠	㉡		㉠	㉡
①	31	10	②	31	12	③	33	10
④	33	12	⑤	35	10			

25. 다음은 20X9년 개량투자계획 총 투자금에서 각 부문이 차지하는 비중을 나타낸 그래프이다.
(가)에 해당하는 값은?

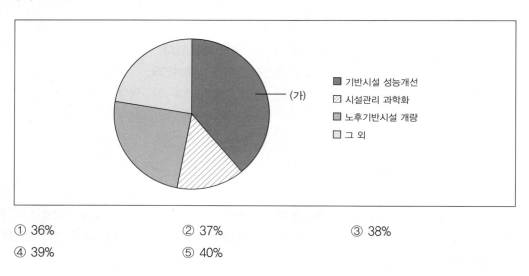

(가)

■ 기반시설 성능개선
☑ 시설관리 과학화
■ 노후기반시설 개량
□ 그 외

① 36%   ② 37%   ③ 38%
④ 39%   ⑤ 40%

26. 다음은 △△백화점의 상품군별 매출액 비중을 나타낸 자료이다. 20X0년과 20X1년 매출액이 각각 77억 원, 94억 원이었을 때, 자료에 대한 설명으로 옳은 것은?

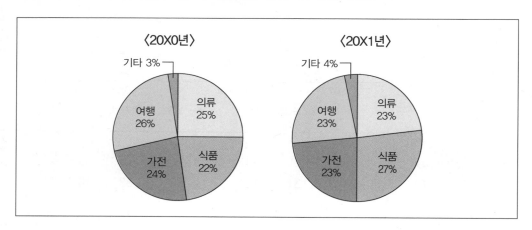

〈20X0년〉

기타 3%
여행 26%
의류 25%
가전 24%
식품 22%

〈20X1년〉

기타 4%
여행 23%
의류 23%
가전 23%
식품 27%

① 20X0년과 20X1년 기타군의 매출액 차이는 가전과 같다.

② 여행과 의류 매출액의 합은 20X0년이 20X1년에 비해 많다.

③ 20X0년과 20X1년 가전 관련 매출액 차이는 약 2억 원이다.

④ 20X1년 매출액이 20X0년과 비교해서 세 번째로 크게 변화한 것은 여행이다.

⑤ 20X0년 대비 20X1년 매출액의 변화폭이 가장 큰 것은 식품군이다.

[27 ~ 28] 다음 표는 20X7 ~ 20X9년 K 국의 석유 수입량이다. 이어지는 질문에 답하시오.

(단위 : 만 리터)

구분	20X7년	20X8년	20X9년	국가별 합계
A 국	42,400	111,642	247,675	401,717
B 국	126,615	114,338	126,293	367,246
C 국	141,856	156,275	㉢	433,657
D 국	㉠	86,150	64,734	
E 국	305,776	㉡	305,221	
총수입량	736,868	823,141	㉣	2,439,458

27. 다음 표에 대한 설명으로 옳지 않은 것은?

① C 국에 대한 수입량은 지속적으로 증가하고 있다.

② 20X7 ~ 20X9년의 국가별 수입량 합계가 가장 작은 국가는 D 국이다.

③ 20X7년부터 A ~ E 국에 대한 석유 총수입량은 매해 증가하였다.

④ 20X8년 총수입량은 E 국의 3개년 합계보다 작다.

⑤ 20X9년 A 국에 대한 석유 수입량은 20X7년과 비교하여 5배 이상 증가하였다.

28. ㉣에서 ㉠, ㉡, ㉢을 뺀 값은?

① 163,566
② 199,156
③ 210,846
④ 268,966
⑤ 327,086

29. P 회사는 〈공장별 단가 비교표〉를 참고하여 이번에 출시할 신제품의 제조공장을 선정하려고 한다. 다음 〈조건〉을 참고할 때 선정되는 공장은?

〈공장별 단가 비교표〉

(단위 : 원)

생산량＼공장	A	B	C	D	E
100개 미만	1,600	1,400	4,000	1,800	1,900
100개 이상 ~ 200개 미만	1,500	1,400	1,600	1,800	1,700
200개 이상 ~ 300개 미만	1,400	1,400	1,400	1,500	1,400
300개 이상	1,300	1,400	1,200	1,000	1,100

※ 월별 생산비용은 해당 월의 구체적인 생산량에 생산량에 따른 단가를 곱하여 계산한다.

조건

- P 회사는 연간 생산비용이 가장 적은 공장을 선택한다.
- P 회사는 연간납품계약을 맺은 상태이며, 다른 제품은 생산하지 않는다.
- P 회사는 1 ~ 3월에는 매월 250개, 4 ~ 6월에는 매월 350개, 7 ~ 9월에는 매월 300개, 10 ~ 12월에는 매월 75개의 제품을 생산해야 한다.

① A 공장　　　　② B 공장　　　　③ C 공장
④ D 공장　　　　⑤ E 공장

30. 다음 자료에 대한 설명으로 옳은 것을 〈보기〉에서 모두 고르면?

〈산업분류별 사업체 수와 종사자 수〉

(단위 : 개, 명)

산업분류	20X0년		20X1년		20X2년	
	사업체 수	종사자 수	사업체 수	종사자 수	사업체 수	종사자 수
A	2,900	32,300	3,000	35,800	3,400	36,200
B	1,100	14,200	1,100	14,300	1,000	14,300
C	265,000	3,772,600	278,700	3,838,400	280,200	3,861,900
D	1,400	61,400	1,400	63,900	1,600	66,800
E	6,600	75,600	6,800	78,200	6,800	79,300
F	94,600	1,055,000	99,100	1,268,800	100,700	1,342,500
G	433,800	2,229,800	453,200	2,368,400	465,100	2,424,600
H	41,600	707,400	40,900	754,400	42,700	766,800
I	346,600	1,514,000	330,900	1,530,800	358,700	1,611,900
J	31,200	478,900	33,600	512,900	33,300	517,200

보기

㉠ 사업체 1개당 평균 종사자 수의 순위는 매년 동일하다.
㉡ 총 종사자 수가 가장 많은 해는 총사업체 수도 가장 많다.
㉢ 전체 기간 중 사업체 수 항목에서 각 해 전체의 35% 이상을 차지하는 산업은 없다.
㉣ 20X2년 사업체 수에서 차지하는 비중이 두 번째와 세 번째로 큰 산업의 사업체 수 합은
   전체 사업체 수의 50% 미만이다.

① ㉠, ㉡　　　　　② ㉠, ㉢　　　　　③ ㉡, ㉢
④ ㉡, ㉣　　　　　⑤ ㉢, ㉣

[31 ~ 32] 다음 자료를 보고 이어지는 질문에 답하시오.

〈근로자 1인당 월평균 임금총액〉

(단위 : 천 원, 전년 동월 대비 %)

구분	2023년 1월		2023년 12월		2024년 1월	
전 산업	4,118	15.6	3,997	1.0	4,024	-2.3
숙박 및 음식점업	2,144	15.1	2,054	5.9	2,181	1.7
사업시설관리 및 사업지원 서비스업	2,244	8.5	2,247	0.1	2,206	-1.7
예술, 스포츠 및 여가관련 서비스업	2,908	13.0	3,449	10.9	2,919	0.4

〈근로자 1인당 월평균 총근로시간〉

(단위 : 시간, 전년 동월 대비 %)

구분	2023년 1월		2023년 12월		2024년 1월	
전 산업	166.2	-1.5	164.8	-8.1	176.7	6.3
숙박 및 음식점업	170.4	-1.0	169.2	-5.8	178.1	4.5
사업시설관리 및 사업지원 서비스업	167.0	-2.6	167.3	-7.7	174.5	4.5
예술, 스포츠 및 여가관련 서비스업	153.0	-2.0	158.3	-4.5	163.2	6.7

31. 다음 중 '전 산업'과 '숙박 및 음식점업'의 2022년 1월 근로자 1인당 월평균 임금총액을 순서대로 짝지은 것은? (단, 백의 자리에서 반올림한다)

① 3,562천 원, 1,863천 원
② 2,068천 원, 2,573천 원
③ 1,863천 원, 3,562천 원
④ 2,573천 원, 2,068천 원
⑤ 3,562천 원, 2,573천 원

32. 다음 중 2024년 1월의 전월 대비 근로자 1인의 월평균 근로시간 변화와 임금의 변화 등에 대한 설명으로 옳지 않은 것은?

① 제시된 3개 분야의 월평균 근로시간은 모두 '전 산업'의 월평균 근로시간보다 적게 증가하였다.
② '숙박 및 음식점업'의 월평균 임금 증가분은 '전 산업'보다 더 많이 증가하였다.
③ 2023년 12월의 근로시간당 평균 임금은 '숙박 및 음식점업'보다 '사업시설관리 및 사업지원 서비스업'이 더 많다.
④ 2024년 1월의 근로시간당 평균 임금이 전월보다 증가한 것은 '숙박 및 음식점업'뿐이다.
⑤ 월평균 임금은 월평균 근로시간의 증가에 비례하여 증가하였다.

33. 다음은 유럽 주요 국가의 보건부문 자료이다. 이에 대한 설명으로 옳은 것을 〈보기〉에서 모두 고르면?

구분	기대수명(세)	조사망률(명)	인구 만 명당 의사 수(명)
독일	81.7	11.0	38.0
영국	79.3	10.0	27.0
이탈리아	81.3	10.0	37.0
프랑스	81.0	9.0	36.0
그리스	78.2	12.0	25.0

※ 조사망률 : 인구 천 명당 사망자 수

보기

ㄱ. 유럽에서 기대수명이 가장 낮은 국가는 그리스이다.
ㄴ. 인구 만 명당 의사 수가 많을수록 조사망률은 낮다.
ㄷ. 프랑스의 인구가 6,500만 명이라면 사망자는 약 585,000명이다.

① ㄱ
② ㄷ
③ ㄱ, ㄴ
④ ㄴ, ㄷ
⑤ ㄱ, ㄴ, ㄷ

34. 다음은 P 회사 A ～ E 부서의 매출 내역에 관한 자료이다. 이에 대한 설명으로 옳은 것은?

〈P 회사 A ～ E 부서의 매출 내역〉

(단위 : 천 원)

구분	20X1년		
	1월	2월	3월
A 부서	67,922	64,951	65,516
B 부서	69,866	71,888	71,748
C 부서	71,882	70,217	68,501
D 부서	66,748	67,958	66,117
E 부서	67,429	68,657	71,967
매출합계	343,847	343,671	343,849

① D 부서가 매출합계에서 차지하는 비중은 매월 증가한다.

② C 부서와 D 부서의 매출 격차는 매월 줄어들고 있다.

③ 1월과 3월의 매출 차이가 가장 큰 부서는 E 부서이다.

④ 매출합계가 가장 높은 달은 1월이고 가장 낮은 달은 2월이다.

⑤ 1 ～ 3월의 부서별 매출합계가 가장 높은 부서는 C 부서이다.

35. 다음은 A, B, C의 도매가격에 관한 자료이다. 이에 대한 설명으로 옳은 것은?

〈A ～ C의 도매가격〉

(단위 : 원)

구분	1월 2일	1월 3일	1월 4일	1월 5일	1월 6일	1월 7일
A(20kg)	56,600	57,300	55,000	58,600	62,000	60,000
B(35kg)	207,000	213,000	206,000	225,000	228,000	220,000
C(40kg)	416,000	442,000	436,000	442,000	460,000	500,000

① A의 도매가격이 가장 낮은 날과 B의 도매가격이 가장 낮은 날은 같다.

② B의 도매가격이 가장 높은 날과 C의 도매가격이 가장 높은 날은 같다.

③ A 20kg의 평균 도매가격은 58,250원이고, C 40kg의 평균 도매가격은 약 448,333원이다.

④ B의 도매가격은 1kg당 5,900 ～ 6,500원의 범위에 있다.

⑤ 도매가격으로 A, B, C를 매일 각 1kg씩 샀다면 1월 4일의 비용이 가장 낮았을 것이다.

www.gosinet.co.kr **gosi**net

1회 기출예상
2회 기출예상
3회 기출예상
4회 기출예상
5회 기출예상
인성검사
면접가이드
철도법령

36. 다음 글에서 설명하고 있는 창의적 사고기법으로 적절한 것은?

> 미국의 제너럴 일렉트릭(GE)사의 자회사였던 주방가전제품 전문 메이커인 H사에서 개발한 기법이다. 이 기법은 회의를 거쳐 활용하고 현재의 상태를 더욱 바람직하고 개선된 상태로 만들기 위해 적극적으로 아이디어를 내고 구체적으로 사고함으로써 실제로 적용 가능한 아이디어를 도출한다. 단점을 보완하고 개선하기 위해 그 대상의 단점을 분석한 다음, 구체적인 아이디어를 내놓는 기법이기도 하다.

① 마인드맵(Mind Map)
② 브레인스토밍(Brainstorming)
③ 만다라트법(Mandal-Art)
④ 희망점·결점 열거법
⑤ 여섯 색깔 생각의 모자

37. 문제는 유형에 따라 발생형 문제, 탐색형 문제, 설정형 문제로 구분할 수 있다. 〈보기〉에서 설정형 문제를 모두 고르면?

보기

ㄱ. ○○공항이 올해도 세계 공항 서비스 평가에서 1위를 하면서 10년 연속 최우수공항으로 선정되었지만, 시간이 지남에 따라 공항 시설의 편의성과 서비스의 질이 떨어져 승객들의 불편이 초래될지도 모른다는 판단하에 향후 공항 시설 개선책에 대한 예측이 요구되었다.
ㄴ. 최근 몇 년간 공항 이용객이 급격히 증가하면서 출국대기시간 연장 등 혼잡이 빈번하게 발생하고 있다. 체크인 카운터, 보안검색 시설 등의 확충으로 여객 처리능력을 향상시켜야 한다.
ㄷ. 앞으로 공항복합도시(Airport City)와 제2공항이 모두 완공되어서 국내 방문객뿐만 아니라 환승객도 늘어날 것이다. 환승객 유치 확대를 위해 항공사, 여행사와의 협업을 통하여 우리 공항에서만 이용할 수 있는 환승상품의 개발이 필요할 것으로 보인다.

① ㄱ
② ㄴ
③ ㄷ
④ ㄱ, ㄷ
⑤ ㄴ, ㄷ

38. 다음 글은 트리즈(TRIZ)의 원리가 적용된 사례이다. 이 사례와 같은 원리가 적용된 내용으로 적절하지 않은 것은?

> 무선 이어폰은 좌우를 연결해주는 선이 없는 이어폰이다. 기존의 이어폰은 좌우를 연결하는 선 때문에 활동에 불편을 주는 경우가 많았다. 이를 개선하기 위해 사용에 방해가 되는 선을 과감히 없애고 필요한 기능을 할 수 있도록 만든 것이다. 무선 이어폰은 다른 제품들과 블루투스로 연결되어 있으며 근접 센서가 탑재되어 있어서 사용자가 이어폰을 착용하고 있는지를 실시간으로 감지한다. 또한, 귀에서 이어폰을 빼면 음악 재생을 멈추고 다시 귀에 착용하면 음악이 재생되는 등 편의성이 강조되었다.

① 대형마트는 제품의 품질이나 기능에는 큰 차이가 없지만 브랜드와 디자인 요소를 제거한 PB상품을 출시하고 있다.

② 구글(Google)의 초기화면은 광고와 다양한 정보를 배제한 채 검색창만 있다.

③ 접이식 키보드는 작은 크기로 접을 수 있는 키보드로 필요할 때만 펼쳐서 사용할 수 있다.

④ 대기업의 경우 업무의 일부분을 전문 인력에게 임시로 맡겨서 일의 효율을 극대화하는 아웃소싱 전략을 사용한다.

⑤ 영화 티저(Movie Teaser)는 영화의 주요 장면을 일부만 보여줌으로써 관객의 흥미를 불러일으킨다.

39. 다음과 같은 특성을 가진 문제해결방법으로 적절한 것은?

> • 상이한 문화적 토양을 가지고 있는 구성원으로 가정한다.
> • 서로의 생각을 직설적으로 주장하고 논쟁이나 협상을 통해 의견을 조정해 간다.
> • 중심적 역할을 하는 것은 논리로, 사실과 원칙에 근거한 토론을 한다.
> • 잘못하면 단순한 이해관계의 조정에 그칠 수 있다.

① 소프트 어프로치　　　② 하드 어프로치　　　③ 브레인스토밍
④ 퍼실리테이션　　　　　⑤ SCAMPER

40. 문제해결의 5단계가 '문제 인식 → 문제 도출 → 원인 분석 → 해결안 개발 → 실행 및 평가' 라고 할 때, 각 단계별로 핵심이 되는 설명을 〈보기〉에서 골라 순서대로 나열한 것은?

보기

(가) Logic Tree 방법

(나) 인적, 물적, 예산, 시간자원을 고려한다.

(다) SWOT 분석 방법

(라) 파악된 핵심 문제 분석

(마) 전체적 관점에서 유사한 해결 방법끼리 그룹핑을 한다.

---

① (가)−(다)−(라)−(마)−(나)　　　　　② (가)−(라)−(마)−(나)−(다)

③ (다)−(가)−(라)−(마)−(나)　　　　　④ (다)−(마)−(나)−(가)−(라)

⑤ (라)−(마)−(가)−(나)−(다)

41. 다음은 3C 분석방법에 대한 설명이다. ㉠ ~ ㉤ 중 각 요소에 포함되는 항목이 아닌 것은?

〈3C 분석〉

1. 자사(Company)
   - 기업의 활동이 목표와 일치하는가? ·· ㉠
   - 기존 브랜드에 마케팅 요소를 결합하여 시너지 효과를 창출할 수 있는가?

2. 고객(Customer)
   - 주 고객층의 속성과 특성은 무엇인가?
   - 해당 시장의 규모와 성장 가능성은 적절한가? ························· ㉡
   - 잠재적 수요는 어느 정도인가? ·· ㉢

3. 경쟁자(Competitor)
   - SWOT 분석을 통한 기대효과는 어느 정도인가? ···················· ㉣
   - 현재 경쟁자들의 강점과 단점은 무엇인가?
   - 새로운 경쟁자들의 시장 내 진입장벽은 어떠한가? ················· ㉤

---

① ㉠　　　　　　　　② ㉡　　　　　　　　③ ㉢

④ ㉣　　　　　　　　⑤ ㉤

42. 다음 〈조건〉을 참고할 때, 김유정 씨가 면세점에서 가방을 구입하고 남은 금액은 얼마인가?

조건

- 김유정 씨는 600만 원으로 면세점에서 가방을 최대한 많이 구입할 예정이다.
- 김유정 씨는 무게(g)당 가격이 저렴한 것부터 순서대로 구입하며, 남은 금액으로 더 이상 구입할 수 없을 때 쇼핑을 끝낸다.

  ※ 단, 바로 다음 순서의 상품을 구입하려고 하는데 남은 금액을 초과한다면, 그 다음 순서의 상품으로 넘어간다.
- 김유정 씨는 D 브랜드를 선호하지 않아 이 브랜드의 가방은 구입하지 않는다.
- 가격 $=$ 정가 $\times \left(1 - \dfrac{\text{면세할인율}}{100}\right)$
- 면세점에서 판매 중인 가방의 정보는 아래의 표와 같다.

브랜드	품목	무게	정가	면세할인율
A	A001	36g	60만 원	10%
B	B002	68g	160만 원	15%
C	C003	252g	280만 원	10%
D	D004	300g	320만 원	25%
E	E005	560g	350만 원	20%

① 11만 원 　② 12만 원 　③ 13만 원
④ 14만 원 　⑤ 15만 원

43. 〈축구대회 순위규칙〉과 〈예선라운드 경기 결과〉를 근거로 판단할 때, 다음 라운드에 진출할 1위 팀과 2위 팀을 차례대로 나열한 것은?

〈축구대회 순위규칙〉

• 예선라운드에서 한 조는 4개 팀으로 구성되며, 각 조의 1, 2위가 다음 라운드에 진출한다.

• 각 팀의 순위는 승률을 기준으로 결정하며, 승률은 '$\dfrac{\text{승리한 경기 수}}{\text{총 경기 수}}$'로 계산한다.

• 승률이 같은 팀이 나올 경우 승점이 높은 팀이 우선순위가 된다. 승점은 각 팀의 모든 경기 득점의 합에서 모든 경기 실점의 합을 뺀 값이다.

〈예선라운드 경기 결과〉

경기	결과
타이거즈 : 라이온즈	1 : 2
자이언츠 : 이글스	0 : 2
타이거즈 : 자이언츠	3 : 2
라이온즈 : 이글스	2 : 3
타이거즈 : 이글스	1 : 4
라이온즈 : 자이언츠	1 : 2

① 라이온즈, 자이언츠 ② 라이온즈, 타이거즈 ③ 이글스, 자이언츠
④ 이글스, 라이온즈 ⑤ 자이언츠, 타이거즈

1회 기출예상
2회 기출예상
3회 기출예상
4회 기출예상
5회 기출예상
인성검사
면접가이드
철도법령

[44 ~ 45] 다음 상황을 보고 이어지는 질문에 답하시오.

○○기업 인사팀 김 사원은 다음 사내 복지제도에 대한 설문조사 결과를 분석하고 있다.

〈○○기업 사내 복지제도에 대한 사원들의 생각〉

※ 조사시기 : 20X9. 04. 15. ~ 04. 25.　　　※ 조사대상 : 사원 453명

질문	응답	명	%
귀하는 현재 직장 내 복지제도에 만족하십니까?	그렇다	91	20.1
	아니다	362	79.9
귀하가 원하는 사내 복지제도는 무엇입니까? (복수응답 가능)	자녀교육비 지원	126	34.8
	의료비 지원	124	34.3
	보육시설	52	12.4
	휴식공간	137	37.8
	여가활동 지원	250	69.1
	사내 동호회 지원	84	23.2
	휴가비 지원	192	53.0
	편의시설	121	33.4
	기타	30	8.3
현재 가장 부족하다고 생각하는 사내 복지제도는 무엇입니까?	자녀교육비 지원	45	12.4
	의료비 지원	17	4.7
	보육시설	16	4.4
	휴식공간	41	11.3
	여가활동 지원	122	33.7
	사내 동호회 지원	2	0.4
	휴가비 지원	81	22.4
	편의시설	26	7.2
	기타	12	3.3
사내 복지제도가 미흡한 이유는 무엇이라 생각하십니까?	기업 내 예산 부족	95	26.2
	정부의 지원 미비	19	5.3
	사내 복지제도에 대한 CEO의 의식 미흡	200	55.2
	조직원들의 복지제도 개선 노력 부족	41	11.2
	기타	7	2.0
사내 복지제도가 좋은 기업이라면 현재보다 연봉이 다소 적더라도 이직할 의향이 있습니까?	그렇다	311	68.7
	아니다	142	31.3

www.gosinet.co.kr **gosi**net

1회 기출예상

2회 기출예상

3회 기출예상

4회 기출예상

5회 기출예상

인성검사

면접가이드

정도변경

44. 김 사원은 설문조사 결과를 토대로 다음과 같이 이 팀장과 회의를 진행했다. ㉠에 들어갈 적절한 복지제도는?

> 이 팀장 : 설문조사 결과가 나왔는데 어떻게 분석하셨나요?
> 김 사원 : 전반적으로 예상한 결과가 나온 것 같습니다.
> 이 팀장 : 사원들이 원하는 복지제도와 부족하다고 느끼는 복지제도의 종류가 비슷하네요.
> 김 사원 : 맞습니다. 그 두 문항에서 가장 수요가 크게 나타났던 '여가활동 지원'은 단기간에 개선하기 힘든 특성이 있기 때문에 그 다음으로 수요가 많은 (㉠)을/를 먼저 개선하는 방향으로 계획했습니다.

① 여가활동 지원　　　　② 사내 동호회 지원　　　　③ 자녀 교육비 지원
④ 의료비 지원　　　　　⑤ 휴가비 지원

45. 다음 중 설문조사의 내용을 분석한 진술로 옳은 것은?

① 비슷한 연봉이라면 사내 복지제도를 더 우선시하는 사원이 그렇지 않은 사원보다 적다.
② 사내 복지제도 중 가장 적은 수의 사원들이 부족하다고 생각하는 것은 의료비 지원이다.
③ 일부 사원은 원하는 사내 복지제도에 두 개 이상을 응답했다.
④ 편의시설이 가장 부족한 복지제도라고 생각하는 사원이 편의시설을 원하는 사원보다 많다.
⑤ 정부의 미비한 지원으로 인해 사내 복지제도가 미흡하다고 응답한 사원의 수가 가장 많다.

46. 맛집 가이드북인 'M 가이드'는 기존에 등재된 레스토랑을 매년 재평가하여 개정판을 낸다. 맛, 창의성, 재료 수준, 가격, 서비스 등 다섯 가지 기준에 따라 레스토랑을 평가하여 Zero, ★, ★★, ★★★ 네 가지 중 하나의 등급을 매긴다. 평가 및 등급에 대한 규정이 다음과 같을 때, 옳지 않은 것은?

〈평가 방법 및 등급 부여 기준〉

ⓐ 다섯 가지 기준은 각 기준마다 점수로 평가되며, 만점은 100점이다.

ⓑ ⓐ에서 평가된 각 점수에 기준에 따른 가중치인 0.2를 곱하여 더한다.

ⓒ ⓑ에서 구해진 결과 값이 90점 이상이면 ★★★, 80점 이상 90점 미만이면 ★★, 70점 이상 80점 미만이면 ★, 70점 미만이면 Zero 등급이 부여된다.

〈등급에 따른 조치〉

• Zero : 개정판에서 삭제

• ★ : 개정판 재등재 및 상금 1,000만 원

• ★★ : 개정판 재등재 및 상금 3,000만 원

• ★★★ : 개정판 재등재 및 상금 7,000만 원

---

① '맛 90점, 창의성 70점, 재료 수준 70점, 가격 70점, 서비스 95점'을 받은 레스토랑에게는 ★등급이 부여된다.

② '맛 90점, 창의성 95점, 재료 수준 95점, 가격 95점, 서비스 90점'을 받은 레스토랑은 상금 7,000만 원을 받을 것이다.

③ '맛 90점, 창의성 70점, 재료 수준 80점, 가격 60점, 서비스 65점'을 받은 레스토랑은 개정판에서 삭제된다.

④ 맛의 가중치를 0.3으로, 가격의 가중치를 0.1로 바꾼다면 '맛 80점, 창의성 65점, 재료 수준 55점, 가격 60점, 서비스 50점'을 받은 레스토랑은 상금을 받을 수 없다.

⑤ 창의성과 재료 수준의 가중치를 0.3으로, 맛과 서비스의 가중치를 0.1로 바꾼다면 '맛 90점, 창의성 95점, 재료 수준 95점, 가격 95점, 서비스 90점'을 받은 레스토랑에게는 ★★★등급이 부여된다.

47. 다음 중 제시된 글에 덧붙였을 때 논증의 변화양상이 다른 하나는? (단, 논증 변화양상은 논증을 강화하거나 약화되는 것이고, 논증이 강화되는 것은 전제가 결론을 더 강하게 지지한다는 의미이다)

> 한별이는 고장난 블루레이 플레이어를 금손 전파사에 맡기려고 한다. 우주의 말에 따르면 우주의 블루레이 플레이어를 금손 전파사에 맡겼을 때 아주 잘 고쳐졌다고 한다. 한별이와 우주의 블루레이 플레이어는 같은 회사 제품이며, 같은 방식으로 제작되었다.

① 우주는 그 블루레이 플레이어 수리를 세 번 맡겼는데 모두 잘 고쳐졌다.
② 한별이는 재작년 신상품을 구매하였고, 우주도 재작년 신상품을 구매하였다.
③ 우주 친구 5명도 블루레이 플레이어를 같은 전파사에 맡겼는데 모두 잘 고쳐졌다.
④ 우주 친구 5명도 블루레이 플레이어를 같은 전파사에 맡겼는데 모두 잘 고쳐졌다. 그러나 5명의 블루레이 플레이어는 각각 다른 회사 제품이다.
⑤ 수리 부품 공급업체가 휴가여서 당분간은 그동안 사용하던 수리 부품을 사용할 수 없다.

48. 청년실업 문제를 해결하기 위한 장관 회의가 열렸다. 부처 실무자들이 협의를 통해 발언의 기회를 주는 조건을 (ㄱ) ~ (ㄹ)과 같이 정했다. 이 조건을 고려할 때 다음 중 옳은 것은?

> (ㄱ) D 장관은 B 장관이 발언한 뒤에, E 장관은 D 장관이 발언한 뒤에 발언한다.
> (ㄴ) A 장관은 D 장관이 발언하기 전에 발언한다.
> (ㄷ) C 장관은 E 장관이 발언한 뒤에 발언한다.
> (ㄹ) A 장관은 가장 먼저 발언하지 않는다.

① B 장관은 세 번째 순서로 발언한다.
② A 장관은 B 장관이 발언하기 전에 발언한다.
③ E 장관은 네 번째 순서로 발언한다.
④ C 장관의 발언 순서는 가장 마지막이 아니다.
⑤ D 장관은 두 번째 순서로 발언한다.

[49 ~ 50] 다음은 철도차량 운전면허 취소 및 효력정지 처분에 관한 세부기준이다. 이어지는 질문에 답하시오.

위반사항 및 내용		처분기준			
		1차 위반	2차 위반	3차 위반	4차 위반
거짓 그 밖의 부정한 방법으로 운전면허를 받은 때		면허취소			
법 제11조 제2호 내지 제4호의 결격사유에 해당하게 된 때 • 정신병자, 정신 미약자, 간질병자 • 마약, 대마, 향정신성의약품 또는 알코올 중독자 • 듣지 못하는 자, 앞을 보지 못하는 자 • 말을 하지 못하는 자 • 다리, 머리, 척추 그 밖의 신체장애로 인하여 걷지 못하거나 앉아 있을 수 없는 자 • 한쪽 팔 또는 한쪽 다리 이상을 쓸 수 없는 자 • 한쪽 다리 발목 이상을 잃은 자 • 한쪽 손 이상의 엄지손가락을 잃었거나 엄지손가락을 제외한 손가락의 모든 마디를 3개 이상 잃은 자		면허취소			
운전면허 효력정지 중 철도차량을 운전한 때		면허취소			
운전면허증을 타인에게 대여한 때		면허취소			
철도차량 운전 중 고의 또는 중과실로 철도사고를 일으킨 때	사망자가 발생한 때	면허취소			
	부상자가 발생한 때	효력정지 3월 이상	면허취소		
	1천만 원 이상 물적 피해가 발생한 때(고의나 중과실에 의하지 않은 경우, 별도 감면 조치)	효력정지 15일 이상	효력정지 3월 이상	면허취소	
술에 만취된 상태(혈중 알코올농도 0.1% 초과)에서 운전한 때		면허취소			
술에 취한 상태의 기준(혈중 알코올농도 0.05% 이상)을 넘어서 운전을 하다가 철도사고를 일으킨 때		면허취소			
마약류를 사용한 상태에서 운전한 때		면허취소			
술에 취한 상태(혈중 알코올농도 0.05% 이상 0.1% 이하)에서 운전하였을 때		효력정지 3월 이상	면허취소		
술을 마시거나 마약을 사용한 상태에서 업무를 하였다고 인정할 만한 상당한 이유가 있음에도 불구하고 확인 또는 검사(측정) 요구에 불응한 때		면허취소			

49. 다음 중 운전면허 취소 사유에 해당하지 않는 것은?

① 음주로 의심되는 상황에서 측정을 거부하는 행위

② 중과실에 의해 사망자가 발생한 철도사고를 일으킨 경우

③ 중과실에 의해 부상자가 발생한 철도사고를 2회 일으킨 경우

④ 혈중 알코올 농도 0.08%인 상태에서 운전을 하다 처음으로 적발된 경우

⑤ 운전면허증을 친구에게 빌려준 사실이 적발된 경우

50. 다음 〈보기〉의 행정 처분의 결과를 가벼운 것부터 순서대로 나열하면?

보기

(가) A 씨는 중과실에 의해 2천만 원의 물적 피해가 발생한 철도사고를 처음 일으키게 되었다.

(나) B 씨는 불가항력적인 사태 발생으로 인해 3천만 원의 물적 피해가 발생한 철도사고를 처음 일으키게 되었다.

(다) 음주운전이 처음인 C 씨는 혈중 알코올 농도 0.1%인 상태에서 운전을 하다가 적발되었다.

(라) D 씨는 운행 중 한쪽 엄지손가락을 잃게 되었다.

① (나)-(가)-(다)-(라) ② (가)-(나)-(다)-(라) ③ (나)-(가)-(라)-(다)

④ (나)-(다)-(가)-(라) ⑤ (라)-(가)-(다)-(나)

51. 다음 중 「철도산업발전기본법」 제3조에서 정하는 용어의 정의로 옳지 않은 것은?

① "철도"는 여객 또는 화물을 운송하는 데 필요한 철도시설과 철도차량, 그리고 이와 유기적으로 구성된 운송체계를 의미한다.

② "철도시설"에는 철도의 선로와 그 부대시설, 환승시설 및 편의시설을 제외한 역시설과 철도운영을 위한 건축물 및 건축설비를 포함한다.

③ "철도산업"은 철도운송, 철도시설, 철도차량 관련 사업과 철도기술개발 관련 사업 그 밖의 철도의 개발·이용·관리와 관련된 사업을 의미한다.

④ "철도운영자"는 철도공사 등 철도운영에 관련된 업무를 수행하는 자를 의미한다.

⑤ 철도운영자는 영리 목적의 영업활동과 관계없이 국가 또는 지방자치단체의 정책이나 공공목적 등을 위해 공익서비스를 제공한다.

52. 다음에서 설명하는 권리의 명칭은?

> 국토교통부장관은 철도시설을 관리하고 그 철도시설을 사용하거나 이용하려는 자로부터 사용료를 징수할 수 있는 권리를 설정할 수 있다. 해당 권리의 설정을 받은 자는 시설사용계약을 통해 철도시설을 사용하려는 자와의 사용계약을 통해 그로부터 사용료를 징수할 수 있다. 이때의 철도시설사용료는 철도의 사회경제적 편익과 다른 교통수단과의 형평성 등을 고려하여야 한다.

① 철도자산처리권

② 철도시설사용권

③ 철도서비스이용권

④ 철도운영감독권

⑤ 철도시설관리권

53. 다음 중 철도산업에 관한 기본계획 및 중요정책을 심의·조정하는 철도산업위원회에 대한 설명으로 옳지 않은 것은?

① 철도산업위원회는 국토교통부 소속으로 하며, 위원장은 국토교통부장관이 된다.
② 철도산업위원회는 철도산업의 육성과 발전에 관한 중요정책을 심의·조정한다.
③ 철도산업위원회는 국가철도공사 이사장, 한국철도공사 사장을 포함한 25인 이내의 위원으로 구성한다.
④ 철도산업위원회는 안건 심의에 대해 실무위원회에 이를 위임할 수 있다.
⑤ 철도산업위원회의 간사는 국토교통부 소속 공무원 중에서 지명한다.

54. 다음 중 「한국철도공사법」에서 정하는 한국철도공사의 사업에 해당하지 않는 것은?

① 역세권 개발·운영 사업
② 철도 장비와 철도용품의 제작·판매·정비 및 임대사업
③ 카지노업을 포함하여 철도운영과 관련된 관광사업
④ 국외 철도 차량의 정비 및 임대사업
⑤ 철도와 다른 교통수단과의 연계운송사업

55. 한국철도공사에서 발행하는 사채에 대한 설명으로 옳은 것은?

① 국가는 한국철도공사의 공사의 경영 안정을 위한 재정 지원을 목적으로 한국철도공사의 사채 인수를 할 수 있다.
② 한국철도공사가 발행하는 사채의 소멸시효는 10년, 이자는 5년이 지나면 완성된다.
③ 한국철도공사의 사채 발행에는 주주총회의 결정을 요구한다.
④ 국가 및 지방자치단체는 공사가 발행하는 사채의 원리금 상환을 직접 보증하여서는 안 된다.
⑤ 한국철도공사가 수립한 사채발행 운용계획은 이사회의 의결을 거쳐 국회의 승인을 받아야 한다.

56. 국유재산의 관리에 관하여 다음에 관한 「한국철도공사법」의 내용으로 옳지 않은 것은?

> 국가는 국유재산을 국가 외의 자에게 일정 기간 유상이나 무상으로 사용 · 수익할 수 있도록 하는 계약을 체결할 수 있다. 대부계약의 대상이 될 수 있는 국유재산은 국가가 보유한 일반재산 중 대부를 목적으로 하는 물품이거나, 대부하여도 국가의 사업 또는 사무에 지장이 없다고 인정되는 물품이 해당된다.

① 국가는 한국철도공사의 철도여객사업을 효율적으로 수행하기 위하여 국토교통부장관이 필요하다고 인정하면 공사에 국유재산을 무상으로 대부할 수 있다.

② 한국철도공사는 무상전대의 대상이 된 국유재산에 건물이나 그 밖의 영구시설물을 축조하지 못한다.

③ 한국철도공사가 국토교통부장관의 승인을 받아 국가로부터 무상대부받은 국유재산을 전대(轉貸)할 수 있다.

④ 국유재산에 대한 한국철도공사의 무상대부계약은 국유재산관리청과 공사간의 계약에 의한다.

⑤ 국유재산에 대한 한국철도공사의 무상사용은 당해 국유재산관리청의 허가에 의한다.

57. 철도의 여객 운임 · 요금에 관한 「철도사업법」상의 규정으로 옳지 않은 것은?

① 철도사업자는 여객 운임 · 요금을 변경하기 위해서는 기획재정부장관에게 이를 신고하여야 한다.

② 철도사업자는 여객 운임 · 요금의 결정에 있어서 버스 등 다른 교통수단과의 형평성을 고려하여야 한다.

③ 여객 운임 · 요금을 변경할 경우 그 시행 1주일 이전에 인터넷 홈페이지를 포함하여 일반인이 잘 볼 수 있는 곳에 게시하여야 한다.

④ 철도사업자는 여객 유치를 위한 기념행사를 이유로 일정 기간과 대상을 정하여 신고한 여객 운임 · 요금을 감면할 수 있다.

⑤ 국토교통부장관은 철도산업위원회 또는 관련 전문가의 의견을 통해 여객 운임 · 요금의 상한을 지정할 수 있다.

58. 다음에서 설명하는 철도의 종류는?

> 다른 사람의 수요에 따른 영업이 아닌 산업, 물류, 군사 등 특수한 목적을 수행하기 위하여 설치하거나 운영하는 철도를 의미한다. 이를 운영하려는 자는 해당 철도의 건설 · 운전 · 보안 및 운송에 관한 사항을 포함한 운영계획서를 첨부하여 국토교통부장관에게 이를 등록하여야 한다. 우리나라에는 괴동선(포항제철선), K-2인입선 등이 여기에 해당한다.

① 전용철도   ② 국유철도   ③ 간선철도
④ 우편철도   ⑤ 고속철도

59. 철도서비스의 품질평가와 우수철도서비스 인증제도에 대한 설명으로 옳지 않은 것은?

① 국토교통부장관은 철도사업자가 제공하는 적정한 철도서비스의 기준을 정하고 그에 따라 철도 서비스의 품질평가를 실시하여야 한다.

② 철도사업자 간 경쟁 과열을 방지하기 위해 우수철도서비스인증을 받은 철도사업자는 해당 사실을 홍보의 수단으로 이용하는 것이 제한된다.

③ 국토교통부장관은 서비스의 품질평가결과가 우수한 철도사업자를 대상으로 예산의 범위 안에서 포상 등 지원시책을 시행할 수 있다.

④ 국토교통부장관은 철도서비스의 품질평가에 따른 결과를 신문 등 대중매체를 통하여 공표하여야 한다.

⑤ 국토교통부장관은 관계 전문기관에 평가를 포함한 철도서비스 품질 관련 업무를 위탁할 수 있다.

60. 철도화물운송사업에 종사하는 철도운수종사자에 관한 「철도사업법」상의 내용에 대해 다음 중 옳지 않은 것은?

① 철도사업에 종사하는 운수종사자는 정당한 사유 없이 화물의 운송을 거부하거나 화물을 중도에 내리게 하여서는 아니 된다.

② 철도화물운송에 대해 화물이 인도기한을 지난 후 3개월 이내에 인도되지 않으면 해당 화물은 멸실된 것으로 본다.

③ 철도사업자는 화물 운송에 부수하여 우편물을 운송하여서는 아니 된다.

④ 철도화물운송 중 발생한 화물의 멸실 · 훼손 또는 인도의 지연에 대한 손해배상책임에 관하여는 「상법」 제135조를 준용한다.

⑤ 철도사업자는 송하인이 운송장에 적은 화물에 따라 계산한 운임이 정당한 사유 없이 정상 운임보다 적다면 송하인에게 그 부족 운임의 5배의 범위에서 부가 운임을 징수할 수 있다.

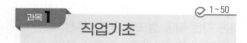

과목**1**
직업기초   ✓ 1~50

01. 다음은 한국교통안전공단이 지난 7월 전국 운전자 3,922명을 대상으로 '안전속도 5030 정책'의
인지도를 조사한 자료에 대한 기사 내용이다. 이에 대한 설명으로 적절하지 않은 것은?

> 운전자 10명 중 3명은 내년 4월부터 전면 시행되는 '안전속도 5030' 정책을 모르고 있는
> 것으로 나타났다. 13일 한국교통안전공단은 지난 7월 전국 운전자 3,922명을 대상으로 '안전
> 속도 5030 정책 인지도'를 조사한 결과, 이를 인지하고 있는 운전자는 68.1%에 그쳤다고
> 밝혔다. 안전속도 5030 정책은 전국 도시 지역 일반도로의 제한속도를 시속 50km로, 주택가
> 등 이면도로는 시속 30km 이하로 하향 조정하는 정책이다. 지난해 4월 도로교통법 시행규칙
> 개정에 따라 내년 4월 17일부터 본격적으로 시행될 예정이라고 한다. 교통안전공단에 따르면
> 예기치 못한 사고가 발생하더라도 차량의 속도를 30km로 낮추면 중상 가능성은 15.4%로
> 크게 낮아진다고 한다. 이것이 바로 안전속도 5030 정책을 시행하는 이유이기도 하다.
> 이번 조사에서 특히 20대 이하 운전자의 정책 인지도는 59.7%, 30대 운전자는 66.6%로
> 전체 평균보다 낮은 것으로 나타났다. 반면 40대(70.2%), 50대(72.1%), 60대 이상(77.3%)
> 등 연령대가 높아질수록 안전속도 도입을 알고 있다고 응답한 비율이 높았다. 조사에 따르면
> 운전할 때 주로 이용하는 경로검색 수단으로는 모바일 내비게이션을 이용한다는 응답자가
> 74.2%로 가장 많았다. 이어 차량 내장형·거치형 내비게이션(49.8%), 도로 표지판(23.1%)
> 등의 순으로 많다고 조사되었다. 특히 20~30대에서는 모바일 내비게이션을 이용한다는 응
> 답자의 비율이 약 80%에 달했다. 이에 공단은 모바일 내비게이션 음성안내 등을 통해 제한속
> 도 하향 조정에 대한 공감대를 만들기로 했다.

① 내년에 시행되는 안전속도 5030 정책은 운전자 10명 중 약 3명이 모르는 것으로 나타났다.

② 전 연령대 평균 정책 인지도는 70.2%로 높은 편이었다.

③ '안전속도 5030 정책'을 모른다는 응답은 31.9%였다.

④ 연령대별 정책 인지도는 연령대가 낮을수록 낮다는 결과를 보였다.

⑤ 연령대가 높아질수록 안전속도 정책 도입을 알고 있다고 응답한 비율이 높았다.

02. 다음 토론에 대한 설명으로 옳지 않은 것은?

〈'잊힐 권리'를 법으로 제정해야 하는가?〉

- 찬성하는 입장 : 빅 데이터 시대에 진입하면서 개인정보는 무분별하게 수집되는 데 비해 개인은 이를 막을 방도가 없습니다. 개인정보는 개인의 사적인 기록이기 때문에 법으로 보호받아야 함이 마땅합니다.
- 반대하는 입장 : 이미 관련 법률이 있다면 법제화가 필요 없겠죠?
- 찬성하는 입장 : 그렇습니다.
- 반대하는 입장 : 「정보통신망 이용촉진 및 정보 보호 등에 관한 법률」 제44조의 2에 '정보의 삭제 요청'에 관한 사항이 규정되어 있다는 사실을 알고 계십니까?
- 찬성하는 입장 : 확인해 보지 못했습니다.
- 반대하는 입장 : 그렇다면 법제화가 필요 없다는 입장에 동의하시는 거죠?
- 찬성하는 입장 : 하지만 그렇게 규정되어 있어도 계속 문제가 된다는 것은 제대로 시행되지 않고 있다는 것 아닙니까? 따라서 잊힐 권리를 법제화함으로써 개개인의 정보를 더욱 개인화시켜야 한다고 봅니다.
- 반대하는 입장 : 지나친 잊힐 권리는 개인의 정보 보호보다는 국민의 알 권리에 더 큰 제약을 가할 수 있습니다. 또한 잊힐 권리가 보장된다면 결국 최대 수혜자는 권력이나 자본을 소유한 사람들이 될 것입니다. 그들은 힘을 이용하여 제도를 바꾸거나 소송을 통해 이미 저장된 기록들을 자신들에게 유리한 방향으로 삭제하거나 바꿀 것은 자명하기 때문입니다.

---

① 제시된 토론은 반대신문식 토론에 해당한다.

② 반대하는 입장은 폐쇄형 질문 방식을 사용하고 있다.

③ 토론 논제의 성격은 가치 논제이다.

④ 찬성하는 입장은 기존의 법이 제대로 시행되지 않고 있다고 생각한다.

⑤ 반대하는 입장은 새로운 법이 제정될 경우 생길 수 있는 악영향에 대해 걱정하고 있다.

03. 다음 밑줄 친 ⑦ ~ ② 중 흐름상 적절하게 사용되지 않은 것은 모두 몇 개인가?

> 금융 제도나 금융 상품과 관련된 정보는 전문 용어들이 많을 뿐 아니라 관련 제도나 법이 수시로 변하기 때문에 일반인들이 모든 정보를 이해하기가 쉽지 않다. 그러다 보니 금융 기관의 종사자로부터 얻는 금융 관련 정보에 의존하거나 투자 권유를 받는 경우가 종종 있다.
>
> 하지만 다른 사람의 말만 믿고 ⑦투자 의사 결정을 내렸다가 손실이 발생했다고 해서 그 사람이 손실을 보상해 주는 것은 아니며 모든 책임은 전적으로 자신에게 ⓛ존속된다는 점을 명심할 필요가 있다.
>
> 투자 의사 결정의 기본은 'ⓒ자기 책임의 원칙'이다. 이 원칙은 투자와 관련한 정보나 조언은 누구에게서나 얻을 수 있지만, 최종적인 판단은 반드시 자신의 책임하에 이루어져야 하며, 그 결과 또한 자신이 책임져야 한다는 원칙이다. 이 원칙은 개인의 선택을 기초로 하는 ⓔ계획 경제의 운용 원칙이며, 근대 민법의 기본 원리이기도 하다.
>
> 금융 상품 판매 실적을 올려야 하는 금융 기관 종사자의 말만 믿고 예금자 ⓜ보호 대상이 아닌 상품을 구매한다거나, 재무 상태가 건전하지 못한 금융 기관에 예금자 보호 한도를 초과하는 과도한 금액을 집중 ⓗ배치하는 것은 바람직한 금융 의사 결정이 아니다. 금융 기관에 종사하는 사람들이 제시하는 원금 보장, 수익 보장, 손실 보전의 약속 등은 자본 시장법상 엄격히 금지하는 행위이며, 아무런 효력이 인정되지 않는다는 것을 ⓢ유념할 필요가 있다.

① 1개   ② 2개   ③ 3개
④ 4개   ⑤ 5개

04. 다음 글을 읽고 직원들이 나눈 대화의 빈칸에 들어갈 내용으로 가장 적절한 것은?

> 키오스크(Kiosk)란 '신문, 음료 등을 파는 매점'을 뜻하는 영어단어로, 정보통신에서는 정보서비스와 업무의 무인·자동화를 통해 대중들이 쉽게 이용할 수 있도록 공공장소에 설치한 무인단말기를 말한다. 공공시설, 대형서점, 백화점이나 전시장, 또는 공항이나 철도역 같은 곳에 설치되어 각종 행정절차나 상품정보, 시설물의 이용방법, 인근 지역에 대한 관광정보 등을 제공한다. 대부분 키보드를 사용하지 않고 손을 화면에 접촉하는 터치스크린(Touch Screen)을 채택하여 단계적으로 쉽게 검색할 수 있다. 이용자 편의를 제공한다는 장점 외에도 정보제공자 쪽에서 보면 직접 안내하는 사람을 두지 않아도 되기 때문에 인력절감 효과가 크다. 특히 인터넷을 장소와 시간에 구애받지 않고 쓸 수 있는 인터넷 전용 키오스크가 관심을 끌고 있다.

> A 씨 : 요즘 각종 증명서도 키오스크를 통해 발급받을 수 있어서 민원 업무 처리 직원이 줄고 있어.
> B 씨 : 맞아. 민원인들도 차례를 기다리는 대기 시간이 짧아져서 키오스크 사용을 선호하는 편이야.
> C 씨 : 하지만 (   )
> D 씨 : 게다가 점자나 음성이 지원되지 않는 점 때문에 시각장애인들도 불편을 호소하고 있어. 이 문제점에 대한 개선이 필요해.

① 키오스크의 기술적인 한계가 극복되는 추세야.
② 기술이 발달함에 따라 키오스크에서 발생할 수 있는 오류가 줄어들고 있어.
③ 중요한 업무 처리에서까지 키오스크의 활용 범위가 확대되고 있어.
④ 디지털 기기에 익숙하지 않은 일부 시민들은 키오스크 이용에 어려움을 느끼기도 해.
⑤ 키오스크의 직관적인 조작 방식으로 누구나 쉽게 이용할 수 있어.

[05 ~ 06] 다음 글을 읽고 이어지는 질문에 답하시오.

○○부 직원 L은 면접시험 안내문을 열람하고 있다.

〈○○부 서류전형 합격자 대상 면접시험 안내〉

일시	202X년 2월 3일 토요일 13시
장소	○○부 G 건물 로비 ※ 담당자 안내에 따라 면접대기실 및 시험장으로 이동
시험 안내	개별면접 후 평정요소별 평가가 이루어짐. • 총 세 가지 평정요소에 대하여 상 · 중 · 하로 평가 • 평정요소 : ① 의사표현능력, ② 성실성, ③ 창의력 및 발전가능성
당일 제출서류	면접 당일에 원서접수 시 작성하였던 경력 전부에 대한 증빙자료를 제출해야 함. ※ 서류는 반드시 시험장 이동 전 담당자에게 제출할 것 • 4대 보험 자격득실 이력확인서 중 1종 제출 　: 고용보험, 국민연금, 건강보험, 산재보험 중 1종 • 소득금액증명서(☆☆청 발급) 제출 　: 무인민원발급기, 인터넷 또는 세무서에서 발급 가능 • 폐업자 정보 사실증명서 제출 　: 작성한 경력이 폐업회사인 경우 제출
유의사항	• 면접 당일 ○○부 G 건물 로비에서 출입증을 발급받아야만 면접대기실 및 시험장 　입실이 가능함. • 출입증 발급 시 반드시 신분증(주민등록증, 운전면허증, 여권만 인정)이 필요함. • 면접대기실에서 담당자에게 출석을 확인한 뒤 안내에 따라 시험장으로 이동함. • 불참 시 채용을 포기한 것으로 간주함.
최종 합격자 발표	• 202X년 2월 20일 화요일 15시 • 합격자 명단은 ○○부 홈페이지에 게재됨(개별 통지하지 않음). ※ 시험 결과, 적합한 대상이 없는 경우 선발하지 않을 수 있음.

05. 다음 중 직원 L이 위 자료를 이해한 내용으로 적절하지 않은 것은?

① 평정요소 중 의사표현능력이 창의력 및 발전가능성보다 중요하다.

② 원서접수 시 기재한 경력에 대한 증빙서류를 당일 제출하여야 한다.

③ 폐업회사에서의 경력이 있는 경우 추가로 제출하여야 하는 서류가 있다.

④ 시험장에 입실하기 위해서 반드시 신분증이 필요하다.

⑤ 시험장 이동 전 담당자에게 출석을 확인하여야 한다.

06. 직원 L은 위 자료에 대해 〈보기〉와 같은 질문을 받았다. 다음 중 (가) ~ (마)에 대한 답변으로 올바른 것은?

보기

〈면접시험 관련 질문〉

(가) 면접은 어디에서 진행되나요?

(나) 경력 증빙자료는 당일 누구에게 제출하면 되나요?

(다) 소득금액증명서는 어디서 발급 가능한가요?

(라) 세 가지 평정요소에 대한 평가는 어떻게 이루어지나요?

(마) 최종 합격자 발표 결과는 어떻게 알 수 있나요?

① (가) ○○부 Y 건물 로비에서 진행됩니다.

② (나) 시험장에 입실하여 앞에 앉은 면접관에게 제출하시면 됩니다.

③ (다) 세무서에 직접 방문해야만 발급받을 수 있습니다.

④ (라) 개별면접 이후 면접관이 상·하로 평가합니다.

⑤ (마) 최종 합격자 발표는 ○○부 홈페이지에서 확인할 수 있습니다.

[07 ~ 08] 다음 제시상황과 글을 읽고 이어지는 질문에 답하시오.

○○공사의 박 대리는 보도자료를 열람하고 있다.

〈 　　　　　　　　　 ㉠ 　　　　　　　　　 〉

○○공사는 이달 공모를 통해 국내 최초로 지하철 역사 내 공유오피스를 조성하기 위한 사업의 최종 운영사로 P사를 선정했다. 공유오피스로 탈바꿈할 임대공간이 위치한 역사는 A 역(2 · 5호선 환승역), B 역(5 · 6 · 경의중앙선 · 공항철도 환승역), C 역(2 · 5 · 경의중앙선 · 수인분당선 환승역), D 역(7호선) 등 4개소로 총 임대면적 951m² 규모로 조성공사 등 시험 준비를 거친 뒤 오는 7월 오픈할 예정이다.

공유오피스는 이용자가 원하는 시기를 정해 업체가 관리하는 공간을 예약하여 사용하는 장소로, 자본이 부족한 스타트업이나 1인 기업이 사무실 개설 시의 초기 비용부담(보증금 · 중개수수료 · 인테리어 비용 등) 없이 이용할 수 있다는 장점이 있다. 대부분의 공유오피스들은 이동 편의성을 중시해 역세권에 위치하고 있는데 이번 지하철역 공유오피스는 '역세권 이상'의 이동 편의와 초접근성을 지니게 된다. 또한 수많은 승객이 타고 내리는 지하철 공간의 특성상 이용자들이 부수적으로 광고효과까지 노릴 수 있을 것으로 전망된다.

이번 사업을 통해 P사는 시내 주요 도심에 위치한 4개 역사의 뛰어난 접근성을 활용한 직주근접(직장, 주거지 근접) 오피스를 선보인다. 고정 근무를 위한 데스크형 공간이 아닌 필요한 일정에 따라 자유로운 이용이 가능한 라운지형 공간으로 조성될 예정이며, 비대면 환경 구축과 편의성을 위해 간편하고 안전한 QR코드 출입 시스템으로 운영된다.

또한, 이번 협업을 기점으로 B2B와 B2C 시장의 니즈를 모두 충족한다는 목표를 세워 최근 높아진 기업고객의 분산근무 수요를 충족해 나가는 동시에, 일 혹은 주 단위의 단기 업무 공간 혹은 소모임 공간이 필요한 개인고객 대상 라운지형 상품 출시도 검토하고 있다.

향후 P사는 이와 같은 새로운 시도를 통해 고객들이 근무 장소에 국한되지 않고 어디에서나 자유롭게 일할 수 있는 환경, 즉 '워크 애니웨어(Work Anywhere)' 실현을 비전으로 정립하고 가치를 추구하기 위해 다양한 혁신을 선보일 계획이다.

07. 다음 중 박 대리가 위 자료를 이해한 내용으로 적절한 것은?

① P사는 직주근접 오피스와 개인고객 대상 라운지형 상품을 함께 출시할 예정이다.

② 이번에 공유오피스를 설치할 4개 역사는 7월부터 조성공사를 실시한다.

③ P사는 현재 16개의 지점을 운영하고 있으며, 상반기에 추가로 3개 지점을 더 추가 개점할 예정이다.

④ 지하철역 공유오피스는 지하철 내에 위치하여 이동의 편의성과 광고효과를 기대할 수 있다.

⑤ 공유오피스 보증금은 사무실 개설 시 보증금의 절반 정도밖에 되지 않으므로 자본이 부족한 스타트업이나 1인 기업의 초기 이용부담을 줄일 수 있다.

08. 다음 중 ㉠에 들어갈 글의 제목으로 적절한 것은?

① 코로나 시대의 달라진 업무 환경과 오피스 활용 혁신 사례

② 공유오피스 사업, 예비타당성조사 통과 후 진행에 박차를 가할 것인가?

③ ○○공사 · P사, 국내 최초 지하철 역내 공유오피스 조성

④ ○○공사 · P사, 임대공간 활용 방안에 대한 연구 협약 체결

⑤ 유니콘 기업 P사, 비대면 시대의 공유오피스의 현재와 미래의 가능성

09. 다음 글을 대표하는 핵심 키워드를 3개 선정할 때 가장 적절한 것은?

정부가 어린이 보호구역 제도의 정책 기조를 '어린이 보호 최우선'으로 전환하면서 어린이 교통사고 사전예방에 집중하기로 했다. 정부는 운전자에 대한 처벌보다는 어린이 교통사고 예방에 중점을 두면서 행정안전부를 중심으로 교통안전 분야 전문가와 관계부처, 지자체 및 시민단체의 다양한 의견 수렴을 거쳐 '어린이 보호구역 교통안전 강화대책'을 마련했다.

202X년까지 전국 모든 어린이 보호구역에 무인 교통단속 장비와 신호등 설치 완료를 목표로 교통사고 우려가 큰 지역에 무인 교통단속 장비 1,500대와 신호등 2,200개를 우선 설치한다. 다만 도로 폭이 좁은 이면도로와 같이 설치가 부적합한 지역에는 과속방지턱과 같은 안전시설을 확충할 계획이다. 또 학교 담장을 일부 안쪽으로 이동해 보도를 설치하는 등 안전한 어린이 통학로 조성사업을 적극 추진한다. 만약 물리적으로 공간 확보가 어려운 경우 제한속도를 현행 30km/h에서 20km/h 이하로 더 낮추어 보행자에게 우선 통행권을 부여할 방침이다. 아울러 노랑 신호등과 같이 운전자들이 쉽게 인식할 수 있는 시설을 설치하고, 과속방지턱과 같은 기존 안전시설 규격을 보완하는 등 어린이 보호구역 정비 표준모델을 개선한다.

앞으로 어린이 보호구역 내 신호등이 없는 횡단보도에서는 모든 차량이 의무적으로 일시정지해야 한다. 또 주 · 정차 위반 차량에 대한 범칙금과 과태료를 현행 일반도로의 2배인 8만 원에서 3배인 12만 원으로 상향하도록 도로교통법 및 시행령을 개정할 계획이다. 특히 올해 말까지 학교와 유치원 등 주 출입문과 직접 연결된 도로에 있는 불법 노상주차장 281개 소를 모두 폐지하는데, 이에 따른 주차난 해소를 위해 공영주차장 공급을 확대한다. 한편 상반기 중에는 소화전과 교차로, 버스정류장, 횡단보도 등 안전신문고를 활용한 불법 주 · 정차 주민신고 대상에 '어린이 보호구역'을 추가 · 시행할 방침이다.

정부는 노인 일자리 사업과 연계해 어린이 등 · 하교 교통안전 계도활동을 202X년까지 전국 초등학교로 확대할 계획이다. 또한 어린이 교통안전 체험교육 확대를 위해 AR · VR 등 실감형 자료를 개발하고 안전체험관에 안전한 보행코너를 신설할 예정이다. 아울러 신규 운전면허 취득자 과정에 어린이 교통안전 관련 내용을 추가한다. 내비게이션에는 운전자들에게 경각심을 줄 수 있도록 어린이 음성을 추가하고, 표출화면에는 제한속도 초과 시 경고 표시 및 가중처벌 안내 등을 검토한다. 이와 함께 보호구역 인지도 제고를 위해 제한속도 지키기 운동 등 범국민 캠페인도 지속적으로 전개한다는 방침이다.

행정안전부 장관은 "어린이 보호구역 내 어린이 사망사고가 더 이상 발생하지 않도록 정부에서 할 수 있는 일들을 적극 추진해 나가겠다."라면서 "국민 여러분께서도 어린이 보호구역에서 운전하실 때 각별히 주의해 주시길 당부드린다."라고 밝혔다.

① 어린이 보호구역, 교통안전 강화대책, 무인 교통단속 장비
② 어린이 보호구역, 무인 교통단속 장비, 제한속도 지키기 운동
③ 어린이 보호구역, 교통안전 강화대책, 어린이 등 · 하교 교통안전 계도활동
④ 어린이 보호구역, 어린이 교통사고 사전예방, 교통안전 강화대책
⑤ 어린이 교통사고 사전예방, 무인 교통단속 장비, 어린이 교통안전 체험교육

1회 기출예상

2회 기출예상

3회 기출예상

4회 기출예상

5회 기출예상

인성검사

면접가이드

컬러별책

10. 다음 글을 읽고 추론한 내용으로 적절한 것은?

> CCTV는 특정 장소에 카메라를 설치한 후 유선이나 무선 네트워크를 통해 특정 수신자에게 화상을 전송하는 시스템으로 산업용, 교통제어용 등 다양한 용도로 사용 중이다. 범죄 예방 및 감소 수단으로 주목받으면서 그 수가 급증하고 있으나 실효성에 대해서는 찬반 의견이 나뉜다. 먼저 CCTV 비관론자들은 범죄자들이 CCTV 설치 지역에서 CCTV가 없는 곳으로 이동하는 범죄전이효과가 나타난다고 본다. 범죄자들은 어떤 난관이 있어도 범죄를 저지르므로 CCTV가 범죄 예방 효과를 내지 못하며 오히려 일반 국민이 감시받게 되어 기본권 침해가 발생한다는 것이다. 또한 CCTV 관련 비용은 지자체가 부담하고 관리는 경찰이 맡는 상황에서 CCTV 설치 장소로 지자체는 주민 밀집 지역을, 경찰은 범죄 다발 지역을 선호하는 문제가 발생한다. 지자체별 예산 규모에 따라 CCTV가 편중되게 설치되면 범죄전이효과가 극대화할 수도 있다. 반면 CCTV 낙관론자들은 CCTV가 범죄 억제에 효과가 있다고 본다. CCTV가 잘 정비된 영국에서 CCTV의 범죄 감소 효과를 주장하는 연구 결과가 꾸준히 나오고 있다. 우리나라에서도 2002년 강남구 논현동 주택가에 처음으로 5대의 CCTV를 설치 및 운영한 이후 1년간 해당 지역 내 범죄가 36.5%나 감소했다고 발표했다. 또한 이익확산이론에 따르면 어느 한 지역의 방범 체계가 견고하면 잠재적 범죄자들이 다른 지역에도 CCTV가 설치되어 있을 것으로 생각하여 범행을 단념한다고 본다.

① CCTV 비관론자는 2002년 논현동에서 감소한 범죄만큼 타 지역 범죄가 늘었다고 생각할 것이다.

② 이익확산이론은 한 지역의 CCTV 위치 및 수량을 잘 아는 잠재적 범죄자에게는 적용되지 않는다.

③ 경찰은 집중 관리하는 범죄 다발 지역보다 안전한 지역에 CCTV를 설치해 방범을 강화할 것이다.

④ 방송사 카메라가 방송용 몰래카메라 콘텐츠를 찍는다면 그때부터 CCTV로서 지위를 가질 것이다.

⑤ 범죄전이효과에 따르면 범죄자들은 CCTV라는 장해에도 불구하고 CCTV 설치 지역에서 범죄를 저지를 것이다.

[11 ~ 12] 다음은 '공공기관 사회적 가치 포럼'에 대한 보도문이다. 이어지는 질문에 답하시오.

2019년 7월 5일 ○○컨벤션센터·무역전시관에서 열린 '공공기관 사회적 가치 포럼'은 사회적 가치 실현과 확산을 위한 과제 및 실행방안에 대해 주요 공공기관 관계자, 관련 연구자 등 전문가들이 모여 활발하게 이야기를 나눈 자리였다. 현정부의 핵심 과제 중 하나인 사회적 가치에 대해 국민들의 관심과 기대가 높아지는 가운데, 주요 추진 주체인 공공기관들이 느끼는 다양한 고민을 허심탄회하게 주고받았다.

'제2회 대한민국 사회적 경제 박람회'의 부대 행사로 열린 이 날 포럼은 '공공기관 사회적 가치 협의체' 주관으로 열렸다. 협의체는 올해 2월 한국가스공사, 한국수자원공사, 한국철도공사, 한국토지주택공사를 비롯한 공공기관과 희망제작소, 한겨레경제사회연구원, 한국사회적기업진흥원, 전국사회연대경제 지방정부협의회 등 연구 및 지정기관 등이 모여 사회적 가치 실천과 확산을 도모하기 위해 꾸린 기구다.

포럼의 시작은 박△△ L□□2050 대표가 열었다. 그는 '공공기관의 사회적 가치와 국민 인식'이라는 주제를 통해 지난 5월 국민 1,027명을 대상으로 L□□2050이 실시한 '국민 인식조사' 결과를 공개했다(온라인, 95% 신뢰수준 오차범위 ±3.06%). "국민들은 공공기관이 앞장서서 사회적 가치를 실현해야 하지만, 현재는 미흡한 상황으로 인식한다."라는 게 핵심이었다. 두 번째 발표자로 나선 임△△ 한국가스공사 상생협력부장은 '공공기관 사회적 가치 실현의 어려움과 극복방안'이라는 주제로 업무 담당자로서 현장에서 느낀 현실적인 고민들을 언급했다. 재직 기간의 절반을 사회적 가치(사회적 책임) 업무에 몸담은 그는 먼저 사회적 가치 개념이 아직 정립되지 않은 데서 느끼는 어려움을 토로했지만, 곧바로 "사회적 가치는 시대 흐름인 만큼 구체적인 개념은 개별 공공기관의 설립 목적에서 찾아야 한다."라며 스스로 해답을 내놓았다. 세 번째 공공기관 사회적 가치 실현 사례와 유형을 주제로 발표에 나선 조△△ 한겨레경제사회연구원 센터장은 주요 공공기관에서 진행된 실제 사례를 예로 들며 참석자들의 이해를 도왔다. 그는 연구를 통해 최근 정리한 공공기관의 사회적 가치 실현 방법을 소개했다. 기관 설립 목적 및 고유사업 정비(타입 1), 조직 운영상 사회적 책임이행(타입 2), 가치사슬(Value Chain)상 사회적 가치 이행 및 확산(타입 3)의 3가지였다.

발표 후 이어진 토론에서는 공공기관 사회적 가치 업무 담당자들의 공감의 발언들이 쏟아졌다. 오△△ 한국수자원공사 사회가치창출부장은 "공공기관은 수익성을 놓치지 않은 채 사회적 가치를 실현할 방법을 고민하고 있다."라며 "기관 전체 차원에서 사업추진 프로세스와 관점의 변화가 필요하다."라고 강조했다. 마△△ 한국철도공사 윤리경영부장도 "사회적 가치를 추구하더라도 공공성과 효율성을 어떻게 조화시킬 것인가 하는 고민은 계속될 것"이라고 전했다. 공공기관 구성원들에 대한 당부도 나왔다. 김△△ 전국 사회연대경제 지방정부협의회 사무국장은 "사회적 가치 실현을 위해 외부 기관의 진단이나 평가 등을 제도화하는 것도 중요하다."라면서도 "다만 구성원들이 사회적 가치를 제대로 이해하고 성찰하는 계기를 마련하는 작업이 우선"이라고 말했다.

공공기관 담당부서 관계자, 관련 연구자 등 수백 명이 넘는 참석자들이 자리를 가득 메운 채 긴 시간 동안 진행된 이 날 포럼은 '사회적 가치를 공공기관 경영의 중심에 놓아야 한다.'는 깊은 공감대 속에서 활발하게 진행됐다. 사회적 가치의 개념과 추진 방법에 대한 현장의 혼란을 고스란히 듣고, 수익성과 공공성 사이에서 적절한 지점을 찾는 과정이 필요하다는 점 등 향후 과제를 짚어본 점 역시 큰 수확이었다. 그 때문에 앞으로 공공기관과 공공부문을 중심으로 추진될 사회적 가치 실현 작업에 대한 기대도 커졌다.

11. 다음은 공공기관의 사회적 가치 실현 사례이다. 위 보도문에서 제시한 사회적 가치 실현 방법에 따라 아래 사례 1, 2, 3을 바르게 구분한 것은?

> (사례 1) 한국토지주택공사의 '하도급 건설노동자 적정임금제 시범사업'을 거론했다. 그는 "사회적 가치를 실현하기 위해 공공기관은 시민 또는 다양한 이해관계자들과 협력하고 미래세대까지 고려해야 해서 업무 과부화가 있을 것"이라며 "일의 개수를 줄이는 '마이너스 혁신'도 함께 필요하다."라고 말했다.
>
> (사례 2) 한국수자원공사의 '계량기를 이용한 어르신 고독사 예방 사업'을 거론했다. 공사의 일상 업무인 수도검침 작업을 통해 지역사회 복지 사각지대를 발굴, 행정과 연계하는 서비스로 지난해 총 34명이 긴급생계비 지원을 받았다.
>
> (사례 3) 한국철도공사의 산간벽지 주민을 위한 '공공택시 철도연계서비스'를 거론했다. 철도공사와 지자체 간 협력을 통해 평소 이동에 불편이 큰 주민들이 지역 택시를 타고 기차역으로 쉽게 이동할 수 있도록 한 서비스로 현재 전국 100개 시·군에서 추진 중이다. '철도 운영의 전문성과 효율성을 높여 철도산업과 국민경제에 이바지한다.'는 기존 한국철도공사법 제1조(목적)에 '국민들에게 편리하고 안전하고 보편적인 철도서비스를 제공하며, 저탄소 교통 체계를 확산한다.'는 문구를 추가해 기관의 사회적 가치 실현을 도모할 수 있다는 취지다.

	기관 설립 목적 및 고유사업 정비(타입 1)	조직 운영상 사회적 책임 이행(타입 2)	가치사슬상 가치 이행 및 확산(타입 3)
①	사례 2	사례 1	사례 3
②	사례 3	사례 2	사례 1
③	사례 1	사례 3	사례 2
④	사례 3	사례 1	사례 2
⑤	사례 1	사례 2	사례 3

12. 위 보도문에 제시된 포럼에 참석한 토론자들이 말한 내용이 아닌 것은?

① 공공기관이 사회적 가치를 실현하기 위해서는 다섯 가지 핵심 원칙을 준수해야 한다.
② 공공기관이 사회적 가치를 실현할 때에는 공공성과 효율성을 함께 고려해야 한다.
③ 공공기관이 사회적 가치를 실현하기 위해서는 진단이나 평가 제도를 마련해야 한다.
④ 공공기관이 사회적 가치를 실현하는 수준은 국민 인식상 아직까지 미흡한 수준이다.
⑤ 공공기관이 사회적 가치를 실현하기 위해서는 기관 전체 차원에서 관점의 변화가 필요하다.

[13 ~ 14] 다음 글을 읽고 이어지는 질문에 답하시오.

경제성을 대폭 높인 이산화탄소 제거 촉매가 나왔다. 기초과학연구원(IBS) 나노구조물리 연구단 ○○○ 부연구단장은 가시광선을 이용해 이산화탄소를 산소와 일산화탄소로 변환하는 촉매를 개발했다. 가시광선으로 화학 반응이 가능해 실내에서 사용할 수 있는데다, 연료로 변환 가능한 일산화탄소를 일반 촉매보다 200배, 기존의 가장 우수한 촉매보다 15배 많이 생산할 수 있어 수익성이 향상됐다.

'아나타제-루타일 이산화티타늄(TiO_2)'은 한 해 500만 톤 이상 소비되어 자외선 차단제, 탈취 · 살균제 등에 ㉠쓰인다. 자외선을 흡수하면서 물과 이산화탄소를 메탄, 일산화탄소, 그리고 다량의 산소로 변환하는 촉매다. 부산물인 메탄과 일산화탄소로 연료 · 메탄올 등 유용한 화합물을 만들 수 있어, 이를 통해 생산 비용을 회수하는 이산화탄소 제거제를 개발하고자 지난 50년간 연구가 계속됐다. 특히 가시광선까지 흡수하는 가시광촉매는, 자외선만 흡수하는 기존 촉매보다 많은 에너지를 활용하면서 병원 · 지하철 등 실내에서 작동해 이산화탄소 촉매 연구의 핵심 과제로 ㉡여겨졌다.

연구진은 지난 9월 아나타제-루타일 이산화티타늄에서 아나타제 결정을 환원해, 가시광선으로 작동하는 촉매 '비결정아나타제-결정루타일 이산화티타늄' 제조에 성공하고 저자 이름을 따 '○○○의 블루 이산화티타늄'으로 이름 붙였다. 이번 연구에서는 '○○○의 블루 이산화티타늄'을 개선해 메탄 없이 일산화탄소만 생산하는 촉매를 개발하는 데 성공했다.

연구진은 촉매 효율을 향상시키기 위해 촉매가 빛을 흡수하며 생성하는 전하의 수와 이동성을 향상시키고자 실험을 고안했다. '○○○의 블루 이산화티타늄'에 다른 물질을 도핑해 불균일한 구조를 만들면, 전하 생성이 증가해 광효율이 향상될 것으로 예상했다. 연구진은 도핑 재료로 일산화탄소 발생률을 높일 수 있는 은을 포함해 3가지 후보 물질을 시도하고, 가장 안정적인 조합인 텅스텐 산화물과 은을 도핑해 하이브리드 촉매를 만들었다.

이렇게 만들어진 하이브리드 촉매는 흡수된 빛 중 34.8%를 촉매 변환에 활용하는데, 이는 기존 촉매보다 3배 높은 광효율이다. 또 이산화탄소-산소 변환 과정에서 메탄 없이 100% 일산화탄소만 발생시켰는데, 이는 부산물을 단일화한다는 점에서 경제성이 높다. 일산화탄소 양은 기존 이산화티타늄 촉매보다 200배, 학계에 보고된 가장 우수한 촉매보다 15배 많이 발생했다. 또 기존 이산화티타늄 공정이 고온 · 고압의 기체를 다뤄 위험성이 큰 데 비해 상온 · 상압에서 액체상으로 합성해 안전하다는 장점이 있다.

○○○ 부연구단장은 "가시광선으로 작동하는 블루 이산화티타늄 제조에 관한 원천기술을 확보하고 이를 이용해 새로운 가시광촉매를 개발했다"라며 "이번에 개발한 촉매는 미세먼지와 병원 내 병원균 등을 제거하는 데에도 역시 우수한 성능을 보였다"라고 ㉢밝혔다. 연구결과는 화학 · 재료 분야 세계적인 권위지인 '머터리얼스 투데이(Materials Today, IF 24.372)'지에 1월 3일 온라인 ㉣게재됐다.

1회 기출예상
2회 기출예상
3회 기출예상
4회 기출예상
5회 기출예상
인성검사
면접가이드
철도법령

13. 윗글의 내용과 일치하지 않는 것은?

① 새로 만든 하이브리드 촉매는 기존 촉매보다 광효율이 15배 더 높다.

② 기존 이산화티타늄 공정은 고온·고압의 기체를 다뤄 위험성이 크다.

③ 기존 촉매는 자외선만 흡수하는 반면 가시광촉매는 지하철 등 실내에서도 작동이 가능하다.

④ 아나타제-루타일 이산화티타늄의 부산물로 연료·메탄올 등 유용한 화합물을 만들 수 있다.

⑤ 하이브리드 촉매는 이산화탄소-산소 변환 과정에서 메탄 없이 일산화탄소만 발생시켰는데, 이는 부산물을 단일화한다는 점에서 경제성이 높다.

14. 윗글의 밑줄 친 ㉠ ~ ㉣ 중 다음 설명에 해당하지 않는 것은?

주어가 남에 의해 동작을 하게 되는 것을 나타내는 표현

① ㉠ 　　　　　② ㉡ 　　　　　③ ㉢

④ ㉣ 　　　　　⑤ 없다.

15. 다음 자료의 빈칸 ㉠～㉤에 들어갈 어휘로 적절하지 않은 것은?

20XX년 11월 11일, ○○공사는 중국 철도단과 교류 협력을 위한 업무 협약을 체결했다. 이번 업무 협약은 ○○공사와 중국 철도 기관과 맺는 첫 번째 협정이다. 구체적으로 두 기관은 첫째, 유라시아 철도 화물 운송 협력 및 경쟁력 강화, 둘째, 철도 발전을 위한 인적·(㉠) 교류와 공동 연구, 셋째, 제3국의 철도 시장 개척을 위해 협력하기로 약속했다. 이를 위해 두 나라의 교류를 (㉡)하기로 했으며 국제기구와 협력하는 것은 물론, 교육 과정 운영 등의 (㉢)인 교류 방안에도 뜻을 모았다. 중국 철도단은 상호 협력 논의를 위해 서울역 도심 공항 터미널과 부산역 항만 물류 시설을 직접 방문하고, KTX를 시승하며 철도 물류 환적 시설과 고속 철도 운영 시스템을 시찰하기도 했다. 해당 중국 철도단인 C 공사는 직원 200만 명 정도로 구성되어 있는 국무원 산하의 국유 기업으로서 18개의 철도 운영 및 유지·보수 회사와 17개 자회사 업무를 총괄하고 있다. 중국 철도의 고속선 길이는 약 29,000km로 세계 고속 철도의 60%를 차지하며, 연간 전체 철도 수송 인원은 31억 명 정도이다. 중국 철도단 회장은 (㉣)인 철도 건설 계획에 함께 참여하고 지속적으로 관계를 이어 나갈 것을 당부했다. 또한, 에너지 효율이 높고 (㉤)인 철도가 중국과 한국의 미래 경제성장을 견인할 수 있을 것이라는 기대감을 드러냈다. 이에 ○○공사 사장은 세계 최대의 중국 고속 철도 인프라가 한국과 세계 철도 발전에 이바지할 수 있기를 기대한다며 중국의 규모에 한국의 운영 기술을 더해 제3국의 철도 시장 진출에도 앞장서자는 포부를 밝혔다.

① ㉠ 기술적(技術的) ② ㉡ 정례화(定例化) ③ ㉢ 피상적(皮相的)
④ ㉣ 중장기적(中長期的) ⑤ ㉤ 친환경적(親環境的)

16. 다음 글의 밑줄 친 ㉠에 대한 답변으로 적절한 것은?

> 과학의 급속한 발전과 더불어 오늘날 우리는 세상에 대해 더 많이, 그리고 더 정확하게 알 수 있게 되었다. 다양한 생명체들과 지구, 태양, 그리고 우주의 기원과 관련한 실험과 연구를 통해 수많은 과학적인 지식과 정보들이 축적되었기 때문이다. 이는 19세기 이후 급속하게 발전한 학문의 전문성과 밀접한 관련성을 가지고 있다. 천문학이나 생물학, 지질학, 고고학, 역사학 등 다양한 학문들이 독자적으로 발전함에 따라 구체적이고 세부적인 지식과 정보들이 축적되었고, 이를 토대로 우리는 세상 모든 것의 기원과 이후 발생했던 수많은 변화들을 더욱 자세하게 알 수 있게 되었다. 하지만 독자적인 학문의 성장과 발전은 다른 학문과의 소통 및 공존을 단절시키는 결과를 초래하였다.
>
> 한때 많은 사람들이 즐겨 하는 취미 중 한 가지는 바로 퍼즐 조각 맞추기 게임이었다. 이러한 ㉠ 수천 개에 이르는 퍼즐 조각들을 쉽고 재미있게 맞출 수 있는 방법은 무엇일까? 퍼즐판은 한 가지의 기원만을 설명하는 것이 아니다. 우리가 관찰할 수 있는 세상 모든 것들은 모두 상호관련성을 가지고 있기 때문이다. 태양이나 별, 달, 산이나 물과 같은 주변 환경, 다양한 생명체들, 그리고 인간은 서로 연결되어 있다. 세상 모든 것의 기원은 하나의 기원만을 살펴보고 분석하는 것이 아니라 다양한 기원 이야기와 설명을 통해 인간과 나머지 모든 것들의 상호관련성을 살펴볼 때 비로소 보다 분명하고 명확하게 이해할 수 있는 것이다.
>
> 이러한 점에서 138억 년 전에 나타났던 우주의 시작인 빅뱅으로부터 현재와 미래까지 수많은 시간과 공간을 다양한 규모에서 살펴보고자 하는 빅히스토리(Big History)는 지금까지 인간만을 분석 대상으로 삼았던 기존의 관점을 초월한다. 지금까지는 인간의 기원과 인간 사회에서 발생했던 수많은 복잡한 현상들을 분석하고, 이와 같은 현상들이 지니는 역사적 의미를 규명하기 위한 노력들이 등장하였다. 그러나 빅히스토리는 분석 대상의 범위를 생명과 우주까지 확대시켜 인간과 생명, 그리고 우주의 상호관련성을 이해하고자 한다.
>
> 이를 위해서는 무엇보다도 지금까지 전문적인 학문으로서 발전해 왔던 다양한 학문들 사이의 소통과 공존, 그리고 상호관련성을 살펴보아야 한다. 따라서 빅히스토리는 세상 모든 것의 기원과 변화에 관련해 '세상은 어떻게 시작되었을까?', '인간은 어떻게 탄생했을까?'와 같은 질문을 제기하고, 그에 대한 대답을 단일한 학문 분야가 아닌 다양한 학문 분야들의 소통 속에서 찾아 나가는 과정이다. 빅뱅을 통해 우주의 기원을 과학적으로만 설명하는 것이 아니라, 우주나 세상의 기원과 관련된 전 세계 지역들의 신화를 통해 철학적 성찰과 역사적 고찰을 할 수 있게 된다. 그렇기에 빅히스토리는 인문학과 자연과학을 자연스럽게 연결해 주는 다리가 될 수 있다. 결국 138억 년+α라는 시간과 공간을 분석하는 빅히스토리는 초연결 사회를 살아가고 있는 우리들에게 가장 필요한 안내서라 할 수 있다.

① 퍼즐 판의 가장 바깥쪽 큰 틀부터 맞춰 본다.

② 각각의 퍼즐 조각이 어떤 모양인지 파악한다.

③ 작은 퍼즐 조각들을 순서대로 나열하며 맞춰 본다.

④ 퍼즐 판의 중심에 있는 퍼즐 조각들부터 차례대로 맞춰 본다.

⑤ 전체 퍼즐 판에서 개별 퍼즐 조각들 간의 연결 고리를 파악한다.

[17 ~ 18] 다음 제시상황과 글을 읽고 이어지는 질문에 답하시오.

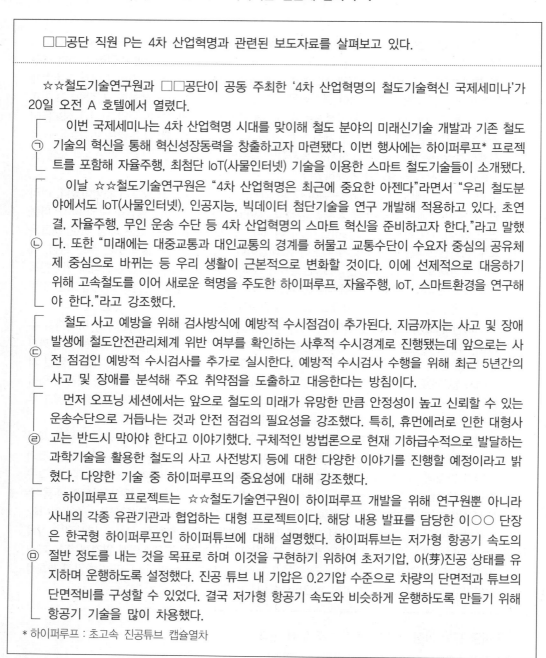

□□공단 직원 P는 4차 산업혁명과 관련된 보도자료를 살펴보고 있다.

☆☆철도기술연구원과 □□공단이 공동 주최한 '4차 산업혁명의 철도기술혁신 국제세미나'가 20일 오전 A 호텔에서 열렸다.

㉠ 이번 국제세미나는 4차 산업혁명 시대를 맞이해 철도 분야의 미래신기술 개발과 기존 철도기술의 혁신을 통해 혁신성장동력을 창출하고자 마련됐다. 이번 행사에는 하이퍼루프* 프로젝트를 포함해 자율주행, 최첨단 IoT(사물인터넷) 기술을 이용한 스마트 철도기술들이 소개됐다.

㉡ 이날 ☆☆철도기술연구원은 "4차 산업혁명은 최근에 중요한 아젠다"라면서 "우리 철도분야에서도 IoT(사물인터넷), 인공지능, 빅데이터 첨단기술을 연구 개발해 적용하고 있다. 초연결, 자율주행, 무인 운송 수단 등 4차 산업혁명의 스마트 혁신을 준비하고자 한다."라고 말했다. 또한 "미래에는 대중교통과 대인교통의 경계를 허물고 교통수단이 수요자 중심의 공유체제 중심으로 바뀌는 등 우리 생활이 근본적으로 변화할 것이다. 이에 선제적으로 대응하기 위해 고속철도를 이어 새로운 혁명을 주도한 하이퍼루프, 자율주행, IoT, 스마트환경을 연구해야 한다."라고 강조했다.

㉢ 철도 사고 예방을 위해 검사방식에 예방적 수시점검이 추가된다. 지금까지는 사고 및 장애 발생에 철도안전관리체계 위반 여부를 확인하는 사후적 수시경계로 진행됐는데 앞으로는 사전 점검인 예방적 수시검사를 추가로 실시한다. 예방적 수시검사 수행을 위해 최근 5년간의 사고 및 장애를 분석해 주요 취약점을 도출하고 대응한다는 방침이다.

㉣ 먼저 오프닝 세션에서는 앞으로 철도의 미래가 유망한 만큼 안정성이 높고 신뢰할 수 있는 운송수단으로 거듭나는 것과 안전 점검의 필요성을 강조했다. 특히, 휴먼에러로 인한 대형사고는 반드시 막아야 한다고 이야기했다. 구체적인 방법론으로 현재 기하급수적으로 발달하는 과학기술을 활용한 철도의 사고 사전방지 등에 대한 다양한 이야기를 진행할 예정이라고 밝혔다. 다양한 기술 중 하이퍼루프의 중요성에 대해 강조했다.

㉤ 하이퍼루프 프로젝트는 ☆☆철도기술연구원이 하이퍼루프 개발을 위해 연구원뿐 아니라 사내의 각종 유관기관과 협업하는 대형 프로젝트이다. 해당 내용 발표를 담당한 이○○ 단장은 한국형 하이퍼루프인 하이퍼튜브에 대해 설명했다. 하이퍼튜브는 저가형 항공기 속도의 절반 정도를 내는 것을 목표로 하며 이것을 구현하기 위하여 초저기압, 아(芽)진공 상태를 유지하며 운행하도록 설정했다. 진공 튜브 내 기압은 0.2기압 수준으로 차량의 단면적과 튜브의 단면적비를 구성할 수 있었다. 결국 저가형 항공기 속도와 비슷하게 운행하도록 만들기 위해 항공기 기술을 많이 차용했다.

* 하이퍼루프 : 초고속 진공튜브 캡슐열차

17. 다음 중 직원 P가 윗글을 이해한 내용으로 적절하지 않은 것은?

① ☆☆철도기술연구원은 사물인터넷, 인공지능을 이미 개발해 적용하고 있다.

② 한국형 하이퍼루프는 고가형 항공기 속도의 절반 정도를 내는 것을 목표로 한다.

③ 철도기술혁신 국제세미나에서는 휴먼에러로 인한 대형사고 방지를 강조하였다.

④ 철도기술혁신 국제세미나는 혁신성장동력을 창출하려는 목적으로 개최되었다.

⑤ 하이퍼루프는 오프닝 세션에서 강조된 주제 중 하나로 초고속 진공튜브 캡슐열차를 의미한다.

18. 윗글의 ㉠ ~ ㉤ 중 글의 통일성을 해치는 문단은?

① ㉠   ② ㉡   ③ ㉢

④ ㉣   ⑤ ㉤

19. 다음과 같이 정원에 작물을 심었을 때, 어떤 작물도 심지 않은 정원의 면적은?

> • 108m²의 넓이를 가진 정원이 있다.
>
> • 전체의 $\frac{3}{10}$에 A 작물을 심고 그 나머지의 $\frac{4}{9}$에는 B 작물을 심었다.
>
> • A, B 두 작물을 심고 남은 면적의 $\frac{4}{7}$에는 C 작물을 심었다.

① 12m² ② 14m² ③ 16m²

④ 18m² ⑤ 20m²

20. 신제품 A, B, C, D에 대한 선호도 조사결과 100점 만점에 가중평균이 66점으로 조사되었다. 신제품 B, C, D의 평가가 다음과 같을 때 A 제품의 평균점수는?

구분	A	B	C	D
평균(점)		70	60	65
평가자 수(명)	30	20	30	20

① 55점 ② 60점 ③ 65점

④ 70점 ⑤ 75점

21. 작년 수입은 4,000만 원이고 소득공제는 수입의 5%였다. 올해 수입은 작년과 같으며 소득공제는 수입의 10%로 늘어났다. 작년 대비 올해의 납부세액 감소 금액은? (단, 다음은 단순누진세율이 적용되는 소득세 과세표준과 세율이며 다른 공제액은 변동이 없다)

〈과세표준 및 소득세율〉

과세표준	세율
1,200만 원 이하	6%
1,200만 원 초과 ~ 4,600만 원 이하	72만 원+(1,200만 원 초과금액의 15%)

※ 작년과 올해의 과세표준별 세율은 동일함.
※ 과세표준=수입-소득공제

① 10만 원 ② 20만 원 ③ 30만 원

④ 40만 원 ⑤ 50만 원

22. 다음은 G사 직원들의 구내식당 메뉴 선호도를 조사한 것이다. 각 음식을 선택한 직원의 수를 살펴보니 모든 음식의 선호도에서 인사팀이 2배가 많거나 총무팀이 2배가 많다면, 치킨을 선호하는 직원은 모두 몇 명인가?

(단위 : 명)

구분	자장면	김치볶음밥	돈가스	육개장	치킨	합계
인사팀	12			6		41
총무팀	6			12		40

※ 인사팀은 김치볶음밥을 가장 선호하고, 총무팀은 돈가스를 가장 선호한다.
※ 모든 직원들은 한 개의 메뉴만 선택 가능하고, 선택 수가 0인 메뉴는 없다.

① 3명   ② 6명   ③ 9명
④ 12명   ⑤ 15명

23. 다음은 2020년부터 2023년까지의 각 여객운송수단별 여객수송현황표이다. 이에 대한 설명으로 옳은 것은?

(단위 : 천 명)

여객운송수단	2023년	2022년	2021년	2020년
고속버스	34,316	33,825	34,873	34,555
시내버스	5,415,177	5,599,758	5,623,985	5,563,238
시외버스	226,848	227,335	231,773	234,071
전세버스	371,025	352,815	280,471	338,415
(버스 전체)	(6,047,366)	(6,213,733)	(6,171,102)	(6,170,279)
택시	3,617,189	3,718,130	3,682,949	3,682,949
승용차	18,426,156	17,261,929	16,824,459	16,474,446
합계	28,090,711	27,193,792	26,678,510	26,327,674

① 2022년은 버스 중 시외버스의 수송이 가장 적다.
② 택시를 이용한 여객수송은 매년 감소하고 있는 추세이다.
③ 2020년과 2023년을 비교하였을 때, 승용차 수송비율이 가장 큰 폭으로 상승하였다.
④ 시외버스를 이용한 여객수송은 매년 감소하고 있으나, 버스 전체 수송은 증가하는 추세이다.
⑤ 2023년에는 전체 여객운송수단 중 시외버스 수송비율이 전년 대비 가장 큰 폭으로 상승하였다.

[24 ~ 25] 다음 자료를 보고 이어지는 질문에 답하시오.

〈전년 대비 주택전세가격 증감률〉

(단위 : %)

구분	20X3년	20X4년	20X5년	20X6년	20X7년	20X8년	20X9년
전국 평균	12.3	3.5	4.7	3.4	4.9	1.3	0.6
수도권	11.0	2.1	6.2	4.8	7.1	2.0	1.4
서울	10.8	2.1	6.6	3.6	7.3	2.0	2.0
강남	11.1	2.4	6.7	3.3	7.9	1.8	2.6
강북	10.6	1.8	6.5	3.8	6.5	2.1	1.5

24. 위 자료에 대한 설명으로 옳지 않은 것은?

① 강남 지역 주택전세가격 상승률은 매년 전국 평균보다 더 크다.

② 전국의 주택전세가격은 매년 차이가 있으나 전년 대비 꾸준히 상승하고 있다.

③ 20X5년 이후부터 수도권의 전년 대비 주택전세가격 증가율은 전국 평균보다 늘 높았다.

④ 조사기간 중 전국적으로 전년 대비 주택전세가격 상승률이 가장 컸던 해는 20X3년이다.

⑤ 20X6년과 20X8년 강북의 주택전세가격은 동일 연도의 강남 지역보다 전년 대비 상승률이 컸다.

25. 위 자료의 증감률 추이를 효과적으로 보여 주기 위한 그래프를 그린다면 가장 적절한 것은?

① 꺾은선그래프   ② 방사형그래프   ③ 막대그래프
④ 히스토그램   ⑤ 원그래프

[26 ~ 27] 다음 자료를 보고 이어지는 질문에 답하시오.

〈○○기업의 매출액 추이와 동 산업 전체시장 매출액 추이〉

구분	2018년	2019년	2020년	2021년	2022년	2023년
○○기업의 매출액(억 원)	4,400	5,400	7,200	8,000	9,500	( )
전체시장 매출액(조 원)	5.5	6.5	7.0	8.5	10.0	( )

26. 2023년 전체시장 매출액이 전년 대비 12% 증가하고 ○○기업의 시장점유율(매출액 기준)이 전년과 동일하다고 가정할 때, 2023년 ○○기업의 매출액은 얼마인가?

① 1조 640억 원
② 1조 1,040억 원
③ 1조 1,400억 원
④ 1조 1,460억 원
⑤ 1조 6,400억 원

27. 2018 ~ 2022년 중 ○○기업의 시장점유율(매출액 기준)이 가장 높은 해와 가장 낮은 해가 순서대로 짝지어진 것은? (단, 소수점 아래 둘째 자리에서 반올림한다)

① 2020년, 2019년
② 2020년, 2018년
③ 2022년, 2021년
④ 2022년, 2019년
⑤ 2022년, 2020년

28. 다음 ○○공사의 사원 60명의 출 · 퇴근 방식에 관한 조사 자료를 통해 알 수 있는 내용으로 옳은 것은? (단, 제시된 자료의 내용만을 고려하며, 대중교통 수단은 한 가지만 이용하는 것으로 가정한다)

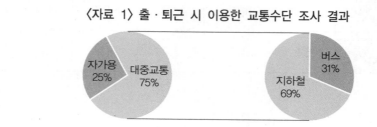

〈자료 1〉 출 · 퇴근 시 이용한 교통수단 조사 결과

〈자료 2〉 전체 사원의 출 · 퇴근 시 환승 횟수 조사 결과

환승 횟수	없음	1번	2번	3번
비율	42%	27%	23%	8%

※ 모든 계산은 소수점 아래 첫째 자리에서 반올림한 값이다.
※ 자가용 이용자는 환승 횟수 '없음'으로 응답하였다.

① 자가용을 이용하는 사원은 25명이었다.
② 버스를 이용하는 사원은 13명이었다.
③ 환승 횟수가 3번 이상인 사원은 4명이었다.
④ 대중교통을 이용하는 사원 중 한 번도 환승을 하지 않는 사원은 15명이었다.
⑤ 대중교통을 이용하는 사원 중 환승 횟수가 한 번 이상인 사원은 전체 사원의 58%이다.

29. 다음은 AA 기업 내 사원 30명의 이번 달 인사고과 평가점수에 대한 도수분포표이다. 평균이 77일 때, 분산은 얼마인가?

점수 분포	50점 초과 60점 이하	60점 초과 70점 이하	70점 초과 80점 이하	80점 초과 90점 이하	90점 초과 100점 이하
사원 수(명)	3	5	9	?	?

① 124
② 127
③ 130
④ 133
⑤ 136

30. 다음 자료에 대한 해석으로 옳지 않은 것은?

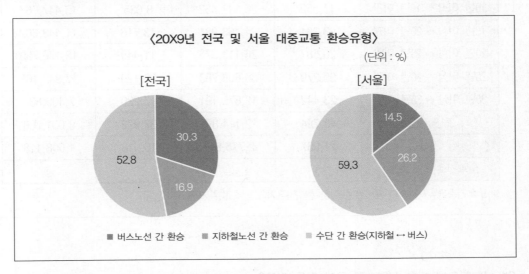

〈20X9년 전국 및 서울 대중교통 환승유형〉

(단위 : %)

[전국]
30.3
16.9
52.8

[서울]
14.5
26.2
59.3

■ 버스노선 간 환승　■ 지하철노선 간 환승　■ 수단 간 환승(지하철 ↔ 버스)

① 서울에서 지하철을 탄 사람이 서울에서 환승을 할 때 다시 지하철로 환승할 확률은 30% 이하이다.
② 지하철이 없는 도시 내에서만 조사를 한다면 버스노선 간 환승 비율은 100%이다.
③ 서울 내에서 버스노선 간 환승 비율은 전국에서 버스노선 간 환승 비율보다 낮다.
④ 우리나라에서 환승을 한 번만 한 사람은 52.8%의 확률로 버스와 지하철을 모두 이용했다.
⑤ 서울 내에서만 환승을 두 번 한 사람이 버스만 이용했을 확률은 약 2.1%이다.

[31 ~ 32] 다음은 L 지역 건축물 현황이다. 이어지는 질문에 답하시오.

〈L 지역 건축물 현황〉

L 지역 건축물은 상업용, 주거용, 공업용, 문화 · 교육 · 사회용과 기타로 구성되어 있다. 상업용이 4만 3,846동, 공업용이 1만 4,164동, 문화 · 교육 · 사회용이 6,378동, 기타가 1만 1,598동이다.

10개 군 · 구로 구성된 L 지역의 노후건축물 비중은 저마다 달랐다. 경제자유구역을 품고 있는 서구가 상대적으로 노후건축물 비중이 낮으며, L 지역의 대표적인 원도심이라 할 수 있는 지역들은 높은 편이다. 중구는 영종 · 경제자유구역의 영향으로 비중이 비교적 낮게 나타난다.

구분	합계		주거용	
	동 수(동)	연면적(m^2)	동 수(동)	연면적(m^2)
합계	220,573	189,019,253	144,587	95,435,474
10년 미만	35,541	53,926,006	19,148	25,000,123
10년 이상 ~ 15년 미만	17,552	26,141,452	8,035	13,447,067
15년 이상 ~ 20년 미만	23,381	24,463,931	13,716	11,443,662
20년 이상 ~ 25년 미만	20,587	26,113,376	11,449	13,176,750
25년 이상 ~ 30년 미만	30,279	30,608,783	20,129	17,948,163
30년 이상 ~ 35년 미만	23,442	12,875,191	17,220	7,409,831
35년 이상	48,724	12,114,897	37,972	6,001,760
기타	21,067	2,775,617	16,918	1,008,118
노후건축물 비중(%)	㉠	㉡	㉢	㉣

※ 노후건축물=사용승인 후 30년 이상 된 건물(기타 건축물은 포함하지 않음)

---

31. 위 자료에 대한 설명으로 옳지 않은 것은?

① L 지역의 건축물 중 가장 큰 비중을 차지하는 용도는 주거용이다.

② L 지역에 들어선 건축물은 22만 동 이상이다.

③ L 지역은 주요 원도심부터 도시재생을 실시할 필요가 있다.

④ L 지역 건축물의 노후화 비중은 상업용이 가장 높고, 주거용과 공업용이 그 뒤를 잇고 있다.

⑤ L 지역은 35년 이상 된 건축물의 비중이 제일 높다.

32. 위 표의 ㉠∼㉣에 들어갈 수치로 옳은 것은? (단, 소수점 아래 첫째 자리에서 반올림한다)

① ㉠ : 43% ② ㉡ : 13% ③ ㉢ : 21%
④ ㉣ : 30% ⑤ 정답 없음.

33. 다음은 철도사고에 관한 자료이다. 이에 대한 설명으로 적절한 것은?

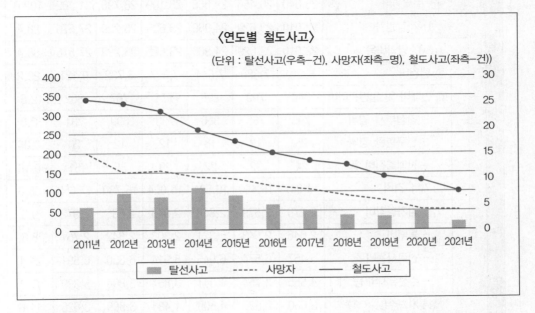

〈연도별 철도사고〉

(단위 : 탈선사고(우측-건), 사망자(좌측-명), 철도사고(좌측-건))

① 탈선사고의 규모가 감소하고 있다.
② 열차를 이용하는 승객 수가 감소하고 있다.
③ 전년 대비 철도사고의 감소율이 가장 큰 해는 2021년이다.
④ 열차이용에 대한 시민들의 의식 수준이 점차 높아지고 있다.
⑤ 안전사고에 대한 현장에 종사하는 철도종사자들의 의식이 강화되고 있을 것이다.

[34 ~ 35] 다음 자료를 바탕으로 이어지는 질문에 답하시오.

○○공사에서 근무하는 황 사원은 예산관리를 위해 철도운임 원가정보 총괄표를 참조하고 있다.

〈철도운임 원가정보 총괄표〉

(단위 : 억 원, %)

항목	결산					예산	
	20X4년	20X5년	20X6년	20X7년	20X8년	20X9년	비중
Ⅰ. 총괄원가	25,040	26,456	29,568	28,109	28,798	31,202	100.0
1. 적정원가	22,010	23,629	24,960	23,625	25,229	27,576	88.4
① 영업비용	22,010	23,629	24,960	23,625	25,229	27,576	88.4
ⓐ 인건비	6,219	7,380	7,544	7,827	8,732	9,121	29.2
ⓑ 판매비 및 일반관리비	844	799	896	774	767	802	2.6
− 간접부서 경비	795	765	856	733	699	731	2.3
− 연구관련 경비	25	12	18	12	12	20	0.06
− 판매촉진비 등	24	22	22	29	56	51	0.16
ⓒ 기타 경비	14,947	15,450	16,521	15,024	15,730	17,653	56.6
− 감가상각비	2,279	2,579	2,864	2,945	2,865	2,972	9.5
− 동력비	2,646	2,543	2,371	2,308	2,642	2,751	8.8
− 선로사용비	5,467	6,574	6,945	5,914	6,330	6,591	21.1
− 수선유지비 등 기타	4,555	3,754	4,341	3,857	3,894	5,339	17.1
2. 적정투자보수(①×②)	3,030	2,827	4,608	4,484	3,569	3,626	11.6
① 운임기저*	69,971	72,314	75,413	79,643	69,711	70,961	−
② 적정투자보수율**	4.33%	3.91%	6.11%	5.63%	5.12%	5.11%	−
Ⅱ. 총수입(1×2)	24,920	25,787	26,805	23,936	25,346	27,065	
1. 수요량(1억 인km)***	228	234	237	220	230	−	
2. 적용단가(원/인km)	109.3	110.2	113.1	108.8	110.2	−	−

* 운임기저 : 운송서비스에 기여하고 있는 해당 회계연도의 기초 · 기말 평균 순가동설비자산액, 기초 · 기말 평균 무형자산액, 운전자금 및 일정분의 건설중인 자산을 합산한 금액에서 자산재평가액을 차감한 금액

** 적정투자보수 : 타인자본과 자기자본의 투자보수율을 가중평균

*** 수요량 : 해당 회계기간에 수송한 수송량으로 인km 단위 사용(1인km는 승객 1인이 1km 이동한 수송량)

34. 다음 중 위 자료에 대한 설명으로 적절하지 않은 것은?

① 총괄원가는 적정원가와 적정투자보수의 합이다.

② 20X4년부터 20X8년까지 인건비는 매년 증가하고 있다.

③ 20X8년 총괄원가에서 적정원가가 차지하는 비중은 87% 이상이다.

④ 기타 경비의 20X9년 예산 중 가장 큰 비중을 차지하는 것은 선로사용비이다.

⑤ 20X9년 총수입이 2조 7,065억 원이고 적용단가가 115원/인km라면 수요량은 약 232억 인km
이다.

35. 황 사원은 위 자료를 바탕으로 다음과 같은 총괄원가 구성비 그래프를 작성하였다. ㉠, ㉡에 해
당하는 값을 순서대로 나열한 것은? (단, 소수점 아래 둘째 자리에서 반올림한다)

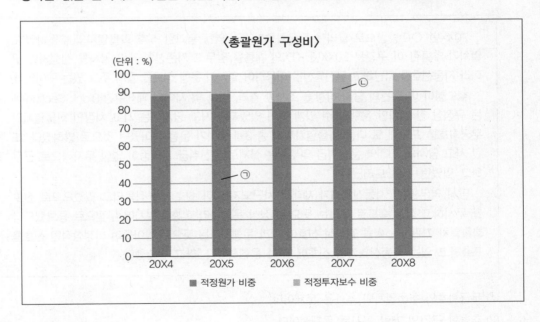

	㉠	㉡			㉠	㉡
①	89.3	15.0		②	89.3	15.5
③	89.3	16.0		④	89.7	15.5
⑤	89.7	16.0				

36. 다음은 문제해결 과정 중 어느 단계에 대한 설명인가?

> Issue 분석 : 현재 수행하고 있는 업무에 가장 크게 영향을 미치는 문제를 이슈로 설정함. 가
> 설 설정 이슈에 대해 자신의 직관, 경험, 정보 등에 의존하여 일시적인 결론을
> 예측해 보는 가설을 설정함.

① 원인 분석　　　　　② 문제 도출　　　　　③ 문제 인식
④ 해결안 개발　　　　⑤ 실행 및 평가

37. 다음 열차추돌사건의 '문제'와 '문제점'에 대한 설명으로 적절하지 않은 것은?

> 　20XX년 ○○방향으로 달리던 무궁화호가 □□역을 통과한 직후 화물열차와 추돌하였다.
> 열차가 추돌한 이 구간은 20XX년 KTX의 개통을 앞두고 기존선의 개량 공사를 진행하던 곳
> 이라 자동신호를 차단하고 무전통신을 이용하여 열차의 운행 정보를 알려 주고 있는 곳이었다.
> 　철도청이 이 구간의 당시 상황을 조사한 결과, 역과 역 사이의 폐색구간(Block Section)에
> 는 규정상 한 열차만 운행할 수 있게 되어 있었지만 사고 당시에는 사고 차량인 화물열차와
> 무궁화호를 포함해 또 다른 화물열차까지 총 3개 열차가 운행 중이었던 것으로 밝혀졌다. 또
> 한 사고 당시의 □□역 운전취급 역무원은 실제로 운전취급 자격증이 없이 무자격으로 근무
> 하고 있었던 것도 드러났다.
> 　당시 역무원은 "자동신호기가 제대로 차단되지 않아 신호기가 작동되고 있었으므로 신호
> 를 무시하고 정상 속도로 오라는 뜻으로 '정상 운행하라'고 화물열차에 무전으로 통보했으나
> 화물열차 기관사는 이를 정상적 신호에 따라 운행하라는 뜻으로 받아들여 비정상적인 신호를
> 표출하고 있는 자동신호기의 신호에 따라 운행하였다."라고 진술했다.

① 무궁화호와 화물열차의 추돌은 문제이다.
② 추돌한 구간의 개량 공사는 문제점이다.
③ 운전취급 자격증이 없는 역무원의 고용은 문제점이다.
④ 자동신호기의 작동은 문제점이다.
⑤ 폐색구간 내의 규정 초과 열차 대수는 문제점이다.

[38 ~ 39] 다음은 ○○공사에 관한 SWOT을 순서 없이 나열한 것이다. 이어지는 질문에 답하시오.

〈○○공사의 SWOT〉

㉠ 장기적인 교통인프라 및 수주 확보 어려움
㉡ 주변국 경쟁 업체들의 빠른 성장세
㉢ 불확실한 해외시장 진출 현황
㉣ 안정하고 편리한 교통물류와의 융합기술 보유
㉤ 물류분야와 승객 수송능력의 성장
㉥ 시장의 요구에 맞게 재고·시간비용을 줄이는 물류
㉦ 새로운 시장 가치분석으로 투자를 통한 자금 확보
㉧ 인공지능을 통한 정교한 다기능 고속열차 개발
㉨ 기존의 인력과 인프라 활용에 대한 프로세스 부재
㉩ 새로운 운반시스템 개발에 따른 막대한 자금

---

38. 위의 SWOT분석에서 대한 정보 중 강점에 해당하는 것을 모두 고르면?

① ㉣
② ㉤
③ ㉣, ㉧
④ ㉧, ㉤
⑤ ㉣, ㉤, ㉧

39. 위의 자료를 바탕으로 ○○공사가 4차 산업혁명시대 교통시스템의 향후 변화에 대응하는 SWOT 전략을 세우려고 한다. 알맞은 내용을 〈보기〉에서 모두 고른 것은?

보기

ⓐ 새로운 투자자금을 활용한 교통시스템 구축 및 해외노선 시장 진출 확보
ⓑ 기존의 철도교통시스템에 강점을 갖고 있는 기업과 공동전략 구축 체결 추구
ⓒ AI(인공지능) 기반의 자율주행열차 개발로 타국 철도 업체와의 기술경쟁력 확보

① ⓐ
② ⓑ
③ ⓐ, ⓒ
④ ⓑ, ⓒ
⑤ ⓐ, ⓑ, ⓒ

40. 다음 글에서 설명하고 있는 창의적 사고기법은?

> 윌리엄 고든이 천재와 대발명가들을 대상으로 심리 연구한 결과 그들의 공통적인 사고방식이 '유추'라는 것을 발견하게 되었고, '관련이 없는 요소들의 결합'이라는 아이디어를 기반으로 창안한 기법이다. 이 기법은 유추를 통해 친숙한 것을 생소한 것으로, 생소한 것을 친숙한 것으로 보이도록 함으로써 새로운 시각을 갖기 어려운 상황에서 창의적인 사고를 도와주고 문제 해결을 모색하도록 하는 기법이다. 이때 사용되는 유추는 4가지로 직접 유추, 의인 유추, 상징적 유추, 환상적 유추가 있다.

① PMI 기법　　　　　　② 연꽃 기법　　　　　　③ 육색 사고 모자 기법
④ 스캠퍼(SCAMPER) 기법　　⑤ 시네틱스(Synetics) 기법

41. A는 사무실에서 사용할 책상, 컴퓨터, 에어컨을 주문하기 위해 (가) ~ (바) 쇼핑몰의 상품별 가격을 비교해 보았다. 쇼핑몰별, 상품별 가격은 모두 달랐고, (나) 쇼핑몰은 신규가입 쿠폰을 통해 원래 가격에서 10% 할인된 가격으로 구매가 가능했다. A가 계산한 〈상품별 구매 가능 쇼핑몰 및 가격〉이 다음과 같을 때, 옳은 설명은?

〈상품별 구매 가능 쇼핑몰 및 가격〉

책상	(가) 쇼핑몰	–	(가) 쇼핑몰	–	(나) 쇼핑몰
컴퓨터	(다) 쇼핑몰	(다) 쇼핑몰	(라) 쇼핑몰	(라) 쇼핑몰	(라) 쇼핑몰
에어컨	(마) 쇼핑몰	(바) 쇼핑몰	(마) 쇼핑몰	(바) 쇼핑몰	(바) 쇼핑몰
합계	76만 원	58만 원	100만 원	82만 원	127만 원

① 컴퓨터는 (라) 쇼핑몰이 (다) 쇼핑몰보다 26만 원 더 비싸다.
② (다) 쇼핑몰의 컴퓨터가 30만 원이라면, (마) 쇼핑몰의 에어컨은 28만 원이다.
③ (나) 쇼핑몰의 책상의 할인 전 가격은 50만 원이다.
④ (가) 쇼핑몰의 책상이 26만 원이라면, (마) 쇼핑몰의 에어컨은 (바) 쇼핑몰의 에어컨보다 8만 원 더 비싸다.
⑤ (라) 쇼핑몰의 컴퓨터가 40만 원이고 (마) 쇼핑몰의 에어컨이 20만 원이라면, (가) 쇼핑몰의 책상은 35만 원이다.

42. 유민 씨는 체력 관리를 위해 퇴근 후 운동을 하고자 피트니스 센터에 쿠폰제로 수강 등록을 하였다. 다음을 참고하여 유민 씨가 구매한 쿠폰을 모두 소진하기 위해 앞으로 X월 중에 운동을 가야 하는 날을 모두 고른 것은?

> 유민 씨가 등록한 수강 쿠폰은 총 10회로 당월에 모두 소진해야 하며 이월되지 않는다. X월 3일 등록 후 당일에 바로 운동을 시작하였으나 첫날은 체험 수업으로 쿠폰 차감 없이 무료로 진행되었다. 운동 시작부터 무리하지 않기 위해 다음날에는 운동을 쉬었고, 공휴일과 주말은 센터가 운영하지 않아 하루를 더 쉬고 그다음 날 운동을 갔다. 그다음 주에는 월, 수, 금 주 3회 운동을 하였고, 오늘 17일까지 운동을 다녀왔다. 매주 화요일에는 모임이 있고, 매달 세 번째 금요일에는 회식이 있으며, 매달 말일에는 야근을 하여 시간상 운동을 하러 가기 어렵다.

〈X월〉

일	월	화	수	목	금	토
						1
2	3	4	5 공휴일	6	7	8
9	10	11	12	13	14	15
16	17	18	19 공휴일	20	21	22
23	24	25	26	27	28	29
30	31					

① 19, 21, 24, 26
② 20, 24, 26, 27
③ 19, 21, 24, 26, 27
④ 20, 24, 26, 27, 28
⑤ 20, 21, 25, 27, 28

43. 다음은 라운드 로빈(Round Robin) 방식의 브레인스토밍 순서이다. 이 방식에 대해 기대되는 점으로 적절한 것은?

> 1. 주제와 관련한 아이디어를 낙서하듯 메모한다.
> 2. 리더가 1인 1메모 내용을 발표하도록 순번을 정한다.
> 3. 발표할 메모 내용이 없으면 '다음에 아이디어 낼게(PASS)'를 외친다.
> 4. 메모 내용이 모호하면 좀 더 부연 설명을, 비판할 점이 있으면 해당 내용의 해결방안에 대한 아이디어를 낸다.
> 5. 참석자 중 $\frac{2}{3}$ 가 'PASS'를 외치면, 4.에서 얻은 아이디어를 포스트잇에 옮겨 쓰고 게시한다.

① 팀장의 지시를 전달할 때 좋다.
② 팀원들 간의 의견이 대립할 때 좋다.
③ 의도하지 않은 회의나 협상을 진행할 때 좋다.
④ 팀 전체의 전사적인 자원 배분을 공정하게 할 때 좋다.
⑤ 짧은 시간 동안 집중해 밀도 있는 다양한 의견을 도출할 때 좋다.

44. 올해 하반기 A 기업 경력직 채용에 지원한 다은, 지현, 선호는 임원면접을 치렀다. 면접위원들은 상, 중, 하로 점수를 주었고, '상'을 2개 이상 받으면 자동합격, '하'를 3개 이상 받으면 자동탈락이다. 면접 결과가 다음과 같을 때, 가장 적절한 것은?

> 〈면접위원별 면접 결과〉
> 사장 : 면접 대상자별로 다른 점수를 주었음.
> 회장 : 다은에게 준 점수는 '상', 지현에게는 사장보다 낮은 점수를 주었고, 선호에게는 사장과 같은 점수를 주었음.
> 이사 : 모든 면접 대상자에 회장이 준 점수보다 낮은 점수를 주었음.
> 인사팀장 : 지현에게 회장과 같은 점수를 주었고, '상'을 준 면접 대상자는 한 명임.
> ※ 이 외의 면접위원은 없음.

① 다은은 자동탈락될 수 없다.
② 사장이 가장 낮은 점수를 준 사람은 선호이다.
③ 지현에게 가장 낮은 점수를 준 면접위원은 인사팀장이다.
④ 회장이 선호에게 인사팀장보다 낮은 점수를 주었다면, 다은은 자동합격이다.
⑤ 이사와 인사팀장이 다은에게 준 점수가 같다면, 면접 대상자들은 '상'을 각각 하나씩 받았다.

45. 다음은 △△철도 4개 노선의 운영 현황을 설명하는 자료이다. 이에 대한 설명으로 적절하지 않은 것은?

구분	O 노선	P 노선	Q 노선	R 노선
구간	A ~ B 역(32.5km)	C ~ E 역(45.2km)	F ~ G 역(18.1km)	H ~ I 역(12.0km)
역수	34개역	43개역(비영업 1)	17개역	14개역
개통일	1994년 6월	2005년 1월	2008년 11월	2011년 3월
운행시간	05 : 05 ~ 익일 00 : 35	05 : 09 ~ 익일 00 : 42	05 : 16 ~ 익일 00 : 38	05 : 05 ~ 익일 00 : 42
영업시간	05 : 05 ~ 익일 00 : 35	E ~ D 역 05 : 09 ~ 익일 00 : 42 D ~ C 역 05 : 14 ~ 익일 00 : 40	05 : 16 ~ 익일 00 : 38	05 : 05 ~ 익일 00 : 42
소요시간	편도 62분	편도 84분	편도 34분	편도 25분
운행횟수	1일 364회 (토요일 344회, 휴일 328회)	E ~ D 역 1일 345회 (토요일 327회, 휴일 301회) D ~ C 역 1일 308회 (토요일 291회, 휴일 277회)	1일 320회 (토요일 300회, 휴일 284회)	1일 310회 (토요일 296회, 휴일 278회)

① Q 노선의 역 간 평균 거리가 O 노선보다 더 멀다.

② 개통은 O-P-Q-R 노선의 순이나 길이와 역의 수 등 규모는 P 노선이 가장 크다.

③ P 노선 D ~ C 역 구간과 Q 노선의 영업시간은 같다.

④ 4개 노선 모두 순환선이 아니다.

⑤ 평일과 토요일의 운행횟수 차이는 R 노선이 가장 적다.

46. 〈보기〉 중 두 가지 전제를 추가하면 캐스팅 담당자의 결론이 명확해진다고 할 때, 그 전제로 적절한 것은?

> 드라마 〈○○○〉 주연을 캐스팅하는 담당자 H는 주연 후보로 수민, 시은, 세은, 재이 4명을 최종 선정하였다. 캐스팅 담당자 H는 이 후보들 중 적어도 재이는 주연으로 캐스팅될 것이라고 결론을 이야기 했다. 그 이유는 수민이와 시은 중 적어도 한 명은 주연으로 합류하는데, 만약 수민이가 캐스팅되지 않는다면 재이가 캐스팅되어 합류하기 때문이라는 것이다.

보기

> ㉠ 수민이가 주연으로 캐스팅된다.
> ㉡ 세은이가 주연으로 캐스팅된다.
> ㉢ 세은이가 주연으로 캐스팅되면, 수민이는 주연으로 캐스팅되지 않는다.
> ㉣ 세은과 시은 둘 다 주연으로 캐스팅되지 않는다.

① ㉠, ㉡   ② ㉠, ㉣   ③ ㉡, ㉢
④ ㉡, ㉣   ⑤ ㉢, ㉣

47. 다음은 시장성 분석 절차를 나타낸 자료이다. 빈칸 ㉠에 해당하는 내용으로 적절한 것을 모두 고르면?

| 1단계 : 시장조사 실시 | ⇨ | 2단계 : (㉠) | ⇨ | 3단계 : 판매전략 수립 |

> ㄱ. 시장규모 및 시장점유율 등을 추정한다.
> ㄴ. 목표 고객의 구매력, 경제능력, 잠재력 등을 분석한다.
> ㄷ. 마케팅 및 홍보방안을 검토한다.
> ㄹ. 아이템에 대한 평가 및 반응 조사 등을 실시한다.

① ㄱ, ㄴ   ② ㄴ, ㄷ   ③ ㄴ, ㄹ
④ ㄱ, ㄹ   ⑤ ㄷ, ㄹ

48. K 공사 대외홍보팀 이 사원은 사내 복지 및 서비스 향상을 위해 모니터단 선발안 및 업무 계획안을 작성하였다. 다음 자료를 참고하여 모니터단 선발과 관련해서 수행해야 할 업무 내용으로 적절하지 않은 것을 모두 고르면?

〈모니터단 선발안〉

○ 선발 인원 및 일정 : 총 60명

일정	내용	비고
20XX. 03. 08. ~ 03. 17.	모니터단 공모 시행	홈페이지 접수
20XX. 03. 20. ~ 03. 23.	지원자 내부 검토	–
20XX. 03. 27.	심사위원회 개최	–

〈모니터단 선발 진행 과정 및 업무 계획안〉

○ 모니터단 공모(진행 마감) : K 공사 홈페이지 게시판을 통한 공개모집

현재 접수상황(20XX. 03. 18.)						시도별 모집 인원					
서울	부산	대구	인천	광주	대전	서울	부산	대구	인천	광주	대전
11	4	7	6	7	0	7	4	5	4	4	3
울산	세종	경기	강원	충북	충남	울산	세종	경기	강원	충북	충남
3	2	15	15	0	2	3	2	10	2	2	2
전북	전남	경북	경남	제주	계	전북	전남	경북	경남	제주	계
2	2	5	3	1	85	2	2	3	4	1	60

※ 단, 모집 인원이 충원되지 않으면 재공모 실시(20XX. 03. 27. 이후 진행)

○ 모니터단 지원자 내부 검토 : 인사팀에 지원서와 지원자 정보 및 심사표를 전달하고 지원자 순위 선정 및 종합의견 요청(단, 인사팀 의견은 고려사항이며, 최종 선발 여부는 심사위원회에서 결정)

○ 모니터단 심사위원회 개최
  • 일시 및 장소 : 20XX. 03. 27. (월) 12 : 00 ~ 16 : 00, K 공사 본사 2층
  • 심사위원 : 총 5명(단, 심사위원 섭외 시 팀 내부 협의 후 진행)

ㄱ. 충북, 대전의 경우만 재공모를 실시한다.
ㄴ. 공모 시행에서부터 심사위원회 개최까지 3단계로 진행한다.
ㄷ. 심사위원 섭외를 위해 인사팀과 회의를 준비한다.
ㄹ. 지원자 검토를 위해 순위와 종합의견을 작성할 수 있는 심사표를 준비한다.
ㅁ. 지원자가 모집 인원보다 적을 경우 심사위원회 개최일 이전에 재공모를 진행한다.

① ㄱ, ㄴ　　　　　　② ㄱ, ㄷ　　　　　　③ ㄴ, ㅁ
④ ㄱ, ㄷ, ㅁ　　　　⑤ ㄴ, ㄹ, ㅁ

[49 ~ 50] 다음은 A 공사의 출장 및 여비에 관한 규정이다. 이어지는 질문에 답하시오.

〈제2장 국내출장〉

제12조(국내출장신청) 국내출장 시에는 출장신청서를 작성하여 출장승인권자의 승인을 얻은 후, 부득이한 경우를 제외하고는 출발 24시간 전까지 출장담당부서에 제출하여야 한다.

제13조(국내여비) ① 철도여행에는 철도운임, 수로여행에는 선박운임, 항로여행에는 항공운임, 철도 이외의 육로여행에는 자동차운임을 지급하며, 운임의 지급은 별도 책정된 기준에 의한다. 다만, 전철구간에 있어서 철도운임 외에 전철요금이 따로 책정되어 있는 때에는 철도운임에 갈음하여 전철요금을 지급한다.

② 회사 소유의 교통수단을 이용하거나 요금지불이 필요 없는 경우에는 교통비를 지급하지 아니한다. 이 경우 유류대, 도로사용료, 주차료 등은 귀임 후 정산할 수 있다.

③ 직원의 항공여행은 일정 등을 고려하여 필요하다고 인정되는 경우로 부득이 항공편을 이용하여야 할 경우에는 출장신청 시 항공여행 사유를 명시하고 출장결과 보고서에 영수증을 첨부하여야 하며, 출장신청 후 출발 전 기상악화 등으로 항공편 이용이 불가한 경우 사후 그 사유를 명시하여야 한다.

④ 국내출장자의 일비 및 식비는 〈별표1〉에서 정하는 바에 따라 출발일과 도착일을 포함한 일수를 기준으로 정액 지급하고 숙박비는 상한액 범위 내에서 사후 실비로 정산한다. 다만, 업무형편, 그 밖에 부득이한 사유로 인하여 숙박비를 초과하여 지출한 때에는 숙박비 상한액의 10분의 3을 넘지 아니하는 범위에서 추가로 지급할 수 있다.

⑤ 일비는 출장일수에 따라 지급하되, 공용차량 또는 공용차량에 준하는 별도의 차량을 이용하거나 차량을 임차하여 사용하는 경우에는 일비의 2분의 1을 지급한다.

⑥ 친지 집 등에 숙박하거나 2인 이상이 공동으로 숙박하는 경우 출장자가 출장 이행 후 숙박비에 대한 정산을 신청하면 회계담당자는 숙박비를 지출하지 않은 인원에 대해 1일 숙박당 20,000원을 지급 할 수 있다. 단, 출장자의 출장에 대한 증빙은 첨부하여야 한다.

제14조(장기체재) ① 동일지역에 장기간 체재하는 경우에 일비는 도착 다음날로부터 기산하여 15일 초과 시는 그 초과일수에 대하여 1할을, 30일 초과 시는 그 초과 일수에 대하여 2할을, 60일 이상 초과 시는 그 초과일수에 대하여 3할을 각각 감액한다.

② 제1항의 경우에 장기체재기간 중 일시 다른 지역에 업무상 출장하는 경우에는 장기체재 계획서에 출장 내역을 포함시켜야 하며, 그 출장기간을 장기체재기간에서 공제하고 잔여 체재기간을 계산한다.

제15조(국내파견자의 여비) 업무수행을 목적으로 회사 및 회사 사무소 외 지역 또는 유관기관에 파견근무를 하는 직원의 여비는 파견승인 시 승인권자의 결재를 받아 지급할 수 있다. 다만, 파견지에서 여비조로 실비를 지급하거나 숙박시설을 제공하는 경우에는 이에 상당하는 금액을 차감 지급한다.

〈별표1〉

구분	일비/일	식비/일	숙박비 상한액/박
임원	50,000원	30,000원	60,000원
부장 ~ 차장	40,000원	25,000원	50,000원
과장 ~ 사원	35,000원	25,000원	40,000원

49. 다음 중 위의 규정에 대한 설명으로 올바르지 않은 것은?

① 출장지까지의 철도요금이 25,000원일 경우, 전철요금이 18,000원으로 책정되어 있다면 철도운임 25,000원의 여비를 신청해야 한다.

② 출장자가 친지, 친구 등의 집에 머무르게 되어 숙박비를 지불하지 않은 경우에도 일정 금액은 숙박비로 지급될 수 있다.

③ 출장지 도착 다음날부터 한 곳에서만 35일간 장기 출장을 하게 될 L 차장은 총 130만 원의 일비를 지급받게 된다.

④ T 과장은 출장 시 부득이한 사유로 숙소 예약에 차질이 생겨 하루 숙박비가 60,000원인 숙소를 이용하게 될 경우 1박당 8,000원의 숙박비를 자비로 부담하게 된다.

⑤ 회사 차량을 이용하여 국내 출장을 1박 2일로 다녀오게 될 경우, 별도의 교통비는 지급받지 않으나 출장지에서 발생한 주차비는 회사에 청구하여 지급받을 수 있다.

50. 다음과 같은 출장의 경우, 출장자들에게 지급되는 일비의 총액은 얼마인가?

- 출장 인원 : A 본부장, B 부장, C 대리
- 출장 기간 : 2박 3일
- 출장지 지사 차량으로 전 일정 이동한다.

① 180,000원   ② 185,000원   ③ 187,500원

④ 188,000원   ⑤ 189,500원

과목 **2** 철도관련법령 51~60

51. 다음 중 「철도산업발전기본법」과 그 시행령에서 정하는 '철도시설'에 해당하는 것은 모두 몇 개인가?

> ㉠ 철도역 내 편의시설
> ㉡ 철도차량을 정비하기 위한 차량정비기지
> ㉢ 철도전문인력의 교육훈련을 위한 시설
> ㉣ 철도 건설을 위한 공사에 사용되는 진입도로

① 0개   ② 1개   ③ 2개
④ 3개   ⑤ 4개

52. 다음 중 철도산업전문인력 육성과 이를 위한 정책지원에 관한 「철도산업발전기본법」상의 내용으로 옳지 않은 것은?

① 국토교통부장관은 철도산업전문연수기관과의 협약을 통해 철도산업전문인력의 교육·훈련에 행정적·재정적 지원을 할 수 있다.
② 철도산업전문연수기관은 5년 단위로 전문인력의 수요를 조사하고 전문인력의 수급에 관한 의견을 국회 소관 상임위원회에 직접 제출해야 한다.
③ 국토교통부장관은 철도산업전문인력의 원활한 수급을 위해 특성화대학 등의 교육기관을 운영·지원할 수 있다.
④ 국가는 철도산업종사자의 자격제도의 다양화와 질적 수준의 발전을 위한 시책을 수립·시행하여야 한다.
⑤ 국토교통부장관은 철도산업전문인력의 수급의 변화에 따라 철도산업교육과정의 확대 등 필요한 조치를 관계중앙행정기관의 장에게 요청할 수 있다.

53. 철도운영자의 공익서비스비용에 관한 보상계약에 관한 설명으로 옳지 않은 것은?

① 국가는 특수목적사업의 수행을 목적으로 철도운영자에게 철도서비스를 제공할 것을 요구하기 위해서는 이에 따라 발생하는 비용의 보상을 내용으로 하는 계약을 체결하여야 한다.

② 공익서비스비용에 대한 보상계약을 체결한 철도운영자는 매년 3월 말까지 국가가 부담하여야 하는 공익서비스비용의 추정액을 기재한 국가부담비용추정서를 국토교통부장관에게 제출하여야 한다.

③ 국토교통부장관은 관계행정기관과의 협의를 통해 국토교통부소관 일반회계에 공익서비스비용에 보상계약에 따른 국가부담비용을 계상하여야 한다.

④ 국토교통부장관은 공익서비스비용의 객관성과 공정성을 확보하기 위해 공익서비스비용의 산정과 평가의 업무를 담당할 전문기관을 지정할 수 있다.

⑤ 철도산업위원회는 공익서비스비용에 대한 보상계약의 체결 과정에서 직권으로 이를 조정할 수 있다.

54. 다음에서 설명하는 한국철도공사의 사업은?

> 국토교통부장관은 철도역과 인근의 철도시설 및 그 주변지역에서 개발이 필요하다고 인정하는 지역을 지정하고, 한국철도공사는 이에 대해 주거·교육·보건·복지·관광·문화·상업·체육 등의 기능을 가지는 단지조성 및 시설설치를 위한 사업을 시행할 수 있다. 한국철도공사는 철도사업과 관련하여 일반업무시설, 판매시설, 주차장, 여객자동차터미널 및 화물터미널 등 철도 이용자에게 편의를 제공하기 위한 해당 사업에 대해 정부로부터 행정적·재정적 지원을 받을 수 있도록 「한국철도공사법」을 통해 규정하고 있다. 서울역 철도부지 내 유휴부지인 서울역북부 특별계획구역의 개발사업, 용산국제업무지구 개발사업 등이 여기에 해당한다.

① 연계운송사업   ② 공동운수사업   ③ 역세권 개발사업

④ 역 시설 개발 및 운영사업   ⑤ 민자철도사업

55. 한국철도공사의 국유재산 전대에 대한 다음 설명 중 옳지 않은 것은?

① 한국철도공사가 국유재산을 전대하기 위해서는 사전에 국토교통부장관의 승인을 받아야 한다.

② 한국철도공사로부터 국유재산의 전대를 받은 자는 이를 다른 사람에게 대부하게 할 수 없다.

③ 한국철도공사가 전대한 국유재산에 시설물을 축조하기 위해서는 국토교통부장관으로부터 행정 목적 또는 한국철도공사의 사업 수행을 위해 필요하다는 인정을 받아야 한다.

④ 한국철도공사의 국유재산 전대에는 한국철도공사의 사업을 효율적으로 수행하기 위한 목적성을 요구한다.

⑤ 한국철도공사가 국유재산 전대의 내용을 변경하기 위해서는 국토교통부장관에 해당 사실을 신고 하여야 한다.

56. 한국철도공사의 임직원이거나 임직원이었던 사람이 직무상 알게 된 비밀을 누설하였을 때의 「한국철도공사법」상의 처벌규정으로 옳은 것은?

① 5년 이하의 징역 또는 5천만 원 이하의 벌금

② 2년 이하의 징역 또는 2천만 원 이하의 벌금

③ 1년 이하의 징역 또는 1천만 원 이하의 벌금

④ 1년 이하의 징역 또는 500만 원 이하의 벌금

⑤ 500만 원 이하의 과태료

57. 다음 중 「철도사업법」 제7조에서 정하는 철도사업의 면허의 결격사유 중 '철도 관계 법령 위반에 따른 금고 이상의 실형 선고'의 기준이 되는 '철도 관계 법령'에 해당하지 않는 것은?

① 「철도건설법」　　　　② 「철도안전법」　　　　③ 「한국철도공사법」

④ 「국가철도공단법」　　⑤ 「철도산업발전기본법」

58. 민자철도의 유지·관리를 위한 감독 및 평가에 관하여 다음 중 옳지 않은 것은?

① 국토교통부장관은 민자철도의 유지·관리 및 운영에 관한 기준에 따라 매년 소관 민자철도에 대한 운영평가를 실시하여야 한다.

② 국토교통부장관은 민자철도에 관한 유지·관리 및 체계 개선 등 필요한 조치를 민자철도사업자에게 명할 수 있고, 민자철도사업자는 이를 이행하고 그 결과를 보고하여야 한다.

③ 민자철도의 유지·관리 및 운영에 관한 기준을 준수하지 않은 민자철도사업자에 대해서는 1억원 이하의 과징금을 부과·징수할 수 있다.

④ 한국철도공사는 민자철도의 유지·관리 및 운영에 관한 기준과 관련된 자문 및 지원 업무를 수행하기 위해 민자철도 관리지원센터를 설립한다.

⑤ 국토교통부장관은 국가가 재정을 지원한 민자철도의 건설 및 유지·관리 현황에 관한 보고서를 작성하여 매년 5월 31일까지 국회 소관 상임위원회에 제출하여야 한다.

59. 다음 중 국가가 소유·관리하는 철도시설을 점용하는 대가로 지불하는 점용료를 감면받을 수 있는 사유에 해당하지 않는 것은?

① 「공공주택 특별법」에 따른 공공주택 건설을 목적으로 점용허가를 받은 경우

② 국가에 무상으로 양도하거나 제공하기 위한 목적의 시설물 설치를 위해 철도시설을 점용하는 경우

③ 점용허가를 받은 이후 2년이 경과하였음에도 점용허가의 목적이 된 공사를 착수하지 아니한 경우

④ 국민경제에 중대한 영향을 미치는 공익사업을 목적으로 점용허가를 받은 경우

⑤ 철도시설의 점용허가를 받은 자가 자연재해를 이유로 시설의 일부를 사용하지 못하게 된 경우

60. 철도사업자가 철도사업을 휴업하기 위한 절차에 관한 설명으로 옳지 않은 것은?

① 철도사업자가 철도사업의 일부를 휴업하기 위해서는 국토교통부장관의 허가를 받거나 신고를 해야 한다.

② 철도시설의 개량을 이유로 철도사업을 휴업하는 경우는 6개월을 초과하는 휴업이 허용될 수 있다.

③ 국토교통부장관은 철도사업의 휴업신고를 받은 경우 60일 이내에 신고수리 여부를 통지하여야 한다.

④ 철도사업을 휴업하고자 하는 철도사업자는 그 허가를 받은 날로부터 7일 이내에 휴업하려는 사업의 내용과 휴업기간 등을 인터넷 홈페이지나 관계 역·영업소 및 사업소 등에 게시하여야 한다.

⑤ 휴업기간 중 휴업 사유가 소멸한 경우에는 국토교통부장관의 허가를 받아 사업을 재개할 수 있다.

01. 다음 중 ㉠~㉤의 수정안으로 올바르지 않은 것은?

> 문화재 안내문이란 문화재를 ㉠소개시키거나 사정을 알릴 목적으로 ㉡씌여진 글로, 문화재의 특성에 따라 작성 방법이 달라진다.
>
> 문화재 안내판의 기본적인 종류는 해설안내판과 기능성안내판으로 구분하며, 해설안내판은 종합안내판, 권역안내판, 개별안내판 등으로 분류하되, 이 중 1개 이상의 안내판은 ㉢반드시 설치하는 것을 원칙으로 한다.
>
> 문화재 안내문은 문화재를 관람하는 ㉣일반인을 대상으로 하고 문화재를 안내한다는 공공의 목적을 위해 사용된다는 점에서 공공언어라고 할 수 있다. 따라서 문화재 안내문 역시 공공언어로서 다음과 같은 공공언어 요건을 ㉤충족해야 한다.

① ㉠ '소개시키거나'는 과도한 사동표현이다. 따라서 '소개하거나'로 수정한다.

② ㉡ '씌여진'은 과도한 피동표현이다. 따라서 '쓰인'으로 수정한다.

③ ㉢ '설치하는 것을 원칙으로 한다'는 군더더기 표현이 있으므로 '설치하는 것이 원칙이다'로 수정한다.

④ ㉣ '일반인을 대상으로 하고'는 군더더기 표현이 있으므로 '일반인에게'로 수정한다.

⑤ ㉤ '충족해야 한다'는 문장 성분 간의 호응이 이루어지지 않으므로 '충족시켜야 한다'로 수정한다.

02. 다음 중 밑줄 친 ㉠과 바꾸어 쓸 수 있는 것은?

> 안타깝지만 실제로 원치 않아서 한 고생들, 특히 불의에 의한 '억울함'을 겪은 사람들은 그렇지 않은 사람들에 비해 이후 비슷한 고생을 한 사람들을 눈여겨보고 배려심이 넘치는 사람이 되어야 할 것 같지만 되려 더 '이기적'인 모습을 보이게 된다는 연구 결과들이 있었다. 예컨데 코넬대 에밀리 지텍(Emily Zitek) 교수는 사람들에게 자신이 당한 억울한 일을 ㉠떠올리게 하면 세상에서 나만 제일 억울하고 불쌍한 사람이라는 피해의식이 커지고 그 결과 다른 사람들은 몰라도 나는 더 이상 희생할 수 없다고 하는 등 이기심이 높아지는 현상이 나타난다고 보고했다(Zitek et al., 2010).

① 공상(空想)하게 ② 묵상(默想)하게 ③ 상상(想像)하게

④ 회상(回想)하게 ⑤ 연상(聯想)하게

03. 다음 중 한글 맞춤법에 어긋난 부분이 포함된 문장을 모두 고른 것은?

> ㉠ 내용을 모르고 무작정 기다리게만 하니 답답하고 심난하기까지 하다.
> ㉡ 지역의 문화와 자연 여건 등에 관한 상식시험을 선택해 치를 수 있다.
> ㉢ 내가 빌미를 줬을지 모른다는 생각에 분노는 부끄럼으로 금새 바뀌었다.
> ㉣ 결재 과정의 불필요하고 낡은 업무 관행을 버리자는 데 모든 직원들이 뜻을 같이 했다.

① ㉠, ㉡ ② ㉠, ㉢ ③ ㉠, ㉣

④ ㉡, ㉢ ⑤ ㉡, ㉣

04. 다음 중 밑줄 친 어휘 대신 들어갈 말로 적절하지 않은 것은?

> 국립공원은 자연자원을 국가가 특별히 관리하기 위해 지정하는 자연유산이다. 1967년 지리산이 최초의 국립공원으로 지정된 이래 근래에는 스물 한 번째 무등산, 이어 스물 두 번째 태백산이 국립공원으로 지정되는 등 주민, 지자체들의 국립공원에 대한 기대와 ⊙여망(輿望)이 부쩍 커지는 ⓒ형국(形局)이다.
>
> 국립공원을 우리가 앞으로 지속가능하게 보전하고 다음 세대에 물려주기 위해 어떤 노력을 기울여야 할 것인가. 국립공원 업무는 '여럿이 함께'라는 인식이 중요하다. ⓒ주무(主務) 부처는 환경부이지만 보호지역 관리를 위해서는 부처 간 협업과 지자체, 지역주민 등의 협력이 필요하기 때문이다. 국립공원 신규 지정으로 대표되는 보호지역의 확대는 국제협약의 ⓔ이행(履行)을 넘어서 미래 세대에게 자연유산을 가장 가치 있게 물려주는 효과적인 ⓜ방안(方案)이 될 것이다.

① ⊙중망(衆望)   ② ⓒ국면(局面)   ③ ⓒ직할(直轄)
④ ⓔ실행(實行)   ⑤ ⓜ방책(方策)

05. 밑줄 친 ⊙~ⓜ 중 맥락상 쓰임이 적절하지 않은 것은?

> 스마트폰 승차권 소지자가 KTX를 놓치면 열차 출발 후 10분 이내에 스마트폰 앱 '코레일톡'으로 직접 승차권을 반환할 수 있게 되었다. 코레일은 위치정보 기반 IT 기술을 활용해 부정 승차의 ⊙소지를 없애고 승차권 반환 위약금을 줄여 고객의 이익을 보호할 수 있는 '열차 출발 후 코레일톡 승차권 직접 반환' 서비스를 시범 ⓒ운영한다. 그동안 코레일은 열차 안에서 승무원의 검표를 받고나서 승차권을 반환하는 얌체족들의 부정승차를 막기 위해 열차가 출발하고 나면 역 창구에서만 반환 접수를 받았다. 그러나 반환 시간이 경과함에 따라 고객의 위약금이 늘어나 ⓒ부수적인 피해가 발생하기도 했다. 이를 개선하기 위해 코레일은 열차에 설치된 내비게이션의 실시간 위치정보와 이용자의 스마트폰이 허용하는 GPS 정보를 비교하는 기술을 ⓔ개발했다. 이용자의 위치가 열차 안이 아닐 경우에만 '출발 후 반환' 서비스를 제공하는 방법으로 문제를 해결한 것이다. 열차 출발 후 '코레일톡'으로 승차권을 반환하려면 먼저 스마트폰의 GPS 기능을 켜고 코레일톡 앱의 위치정보 접근을 ⓜ허용해야 한다.

① ⊙   ② ⓒ   ③ ⓒ
④ ⓔ   ⑤ ⓜ

06. 다음 글의 ⊙ ~ ⊚에서 전후 맥락에 가장 적합한 단어만을 골라 짝지은 것은?

> 문화체육관광부가 공개한 차세대 전자 여권의 디자인 시안을 보고 많은 국민들이 '녹색에서 남색으로 바뀌는구나'라고 ⊙ 인식/각인했을 듯하다. 하지만 엄밀히 말하면 바뀔 가능성은 33.3% 정도이다. 문체부가 이날 낸 보도자료 비고란엔 '국민 선호도 조사 결과에 따라 색상변경 가능'이라는 문구가 적혀 있었기 때문이다. 새 전자 여권은 2007년 문체부와 외교부가 공동으로 '여권 디자인 공모전'을 통해 당선된 서울대 ○○○교수의 작품을 원안으로 수정, 보완하였다. 공개 ⓒ 경선/경쟁을 통해 10년 넘게 수정을 거쳐 지금의 시안으로 완성된 것이다.
>
> '색상 변경 가능' 설명에도 대부분 사람들은 '남색'으로 바뀌는 걸로 거의 확신하고 있다. 무슨 일이 생긴 걸까? 문제는 보도 자료에 있다. 자료에는 ⓒ 현행/현재 일반 여권 표지의 색상이 녹색에서 남색으로 디자인도 ⓔ 개선/개수된다'고 적혀 있다. 문구 그대로 해석하면 색상은 이미 '남색'으로 변경된 셈이다. 하지만 붙임 자료에 사진으로 ⓜ 병기/표기된 설명에는 '여권이 색상을 한 가지로 통일한다면 어떤 색상이 좋다고 생각하십니까?'라고 '남색' '진회색' '적색' 3가지 색을 후보로 올렸다. 한 자료에 혼란을 일으키는 내용이 뒤섞인 것이다.

	⊙	ⓒ	ⓒ	ⓔ	ⓜ
①	각인	경선	현재	개수	병기
②	인식	경쟁	현재	개수	병기
③	각인	경선	현행	개선	표기
④	인식	경쟁	현행	개수	표기
⑤	인식	경쟁	현행	개선	병기

07. 다음 ⊙ ~ ⑩ 중 밑줄 친 ⓐ가 내포한 의미와 가장 가까운 것은?

ⓞ'주이불비(周而不比)'란 여러 사람과 두루 친하면서 서로 견주지 않는 것을 말하고, ⓛ'화이부동(和而不同)'이란 서로 화합하면서도 같아지려고 하지 않는다는 뜻이다. 쉽게 말하면 자기 의견만 내세우지 않고 나와 다른 이들을 수용하고 인정하는 태도를 지향하라는 것이다.

이상주의자였던 공자는 세상을 다스리는 군주들에게 이런 태도를 강조했는데, 어느 왕이 이런 사상을 좋아했을까 싶다. 역지사지(易地思之)라고 했던가? 모든 권력을 손에 쥐고 자기가 하고 싶은 대로 다 할 수 있는 권한이 있는 최고 우두머리가 뭐가 아쉬워서 굳이 남의 입장을 헤아리겠는가? 그러나 다른 나라의 군주와 끊임없이 대결하고 함께 살아가기 위해서는 서로를 인정하고 화합할 필요성이 커진다. 자신의 삶에, 현실에 어떻게 적용시키느냐에 따라 이 정신은 얼마든지 효용성을 발휘할 수 있다.

"한 마디로 평생 실천할 만한 것이 있습니까?"라는 자공의 물음에 공자가 ⓐ'기소불욕 물시어인(己所不慾 勿施於人)'이라 대답하였다. 자기가 원하지 않는 일을 남에게 시키지 말라는 뜻이다. 공감이 되어 가슴에 새기고 싶은 문구이다. 이 자체를 공자는 '서(恕)'라고 하였다. 누군가를 용서하는 것, 인문학의 근본이 되는 마음이다.

《복송열반경(北宋涅般經)》〈사자후보살품(獅子吼菩薩品)〉편에 다음과 같은 이야기가 수록되어 있다. 어느 왕이 대신에게 말하기를 코끼리 한 마리를 끌고 와서 맹인에게 보여라 하였다. 맹인들이 각자 손으로 만져 보았다. 왕이 맹인을 불러 모아 묻기로 그대들이 코끼리를 만져보고 무엇과 비슷한 것인가 하였더니, 상아를 만져본 사람은 코끼리의 모양이 무와 비슷하다 하였고, 귀를 만져 본 사람은 키와 같다고 하였고, 다리를 만져본 사람은 절구와 같다 하였고, 등을 만져본 사람은 침상과 같다 하였고, 배를 만져본 사람은 독과 같다 하였고, 꼬리를 만져 본 사람은 새끼줄과 같다고 하였다.

ⓒ군맹평상(群盲評象)이라는 장님 코끼리 만지는 고사의 내용이다. 사람들이 모든 사물을 자기 주관대로 판단하거나 그 일부밖에 파악하지 못함을 비유한 것이다. 맹인들은 코끼리의 전신에 대하여 정확하게 말하고 있지는 않지만, 각자가 말하고 있는 것을 종합하면 코끼리를 말하고 있지 않는 것도 아니다. 이들이 말하고 있는 것이 비록 코끼리의 전체 모습은 아니지만 이것을 떠나 달리 코끼리가 있는 것도 아니다. 물론 고사에서는 제대로 코끼리를 인지하지 못한 ⓔ장님들의 오해에 관한 이야기지만 이를 거꾸로 뒤집어 생각하면 장님들이 코끼리의 어느 곳을 만져보더라도 정확한 답을 애기할 수 있도록 충분한 정보를 제공하지 않은 대신들도 문제가 있었다고 볼 수 있다.

우리의 행동은 다른 사람들의 행복에 영향을 준다. 우리는 우리의 행동이 다른 많은 사람들, 우리의 가족, 우리의 친구들 및 기타 사람들의 생활과 상호 연관되어 있다는 것을 부인할 수 없다. 우리의 능력이 미치는 한 우리는 다른 사람들의 행복을 손상하는 쾌락을 추구하는 어떠한 일도 해서는 안된다. 이를 ⓜ황금률(黃金律)이라고 하는데 '그러므로 무엇이든 남에게 대접을 받고자 하는 대로 너희도 남을 대접하라'는 것이다. 예수님의 이 말씀과 비슷한 말이 다른 종교에도 있다. 공자도 '네가 하고 싶지 않은 일은 남에게 시키지 말라'고 했고, 불교에서는 '너에게 해가 되는 것은 남에게도 해가 된다'고 했다.

① ⊙　　　② ⓛ　　　③ ⓒ　　　④ ⓔ　　　⑤ ⓜ

08. 다음은 □□포털의 '단어장 이용약관 변경 안내'이다. 〈보기〉의 대화 중 변경안에 대하여 바르게 이해한 사람을 모두 고르면?

〈단어장 이용약관 변경 안내〉

안녕하세요, □□포털 단어장 담당자입니다. 단어장 이용약관 변경에 관한 안내 말씀드립니다. 아래의 변경 사항을 확인하시어 서비스 이용에 참고하시길 부탁드립니다.

1. 변경사항 : 단어, 숙어, 예문 등 사전 콘텐츠의 저작권은 사전 콘텐츠 제공업체에 있기 때문에 해당 업체의 요청으로 사전 콘텐츠가 변경 또는 삭제되는 경우, 이용자가 단어장에 저장한 콘텐츠도 동일하게 변경, 삭제되어야 합니다.

변경 전	변경 후
제7조(서비스의 변경) ① 회사의 사정, 사전 콘텐츠 제공업체의 변경 등으로 인해 단어장 서비스의 일부 또는 전부가 변경, 종료될 수 있으며, 이 경우 '회사'는 그 사유를 변경 또는 종료 전 30일 이상 단어장 서비스 메인페이지에 게시하여야 합니다.	제7조(서비스의 변경) ① 회사의 사정, 사전 콘텐츠 제공업체의 변경 등으로 인해 이용자가 사전으로부터 저장한 콘텐츠, 단어장 서비스의 일부 또는 전부가 변경, 종료될 수 있습니다. 이 경우 '회사'는 변경 사유, 변경될 서비스의 내용 및 제공 일자 등을 그 변경 또는 종료 전에 해당 서비스 초기화면에 게시하여야 합니다.
(신설)	제8조(휴면계정의 데이터 삭제 등) 1년 동안 '□□포털 서비스'를 사용하지 않는 경우, 회사의 휴면 정책에 따라 이용자의 '□□포털 서비스' 계정은 휴면상태로 전환되며, 휴면계정으로 전환 시 단어장의 데이터는 초기화되어 모두 삭제됩니다.

2. 변경일자 : 변경된 단어장 약관은 20XX년 11월 19일부터 적용됩니다.
3. 이의제기 및 문의 : 변경된 단어장 약관 내용이 궁금하신 경우, □□포털 고객센터로 문의를 접수해 주시면 신속하고 친절하게 안내해 드리겠습니다.

보기

A : 제7조는 이용자가 해당 내용을 명확하게 인지할 수 있도록 문장을 더욱 간결하게 서술했네.

B : 제8조는 이용자가 생성한 콘텐츠의 저작권을 비롯한 이용자의 각종 권리를 보장하기 위하여 신설했군.

C : □□포털은 휴면상태인 포털 이용자에게 변경 내용을 미리 해당 서비스 초기화면에 게시해야 하는군.

D : 사전 콘텐츠 제공업체의 변경으로 인한 서비스 변경과 관련된 사항의 내용을 보다 구체적으로 제시하고 변경 내용의 게시 위치를 변경했어.

① A, B　　② A, C　　③ B, C　　④ B, D　　⑤ C, D

[09 ~ 10] 다음 글을 읽고 이어지는 질문에 답하시오.

(가) 문화 콘텐츠는 콘텐츠와 기술, 문화와 기술, 하드웨어와 소프트웨어의 융합으로 이루어지므로 가장 창의적이고 융합적인 영역이라고 할 수 있다. 자율주행자동차의 예를 들어보자. 가령 사람이 운전하지 않아도 되는 자율주행자동차가 상용화되면 차 안에서 사람이 할 수 있는 일은 아마도 영화, 게임, 영상 등 콘텐츠의 소비가 될 것이므로 콘텐츠의 수요는 늘어날 수밖에 없다. 미래에는 노동시간은 줄어들고 여가시간이 점점 늘어날 것이다. 여가시간의 증가 역시 콘텐츠 수요의 증가를 뜻한다.

(나) 기술문명이 고도로 발달하면 사회가 테크놀로지 중심으로 재편되고 인간이 기술에 의존하게 될 가능성이 점점 높아진다. 하지만 조금 다른 관점에서 보면 4차 산업혁명이 가속화되고 기술문명이 발전할수록 콘텐츠나 문화예술은 더 많은 기회를 갖게 될 것이다. 왜 그럴까? 우선 문화예술은 창의성, 감성의 영역이라 4차 산업혁명으로 인한 자동화의 위험이 상대적으로 적기 때문이다. 직업세계의 변화 예측을 보더라도 전문가들이 인공지능이나 기계로 대체될 위험이 적고 미래에 유망할 것으로 꼽는 직업은 화가 및 조각가, 사진작가, 지휘자 및 연주자, 만화가, 가수, 패션디자이너 등 문화예술 관련 분야이거나 창의성, 감성, 사회적 소통과 협력 등을 필요로 하는 일자리다. 둘째, 기술문명이 발전하면 인간은 변화로 인한 문화의 충격을 겪게 되고, 인간 자신을 돌아보게 되므로 인간적 영역인 문화에 더 큰 관심을 갖게 된다. 셋째, 4차 산업혁명은 특정 기술이 이끄는 변화가 아니라 여러 첨단기술들이 융합돼 일으키는 혁신적 변화이며, 여기에서 나타나는 변화의 트렌드는 창의 융합이다.

(다) 리처드 플로리다 교수의 저서 '도시는 왜 불평등한가'에서는 창의적인 도시의 3요소로 3T를 언급한다. 3T란 기술(Technology), 관용(Tolerance) 그리고 인재(Talent)다. 창조적인 도시를 보면 예외 없이 하이테크 기술이 모이고 창의인재들이 몰려들고 또한 다름을 인정하며 공존하는 관용의 문화가 있다. 첨단기술과 다양성의 문화를 바탕으로 창의적인 결과물을 만들어내는 것은 다름 아닌 창의인재다. 플로리다는 이들을 창조계급(Creative class)이라 명명했다. 산업화시대의 주역이 부르주아 계급이었다면 21세기의 주역은 창조계급이 될 거라고 주장했는데, 플로리다는 창조계급의 핵심으로 컴퓨터와 수학 관련 직업, 건축과 공학 관련 직업, 생명과학, 물리, 사회과학 관련 직업, 교육·훈련 관련 직업, 미술·디자인·연예·오락·스포츠·미디어 관련 직업 등을 꼽았다. 미래변화를 주도하는 창조계급에 속하는 직업은 미래학자들이 기계화, 자동화에도 불구하고 유망한 직업군으로 꼽는 직업과 대부분 일치한다. 요컨대 미래에 유망할 일자리는 고도의 전문성, 판단력, 직관력과 감성, 창의성을 필요로 하는 직업들이라고 할 수 있다. 이런 직업 변화의 전망이라는 관점에서 보면 미래 인재상과 인재양성을 위한 교육방법론에도 큰 변화가 필요할 것으로 보인다.

(라) 4차 산업혁명은 문화라는 관점에서 보면 콘텐츠 혁명이 될 것이다. 디지털 빅 데이터, 인공지능 기반으로 만들어지는 콘텐츠는 기존의 아날로그 콘텐츠와는 양적, 질적으로 차원이 다를 것이며, VR·AR로 만들어지는 콘텐츠는 사용자 경험의 신세계를 맛보게 해줄 것이다. 4차 산업혁명시대는 콘텐츠가 부가가치의 원천이 되는 콘텐츠노믹스 시대이자, 재미있는 스토리,

1회 기출예상
2회 기출예상
3회 기출예상
4회 기출예상
5회 기출예상
인성검사
면접가이드
참고문헌

독창적인 아이디어, 정교한 알고리즘, 창의적인 소프트웨어 등 문화 콘텐츠가 성장엔진이 되는 소프트파워시대이다. 전통적 인쇄 매체인 신문에 종사하는 사람들은 좋은 신문을 만들기 위해서는 윤전기와 기자, 둘만 있으면 된다고 말한다. 윤전기는 기계나 기술을 가리키고 기자는 기사를 생성하는 주체다. 뭐니 뭐니 해도 저널리즘의 주체는 기자다. 콘텐츠 제작도 마찬가지다. 콘텐츠기술, 문화기술 등 테크놀로지가 매우 중요하겠지만 본질적인 것은 콘텐츠 창작자다. 아무리 첨단기술과 최신 사양의 도구를 갖추고 있어도 결국 콘텐츠의 질을 좌우하는 것은 사람이기 때문이다. 4차 산업혁명시대의 콘텐츠 혁명을 이끄는 것은 기술이 아니라 사람이다. 항상 사람이 먼저이며 창의적 인재를 길러내는 것이 우선이다. 첨단기술도 사람이 만드는 것이고 기발한 콘텐츠도 사람이 만든다.

(마) 창조계급을 길러내기 위해서는 전통적인 교육시스템의 파괴적 혁신이 필요하다. 잠재력을 발굴하고 비범한 아이디어를 장려하는 방식의 교육으로 변화해야 하며, 사회적으로도 줄 세우기 식의 경쟁이 아니라 협업하고 소통하는 문화를 확산해야 한다. 또한 실패를 용인하고 도전을 장려하는 사회분위기 조성도 필요하다. 미래사회 국가경쟁력의 핵심은 결국 첨단과학기술개발과 창의적 인재 양성 두 가지이다. 첨단과학기술개발 역시 사람이 하는 일이기에 창의적 인재양성의 중요성은 아무리 강조해도 지나치지 않다. 콘텐츠 산업을 진흥하고 창의적 콘텐츠를 발굴·개발하는 정책은 시대변화를 이끌어갈 창의 인력의 전주기적 양성 시스템의 구축과 함께 추진돼야 한다.

09. 윗글의 (가) ~ (마)를 논리적 순서대로 바르게 배열한 것은?

① (다) – (나) – (라) – (마) – (가)
② (가) – (나) – (다) – (라) – (마)
③ (나) – (가) – (라) – (마) – (다)
④ (가) – (다) – (라) – (마) – (나)
⑤ (나) – (가) – (라) – (다) – (마)

10. 각 문단의 중심내용으로 적절하지 않은 것은?

① (가) – 문화 콘텐츠의 특성과 향후 수요 전망
② (나) – 4차 산업혁명의 특징과 문화예술의 가능성
③ (다) – 창의적인 도시 건설을 위한 다문화 창조계급의 탄생
④ (라) – 4차 산업혁명에 있어 문화 콘텐츠의 본질과 그 중요성
⑤ (마) – 창의 인재 중심의 사회를 위한 시스템 구축의 필요성

[11 ~ 12] 다음 글을 읽고 이어지는 질문에 답하시오.

과학이 무신론이고 윤리와는 거리가 멀다는 견해는 스페인의 철학자 오르테가 이 가세트가 말하는 '문화인'들 사이에서 과학에 대한 반감을 더욱 부채질하곤 했다. 이 두 가지 반감의 원인이 타당한 것인지는 좀 더 살펴볼 필요가 있다. 사실 과학자도 신의 존재를 믿을 수 있고, 더 나아가 신의 존재에 대한 과학적 증거를 찾으려 할 수도 있다. 무신론자들에게는 이것이 지루한 과학과 극단적 기독교의 만남 정도로 보일지도 모른다. 그러나 어느 누구도 제임스 클러크 맥스웰 같이 저명한 과학자가 분자구조를 이용해서 신의 존재를 증명하려 했던 것을 비웃을 수는 없다.

물론 과학자들 중에는 무신론자도 많이 있다. 동물학자인 도킨스는 '모든 종교는 무한히 복제되는 정신적 바이러스일지도 모른다'는 의심을 갖고 있었다. 그러나 확고한 유신론자들의 관점에서는 이 모든 과학적 발견 역시 신에 의해 계획된 것이므로 종교적 지식이라고 생각할 수도 있다. 따라서 과학의 본질을 무조건 비종교적이라고 간주할 수는 없을 것이다. 오히려 과학자나 종교학자가 모두 진리를 찾으려고 한다는 점에서 과학과 신학은 동일한 목적을 추구한다고도 할 수 있다. 과학이 물리적 우주에 관한 진리를 찾는 것이라면, 신학은 신에 관한 진리를 찾는 것이다. 그러나 신학자들이나 혹은 어느 정도 신학적인 관점을 가진 사람들은 신이 우주를 창조했다고 믿고 우주를 통해 신과 만날 수 있다고 믿기 때문에 신과 우주가 근본적으로는 뚜렷이 구분되는 대상이 절대 아니라고 생각한다.

사실 많은 과학자들이 과학과 종교는 서로 대립되는 개념이라고 주장하기도 한다. 신경 심리학자인 리처드 그레고리는 '과학이 전통적인 믿음을 받아들이기보다는 모든 것에 질문을 던지기 때문에 과학과 종교는 근본적으로 다른 반대의 자세를 가지고 있다'고 주장한 바가 있다. 그러나 이것은 종교가 가지고 있는 변화의 능력을 과소평가한 것이다. 유럽에서 일어난 모든 종교개혁운동은 전통적 믿음을 받아들이지 않으려는 시도였다.

과학은 증거에 의존하는 반면 종교는 계시된 사실에 의존한다는 점에서 이들 간에 극복할 수 없는 차이점이 존재한다는 반론을 제기할 수도 있다. 그러나 종교인들에게는 계시된 사실이 바로 증거이다. 지속적으로 신에 관한 증거들에 대해 회의하고 재해석하려고 한다는 점에서 신학을 과학이라고 간주하더라도 결코 모순은 아니다. 사실 그것을 신학이라고 부르기 때문에 신의 존재를 전제로 하고 있는 것처럼 보인다. 그러나 우리가 본 바와 같이 과학적 연구가 몇몇 과학자를 신에게 인도했던 것처럼, 신학연구가 그 신학자를 무신론자로 만들지 않을 이유는 없다. 과학의 정반대에 서 있는 것은 신학이 아니라 오히려 정치이다. 과학은 지식의 범주에 있지만, 정치는 견해의 범주에 속한다.

11. 윗글에서 필자가 궁극적으로 전달하고자 하는 바로 가장 적절한 것은?

① 과학이 종교와 양립할 수 없다는 의견은 타당하지 않다.

② 과학자와 종교학자는 진리 탐구라는 공통 목적을 추구한다.

③ 과학은 존재하는 모든 것에 대해 회의적 질문을 던지는 학문이다.

④ 신학은 신에 관한 증거들을 의심하고 재해석하고자 하는 학문이다.

⑤ 신학은 신의 존재를 입증하기 위해 과학과는 다른 방법론을 적용한다.

12. 윗글을 통해 추론할 수 있는 내용으로 적절하지 않은 것은?

① 신학 연구자들 중에는 무신론적 견해를 견지하는 이들도 있을 수 있다.

② 제임스 클러크 맥스웰은 신의 존재를 과학적으로 증명하려고 하려고 하였다.

③ 오르테가 이 가세트가 논의한 '문화인'은 과학의 엄밀성을 신봉하는 이들이다.

④ 무신론에 입각한 도킨스의 가설은 유신론자들에게 반대로 해석될 수도 있다.

⑤ 유럽에서 일어난 종교 개혁은 리처드 그레고리의 주장에 대한 반례로 활용될 수 있다.

1회 기출예상
2회 기출예상
3회 기출예상
4회 기출예상
5회 기출예상
인성검사
면접가이드
중도이탈자

[13 ~ 14] 다음 글을 읽고 이어지는 질문에 답하시오.

샐러던트(Saladent) 네 음절이 회자되고 있다. 급여생활자인 샐러리맨(Salaried man)과 학생인 스튜던트(Student)가 합성된 이 신조어는 '공부하는 직장인'을 일컫는다. 직장인이 하는 공부는 크게 업무 역량 강화를 위한 공부와 자기계발 및 개인적인 목표를 위한 공부로 나눌 수 있다. 회사 업무를 위해 필요한 공부로는 업무 전문성을 높이기 위한 공부가 대표적이다. 이는 연령별로 조금 차이가 있다. 20 ~ 30대의 젊은 직장인은 주로 승진이나 이직에 유리한 어학 공부와 업무 전문성을 높이기 위한 공부에 매진한다. 또한 실무와 관련된 공부로는 경제 · 경영학이 주를 이룬다. 한국 표준협회에 따르면 지난해 서적이나 인터넷 동영상 강좌를 통해 경제 · 경영 분야를 공부한 직장인은 2016년에 비해 무려 300% 가까이 증가했다. 중년층 직장인의 경우 조직을 이끄는 부서장인 경우가 많다. 넓은 식견과 통찰력이 요구되는 이들은 프로젝트를 성공적으로 수행하기 위해 변화하는 사회, 경제, 문화 전반의 트렌드에 민감하게 반응한다. 회사 내에 마련된 교육 프로그램을 통해 새로운 정보들을 흡수하고, 부족한 부분은 외부 강연을 통해 보충한다. 또 사고의 폭을 넓히고 효과적인 조직 관리를 위해 인문학 서적과 자기계발서를 탐독하는 이들도 많다.

자기계발과 개인적인 목표를 위한 공부로는 여가와 취미, 재테크, 노후 대비 등을 들 수 있다. 이들 분야는 배우는 내용이나 학습 목표는 다르지만, '더 나은 삶, 더 즐거운 삶'이라는 공통분모를 가지고 있다. 중년층이 가장 관심 갖는 공부는 자격증 취득 공부다. 전직, 고용 불안으로 인한 실직이나 은퇴 후를 대비한 '제2의 직업', '평생직장'을 얻기 위한 것으로, 주로 공인중개사, 사회복지사, 사회조사 분석사, 주택관리사, 직업상담사 자격증 등이 있다. 젊은 층의 관심 분야는 좀 더 폭이 넓다. 자격증 시험은 물론 영어나 중국어 같은 외국어 공부, 재테크 공부에도 시간을 투자한다. 이들이 공부하는 방법은 주로 '독학'이다. 한 취업포털 사이트가 20 ~ 30대 직장인 708명을 대상으로 한 설문 조사에 따르면 '독학'으로 공부하는 직장인이 43.3%로 가장 많았다. 그 다음을 '인터넷 강의(29.9%)'가 차지했고, 대학원 및 사이버대학 등에 '진학'을 한다는 직장인은 10.7%였다. 이어 '학원 수강(7.9%)', '스터디 그룹 활동(3.1%)', '개인 과외(2.7%)' 등의 순이었다.

공부하는 직장인이 늘면서 재미있는 현상도 나타난다. 예를 들면 피아노나 그림처럼 어렸을 때 경험한 예체능 활동을 다시 시작하는 경우다. 이는 어린 시절의 향수를 그리워하는 키덜트 문화가 자기계발 분야로 확대된 것으로, 교육부에 따르면 성인 대상 예능(미술 · 음악 · 무용 등) 학원 수강자는 2013년 4만 2,462명에서 2016년 19만 3,258명으로 급증했다. 이에 맞춰 예체능 학원들은 직장인 맞춤형 수업을 잇따라 내놓고 있다.

퇴근시간에 맞춰 일대일 개인 수업을 열거나 하루 동안 미리 수업을 받아보는 체험 수업을 진행한다. 학습지 교사가 집으로 방문하는 방문 학습지를 이용하는 직장인도 증가 했다. 학원에 다닐 시간 여유가 없는 경우도 있지만, 교사가 집으로 방문해 수업 내용을 지도해주는 옛날 방식이 효과적이라고 생각해 신청하는 경우다. 주로 외국어를 배우며 일주일에 한두 번 교사가 방문하면 수업 내용을 체크하고, 이해되지 않는 내용을 골라 설명해주는 방식으로 진행된다. 백화점 문화센터를 찾는 경우도 있다. 전문성을 띠는 학원보다 좀 더 편하게 배울 수 있다는 이유에서다. 백화점 문화센터는 '주부들의 놀이터'로 여겨졌지만 최근 20 ~ 30대 직장인이 늘면서 악기 연주, 요가, 홈트레이닝 같은 다양한 수업을 진행하고 있다. '쿡방'과 '집밥'이 큰 인기를 끌면서 요리를 본격적으로

www.gosinet.co.kr **gosinet**

1회 기출예상

2회 기출예상

3회 기출예상

4회 기출예상

5회 기출예상

인성검사

면접가이드

정답과해설

배우려는 직장인도 크게 늘었다. 특히 일만큼이나 가정을 중시하는 문화가 정착되고, 매주 한 번 가족과 시간을 보낼 수 있는 '패밀리데이'를 시행하는 기업이 늘면서 남성 직장인들의 요리수업 참여도가 눈에 띄게 늘었다. 남성들의 교육 참여가 증가한 곳이 또 있다. 바로 육아교육이다. 육아 휴직의 확대와 동등한 육아 분담에 대한 사회 분위기가 무르익으면서 남성들이 육아 교육 프로그램을 찾고 있다. 이들은 교육을 통해 출산 직후의 육아는 물론 아이의 성장과정을 함께 돌보는 양육 교육에까지 관심을 보이고 있다.

회사 생활과 공부를 병행하기는 그리 녹록하지 않다. 효과적이고 성공적인 공부를 위해 전문가들은 두 가지를 강조한다. 하나는 일주일 동안 공부할 총 시간을 미리 정해놓고 이를 맞추려고 노력하는 것이다. 불규칙한 퇴근시간으로 하루 공부량을 채우지 못했다면 밀린 공부는 주말을 이용해야 한다. 다른 하나는 자투리 시간을 최대한 활용하는 것이다. 하루에 점심시간을 30분만 아껴도 일년에 무려 130시간이라는 계산이 나온다. 짧은 시간 동안 집중력을 끌어올려 학습 효과를 극대화할 수 있는 자투리 시간을 활용하는 것이 좋은 방법이다. 공부는 책상 위에서 하는 것만을 가리키지 않는다. 앞서 살펴본 것처럼 다양한 취미 활동 역시 내 삶을 풍요롭게 만드는 공부다. '최고의 능력자는 공부하는 자'라는 괴테의 말처럼 더 나은 삶, 더 즐거운 삶을 위한 자양분은 공부에서 비롯한다.

13. 다음 중 윗글을 바르게 이해하지 못한 사람은?

① A : 업무 관련 공부의 경우에는 연령에 따라 상이한 경향을 보이고 있어.

② B : 직장인들의 공부 목적은 크게 두 가지로 나뉘는군.

③ C : 직장인 과반수가 연령대와 상관없이 독학을 선호하네.

④ D : 중년층은 사적인 목표에서 자격증 취득을 가장 우선시하고 있네.

⑤ E : 최근 직장인들은 다양한 장소에서 여러 방식으로 배움을 시도하고 있어.

14. 필자가 윗글에서 정보나 주장을 전달하기 위해서 사용한 방법이 아닌 것은?

① 새로운 사회변화를 설명하였다.　　　② 미래지향적인 방향을 제안하였다.

③ 수치를 통한 정보를 전달하였다.　　　④ 권위자의 주장을 근거로 제시하였다.

⑤ 대상에 대한 다양한 접근방법을 제시하였다.

[15 ~ 16] 다음 글을 읽고 이어지는 질문에 답하시오.

내가 하는 '노는 이야기'는 그저 재미있는 이야기가 절대 아니다. 한국의 미래가 걸린 정말 중요한 이야기다. 독일에서 머리가 한 움큼씩 빠지도록 13년간 심리학을 공부한 내가 '노는 이야기'나 하고 다니는 데는 그러한 이유가 있다. 한국 사회의 근본적인 문제는 왜곡된 여가 문화에서 출발하기 때문이다.

심리학적으로 창의력과 재미는 동의어이다. 사는 게 전혀 재미없는 사람이 창의적일 수 없는 일이다. 성실하기만 한 사람은 21세기에 절대 살아남을 수 없다. 세상에 갑갑한 사람이 근면 성실하기만 한 사람이다. 물론 21세기에도 근면 성실은 필수 불가결한 덕목이다. 그러나 그것만 가지고는 어림 반 푼어치도 없다. 재미를 되찾아야 한다. 그러나 길거리에서 걸어 다니는 사람들의 표정을 한번 잘 살펴보라. 행복한 사람이 얼마나 되나. 모두 죽지 못해 산다는 표정이다. 어른들만 그런 것이 아니다. 21세기 한국 사회를 이끌어 갈 청소년들의 사는 표정은 더 심각하다.

우리는 경제가 어려운데 노는 이야기나 한다고 혀를 차는 이들의 걱정을 따라 하다가는 영원히 행복할 수 없다. 왜냐하면 그들에게 우리나라 경제가 좋았던 적은 단 한 번도 없었기 때문이다. 또 앞으로도 없을 것이다. 새해에 한 해 나라의 경제를 예측하는 경제학자들의 입에서 낙관적인 전망을 들어 본 적이 있는가? 경제학자들이 예상하는 경제는 항상 나쁘다. 그럴 수밖에 없다. 경제가 좋다고 전망했다가 '사이비'로 찍히는 것처럼 억울한 일은 없기 때문이다. 반대로 나쁘다고 했다가 좋아지면 애초에 나쁜 예상에도 불구하고 좋아진 이유를 찾아서 분석하면 된다. 좋아진 이유는 아무래도 좋기 때문이다. 이유가 장황할수록 '전문가'로 여겨진다. 사람들은 나쁘다고 했다가 좋아지는 것은 별로 상관하지 않는다. 그러나 좋을 것이라고 했다가 나빠지면 절대 못 참는다. 이 원리를 아는 영리한 경제학자들의 한 해 예상은 항상 부정적이다.

경제가 어려운데 무슨 노는 이야기냐고 혀를 차는 이들이 퍼뜨리는 불안감은 사스나 조류 독감보다도 더 빠르게 전염된다. 그들은 21세기 국가경쟁력이 도대체 어디서 나오는지 전혀 아는 바가 없다. 그저 불안할 뿐이다. 그들의 여가문화에 대한 이해 또한 무지하기 짝이 없다. 그들에게 노는 것이란 그저 폭탄주와 노래방뿐이다. 그러나 경제가 어려울 때 폭탄주에 젖어 '오바이트'나 할 수는 없는 일이라고 생각하는 것이다. 만약 그들의 생각대로 폭탄주와 노래방이 노는 것의 전부라면 경제가 어려울 때 놀아서는 절대 안 된다. 그렇게 천박한 놀이 문화라면 아무리 경제가 좋아도 한순간에 모두 잃어버릴 수 있기 때문이다.

우리는 모두 잘 먹고 잘 살고 싶어 한다. 그러나 우리는 못마땅하면 이렇게 욕한다. "에이. 잘 먹고 잘 살아라." 우리는 모두 재미있게 놀려고 열심히 일한다. 그러나 우리는 못마땅한 그들에게 또 이렇게 욕한다. "놀고 있네!" 잘못된 사회다. 잘못되어도 한참 잘못되었다. 이런 사회에서는 잘 먹고 잘 살고 잘 노는 사람은 없게 되어 있다. 행복하고 재미있으면 욕먹기 때문이다. 아무리 재미있는 일이 있어도 웃는 표정, 행복한 표정을 지어서는 안 된다. TV 뉴스에 나오는 수많은 정치가, 한국의 대표적 CEO의 표정에서 도대체 웃고 행복해 하는 모습을 본 적이 있는가?

요즘 한국 사회가 위기라고 누구나 소리 높여 이야기 한다. 모두 위기의 원인으로 한국 사회의 후진적 정치문화를 이야기 한다. 또 일본을 쫓아가지 못하고 중국에 쫓기는 경제구조를 이야기하기도 한다. 틀렸다. 한국 사회의 진정한 위기는 정치 경제적 요인으로 일어나는 것이 아니다. 행복한 사람을 찾기 힘든 한국 사회의 문화심리학적 구조 때문이다. 사는 게 재미없는 사람이 너무 많은 것이 우리 사회의 근본적인 문제라는 이야기다. 인내하며 견디는 방식으로 21세기를 앞서 나갈 수 없다. 사는 게 재미있는 창의적 인재들이 이 나라를 이끌어 가야 한다. 그런데 우리 사회는 현재 분노와 증오로만 치닫는다.

오늘날 한국 사회가 뭔가 꼬이는 느낌을 주는 것은 바로 우리 세대가 이 사회의 주류로 등장했기 때문이다. 우리 세대는 행복하고 재미있게 살면 끊임없이 죄의식을 느끼도록 '의식화'되었다. 그러다 보니 삶의 재미와 행복에 대해서는 아주 가증스러운 이중적 태도를 취할 수밖에 없다. 재미와 행복은 내 삶의 본질과는 전혀 다른 세계의 일이어야 한다는 무의식적 억압이 짓누른다. 그러나 이러한 이중적 태도로 인해 룸살롱이나 폭탄주와 같은 사이비 재미 앞에서 지금까지 자신의 삶을 짓눌러온 평등과 도덕이 한순간에 무너져버린다. 이런 세대의 재미와 행복의 이중적 태도는 어느덧 한국 사회의 지배적 문화가 되어 버렸다.

자유, 민주, 평등은 수단적 가치이지만 행복과 재미는 궁극적 가치이다. 그런데 우리가 모두 행복해지기에는 장애물이 너무 많다. 이 장애물들은 일단 자유, 민주, 평등을 획득함으로써 극복할 수 있을 것이다. 그러나 그것으로 끝이 아니다. 재미와 행복이라는 궁극적 가치를 추구하는 법을 끊임없이 학습해야 한다. 정작 행복하게 즐겁고 재미있게 살 수 있게 되었는데, 어떻게 해야 행복하고 즐겁고 재미있는지를 몰라 허둥대는 것처럼 절망적인 상황은 없기 때문이다.

요즘 휴식과 여유를 이야기한다면서 깊은 산 속에 들어가 도를 닦는 선승이나 가능한 명상과 같은 자기 수련 기술을 늘어놓는 책들이 많다. 솔직히 나는 그런 종류의 책들이 가장 싫다. 자기가 하고 싶은 것들을 모두 포기해야 하고 도저히 따라 하기 힘든 '자기 비우기'를 강조하는 글들은 우리를 더욱 좌절하게 만들기 때문이다. 이런 좌절이 계속되다 보면 자포자기의 심정으로 더욱 통속적인 재미에 빠지게 된다. 재미있게 살고 싶어 하는 이들이 ㉠'놀면 불안해지는 병', '재미있으면 왠지 양심의 가책이 느껴지는 몹쓸 병'에서 벗어날 수 있어야 한다.

15. 밑줄 친 ㉠의 의미로 가장 적절한 것은?

① 자기 비우기
② 재미와 행복을 추구하는 법
③ 경제학자들의 부정적인 경제 예측
④ 재미와 행복이 궁극적 가치가 아니라는 인식
⑤ 한국 사회의 왜곡된 여가문화

16. 윗글의 내용과 일치하는 것은?

① 21세기에는 근면한 사람은 성공할 수 없다.
② 한국 사회의 위기는 정치·경제적 요인에 의한 것이 아니다.
③ 재미와 행복을 획득해야 자유·민주·평등이라는 가치를 얻을 수 있다.
④ 경제학자들은 일반인들의 생각이나 수준은 고려하지 않고 경제 전망을 한다.
⑤ 휴식과 여유, 즉 자기 비우기는 통속적 재미 그 이상의 가치를 얻는 방법이다.

[17 ~ 18] 다음 글을 읽고 이어지는 질문에 답하시오.

유럽사법재판소가 역사상 처음으로 '잊힐 권리(Right To Be Forgotten)'를 인정하는 판결을 내리면서 이슈로 부각되고 있다. 잊힐 권리란 '시간이 지나 현재로서는 부적절해졌지만 여전히 온라인상에 게시돼 있는 자신에 대한 정보를 삭제해 달라고 요구할 수 있는 권리'를 말한다. 명예훼손이나 저작권 침해성 자료는 오래 전부터 게시 자체가 불법인데 포털이나 SNS와 같은 인터넷 업체는 피해자의 요구에 대응해 즉각적인 삭제 의무를 갖는다. 그러나 잊힐 권리는 기록 자체의 적법성 여부와 상관없이, 인터넷상에서 자신과 관련돼 원치 않는 정보가 발견된다면 이를 지워달라고 요청할 수 있는 권리이다. 잊힐 권리를 포함한 개인정보 보호 문제는 직접적으로 해당 업계뿐만 아니라 인터넷을 사용하는 모든 사람들이 이해당사자가 되는 사안이라는 점에서 사회 전체적으로 논의가 가열되고 있다.

사이버 공간은 인식을 위해 복제를 속성으로 한다. 개인은 PC를 통해 입력하고 모니터를 통해 확인할 뿐이지만 기호화된 디지털 신호들이 모니터에 투영되어 인식되기까지 신호처리와 전송되는 과정에서 로그 기록을 남기고 여러 번의 복제가 이루어진다. 더구나 이같이 생성된 자료가 복사나 퍼가기를 통해 무한 확산돼 본인이 삭제했더라도 그 자료가 어디에 남아 있는지 파악할 수 없게 된다. 즉 인터넷 기억은 망각되지도 지워지지도 않는다. 이와 같은 디지털 정보의 속성은 망각을 통해 과거에 얽매이지 않고 새 출발을 하고픈 인간의 본성과 배치되기 때문에 잊힐 권리문제가 발생한다. 따라서 잊힐 권리를 자유권·평등권과 같은 기본적인 인권이라는 시각에서 "인터넷상의 자신 관련 각종 정보의 삭제를 요구하여 해당 자료로부터 자유로워질 수 있는 권리"로 정의하기도 한다.

문제는 정보의 생성 주체와 관리 주체가 분리돼 있고 비대칭적이라는 점에서 보다 심화된다. 나와 관련된 정보 혹은 내가 작성한 것이지만 저장·유통을 포함한 관리는 인터넷기업이 담당하기 때문에 정작 본인은 온라인상에 산재한 이 자료를 통제하기 어렵다. 반면 이들 기업 및 정보 브로커들은 개인정보들을 파악하고 수집해 상업적 목적에 이용할 수 있다. 따라서 정보의 통제권 측면에서는 "정보의 생성·저장·유통의 과정에서 개인의 자기 결정권을 보호하기 위해 개인과 관련된 정보의 유통기한을 정하고 삭제·수정·영구적인 파기를 요청할 수 있도록 하는 권리"로 잊힐 권리를 파악하기도 한다. 이러한 점에서 잊힐 권리는 프라이버시와 개인정보 보호라는 관점에서 정보 주체의 자기정보 결정권을 강화하는 진일보된 개념이다.

반면에 국민의 알 권리와 표현의 자유, 그리고 정보 개방성을 강조하는 견해에서는 검열의 위험성을 제기하고 있다. 정보삭제 요청에 대해 구글 같은 인터넷업체는 삭제 여부를 판단해야 하고 일부분을 편집할 수도 있다. 이는 사실상 사적 검열을 야기할 수 있고, 삭제 대상이나 범위에 대해 행정당국과 협의해야 하기 때문에 공적 검열의 우려도 낳는다. 또한 많은 사람들이 자유롭게 공유하는 정보에 대해 인위적인 조작이 가해져 알 권리를 침해할 가능성도 존재한다. 유력인사가 과거의 부적절한 언행을 지울 수 있다면 사회적 공익과 배치되는 결과를 낳을 수 있기 때문이다. 이처럼 잊힐 권리는 개인정보보호 진영과 알 권리 중시 진영 간의 첨예한 대립점에 있기 때문에 이를 인정한 판결은 규제의 방향을 가늠할 수 있는 상징적인 사건이다. 특히 주요 경제권에서 정보주체의 자기정보 결정권을 강화하는 추세에서 나왔다는 점에서 파장이 클 것으로 보인다. 즉, 잊힐 권리 인정은 각국에서 도입 여부와 상관없이 관련 규제가 늘어나는 등 각종 사안에서 개인정보 보호 수준이 전반적으로 높아지는 계기로 작용할 것으로 예상된다. 교역 증진과 인터넷 발전을 고려해 미국 기준으로 소비자 정보보호 수준을 완화하려는 아시아 국가들에도 정보주권의 문제가 환기될 것으로 보인다.

또한 이를 포함한 개인정보 보호 강화는 경제 및 산업에 다양한 경로로 긍정적 또는 부정적 영향을 미친다. 우선 기업들은 사용자의 잊힐 권리 행사나 자기정보 통제에 대응하기 위한 시스템 개발의 고정비용 외에 데이터 처리의 가변비용 같은 직접 비용을 감수해야 한다. 개인정보 삭제신청 사이트를 개설한 구글은 삭제요청이 쇄도하고 있지만 어려운 선택에 놓여있다. 한 건씩 처리하면 비용 급증이 불가피하고, 반대로 논란거리가 검색되지 않도록 필터를 일괄 수정하면 검색엔진의 정확성이 떨어져 시장점유율이 하락할 수 있기 때문이다. 페이스북(Facebook)과 같은 SNS 업체들도 기술적으로 잊힐 권리를 구현하는 시스템 개발에 나서고 있다. 작성 후 또는 상대방 확인 후 일정시간이 지나면 글이나 사진이 자동적으로 없어지는, 즉 정보의 유통기한(소멸시한)이 도입된 서비스가 확산되고 있다. 그러나 이러한 서비스를 표방했던 스냅챗(Snapchat)이 약속과 달리 정보를 보관하고 있던 것이 드러나는 등 분쟁의 불씨는 항상 남아있다. 또한 이미 제3자에게 판매된 개인정보에 대해 삭제요청이 들어올 경우 판매기업과 정보브로커 회사, 매입 기업 간에 책임소재를 두고 법적 분쟁이 예상되는 만큼 새로운 업계 관행이 정착될 때까지 정보브로커 부문의 위축이 불가피하다. 무엇보다 부상하고 있는 빅 데이터 산업은 정보비용 증가, 정보거래 감소, 특히 분석 대상인 인터넷 정보의 변형으로 새로운 환경이 예상된다. 부분부분 지워진 자료는 데이터로서의 가치가 떨어지고, 이를 분석하기 위해서는 보다 고난도 처리기법이 필요하다.

17. 다음 중 윗글의 제목으로 가장 적절한 것은?

① 잊힐 권리를 바라보는 시각과 사회적 파급효과

② 잊힐 권리를 둘러싼 찬반 논란과 그 대안

③ 잊힐 권리에 대한 다양한 개념적 정의

④ 잊힐 권리와 개인정보보호법의 관련성

⑤ 사회 · 경제적 변화로 인한 잊힐 권리의 중요성 대두

18. 다음 중 윗글의 마지막 단락에 이어질 내용으로 가장 적절한 것은?

① 또한 개인정보가 신용정보와 결합된다면 개인신용도에 따라 차별적인 금리 수준과 적합한 금융 상품을 제공함으로써 금융에 대한 접근성을 향상시켜 마진 향상과 대출 증가를 기대할 수 있다.

② 개인정보의 활용은 나아가 이러한 기업 및 산업 수준에서의 간접 효과를 넘어, 인터넷 산업 및 국민경제 전반적으로 투자와 고용 증가를 유발하고 생산성 향상에 따라 경제성장률을 제고하는 등 거시경제적인 파급효과로 연결된다.

③ 그러나 문제는 눈에 드러나지 않는 숨겨진 비용이 설비증설, 인력조직 증강 등 눈에 보이는 직접 비용의 수십 배에 달한다는 점이다.

④ 법체계 면에서도 유럽은 사각지대 없는 완전한 개인정보 보호를 위한 통신 · 금융 · 의료 등과 같이 영역별로 접근하는 개별법 체계를 갖추고 있다.

⑤ 또한 뉴스 사이트 같은 매체에 저장된 정보 자체를 원천적으로 소멸시키는 것이 아니라, 검색 엔진 운영자가 검색 결과 목록에서 해당 개인 정보가 들어 있는 웹페이지 링크를 삭제하도록 하였다.

19. 박 사원은 모든 사원이 참가하는 워크숍에 사용할 버스를 렌트했다. 버스 렌트 내역이 다음과 같을 때 렌트한 45인승 버스는 몇 대인가?

- 워크숍 참석 인원은 모두 268명이다.
- 버스는 45인승과 25인승을 대절하였다.
- 각 버스에는 운전기사를 제외하고 사원들이 44명, 24명씩 탑승하였다.
- 버스를 대절하는 데 45인승 버스는 한 대에 45만 원, 25인승 버스는 한 대에 30만 원이었고 모두 285만 원을 지불하였다.

---

① 2대   ② 3대   ③ 4대

④ 5대   ⑤ 6대

20. AA 기업은 다음과 같은 방식으로 제비뽑기를 하여 20XX년 9월 당직근무를 정하기로 했다. 김 대리가 가장 먼저 제비뽑기를 할 때, 김 대리가 하루라도 휴일에 당직근무를 할 확률은 기약분수로 $\dfrac{a}{b}$이다. 이때 $b-a$의 값은?

- 직원 15명 모두 각 날짜에 해당하는 제비 30개 중에서 두 개씩 뽑는다. 뽑은 제비는 다시 집어넣지 않는다.
- 토요일, 일요일, 공휴일은 휴일 근무로 간주한다.
- 20XX년 9월 1일은 일요일이고 30일까지 있다. 12, 13, 14일은 추석연휴로 공휴일에 해당한다.

---

① 43   ② 57   ③ 88

④ 171   ⑤ 172

21. ○○기업 사원 A와 B는 사내 피트니스 센터에서 근력운동을 한다. 두 사원의 주당 운동 볼륨이 동일하다고 할 때, B의 스쿼트 운동 반복횟수로 가능하지 않은 것은?

> • (주당 볼륨)＝(중량)×(반복횟수)×(세트 수)×(주당 빈도수)
> • A는 스쿼트 운동을 96kg으로 10회씩 5세트를 1주일에 두 번 한다.
> • B는 스쿼트 운동을 80kg으로 1주일에 두 번 한다.

① 6회 ② 9회 ③ 10회
④ 12회 ⑤ 15회

22. A는 회사로 출근하던 도중 집에 중요한 서류를 두고 온 것을 깨닫고 다시 돌아가게 되었다. 다음을 참고할 때, A가 회사에 제시간에 도착하려면 최소 몇 km/h로 운전해야 하는가? (단, 모든 운송수단은 동일한 경로로 이동하며, 각각 일정한 속도로 이동한다)

> • 집에서 버스를 타고 60km/h의 속도로 15분 동안 이동하였다. 버스를 타고 이동한 거리는 집에서 회사까지 거리의 절반이었다.
> • 버스에서 내리자마자 집에 서류를 가져오기 위해 택시를 타고 75km/h의 속도로 이동하였다. 택시 승차 시각은 8시 20분이었다.
> • 집에서 서류를 챙겨서 아파트 주차장에 있는 자신의 승용차를 타기까지 3분의 시간이 걸렸고, 바로 운전하여 회사로 출발하였다. 회사에 도착해야 할 시간은 9시이다.

① 68km/h ② 69km/h ③ 70km/h
④ 71km/h ⑤ 72km/h

23. AA 기업 사원 채용시험의 지원자에 대한 정보가 아래와 같다. 1차 면접에 합격한 지원자는 몇 명인가?

> • 1차 면접에 합격한 지원자의 남녀 성비는 4 : 5이다.
> • 이 중 2차 면접에 합격한 지원자의 남녀 성비는 3 : 7이다.
> • 2차 면접에서 불합격한 지원자의 남녀 성비는 21 : 23이다.
> • 2차 면접에서 합격한 지원자의 수는 50명이다.

① 150명   ② 155명   ③ 165명
④ 220명   ⑤ 270명

24. ○○공사 보안팀은 다음과 같이 야간 당직을 운영하고 있다. 이를 바탕으로 보안팀장이 직원 A, B, C, D, E 5명의 당직근무표를 작성할 때, 가능한 모든 경우의 수는?

> • 평일 야간 당직근무는 A, B, C, D, E 5명으로 배정한다.
> • 1일 야간 근무 시간을 절반씩 전반야(18 ～ 24시), 후반야(24 ～ 06시) 총 2회차로 나누어 야간 당직근무를 배정한다.
> • 당직근무 배정 시 한 회차에는 1명씩 배정한다.
> • A는 전반야, 후반야 둘 다 근무가 가능하며, B와 C는 전반야, D와 E는 후반야만 가능하다.
> • 전반야와 후반야를 연달아 근무할 수 없으며, 5명의 직원은 5일간 모두 동일한 회차의 당직 근무를 선다.

① 720가지   ② 864가지   ③ 1,200가지
④ 1,296가지   ⑤ 2,290가지

25. 다음 표는 일정한 규칙으로 숫자와 문자를 나열한 것이다. '?'에 들어갈 것은?

1	A	2	C	5	H	13	(?)	34

① M   ② R   ③ U
④ 18   ⑤ 21

26. 다음 자료에 대한 설명으로 옳은 것은?

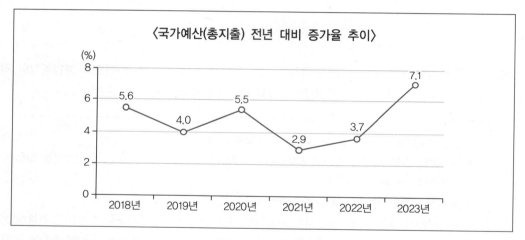

〈국가예산(총지출) 전년 대비 증가율 추이〉

① 2021년 국가예산은 전년 대비 감소하였다.
② 2018년 국가예산은 2019년 국가예산보다 많다.
③ 2022년 국가예산은 2023년 국가예산의 92.9%이다.
④ 2018 ~ 2023년 중 국가예산이 가장 적은 해는 2018년이다.
⑤ 2018 ~ 2023년 동안 국가예산은 감소와 증가를 반복한다.

27. 다음 자료에 대한 설명으로 옳은 것은? (단, 모든 계산은 소수점 아래 둘째 자리에서 반올림한다)

〈가계신용 동향〉

구분		20X1년	20X2년	20X2년 3/4분기 말	20X2년 4/4분기 말	20X3년 1/4분기 말	20X3년 2/4분기 말	20X3년 3/4분기 말
가계 신용[1]	금액(조 원)	1,342.5	1,450.9	1,419.3	1,468.2	1,490.2	1,492.3	1,514.4
	전년 동기 대비 증가율(%)	11.6	8.1	8.1	8.0	7.5	7.5	6.7
가계 대출[2]	금액(조 원)	1,269.8	1,370.1	1,341.8	1,387.2	1,409.2	1,409.2	1,427.7
	전년 동기 대비 증가율(%)	11.6	7.9	7.9	7.9	7.9	7.3	6.4
판매 신용[3]	금액(조 원)	72.7	80.8	78.0	80.8	81.0	83.1	86.7
	전년 동기 대비 증가율(%)	11.6	11.1	14.9	11.1	11.0	10.9	11.1

1) 가계신용 : 일반가계가 금융기관에서 직접 빌린 돈과 신용판매회사 등을 통해 외상으로 구입한 금액을 합한 것, 즉 사채를 제외한 일반가계의 모든 빚을 말한다.

2) 가계대출 : 금융기관에서 가계를 대상으로 지급한 대출로 예금은행, 상호저축은행, 신용협동조합 등의 비은행 예금취급기관 그리고 보험사, 연금기관, 카드사, 할부사, 증권사 등으로 이루어진 기타 금융기관 등에서 빌린 주택구입용 대출, 일반대출금, 카드론 등이 있다.

3) 판매신용 : 신용카드회사나 할부금융회사를 통해 신용카드나 할부로 구매한 물품 액수를 말한다.

① 20X3년 1/4분기 말 가계신용은 모두 2,936조 원이다.

② 가계대출은 20X3년 3/4분기 말에 직전분기 말 대비 91.4조 원 증가하였다.

③ 20X1년 3/4분기 말 가계신용은 1,203조 원이다.

④ 20X2년 4/4분기 말 판매신용은 직전분기 말 대비 약 3.6% 증가하였다.

⑤ 연도별 가계신용 동향은 해당 연도의 분기별 자료를 평균한 값이다.

28. AA 기업의 비철금속 수입업무를 담당하는 박 사원은 지난 5개월간 국제가격 동향과 환율변동 추이를 살펴보고 있다. 다음 중 박 사원이 잘못 파악한 내용은? (단, 모든 계산은 소수점 아래 첫째 자리에서 반올림한다)

〈비철금속 국제가격 동향〉

(단위 : $/t)

구분	20X8년 4월	20X8년 5월	20X8년 6월	20X8년 7월	20X8년 8월
알루미늄	2,246	2,291	2,240	2,099	2,046
전기 동	6,839	6,822	6,955	6,248	6,040
납	2,357	2,364	2,441	2,213	2,065
아연	3,191	3,058	3,092	2,659	2,511
주석	21,340	20,900	20,663	19,700	19,278
니켈	13,935	14,356	15,111	13,772	13,433

〈달러 환율변동 추이〉

(단위 : 원)

구분	20X8년 4월	20X8년 5월	20X8년 6월	20X8년 7월	20X8년 8월
1$	1,069	1,077	1,096	1,124	1,121

① 20X8년 6월 기준 니켈의 1t당 가격은 전월보다 5% 이상 상승하였다.

② 조사기간 동안 같은 무게의 납과 전기 동을 수입할 경우, 전기 동의 수입가격은 납의 약 3배 이다.

③ 20X8년 5월 알루미늄 1t당 수입가격은 20X8년 4월과 비교해 6만 원 이상 차이가 난다.

④ 20X8년 5, 7월 중에 주석 50t을 수입했다면, 5월에 수입하는 것이 비용절감 효과를 얻었을 것 이다.

⑤ 20X8년 7, 8월 두 달간 아연을 30t씩 수입했다면 총 수입액은 155,100달러이다.

29. 다음은 어느 기간의 국내 저가항공사 실적에 대한 자료이다. 20X2년 11월 A사의 공급석은 모두 몇 석인가?

〈자료 1〉 국내 저가항공사 국내선 여객실적(11월 기준)

(단위 : 천 석, %, 천 명)

구분	20X1년 11월		20X2년 11월	
	공급석	탑승률	국내여객	국내여객 전년 동월 대비 증감량
A사	250	70	( )	105
B사	80	50	102	62
C사	200	90	198	18
D사	400	87.5	480	130
E사	350	90	420	105
소계	1,280		1,480	

※ 탑승률(%)＝$\dfrac{국내여객}{공급석}$×100

※ 국내여객 전년 동월 대비 증감량＝20X2년 11월 국내여객－20X1년 11월 국내여객

〈자료 2〉 20X2년 11월 기준 탑승률의 전년 동월 대비 증감률

(단위 : %)

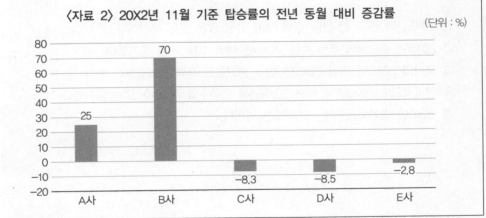

① 206,000석   ② 217,000석   ③ 268,800석

④ 320,000석   ⑤ 342,000석

30. 다음은 인구 천 명당 주택 수에 관한 자료이다. 이에 대한 설명으로 적절하지 않은 것은?

〈인구 천 명당 주택 수〉

(단위 : 천 명, 천 호, 호/천 명)

구분	20X0년			20X5년		
	인구수	주택 수	인구 천 명당 주택 수	인구수	주택 수	인구 천 명당 주택 수
전국 계	48,580	17,672.1	363.8	51,069	19,559	383.0
수도권	23,836	8,173.2	342.9	25,274	9,017	356.8
서울	9,794	3,399.8	347.1	9,904	3,633	366.8
부산	3,415	1,243.1	364.0	3,449	1,370	397.2
대구	2,446	886.8	362.6	2,466	943	382.4
인천	2,663	936.7	351.7	2,890	1,055	365.1
광주	1,476	528.1	357.8	1,503	587	390.6
대전	1,502	536.1	356.9	1,538	595	386.9
울산	1,083	387.2	357.5	1,167	453	388.2

※ 수도권은 서울, 인천, 경기를 말함.
※ 전국 인구에는 기타 지역 인구수도 포함됨.
※ 인구 천 명당 주택 수는 소수점 아래 둘째 자리에서 반올림함.

① 20X5년에 인구 천 명당 주택 수가 가장 많은 곳은 부산이다.
② 20X5년 수도권의 주택 수는 20X0년 대비 10% 이상 증가했다.
③ 울산의 20X0년 대비 20X5년 인구 증가율은 주택 증가율보다 높다.
④ 전국적으로 20X0년에 비해 20X5년에 인구수와 주택 수 모두 증가했다.
⑤ 20X0년 경기의 인구는 11,379천 명이다.

31. 다음은 김새롬 씨가 지원한 AA 기업 신입사원 선발방법에 대한 자료이다. 〈자료 1〉과 〈자료 2〉를 바탕으로 한 추론으로 가장 적절한 것은?

〈자료 1〉 AA 기업 신입사원 선발방법

구분	필기평가	체력검정	면접평가	직무수행능력
배점	40점	20점	30점	10점
산출방식	• 전체 80개 문항 • 문항별 점수 동일	• 5개 종목 • 종목별 2, 3, 4점 부여 • 모든 종목에서 2점을 받으면 탈락 • 한 종목이라도 응시하지 않으면 탈락	• 7개 등급 • 최고 등급 30점 • 최저 등급 0점 • 등급 간 점수 간격 동일	• A, B, C로 구성 • A는 10점 • B는 5점 • C는 탈락

〈자료 2〉 김새롬 씨의 합격 후기 게시물

　AA 기업 신입사원 채용시험에 응시해서 총 74점으로 합격했습니다. 필기평가는 시간이 부족해서 80문제 중 20문제를 풀지 못했습니다. 필기평가 발표 때 확인해 봤더니 그래도 푼 문제들은 모두 맞아서 다행이었습니다. 체력검정에서 두 종목 이상 실수를 해서 면접평가에서 이걸 만회하려고 최선을 다했습니다. 영역별 점수는 공개되지 않아서 알 수 없으나 선발방법을 살펴보면서 대략 예상이 가능할 것 같습니다.

① 필기평가는 한 문항당 0.6점이다.
② 김새롬 씨의 면접평가 점수는 30점이다.
③ 면접평가의 등급 간 점수 간격은 4점이다.
④ 체력검정에서 탈락하지 않으려면 최소 15점을 받아야 한다.
⑤ 김새롬 씨의 체력검정 점수는 면접평가 점수보다 6점 이상 낮다.

[32 ~ 33] 다음 자료를 보고 이어지는 질문에 답하시오.

〈자료 1〉 연도별 콘텐츠산업 매출액 현황(20X3 ~ 20X6년)

(단위 : 조 원, %)

a : 당해 매출액, b : 당해 구성비, c : 전년 대비 증감률

구분	20X3년			20X4년			20X5년			20X6년		
	a	b	c	a	b	c	a	b	c	a	b	c
전체	91.3	100.0	−	95.1	100.0	4.2	99.2	100.0	4.3	105.6	100.0	6.5
출판	20.9	22.9	−	20.6	21.7	−1.4	20.7	20.9	0.5	20.8	19.7	0.5
만화	0.8	0.9	−	1.0	1.1	25.0	0.8	0.8	−20.0	1.0	0.9	25.0
음악	4.3	4.7	−	4.6	4.8	7.0	4.9	4.9	6.5	5.3	5.0	8.2
게임	9.7	10.6	−	9.9	10.4	2.1	10.5	10.6	6.1	10.8	10.2	2.9
영화	4.7	5.1	−	4.6	4.8	−2.1	5.3	5.3	15.2	5.3	5.0	0.0
애니메이션	0.5	0.5	−	0.6	0.6	20.0	0.7	0.7	16.7	0.7	0.7	0.0
방송	14.9	16.3	−	15.7	16.5	5.4	16.2	16.3	3.2	17.3	16.4	6.8
광고	13.4	14.7	−	13.7	14.4	2.2	14.1	14.2	2.9	15.2	14.4	7.8
캐릭터	8.3	9.1	−	9.1	9.6	9.6	9.8	9.9	7.7	11.1	10.5	13.3
지식정보	10.4	11.4	−	11.3	11.9	8.7	12.0	12.1	6.2	13.5	12.8	12.5
콘텐츠 솔루션	3.4	3.7	−	4.0	4.2	17.6	4.2	4.2	5.0	4.6	4.4	9.5

※ 당해 구성비, 전년 대비 증감률은 소수점 아래 둘째 자리에서 반올림함.

32. 위 자료를 해석한 내용으로 적절한 것은?

① 조사기간 동안 콘텐츠산업 하위 항목 중 출판의 매출액이 항상 가장 많은 것은 아니다.

② 20X6년 조사항목 중 매출액 규모가 가장 큰 항목은 가장 작은 항목의 28배 이상이다.

③ 전년 대비 증감률을 계산할 때 비교년은 전년도, 기준년은 당해 연도로 계산된다.

④ 20X6년 게임산업의 매출액은 동일 연도의 만화, 애니메이션, 캐릭터 산업의 매출액의 합계보다 많았다.

⑤ 20X5년 콘텐츠 솔루션 산업 매출액의 전년 대비 증감률은 콘텐츠산업 전체 매출액의 전년 대비 증감률보다 낮다.

33. 다음 〈자료 2〉는 국내 주요 콘텐츠산업의 제작비용에 관한 자료이다. 〈자료 1〉과 함께 해석한 내용으로 적절하지 않은 것은?

〈자료 2〉 20X6년 주요 콘텐츠산업 제작비용

(단위 : 십억 원)

구분	작품제작	로열티 지출	마케팅 홍보	연구개발	기타
출판	330	25	31	9	6
만화	64	8	6	3	3
음악	77	10	17	4	7
애니메이션	98	8	10	6	6
캐릭터	66	11	12	18	7
지식정보	86	5	10	5	5
콘텐츠 솔루션	69	2	4	5	4

※ 작품제작 : 자체 제작비용 및 외부에서 투자해서 제작한 비용 모두 포함(인건비, 제작도구 및 인프라구축비 원자재 등)
※ 로열티 지출 : 로열티와 관련하여 한 해 동안 지불한 금액. 해외 판권 구입 및 작가에게 지불되는 원고료 포함
※ 마케팅 홍보 : 마케팅이나 홍보를 직접하거나 타 업체에 위탁하는 경우 소요 비용(광고선전비, 판매촉진비 등)
※ 기타 : 콘텐츠 제작과 관련하여 앞의 항목 외의 사항에 대한 비용

① 20X6년에는 7개 산업 중 마케팅 홍보 비용 대비 매출 효과가 가장 낮은 산업은 애니메이션 이다.

② 20X6년 콘텐츠 제작비용 구조의 변화가 없다고 가정할 때, 매출액 증가가 가장 필요한 산업은 애니메이션이다.

③ 정부에서 콘텐츠산업 육성을 위한 자금을 조성한다면, 작품제작 지원을 위한 자금의 비중이 가장 높아야 한다.

④ 20X6년 제작비용 구조가 향후 매출액에 미치는 영향을 산업별로 비교하려고 한다면 7개 산업 중 만화와 캐릭터산업을 비교하는 것이 효과적일 것이다.

⑤ 내수시장에서 콘텐츠산업이 성장 한계에 도달했다면 작품제작 비용에 포함되는 내용을 세분화 하여 절감 가능한 항목을 찾는 방안을 추진하는 것이 효과적이다.

34. 다음은 20XX년도 학교급별 인원에 대한 자료이다. 이에 대한 설명으로 옳은 것은?

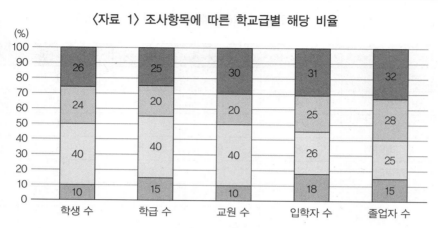

〈자료 1〉 조사항목에 따른 학교급별 해당 비율

〈자료 2〉 조사항목별 유치원·초등학교·중학교·고등학교 합계 현황

(단위 : 만 명, 만 개)

구분	학생 수	학급 수	교원 수	입학자 수	졸업자 수
합계	6,600	250	460	1,730	1,830

① 초등학교 학급당 학생 수는 25명이다.

② 교원 1명당 학생 수는 고등학교가 가장 많다.

③ 모든 조사항목에서 초등학교의 비율이 가장 높다.

④ 중학교 졸업자 수는 중학교 입학자 수보다 많다.

⑤ 전체 고등학교 학생 중에서 고등학교 졸업자의 비율은 30% 이하이다.

35. 다음은 우리나라 가구 수에 관한 자료이다. 〈보기〉 중 자료에 대한 해석으로 옳은 것은 모두 몇 개인가?

〈자료 1〉 우리나라 평균 가구원 수 및 1인 가구 비율

(단위 : 명, %)

구분	1980년	1985년	1990년	1995년	2000년	2005년	2010년
평균 가구원 수	4.47	4.08	2.74	3.42	3.12	2.88	2.76
1인 가구 비율	4.5	6.7	9.1	12.9	16.3	20.4	23.8

〈자료 2〉 1인 가구와 4인 가구의 비율 예상 추이(2020년, 2025년은 예측치)

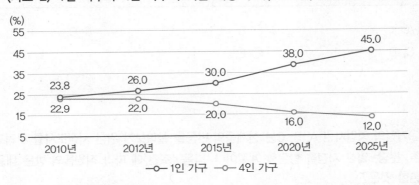

보기

ⓐ 2012년 평균 가구원 수는 최소 2.13명이다.
ⓑ 1980년 이후 평균 가구원 수는 5년마다 꾸준히 감소하였다.
ⓒ 2015년 2 ~ 3인 가구의 비율은 전체 가구에서 절반 이하이다.
ⓓ 1995년 1인 가구 비율은 1990년 대비 50% 이상 증가하였다.

① 0개　　　　　② 1개　　　　　③ 2개
④ 3개　　　　　⑤ 4개

36. A, B, C, D, E 5명의 직원은 오늘 회의에 참석한 사람들에 대하여 다음과 같이 진술하고 있다. 이 중 3명은 진실을, 2명은 거짓을 말할 때, 회의에 참석하지도 않았으며 거짓을 말하고 있는 사람은?

> A 사원 : 저는 회의에 참석하였습니다.
> B 사원 : A와 C는 둘 다 회의에 참석하였습니다.
> C 사원 : A는 회의에 참석하지 않았습니다.
> D 사원 : E만 회의에 참석하지 않았습니다.
> E 사원 : A, D와 저만 회의에 참석하였습니다.

① A 　　　　　② B 　　　　　③ C
④ C, D 　　　　⑤ E

37. ○○기업의 영업사원 A, B, C는 신제품의 반응을 살펴보기 위한 시장조사를 하려고 강남, 명동, 신촌, 분당, 일산 지점을 방문할 계획이다. 다음 〈조건〉에 따라 직원들의 방문 내용을 적절하게 추론한 것은?

조건

> • A는 B보다 적은 수의 지점을 방문했고, C보다 많은 지점을 방문한다.
> • B의 방문 지점은 A와 두 곳이 겹치고, C와는 한 곳만 겹친다.
> • C가 방문한 지점은 A도 방문했다.
> • A는 명동 지점과 강남 지점을 방문했고, 분당 지점을 방문하지 않았다.
> • 강남 지점을 방문한 사원은 신촌 지점을 방문하지 않았다.
> • 두 명의 사원이 방문한 지점은 강남과 일산 지점이며, 모든 사원이 방문한 지점은 하나밖에 없다.
> • 모든 사원은 최소 2개 지점, 최대 4개 지점을 방문할 수 있다.

① A는 일산 지점을 포함하여 총 네 개의 지점을 방문했다.
② A와 B는 강남 지점을 방문했다.
③ B는 명동, 강남 지점을 방문했다.
④ B가 방문한 지점 중 혼자 방문한 지점은 한 곳이다.
⑤ C는 강남 지점을 방문했다.

38. 김 씨 남매, 박 씨 남매, 이 씨 남매 세 쌍이 함께 야구경기장에 갔다. 이들은 모두 6개의 좌석으로 구성된 관람석 한 줄에 일렬로 앉게 되었는데, 이때 남매들은 서로 옆에 앉지 않았다. 다음 〈좌석 배치 조건〉에 따를 때, 항상 참인 진술을 〈보기〉에서 모두 고르면?

〈좌석 배치 조건〉
• 여자 박 씨 혹은 남자 이 씨 중 한 명은 맨 끝자리에 앉는다. 이때 두 사람이 동시에 양쪽 맨 끝자리에 앉은 경우는 없다.
• 남자 김 씨의 양 옆에는 이 씨 남매가 앉는다.
• 남자 이 씨와 여자 박 씨 사이에는 두 개의 좌석이 있다.
• 좌석 양쪽 끝자리에는 서로 반대되는 성별이 앉도록 한다. 예를 들어, 왼쪽 끝에 여자가 앉았으면, 오른쪽 끝에는 남자가 앉는다.

〈야구장 좌석〉

보기

㉠ 여자 이 씨는 여자 박 씨 옆에 앉는다.
㉡ 남자 김 씨와 여자 김 씨 사이에는 남자 이 씨가 앉는다.
㉢ 남자 박 씨는 맨 끝자리에 앉는다.
㉣ 여자 박 씨는 맨 끝자리에 앉는다.

① ㉠　　　　　　　② ㉡　　　　　　　③ ㉢
④ ㉠, ㉡, ㉢　　　⑤ ㉠, ㉡, ㉢, ㉣

39. AA 기업의 신입사원 9명은 각각 기획실, 홍보부, 인사부로 발령을 받게 되었는데, 이들은 자신이 발령받고 싶은 부서를 각각 1지망, 2지망, 3지망으로 지원했다. 〈조건〉을 토대로 할 때, 다음 중 옳지 않은 것은?

> **조건**
>
> • 인사부를 3지망으로 지원한 신입사원은 없다.
> • 인사부보다 홍보부로 발령받고 싶어 하는 신입사원은 2명이다.
> • 2지망으로 기획실을 지원한 신입사원이 2지망으로 홍보부를 지원한 신입사원보다 2명 더 많다.
> • 인사부보다 기획실로 발령받고 싶어 하는 신입사원은 3명이다.

① 1지망으로 인사부를 지원한 신입사원은 4명이다.
② 홍보부를 1지망으로 지원한 신입사원이 가장 적다.
③ 3지망으로 홍보부를 지원한 신입사원이 가장 많다.
④ 기획실을 3지망으로 지원한 신입사원은 6명이다.
⑤ 홍보부를 2지망으로 지원한 신입사원과 3지망으로 지원한 신입사원의 수는 다르다.

40. □□아파트 단지에서는 전기차 충전소를 101동, 102동, 103동, 104동, 105동 중 몇 군데에 설치하기로 했다. 다음의 〈조건〉에 따라 설치할 동을 선정한다고 할 때, 반드시 참인 것은?

> **조건**
>
> ㉠ 102동에 충전소를 설치한다면 104동에도 설치한다.
> ㉡ 105동에 충전소를 설치하지 않는다면 103동에는 설치한다.
> ㉢ 101동과 103동 중 한 곳에만 충전소를 설치한다.
> ㉣ 101동과 102동 중 적어도 한 곳에는 충전소를 설치한다.
> ㉤ 103동과 104동에는 충전소를 모두 설치하거나 어느 곳도 설치하지 않는다.

① 101동과 105동은 함께 선정되지 못하는 경우의 수만 존재한다.
② 101동과 102동에 모두 충전소를 설치할 수도 있다.
③ 102동에 충전소를 설치한다면 103동에는 설치하지 않는다.
④ 104동에 충전소를 설치하지 않는다는 조건이 추가 되면, 충전소는 101동과 105동에만 설치할 수 있다.
⑤ 충전소를 설치하는 곳은 세 동 이하라는 조건이 추가되면 충전소를 선정하는 경우가 하나로 확정된다.

1회 기출예상 2회 기출예상 3회 기출예상 4회 기출예상 5회 기출예상 인성검사 면접가이드 정답및풀이

41. ○○공사에 근무하는 A, B, C는 각각 과장, 대리, 사원 직급이며, 이들은 각각 기획팀, 디자인팀, 연구팀 소속이다. A, B, C에 대한 정보가 다음과 같을 때, 택시를 타고 출장을 가는 세 사람에 대한 정보가 바르게 짝지어진 것은? (단, 모든 좌석의 방향은 택시기사가 운전하는 좌석을 기준으로 한다)

- A, B, C는 각각 검정색 재킷, 청색 재킷, 회색 재킷 중 하나를 입고 있다.
- 세 명 중 한 명은 조수석에 앉아 있고, 두 명은 뒷좌석에 앉아 있다.
- 과장은 조수석에 앉아 있으며, 검정색 재킷을 입지 않았다.
- C는 연구팀이 아니며, A는 청색 재킷을 입고 있다.
- 기획팀원과 디자인팀원은 옆자리에 나란히 앉아 있지 않다.
- 대리는 기획팀원의 오른쪽에 앉아 있다.
- 연구팀원은 회색 재킷을 입고 있다.

① A – 기획팀 – 사원 – 청색 재킷
② B – 연구팀 – 대리 – 회색 재킷
③ B – 디자인팀 – 대리 – 검정색 재킷
④ C – 기획팀 – 과장 – 검정색 재킷
⑤ C – 디자인팀 – 사원 – 검정색 재킷

42. 다음 A와 B 두 사람의 대화에 등장하지 않는 논리적 오류의 유형은?

A : 체육교육은 자라나는 아이들에게 매우 중요합니다. 제가 아는 대부분의 10대 학생들은 기초대사량이 낮더군요. 이것은 대한민국의 10대 학생들이 운동부족 상태에 있다는 것을 의미합니다. 따라서 저는 체육교육을 현행 교육시수의 3배 수준으로 늘려야 한다고 생각합니다. 이 말에 동의하지 않으신다면 대한민국의 10대 학생들의 건강에 아무런 관심이 없는 것이라고 생각되는군요.

B : 그렇지 않습니다. 대한민국의 모든 국민은 헌법상 교육의 권리를 갖습니다. 그 말은 국민은 교육을 받지 않을 권리를 갖는다는 것이지요. 모든 교육은 학생들의 자율에 맡겨야 합니다.

A : 현재의 체육 수업시간은 충분하지 못해서 아이들의 건강에 악영향을 미치고 있습니다. 제 주변의 대다수 학부모들도 다 그렇게 생각한다고 그랬어요.

① 군중에 호소하는 오류
② 피장파장의 오류
③ 은밀한 재정의 오류
④ 원천봉쇄의 오류
⑤ 성급한 일반화의 오류

[43 ~ 44] 다음 자료를 보고 이어지는 질문에 답하시오.

AA 기업은 이번 신입사원 공개채용에서 2명을 선발할 예정이다. 1명은 해당 직종에서 3년 이상의 경력을 쌓은 지원자 중에서 선발하고, 나머지 1명은 해당 직종에서 3년 미만의 경력을 가진 지원자 중에서 직무적합도 테스트와 면접에서 우수한 결과를 보인 지원자를 채용하려고 한다. 이 기업 인사담당자는 다음의 요건과 지원자들의 결과에 따라 합격자를 선발하고자 한다.

1. **직무적합도 테스트 관련 합격요건**
   100점 만점의 시험에서 성적이 우수한 자를 선발하되, 50점 이하의 점수를 받은 지원자는 과락으로 처리, 즉시 불합격된다.

2. **면접 관련 합격요건**
   면접관 3명이 A/B/C/D의 등급으로 지원자의 면접 점수를 평가하되, D등급이 하나라도 부여된 지원자의 경우 과락으로 처리, 즉시 불합격된다. 면접등급은 A는 33점, B는 22점, C는 11점으로 환산한다. 예를 들어, 어떤 지원자의 면접결과가 A/B/B와 같다면 이 지원자의 면접 점수는 77점이다.

3. **부가점 관련 합격요건**
   – 직무연관 자격증 : 1개당 부가점 3점 부여, 최대 6점 부여
   – 사회봉사시간 : 10시간당 1점 부여, 최대 5점 부여(시간 책정은 일의 자리에서 반올림함)
   – 자기소개서 우수자 : 5점 부여
   – 국가유공자 : 5점 부여

4. **합격자 선발 방법**
   직무적합도 테스트 점수와 면접 결과 점수를 합산한 다음, 부가점을 추가하여 지원자의 총점을 집계하여 성적이 가장 좋은 2명을 선발한다. 동점자 발생 시 우선순위는 직무 적합도 테스트 점수, 면접 환산 점수, 해당직종 경력 순으로 선발이 이루어진다.

〈지원자 공개채용 결과〉

구분	직무적합도	면접결과	경력	부가점
지원자 A	70점	A/B/B	3년	사회봉사 28시간
지원자 B	85점	B/B/D	4년	직무연관 자격증 2개 사회봉사 36시간, 국가유공자
지원자 C	90점	A/B/C	경력 없음	–
지원자 D	75점	A/A/C	3년 2개월	직무연관 자격증 1개
지원자 E	50점	A/B/B	3년 6개월	직무연관 자격증 1개
지원자 F	85점	B/B/B	1년	직무연관 자격증 1개 사회봉사 24시간
지원자 G	90점	A/C/C	경력 없음	직무연관 자격증 3개

43. 지원자들이 AA 기업 채용의 합격요건과 모든 지원자들의 점수를 알고 있다고 할 때, 다음 대화 내용 중 옳지 않은 것은?

① 지원자 D : 합격이다!

② 지원자 G : 축하해요. 저는 떨어졌어요.

③ 지원자 C : 지원자들 중에 과락자도 있네요.

④ 지원자 A : 전 직무적합도 테스트에서 5점만 더 맞았더라면 합격이었어요.

⑤ 지원자 F : 전 사회봉사만 5시간 더 했더라면 합격할 수 있었어요.

44. 위 자료에 나타난 지원자와 합격조건을 바탕으로 할 때, 다음 중 정해진 합격자를 바뀌게 하는 지원자는?

① 지원자 H : 90점, A/C/D, 3년 6개월, 국가유공자

② 지원자 I : 100점, B/C/C, 3년 2개월, 자기소개서 우수자, 사회봉사 52시간

③ 지원자 J : 95점, B/B/C, 2년 6개월, 국가유공자

④ 지원자 K : 75점, A/A/C, 3년 3개월

⑤ 지원자 L : 90점, A/B/C, 1년

1회 기출예상 2회 기출예상 3회 기출예상 4회 기출예상 5회 기출예상 인성검사 면접가이드 질의발상

[45 ~ 46] 다음 자료를 보고 이어지는 질문에 답하시오.

〈고등학교 교실천장 교체 공사 수의계약 안내 공고〉

공사명	○○고등학교 교실천장 교체 공사		
추정금액	금96,965,000원(추정가격+부가가치세+도급자설치관급자재)		
기초금액	금96,965,000원(추정가격+부가가치세)	추정가격	금88,150,000원
견적서 제출기간	201X. 1. 31. 14:00 ~ 201X. 2. 9. 10:00	개찰일시	201X. 2. 9. 11:00

1. 참가자격

(가) 「지방자치단체를 당사자로 하는 계약에 관한 법률 시행령」 제13조의 규정에 따른 요건을 갖춘 자로서 「건설안전기본법」에 의한 "금속구조물 창호공사업" 등록업체로서 안내공고일 전일로부터 견적일(낙찰자는 계약체결일)까지 법인등기부상 본점 소재지(개인사업자인 경우에는 사업자등록증 또는 관련법령에 따른 허가·인가·면허·등록·신고 등에 관련된 서류에 기재된 사업장의 소재지)를 계속 ○○지역 내에 소재하고 있는 업체이어야 합니다.

(나) 견적참가자격으로 공고된 업종에 대하여 전자견적 제출 마감일 전일(공휴일, 휴무일인 경우 그 전일 조달청 근무시간)까지 조달청 입찰참가등록업체로서 전자입찰 이용자 등록을 필한 업체이어야 합니다.

※ 견적서 제출 마감일에 전자입찰시스템에 등록한 업체는 「국가종합전자조달시스템 전자입찰특별유의서」에 따라 무효 처리됩니다.

(다) 본 견적은 「지문인식 신원확인 입찰」이 적용되므로 개인인증서를 보유한 대표자 또는 입찰대리인은 「국가종합전자조달시스템 전자입찰특별유의서」 제7조 제1항 제5호에 따라 미리 지문정보를 등록하여야 전자견적서 제출이 가능합니다.

(라) 본 견적제출은 지문인식 신원확인 입찰이 적용됩니다. 다만, 지문인식 신원확인 견적이 곤란한 자는 「국가종합전자시스템 전자입찰특별유의서」 제7조 제1항 제6호 및 제7호의 절차에 따라 예외적으로 개인인증서와 사업자인증서에 의한 전자견적 제출이 가능합니다.

2. 참가신청 및 입찰보증금

(가) 견적참가신청 : 본 견적은 전자견적제출로서 별도의 견적참가 신청을 하지 않아도 되며, 조달청 입찰참가자격등록증상의 내용에 따라 견적 제출에 참가하는 것으로 합니다.

(나) 입찰보증금 납부 : 본 수의견적은 입찰이 아니므로 입찰보증금은 납부받지 않습니다.

(다) 본 견적은 전자입찰방식으로만 집행하며, 한번 제출한 견적서는 취소하거나 수정할 수 없습니다. 다만 견적서의 중요부분에 오류가 있을 경우에는 개찰 일시 이전까지 「전자조달의 이용 및 촉진에 관한 법률 규칙」 제4조의 규정에 의거 「전자입찰 취소 신청서」를 제출하여야 하며, 취소의사를 표시한 자는 당해 견적에 참가할 수 없습니다.

3. 계약 상대자(낙찰자) 결정 방법

(가) 추정가격 이하로 견적 제출한 자 중 추정가격의 87% 이상 최저가격으로 견적 제출한 자로서 「지방자치단체 입찰 및 계약집행기준」 제5장 수의계약 운영요청의 배제사유가 없는 자를 적격심사 없이 계약상대자로 결정합니다.

201X. 1. 31. ○○교육청

---

45. 위 공고를 읽고 입찰을 신청하기 위한 준비 회의를 하려고 한다. 공고문을 제대로 이해하지 못한 직원은 모두 몇 명인가?

> A : 우리 회사가 금속구조물 창호공사업으로 등록되어 있긴 하지만 ○○지역에 법인 등기가 되어 있는지는 한번 더 확인해 봐야겠어.
>
> B : 신청 시에는 전자 견적 제출만 하면 되고, 특별히 견적 참가 신청을 따로 할 필요는 없다고 하니 두 번 제출할 필요는 없겠네.
>
> C : 전자입찰 이용자 등록은 2월 7일에 해도 될 것 같네. 아직 시간적 여유가 있겠어.
>
> D : 모든 입찰 참가자는 개인인증서와 사업자인증서를 준비한 뒤 전자 견적을 제출하여야만 한다고 하니, 미리 준비해야겠어.

① 0명   ② 1명   ③ 2명
④ 3명   ⑤ 4명

---

46. ○○교육청 담당 직원인 G는 위의 공고문을 바탕으로 해당 사업에 대한 민원인들의 질문에 응답해 주어야 한다. G가 대답할 수 없는 질문은?

① 견적을 제출할 때 추정가격의 87% 이상 최저가격을 설정해야 한다고 하던데 추정 가격이 얼마인가요?

② 견적서를 제출하고 나서 오류가 있다는 것을 발견하였습니다. 수정해서 다시 제출해도 될까요?

③ 지문정보 등록을 하지 않고 다른 방식으로 신원확인을 할 수 있나요?

④ 입찰을 하려고 하는데 입찰보증금을 어떻게 납부하면 되나요?

⑤ 2월 9일에 개찰을 하고 결과를 낙찰자에게 언제 통보해 주나요?

[47 ~ 48] 다음 자료는 K사의 취업규칙이다. 이어지는 질문에 답하시오.

제3절 출근과 결근

제21조(출근) 직원은 업무개시 10분 전까지 출근하여 업무준비를 하여야 한다.

제22조(퇴근)

① 직원이 결근하고자 할 경우에는 사전에 결근계를 제출하여 상사의 허가를 얻어야 한다. 다만, 긴급 또는 부득이한 사유로 인하여 사전에 허가를 받지 못한 경우에는 결근 당일에 사유를 명확히 하여 사후에 승인을 받아야 한다.

② 상해나 질병 등 또는 부득이한 사유로 인하여 5일 이상 계속 결근하는 경우에는 의사의 진단서 또는 결근 사유를 증명할 수 있는 서류를 결근계에 첨부하여 제출하여야 한다.

③ 정당한 사유 없이 제1항 및 제2항의 절차를 이행하지 아니하거나 허가를 받지 못한 경우에는 무단결근으로 본다.

제23조(지각, 조퇴)

① 직원이 상병, 기타 사유로 지각하였을 때에는 지체 없이 상사에게 알리고 즉시 지각계를 제출하여야 한다.

② 직원이 상병, 기타 사유로 퇴근 시간 이전에 퇴근하고자 할 경우에는 조퇴계를 제출하여 상사의 허락을 받아야 한다.

③ 직원이 1월에 3회에 걸쳐 지각이나 조퇴를 할 때에는 결근 1일로 본다.

제4절 휴일 및 휴가

제36조(시간외, 야간 및 휴일 근무)

① 직원은 업무상 필요한 경우 근로기준법이 정하는 바에 따라 시간외 근무, 야간 근무 및 휴일 근무를 할 수 있다.

② 제1항의 근무에 대하여는 보수규정이 정하는 바에 따라 시간외 근무수당, 야간근무수당 및 휴일근무수당을 지급한다.

제37조(휴가의 구분) 휴가는 법정휴가, 인정휴가, 청원휴가, 명령휴가, 보상휴가 및 특별휴가로 구분한다.

제38조(연차휴가)

① 직원으로서 1년간 80% 이상 출근자에게는 매년 1월 1일(이하 "휴가부여일"이라고 한다) 15일의 유급휴가를 부여한다.

② 제1항에 의한 휴가에 매년 다음 각호와 같이 유급휴가를 가산한다. 이 경우 가산한 유급휴가를 포함하여 총 휴가일수는 25일을 한도로 한다.

　　1. 3년 이상 근속한 자 : 최초 1년을 초과하는 근로 연수에 매 2년에 대하여 1일을 가산

　　2. 휴가부여일을 기준으로 하여 직전 1년 동안, 결근, 휴직, 감봉 이상의 징계 및 직위 해제된 사실이 없고 병가를 사용하지 않은 직원 1일

　　3. 특정직무 수행을 위한 경력을 인정 받아 경력직으로 입사한 직원 : 2일

제39조(인정휴가) 회사는 다음 각호의 1에 해당하는 경우에 소정기간의 인정휴가를 준다.

1. 축하휴가
   가. 본인결혼 5일
   나. 자녀결혼 1일
   다. 본인 및 배우자 형제자매 결혼 1일
   라. 부모, 배우자부모, 조부모회갑 1일
   마. 자녀출산 2일
   사. 부모 및 배우자부모 칠순 1일

2. 기복(忌服) 휴가
   가. 부모, 배우자부모, 배우자상 5일
   나. 자녀 및 형제자매상 3일
   다. 자녀 및 형제자매의 배우자상 3일
   라. 조부모, 외조부모, 백숙부모상 3일

47. 위 취업규칙의 이행과 관련하여 옳지 않은 것은?

① 경력직으로 입사한 A 대리는 총 17일의 유급휴가를 부여받았다.

② 올해 입사한 지 5년차인 B 대리는 작년에 총 16일의 유급 휴가를 부여받았다.

③ 2주 전 장모상을 당한 C 부장은 장례를 위해 5일의 경조사 휴가를 받았다.

④ D 과장은 지난주 긴급한 업무로 휴일근무를 하고 휴일근무수당을 받았다.

⑤ 지하철 고장으로 지각을 하게 된 E 사원은 전화로 미리 알리고 퇴근 시 지각계를 제출하였다.

48. 김새롬 사원은 지난주 수요일과 목요일 정규 근로시간 후 각각 2시간과 3시간 연장 근로를 하였다. 김새롬 사원의 통상임금과 시간 외 근로수당 지급규정이 다음과 같을 때, 김새롬 사원이 지난주 연장근로 수당으로 지급받게 될 금액은 얼마인가? (단, 정규 근로시간은 09:00 ～ 18:00 이며, 총 8시간 근로한다)

- 김새롬 사원의 통상임금(일급)은 94,560원이다.
- 〈시간 외 근로수당 지급규정〉에 따라 연장근로 임금은 통상임금에 대해 50% 가산한다.

① 47,280원
② 63,230원
③ 70,920원
④ 88,650원
⑤ 94,560원

[49 ~ 50] 다음 자료를 읽고 이어지는 질문에 답하시오.

경전철(LR, Light Rail)이란 일반적으로 차량규모나 수송인원이 기존의 지하철(중량전철)에 비해 작고 버스보다는 크며 중간규모에 해당하는 교통수요 처리에 효과적인 교통수단을 말한다. 특히 기존 지하철의 지선, 중·소도시의 간선, 대도시 및 위성 도시를 연결하는 교통수요 처리에 적합해 새로운 대중교통수단의 한 축으로 인정받고 있고, 배기가스 배출이 적은 환경친화적인 교통수단이라는 점에서도 녹색도시 교통수단으로 부각되고 있다. 하지만 현재 지방자치단체가 민자 사업방식으로 추진하고 있는 경전철 건설 사업에는 많은 문제점이 발생하고 있다.

관련 연구보고서에 따르면, 가장 큰 문제점은 재정여력이나 철도에 대한 전문성이 부족한 지방자치단체가 주무관청이 돼 사업을 주관하고 있다는 점이다. 보고서는 민자사업의 사업계획서 평가, 협상, 협약 체결, 설계 및 시공 관리 등 전반적인 추진 과정을 자체적으로 제어하기가 어려운 실정이라고 지적했다. 대부분의 지방자치단체는 철도건설 부문에 대한 경험뿐만 아니라 민간투자사업 추진에 있어서 경험과 지식이 부족하여 민간투자사업에 대한 업무처리능력이 부족하다. 또한 해당 구역 내에서만 사업계획을 수립하게 되어, 상위계획 및 인근 지역과의 연계에 대한 고려가 부족한 상태에서 해당구역 중심으로 사업을 추진할 위험이 존재하게 된다.

또, 경전철 건설 사업 추진 여부를 결정하는 교통수요가 과다하게 예측되었다는 문제가 있다. 민간투자사업 방식의 경전철 건설사업은 대개 시설의 운영수입으로 건설비용과 운영비용을 회수하는 「BTO 방식」*으로 추진 되기 때문에 적정 요금수준체계의 결정과 교통수요 예측이 매우 중요하다. 사업 운영에 따른 리스크는 사업을 과다하게 산정하는 경향이 있다. 이는 한정된 국가 보조금 지원하에서 사회기반시설을 조기에 건설하려는 해당 지방자치단체와 수익 창출이 최우선인 민간사업자의 이해관계가 부합해서 나타난 결과이다.

또 다른 문제점으로 모노레일, 노면전차, 자기부상열차, 고무 차륜형 AGT, 철제차륜형 AGT 등 다양한 경전철 시스템 중 해당 지방 자치단체의 지형이나 기후 특성, 수요 특성 등에 적합한 시스템을 선정하는 데 필요한 가이드라인이 없다는 점을 들 수 있다. 이 문제는 경전철 사업을 추진하는 지방자치단체가 외국 시스템을 도입하는 등 임의적인 특정차량시스템을 선정함으로써 향후 운영 시 기술지원, 부품조달의 어려움으로 인한 유지보수비용의 증가, 시스템간 상호 불능 등의 문제점으로 이어져 경전철 시행 후에 더 큰 문제가 될 가능성이 있다.

* BTO(Build Transfer Operater) 방식 : 정부가 건설 및 운영의 주체가 되어 정부예산을 재원으로 정부가 발주하고 민간건설사가 시공을 담당한다.

49. 윗글은 ○○팀 김 대리가 경전철 사업실태를 조사한 자료이다. 이를 근거로 생각해 낸 각 문제점에 대한 개선 방안으로 적절하지 않은 것은?

① 교통수요 및 추정수입의 과다산정에 대한 조사를 시행한다.

② 사업 운영과 관련한 문제점을 해결하기 위해 외국의 시스템을 적극 도입하여 객관적인 기준을 마련한다.

③ 민간사업체의 관계자를 지방자치단체에 파견하여 사업 전반을 관리 감독한다.

④ 민간사업자와 지방자치단체가 협의하에 시스템을 선정할 수 있도록 입찰기준을 개선한다.

⑤ 대도시권 광역교통망기본계획을 관할지역 주민 생활권과 연계되도록 사업계획 수립 요건을 강화한다.

50. 지방자치단체가 경전철의 자동운전을 위해 자동 속도제어기를 구입하고자 한다. 속도제어기 제작사인 A사와 B사 중 한 회사의 제품을 구입하려고 할 때, 다음 〈조건〉을 고려하여 〈보기〉에서 옳은 것을 모두 고르면?

조건

- A사의 자동속도제어기는 상용화된 상태이며, 제품 가격은 11억 원이다.
- B사의 제품은 9억 원으로 A사의 제품보다 저렴하지만 충분한 검증을 거치지 않아 문제가 발생할 확률이 40%, 문제없이 작동할 확률이 60%이다.
- 만약 B제품에 문제가 발생한다면 구매대금을 환불받고 A 회사의 제품으로 대체할 수 있다. 단, 이 과정에서 바로 A사 제품을 구매했을 때에 비하여 1억 원의 추가 비용이 필요하다.
- B사 제품이 시뮬레이션 검사에 합격하면 B 회사 제품을 구입하고, 불합격하면 A사 제품을 구입할 수 있다. 시뮬레이션 결과는 100% 신뢰할 수 있으며 지방자치단체는 기대비용의 크기에 따라 구입 여부를 결정한다.

※ 기대비용 : 발생 가능한 비용 X, Y가 있을 때 X의 발생확률이 p이고 Y의 발생확률이 q라면 기대비용은 $X \times p + Y \times q$이다.

보기

⊙ 시뮬레이션 검사를 하지 않고 B사의 제품을 구매할 때의 기대비용은 10.2억 원이다.

ⓒ 시뮬레이션 검사비용으로 지방자치단체가 지불할 의사가 있는 최대값은 1.5억 원이다.

ⓒ 시뮬레이션 검사를 하지 않고 구매한다면 지방자치단체는 A사와 계약을 체결할 것이다.

ⓔ B사 제품을 선택했다가 작동하지 않을 경우 A사의 제품을 구입하는 데 드는 총비용은 12억 원이다.
---

① ⊙, ⓒ

② ⊙, ⓔ

③ ⊙, ⓒ, ⓒ

④ ⊙, ⓒ, ⓔ

⑤ ⊙, ⓒ, ⓔ

51~60

과목 2
철도관련법령

51. 다음 중 「철도산업발전기본법」에서 철도차량과 관련된 용어의 정의로 옳은 설명은?

① 철도차량이란 선로를 운행할 목적으로 제작된 동력차로, 동력 없이 이와 연결하여 운용하는 객차와 화차는 여기에 해당하지 않는다.

② 철도영업을 목적으로 하지 않는 차량인 사고복구용차, 작업차 등의 특수차는 철도차량의 범위에 포함되지 않는다.

③ 철도차량의 정비는 철도운영의 개념에 포함되지 않는다.

④ 철도차량을 유치하기 위한 차량유치시설은 철도시설에 포함되지 않는다.

⑤ 철도차량의 정비를 위한 차량정비기지를 건설하기 위해 매입한 부지는 철도시설에 포함된다.

52. 다음 개요에서 설명하는 보고서의 명칭은?

> • 법적 근거 : 「철도산업발전기본법」 제5조
> • 계획의 성격
> – 철도산업 관련 정책을 종합하고 체계화하는 법정 기본계획
> – 철도시설 투자, 철도운영 개선, 철도 안전관리 및 기술개발, 해외 진출, 철도인력 양성 등에 관한 중장기 철도산업 종합계획
> • 계획의 범위
> – 시간적 범위 : 2021 ~ 2025년(5개년)
> – 공간적 범위 : 전국
> • 계획의 주요내용
> – 대내외 사회 · 경제적 여건변화 및 철도산업 동향 분석
> – 기본 정책 방향 설정 및 철도분야별 실천과제 도출
> – 철도관련 법정계획 검토 및 현 철도정책 주요 이슈 진단
> – 철도 수송분담률 제고 및 철도운영체계 개선 방안
> – 철도안전 및 서비스 개선 방안
> – 철도 전문인력 양성 및 철도기술 개발 방안

① 철도산업구조개혁기본계획 ② 철도산업시책 ③ 철도산업발전기본계획
④ 철도자산처리계획 ⑤ 국가기간교통망계획

53. 다음 보도자료의 빈칸에 들어갈 기관명은?

> 「철도산업발전기본법」은 지난 2003년 제정되어 우리 철도산업을 건설과 운영으로 나누어 상하분리체계로 개편한 법령이다. 이 과정에서 국가철도공단과 한국철도공사라는 양대 국가 철도 기관이 탄생했다. 그런데 법 제38조에는 유지보수 수행기관에 대한 단서조항이 있다. 법령에 따르면 철도시설 관련업무는 국가철도공단이 수행하지만 유지보수의 경우에는 ( )에 위탁한다.

① 한국철도협회　　　　② 한국철도공사　　　　③ 한국도로공사
④ 도시철도공사　　　　⑤ 지방교통공사

54. 한국철도공사가 수행할 수 있는 사업에 관한 설명으로 옳지 않은 것은?

① 한국철도공사가 수행할 수 있는 관광사업은 카지노업 이외에 철도운영과 관련한 내용임을 요구한다.
② 한국철도공사의 물류사업에는 철도와 다른 교통수단과의 연계운송을 위한 사업을 포함한다.
③ 한국철도공사의 물류사업에는 철도시설을 이용한 물류시설운영업과 물류서비스업을 포함한다.
④ 한국철도공사의 사업으로 남북 연결 철도망과 동북아 철도망 건설을 법률을 통해 직접 명시하고 있다.
⑤ 한국철도공사는 철도시설의 유지·보수에 관하여 국가로부터 위탁받은 사업을 수행할 수 있다.

55. 한국철도공사가 발행하는 기명식채권에 대한 설명으로 옳지 않은 것은?

① 한국철도공사의 사채 발행은 기명식을 원칙으로 하며, 응모자 또는 소지인의 청구에 따라 무기명식으로 발행할 수 있다.
② 기명식채권 발행에 따라 작성되는 사채원부에는 해당 채권소유자의 성명과 주소가 포함된다.
③ 한국철도공사가 발행하는 기명식채권의 소멸시효는 원금은 5년, 이자는 2년으로 완성한다.
④ 기명식채권의 소유자는 한국철도공사의 근무시간 내에서 언제든지 사채원부의 열람을 요구할 수 있다.
⑤ 기명식채권의 소유자를 대상으로 하는 최고는 소유자가 별도의 주소를 통지하지 않았다면 사채원부의 주소를 기준으로 한다.

56. 다음 중 철도사업의 면허의 결격사유에 해당하지 않는 경우는? (단, 제시된 내용 이외의 사항은 고려하지 않는다)

① 철도사업을 수행할 법인의 임원 중 한 명이 사고로 인해 피한정후견인의 선고를 받은 상태에서 임원 자격을 유지하고 있는 경우

② 철도사업을 수행할 법인의 대표가 「철도사업법」을 위반한 이유로 징역 1년을 선고받은 후 형기를 막 마치고 복역한 경우

③ 1개월 전 철도사업을 수행할 법인의 임원 중 한 명이 파산하여 해당 임원이 탈퇴하게 된 경우

④ 철도사업을 수행할 법인의 임원 중 한명이 「철도산업발전기본법」 위반을 이유로 징역 1년에 집행유예 3년이 확정된 이후 아직 유예 기간에 있는 경우

⑤ 철도사업을 수행하던 중 명의대여 사실이 적발되어 철도사업의 면허가 취소된 지 1년이 경과한 경우

57. 다음 중 국토교통부장관이 철도차량을 고속철도차량, 준고속철도차량, 일반철도차량으로 구분하는 기준에 해당하는 것은?

① 운행거리   ② 운임의 상한   ③ 운행지역
④ 운행속도   ⑤ 철도차량의 사용목적

58. 철도사업자가 여객 운임을 감면하는 결정에 대한 설명으로 옳지 않은 것은?

① 여객 운임의 변경과 달리 감면은 국토교통부장관의 신고를 요구하지 않는다.

② 철도사업자는 여객 유치를 위한 기념행사 이외에도 철도사업상 경영상 필요를 이유로 여객 운임을 감면하는 결정을 내릴 수 있다.

③ 재해복구를 위한 긴급지원을 이유로 여객 운임을 감면할 경우에는 긴급을 이유로 감면 사실에 대한 게시 의무가 면제될 수 있다.

④ 철도사업자는 철도이용자가 여객 요금표와 여객 운임의 감면 사항에 대한 안내를 요구할 경우 이를 제시할 수 있도록 관계 역·영업소 및 사업소 등에 갖추어 두어야 한다.

⑤ 여객 운임을 감면할 경우에는 그 시행 1주일 이전에 감면 사항을 일반인이 잘 볼 수 있는 곳에 게시하여야 한다.

59. 다음에서 설명하는 약관에 대한 「철도사업법」상의 규정으로 옳지 않은 것은?

> 광역철도 여객운송약관은 한국철도공사와 공사가 운영하는 광역철도를 이용하는 사람 간의 여객운송이 필요한 사항을 규정하는 것을 목적으로 한다. 이 약관은 한국철도공사의 여객운송과 연락운송 및 연계운송, 버스와 환승하는 업무에 대해 적용된다.

① 한국철도공사는 해당 약관을 변경하기 위해서 이를 국토교통부장관에 신고하여야 한다.

② 해당 약관에는 한국철도공사가 부과할 부가 운임의 산정기준이 포함된다.

③ 한국철도공사는 해당 약관을 인터넷 홈페이지에 게시하고 해당 약관이 적용되는 관계 역과 영업소 및 사업소에 비치하여야 한다.

④ 국회 소관 상임위원회는 원활한 철도운송과 서비스의 개선을 위해 필요하다고 인정될 경우 한국철도공사에게 철도사업약관의 변경을 명할 수 있다.

⑤ 국토교통부장관은 한국철도공사가 신고한 철도사업약관의 내용을 이행하지 않음을 이유로 1천만 원 이하의 과태료를 부과할 수 있다.

60. 국유철도시설을 점용하는 대가로 지불하는 점용료에 대한 설명으로 옳지 않은 것은?

① 국유철도시설의 점용료 미납은 점용허가의 취소사유에 해당한다.

② 국유철도시설의 점용료는 점용허가를 할 철도시설의 가액과 점용허가를 받아 행하는 사업의 매출액을 기준으로 산출한다.

③ 국유철도시설의 점용료를 산정하는 기준이 되는 철도시설의 가액은 산출 후 3년 이내에 한하여 적용한다.

④ 국유철도시설의 점용료는 매년 1월 말까지 해당분을 선납하는 것을 원칙으로 한다.

⑤ 국가에 무상으로 양도하기 위한 목적의 시설물을 설치하는 과정에서의 임시 시설물을 국유철도시설 내에 설치하기 위한 목적의 점용허가는 점용료의 감면 대상에 포함되지 않는다.

과목1 직업기초 ⊘ 1~50

01. 다음 ㉠~㉣에 들어갈 적절한 단어로 묶인 것은?

> 20○○년 오후 12시 30분경 법무부가 고시촌 주요 서점에 합격자 명단을 붙였다는 소식이 알려지자 긴장감이 감도는 불안한 평온이 깨졌다. 순간 전화와 핸드폰 벨 소리가 여기저기서 울렸다. 본지 홈페이지 접속은 폭주했고, 본사는 걸려오는 전화로 아수라장이 됐다. 가장 먼저 합격자 명단이 게시된 서점 앞에는 순식간에 이름을 확인하려는 수험생들로 (㉠)을 이뤘다. 깨알처럼 빼곡히 인쇄되어 붙어 있는 명단을 서로 먼저 확인하려고 (㉡)을 벌이는 한편, 멀찍이 떨어져 명단을 보려는 수험생들, 받침대를 딛고 올라서서라도 확인하려는 열성팬들, 서점 앞은 그 어디에서도 보기 힘든 (㉢)이 연출됐다. 삼삼오오 명단을 확인하며 기뻐하는 모습과 여기저기 전화로 합격소식을 알리는 모습도 눈에 띄었다. 기자와 만난 한 합격자는 누구한테 제일 먼저 소식을 전했느냐는 질문에 "온갖 궂은일 마다 않고 오직 공부만 하도록 뒷바라지 해주신 홀어머님"이라면서, "올해 마지막이라고 생각하며 (㉣)을 치고 공부했는데 결과가 좋게 나와 정말 기쁘다"라고 눈물을 글썽이며 답했다.

	㉠	㉡	㉢	㉣		㉠	㉡	㉢	㉣
①	배수진	각축전	쟁탈전	장사진	②	호화진	각축전	쟁탈전	배수진
③	마방진	쟁탈전	진풍경	장사진	④	장사진	진풍경	각축전	마방진
⑤	장사진	쟁탈전	진풍경	배수진					

02. 다음 중 밑줄 친 부분이 ㉠의 문맥적 의미와 가장 가까운 것은?

> 기업 투자촉진을 위해 지난 1월 17일 규제 샌드박스가 도입됐지만 샌드박스 안에 새로운 규정들이 우후죽순처럼 생겨나면서 당초의 취지가 퇴색되고 있다는 지적이 일고 있다. 금융혁신을 서두르고 있는 ICT와 금융권 벤처기업들도 하소연을 쏟아내고 있다. 규제 샌드박스를 신청하기 위해서는 사전에 충족시켜야 할 조건들이 까다로워 규제를 ㉠풀어 스타트업을 키우겠다는 정부의 야심찬 전략에 부응하기 힘들다고 호소하고 있다. ○○○한국과학기술단체총연합회 사무총장은 "규제 샌드박스라고 하지만 여전히 규제 완화에 반대하는 목소리를 의식하는 경향이 강하다"라며 "샌드박스 내에서는 정말 무엇이든 다 할 수 있다고 체감할 수 있을 정도로 운영방안이 마련돼야 한다"라고 지적했다.

① 김 과장은 업무 스트레스로 인한 피로를 **풀기** 위해 해외여행에 과감히 투자했다.

② ○○프로배구팀은 무려 12년 만의 통합우승을 달성함으로써 마침내 숙원을 **풀었다.**

③ 이 미술관에 말파토 박사와 바르트 부인이 나타나 레오나르도 다 빈치의 암호를 **풀려고** 한다.

④ ○○기업에서는 우수한 신입사원 유치를 위해 인사팀 직원들을 유수 명문 대학에 **풀었다.**

⑤ 주택난 해소를 위한 신도시 개발을 위해 국토교통부와 지방자치단체는 개발제한구역의 일부를 **풀** 계획이다.

03. 다음 중 밑줄 친 ㉠의 문맥상 의미로 가장 적절한 것은?

> 녹조류가 광합성 할 때 생성되는 광합성 전자를 효율적으로 추출하는 기술이 개발됐습니다. ○○○연구팀이 녹조류로 만든 세포 필름에 수많은 바늘 모양 전극을 붙여 장기간 많은 수의 녹조류 세포에서 광합성 전류를 추출할 수 있게 됐다고 합니다. 이 기술은 향후 신재생 에너지 분야에서 지대한 역할을 수행할 것으로 기대됩니다.
>
> 이 연구 결과는 이전 연구에서 한계점으로 지적됐던 다수 세포 동시 삽입의 기술적, 시간적 문제를 해결했습니다. 또한 단순화된 방법으로 대량의 세포에 전극을 삽입하고 광합성 전류량을 ㉠비약적으로 향상시킴으로써 실용적 기술로의 첫 단추를 꿰었다는 점에서 의미가 있습니다. ○○○연구팀은 "개발된 세포 필름을 이용한 나노 전극 동시 삽입 및 대면적 광합성 전자 추출 기술은 조류세포와 같은 식물세포를 이용한 태양광 에너지 변환 시스템이 실험실 단계를 벗어나 실용화 단계로 나아갈 수 있는 첫 걸음"이라며 연구의 의의를 설명했습니다.

① 사람이 바쁘고 힘차게 활동함.

② 사람이나 동물이 공중으로 나는 듯이 높이 뛰어 오름.

③ 어떤 일이 이루어지는 과정이나 동작의 반응이 즉각적임.

④ 지위나 수준 따위가 갑자기 빠른 속도로 높아지거나 향상됨.

⑤ 논리나 사고방식 따위가 그 차례나 단계를 따르지 아니하고 뛰어 넘음.

04. 다음 밑줄 친 부분을 유사한 의미의 다른 단어로 바꿀 때, 바르지 않은 것은?

> • 이익단체인 □□협회의 설명에는 ㉠당착(撞着)이 있다.
> • 김 과장은 자신의 ㉡언변(言辯)이 부족하다고 생각한다.
> • 중요한 결정이 필요한 순간에는 박 국장의 행동이 ㉢범인(凡人)과 다르다.
> • 정부의 지원을 많이 받으려면 상반기에 ㉣매립(埋立) 공사를 마쳐야 한다.
> • 영구임대아파트에 외제차가 ㉤즐비(櫛比)하다는 보도가 있었다.

① ㉠ 모순(矛盾)　　　　② ㉡ 변설(辯舌)　　　　③ ㉢ 용인(傭人)

④ ㉣ 굴착(掘鑿)　　　　⑤ ㉤ 지천(至賤)

05. 다음 ㉠~㉤ 중 어법에 맞지 않는 문장은?

> **〈미숙아 및 선천성 이상아 의료비 지원〉**
> ㉠전국 가구 월평균소득 150% 이하인 가구에서 태어난 미숙아에게 의료비를 지원합니다. ㉡단, 아이를 셋 이상 출산한 가정에서 셋째 아이가 미숙아 또는 선천성 이상인 경우에는 소득 수준에 관계없이 지원을 받을 수 있습니다. ㉢출생 후 24시간 이내에 긴급한 수술이나 치료가 필요해 신생아 중환자실에 입원한 미숙아에 한에서 의료비를 지원합니다. ㉣다만 신생아 집중치료실에 병상이 부족하여 대기, 혹은 이송을 사유로 24시간 이내에 신생아 중환자실에 입원하지 못했을 경우라도 의료기관의 확인을 받아서 비용을 지원받을 수 있습니다. ㉤미숙아 의료비 지원을 받으려면 해당 아이가 퇴원한 후 6개월 이내에 주민등록지 관할 보건소에 지원을 신청해야 합니다.

① ㉠　　　　　　　② ㉡　　　　　　　③ ㉢

④ ㉣　　　　　　　⑤ ㉤

06. 다음 중 어문규정에 어긋난 부분을 모두 고른 것은?

'리터러시(Literacy)'를 '언어를 제대로 쓰고 읽고 해독할 줄 아는 능력'으로 이해한다면, 게임 리터러시는 무엇을 지칭하며 왜 게임문화연구에서 중요한가? 흔히 리터러시의 구체적인 실천에서 학습과 교육의 몫이 중요하다고 여기며, 따라서 게임 리터러시 역시 교육적 학습 능력의 의미와 연관해 이해되는 경향이 있다. 즉, 게임을 건전하게 즐길 수 있는 능력을 기르는 교육, 혹은 게임중독을 예방하고 게임 절제력을 기르기 위한 교육이 곧 게임 리터러시의 핵심이라고 행각하곤 한다. 그러나 게임을 '잘 이용할 줄 아는 능력'도, 게임의 '중독이나 과몰입에서 탈출할 수 있는 능력'도 진정한 게임 리터러시와는 거리가 있을 ㉠수밖에 없다. 게임 리터러시는 게임의 문화적 이해를 확장하는 능력으로 정의하는 것이 타당하다. 이는 게임 리터러시가 게임 안의 의미를 ㉡론하기보다 게임이 바깥 세계와 어떻게 ㉢연결되는 지에 주목하도록 만든다는 견해와 상통한다. "게임은 어떻게 생겼는가?"가 아닌 "게임의 시각에서 볼 때 실제 세계는 어떻게 생겼는가?"를 이해하는 것이 곧 게임 리터러시다. 결국 게임 리터러시에 관심을 ㉣같는다는 것은 게임 텍스트만이 아니라 게임과 게이머의 관계, 게임 세계와 실제 세계의 관계, 게임을 통한 인간과 사회의 관계를 주목함을 의미한다. 이는 곧 게임문화연구의 지향과도 일치한다. 문학이나 교육학 개념이 아닌 문화연구의 개념적 도구로 게임 리터러시를 이해해야 하는 이유이다.

① ㉠, ㉢　　　　　　　② ㉠, ㉣　　　　　　　③ ㉡, ㉣

④ ㉠, ㉡, ㉣　　　　　⑤ ㉡, ㉢, ㉣

07. 다음은 용서와 관련한 어느 책의 서문이다. 이 글에서 확인할 수 없는 내용은?

> 21세기 들어 세상 곳곳에서 개인적 차원이나 정치적 차원의 다양한 폭력과 잘못된 일들이 벌어진다. 지구촌 여기저기에서 전쟁이 끊이지 않으며, 유럽의 시리아 난민들은 기본적인 일상적 삶마저 박탈당한 채 살아간다. 세계적인 정황에서 국가 간의 관계뿐 아니라, 개인들의 관계 속에서도 다양한 얼굴을 한 폭력과 상호 증오가 난무한다. 이 잔혹한 시대에 어떻게 살아가고 반응해야 하는가. 어쩌면 용서와 화해는 잔혹한 폭력의 시대를 살아가는 인간이 생존하기 위해 필수적인 것인지도 모른다. 용서에 대한 이 책은 유한하고 불완전한 인간 삶에서 불완전한 인간이 만들어 내는 갖가지 양태의 잘못된 일들을 넘어서서 모두가 살아갈 만한 세계를 추구하고 모색하기 위한 것이다. 용서와 화해가 얼마만큼 가능하고 어떤 방식으로 전개되는가는 개인적이고 사회정치적인 구체적 상황에 따라 매우 다르다. 따라서 용서에 대해 수치로 제시할 수 있는 측정 기준이나 가이드를 만들어 내는 것은 불가능하다. 우선적으로 가해자와 피해자, 이 두 사람 간의 사건이 용서의 전형적 예로 생각할 수 있다. 그러나 용서에는 두 사람 간 혹은 두 그룹 간의 용서뿐 아니라 자기용서, 형이상학적 용서, 정치적 용서, 종교적 용서 등 다양한 형태의 용서가 있다.
>
> 크게 보면 용서에는 두 가지가 있다. 최선의 바람직한 용서인 '완전한 용서' 그리고 '불완전한 용서'이다. 완전한 용서는 용서하는 자와 용서받은 자 사이에 기대할 수 있는 모든 일이 가능한 상황에서의 용서이다. 즉, 가해자는 자신의 잘못을 고백하면서 앞으로는 잘못을 되풀이 하지 않겠다고 약속을 하며 용서를 구하고, 용서하는 사람은 이를 받아들이고 가해자를 용서하는 것이다. 반면 불완전한 용서는 완전한 용서가 지닌 여러 가지 요소 중에서 부분적으로만 이루어지는 용서를 말한다. 물론 이렇게 최선의 바람직한 용서인 완전한 용서와 불완전한 용서 두 가지로 용서를 나누는 데는 한계가 있어서 용서를 완벽하게 구분할 수는 없다. 인간의 행위는 수학공식같이 기계적 측정과 수치로 드러나 구분할 수 없기 때문이다.
>
> 인간은 이 완전한 용서와 불완전한 용서라는 두 측면 사이에서 갈등하고 좌절하며, 다시 힘을 내어 완전하고 이상적인 최선의 용서를 이루려는 의지와 마음을 가져야 한다. 그러한 필요성 때문에 전략적으로 이러한 구분이 필요하기도 하다.

① 21세기에 인간이 겪는 잔혹한 폭력과 일상적 삶의 박탈은 인간으로 태어난 이상 숙명적으로 받아들여야 하는 일이다.

② 용서와 화해는 폭력의 시대를 살아가는 인간이 살아남기 위해 다른 인간들과 함께 살아갈 수 있는 세계를 위한 것이다.

③ 용서에는 가해자와 피해자 간에 이루어지는 일반적인 것들만 아니라 그룹 간 용서, 스스로에 의한 용서, 정치 · 종교적 용서 등 다양한 형태의 것이 있다.

④ 가해자가 잘못을 고백하면서 앞으로 그 잘못을 되풀이하지 않을 것임을 약속하며 피해자에게 용서를 구하고, 피해자가 이를 받아들이는 것이 가장 바람직한 용서이다.

⑤ 용서는 수학공식처럼 분명하게 구분할 수 있는 것이 아니므로 그 상황에서 늘 갈등하고 좌절하면서도 용서를 이루기 위한 의지와 마음을 지니고 노력하는 것이 중요하다.

08. 다음 공고문을 바르게 이해하지 못한 것은?

제목	20XX년 4월 1차 무단방치 자전거 처분 공고		
담당부서	교통행정과		
등록일	20XX. 04. 10. 13:39:28	조회수	389
연락처	02-22□□-□□83		
첨부파일	🄵 방치 자전거 처분공고 목록(20XX년 1월 2주 ~ 4월 2주).zip		
내용	○○시 □□구 공고 20XX-0421호 **무단방치 자전거 처분 공고** 　우리 구 공공장소에 10일 이상 무단방치된 자전거에 대하여 『자전거 이용 활성화에 관한 법률』 제20조(무단방치 금지) 및 같은 법 시행령 제11조(무단방치 자전거의 처분) 규정에 따라 다음과 같이 공고합니다. 공고기간 종료 시까지 찾아가지 아니한 때에는 관련 규정에 따라 매각처분, 기증 또는 공공자전거로 활용하게 되며, 매각대금은 공고일로부터 1년이 지나면 우리 구 금고에 귀속됨을 알려 드립니다. 20XX년 4월 9일 ○○시 □□구청장 1. 공고기간 : 20XX. 4. 9. ~ 20XX. 4. 23.(14일간) 2. 처분 대상 자전거 : 장기방치 자전거(목록은 [붙임] 문서 참고) 3. 공고장소 : 구청 게시판 및 홈페이지(www.◇◇◇.go.kr) 4. 열람장소 : 구청 1층 교통행정과 5. 보관장소 : □□구 ○○로 100, ○○자전거대여소(○○역 인접) 6. 자전거 반환방법 : 본인 자전거 관리번호 확인 후 반환신청서 작성 직접 제출, 또는 팩스 송부(FAX : 02-○○-○○84) 　※ 운반 · 보관 등으로 발생된 소요경비는 반환청구자가 부담 7. 처분일 : 공고기간 종료 후 8. 처분방법 : 공고기간 내에 반환신청이 없으면 매각처분이나 기증 또는 공공 자전거로 활용 9. 문의처 : □□구청 교통행정과(☎ 02-22○○-○○83) [붙임] 1. 자전거 반환신청서 / 2. 방치 자전거 수거 대장 1부

① 구청의 무단방치 자전거 처분에 관련한 공고는 한 달에 1번 이상일 경우도 있을 것이다.

② 해당 공고문에서는 자전거 반환신청서와 방치 자전거 수거 대장이 있으므로 자신의 장기방치 자전거가 있는지 확인할 수 있다.

③ 장기방치 자전거는 적어도 공고일 기준 10일 이상 관내에 공공장소에 무단방치한 자전거일 것이다.

④ 방치 자전거 목록에서 자신의 자전거를 확인한 소유주는 본인 자전거 관리번호를 확인한 다음 반환신청서를 작성하여 직접 제출하거나 팩스로 송부하여야 한다.

⑤ 공고기간 내에 찾아가지 않은 자전거는 기증 또는 공공자전거로 사용하거나 강제처분하고 매각하게 되는데, 매각대금은 매각 후 1년이 지나면 구청에 귀속된다.

[09 ~ 10] 다음 글을 읽고 이어지는 질문에 답하시오.

밤에 잠을 못 이루는 불면증은 현대인들만의 문제는 아니다. 고대인들 역시 불면증으로 고생을 했다. 잠이 오지 않을 때의 해결책으로 다량의 알코올을 섭취했다는 고대의 기록이 있다. 알코올은 신경계를 억제해 진정 작용을 하는 감마아미노부티르산(GABA) 수용체에 결합한다. 때문에 의식이 흐릿해지면서 잠이 들 수 있다. 하지만 개운하게 숙면을 취하지는 못한다. 의식은 흐려지지만 수면의 각 단계를 충분한 시간만큼 거치지 못하기 때문이다. 의식을 흐릿하게 만드는 각종 약초도 불면증의 치료제로 사용되었다. 하지만 지금은 잘 알려져 있다시피 약물을 함부로 사용했다간 의존증이 생겨 약물 없이는 잠을 못 이루는 지경이 될 수도 있다. 그보다 더 무서운 건 환각증세를 비롯한 수많은 부작용이고 말이다.

우리가 통상적으로 떠올리는 현대적인 의미의 수면제는 언제 등장했을까? 19세기에 화학이 발달함에 따라 수면제도 등장한 것으로 보인다. 이 시기에 외과 수술을 위한 마취제로 에테르가 이용되었는데, 이 약물이 종종 불면증을 치료하는 용도로 처방되었다고 한다. 현대사회에서 불면증을 치료하기 위해 복용하는 약물들은 단순히 의식을 흐릿하게 만드는 것이 아니라 정말로 뇌와 몸을 잠든 상태로 변화시킨다. 이를 위해 이용되는 약물들은 크게 수면제와 수면유도제로 구분해 볼 수 있다. 수면제는 전문의약품으로 의사의 처방 없이는 구입할 수 없다. 반면에 수면유도제는 일반의약품으로 분류되어 약사의 복약 지도만 있으면 의사의 처방 없이도 약국에서 구입하는 것이 가능하다. 두 가지 모두 불면증을 치료하는 데 쓰이는 약물이지만, 약효나 성분 등의 특성에 차이가 있다. 보통 수면유도제의 효과가 지속되는 시간은 두세 시간 정도이고, 수면제의 경우 적게는 네 시간에서 길게는 열두 시간까지 효과가 지속된다.

수면제는 수면진정제(Sedative-Hypnotics)라고도 부른다. 이름 그대로 수면 효과뿐 아니라 진정 작용을 하는 효과도 가지기 때문이다. 수면제는 불면증의 치료제로만 쓰이는 약물이 아니다. 수술 시에 마취보조제로도 쓰인다. 수면내시경 검사 같이 비교적 간단한 시술을 할 때 주사제로 쓰이는 약물이 사실은 수면제로 처방되는 약물과 동일한 성분을 공유하고 있는 것이다. 이를 보면 수 세기 전의 사람들이 마취제를 수면제로 쓸 생각을 했다는 사실이 이해가 된다. 가장 많이 쓰이는 수면제는 '벤조디아제핀(Benzodiazepine)' 계열의 약물이다. 벤조디아제핀계 약물은 과거에 많이 사용되었다가 부작용과 단점이 많이 드러남에 따라 점차 그 사용량이 줄어들고 있는 추세이다.

두 번째로는 바비튜레이트(바비탈)계 약물이 있다. 이 약물은 작용을 완화시킬 해독제가 없고, 복용했을 때 생명을 위협할 수 있는 용량인 '치사량'이 작아 매우 위험하다. 이는 바비튜레이트계 약물이 전반적인 중추신경계의 작용, 그중에서도 특히 호흡을 억제하는 역할을 하기 때문이다. 바비튜레이트계 약물은 과거에 마취 보조제나 항경련제로 이용되었으나 요즘은 이 같은 위험 때문에 거의 쓰이지 않는다. 세 번째로 비(非)벤조디아제핀계 약물을 들 수 있다. 여기에도 몇 가지 세부 종류가 있는데, 졸피뎀이라는 약물도 이에 포함된다. 비벤조디아제핀계 약물은 의존성이 낮다. 즉, 몇 번 먹는다고 해서 그 약 없인 잠을 이룰 수 없다거나 하는 문제가 쉽게 생기지 않는다. 하지만 이 약물 역시 부작용이 있다. 함부로 복용할 경우 기억에 혼란이 생길 수 있고 환각작용이 일어날 수도 있다. 우울증 치료를 목적으로 개발된 항우울제를 수면제 대신 쓰기도 한다. 일부 항우울제는 만성 통증의 치료제로 사용되기도 한다. 만성 통증 환자의 경우 통증 때문에 잠을 못 이루는 경우가 있어 이같은 항우울제를 통해 잠드는 데 도움을 얻을 수도 있다.

이러한 약물들은 단기적으로 불면증을 치료하는 데 효과적일 수 있다. 그런데 일시적인 수면장애를 불면증이라 부를 수 있는지는 애매한 면이 있다. 수면제를 처방받아 일정 기간 복용할 경우, 함부로 복용을 중단하는 것도 위험할 수 있다. 현재 수면제로 쓰이고 있는 약물들은 뇌신경계의 작용을 안정시킴으로써 잠을 유도하거나, 한번 잠이 들고 나면 각성상태로 쉽게 돌아오지 않게 함으로써 잠든 상태를 오래 유지시킨다. 단기적으로 한두 번 잠이 너무 오지 않을 때, 또는 불면증으로 인해 일상생활에 지장을 받을 정도로 상황이 심각할 때는 전문가의 조언을 통해 수면제의 도움을 받을 수도 있다. 하지만 수면제는 사실상 불면증을 직접적으로 치료해 주는 것이 아니다. 모든 수면제들은 간접적으로 신경 작용을 조절하여 잠이 오기 쉬운 상황을 만들어 줄 뿐이다. 수면제는 일시적인 효과를 주지만 약물이기 때문에 의존성, 중독, 내성, 금단증상을 비롯해 심하면 합병증을 일으키거나 근본적인 질병을 감출 수 있다. 가장 중요한 것은 불면증이 일어난 근본적인 원인을 파악하고 평소 올바른 수면습관을 가지도록 노력하는 것이다.

09. 윗글에 대한 이해로 적절하지 않은 것은?

① 만성 통증으로 인한 불면증을 겪고 있는 사람은 항우울제 처방을 통해 증상의 완화를 기대할 수 있다.

② 불면증을 없애기 위해서 알코올을 복용하면 잠이 들 수는 있으나 숙면을 취하기는 어렵다.

③ 수면제로 자주 쓰이는 약물은 부작용을 잘 알아보고 용도에 맞게 사용하여야 한다.

④ 졸피뎀은 치사량이 작고 해독약이 없어 부작용이 발생할 때는 매우 위험하다.

⑤ 비벤조디아제핀계의 약품은 의존성이 낮아 중독 위험은 적은 편이다.

10. 윗글을 참고할 때, 수면제와 수면유도제에 대한 이해로 적절하지 않은 것은?

① 수면제와 수면유도제는 모두 뇌와 몸을 잠든 상태로 만들어 주는 약물이다.

② 수면제는 전문의약품으로 불면증뿐만 아니라 마취보조제로도 사용된다.

③ 수면제는 불면증을 직접 치료하는 것은 아니므로, 불면증의 근본 원인을 찾아야 한다.

④ 수면유도제는 일반의약품으로 약사의 복약 지도만 있다면 의사의 처방 없이 구입이 가능하다.

⑤ 수면유도제는 두 시간에서 네 시간 정도 의식을 지속적으로 흐릿하게 만들어 불면증을 치료한다.

[11 ~ 12] 다음 글을 읽고 이어지는 질문에 답하시오.

(가) 초연결사회(Hyper-connected Society)에서는 네트워크로 연결된 조직과 사회에서 다양한 방법의 융합을 통해 인간과 인간의 상호 소통이 다차원적으로 확장된다. 즉, 4차 산업혁명 시대에서는 기술 융합이 사회 융합으로 연결되는 것이다. 소통의 어원은 라틴어의 '나누다'를 의미하는 'Communicare'로 '뜻이 서로 통해 오해가 없음' 또는 '막히지 아니하여 잘 통함'을 의미한다. 앞으로 다가올 미래사회는 (㉠   ) 사회가 될 것이다. 초기에는 단순히 물체 위주의 홀로그램 기술이 구현되겠지만, 기술 발달과 더불어 주변 환경까지 포함한 완전한(Holos) 정보(Gramma)를 제공하는 홀로그램으로 대체될 것으로 기대된다. 홀로그램은 더 나은 소통 방법을 제공할 것이다. 그리고 여기에 4차 산업혁명의 융합기술이 더해지면 공간의 차원을 넘어 '공감'을 이끌어 내는 진정한 의미의 사회 융합이 이루어질 것으로 예상된다.

(나) 기존 데이터베이스 관리 도구의 능력을 넘어서는 대량의 정형 또는 비정형의 데이터로부터 가치를 추출하고 결과를 분석하는 기술인 빅 데이터 또한 4차 산업혁명 시기를 이끄는 기술 중 하나다. 문화예술 관점에서 빅 데이터는 한 예술가의 작품을 새로운 방식으로 해석하고 시각화하는 데 이용될 수 있다. 예컨대 어떤 예술가의 일생을 통해 그가 처한 환경, 시대적 배경, 저작물 등 활용할 수 있는 모든 데이터로 그가 추구했던 예술성 또는 예술적 가치를 추출하고 작품에 대한 새로운 해석과 재현을 하는 것이다. 그리고 더 나아가 홀로그램을 이용한 시각화 작업을 통해 보다 생동감 있고 입체감 있는 작품세계로 그려내는 것이다. 다른 4차 산업 핵심 기술에 비해 홀로그램 기술과 연관성은 약하지만 데이터 추출과 분석된 결과를 시각화하는 작업을 통해 직관적인 공간정보로 제공하는 의미가 있다.

(다) 스마트폰 및 인터넷 발달로 기존 TV 방송 문화가 1인 방송 문화로 옮겨가고 있는 시점에서 홀로그램 기술은 1인 미디어 콘텐츠가 2차원 화면 안에 머무르지 않고 밖으로 뛰쳐나와 시청자의 3차원 공간상에서 입체적으로 표시될 수 있어 향후 그 활용 가능성이 매우 기대된다. 사물인터넷(Internet of Things)은 각종 사물에 센서와 통신 기능을 내장하여 인터넷에 연결하는 기술 즉, 무선 통신을 통해 각종 사물을 상호 연결하는 기술을 의미한다. 사물인터넷 기술을 활용하면 특정 사물에 청각, 미각, 후각, 촉각, 시각 등의 정보를 획득할 수 있는 능력을 부여하고 이를 통해 주변 환경의 변화를 측정할 수 있는데, 특히 시각은 홀로그래피 기술과 연관시킬 수 있다. 홀로그램을 현장에서 바로 획득하고 사물인터넷을 통해 원격으로 전송할 수 있다면 미래형 통신기술인 텔레프레즌스(Telepresence, 가상 화상회의 시스템)를 구현할 수 있다. 이처럼 홀로그램을 획득할 수 있는 사물인터넷 단말이 인터넷에 연결되는 원격 통신 기능을 갖춘 드론이나 비행체 등에 장착된다면 영화 〈아바타〉에서 볼 수 있었던 홀로그램 지도도 만들어질 수 있다. 또한 문화예술 측면에서 본다면 건축물이나 문화재 더 나아가 거대 역사 도시를 입체적으로 재현할 수 있다.

(라) 몇 해 전부터 4차 산업혁명이 화두다. 4차 산업혁명의 핵심 기술로는 사물인터넷(IoT), 인공지능(AI), 빅 데이터(Big Data), 초연결(Hyper Connectivity) 기술 등이 거론된다. 이러한 4차 산업혁명의 핵심기술들과 홀로그램을 접목한다면 이전에는 상상으로만 가능했던 기술들을 실현할

수 있다. 홀로그램 기술이라 하면 흔히들 영화 스타워즈를 떠올린다. 무엇보다도 우리들이 익숙한 2차원 평면 디스플레이가 아닌 3차원 공간상에 콘텐츠가 표시되기 때문이다. 홀로그래피(Holography)는 물체로부터 반사되거나 투과되어 나오는 빛의 위상변화, 즉 물체의 전방위 상을 기록하는 사진술을 의미한다. 반면 홀로그램은 '완전한'이라는 의미의 'Holos'와 '정보, 메시지'라는 의미의 'Gramma'의 합성어로, 빛의 위상변화 정보가 저장된 매체를 의미한다. 우리가 흔히 알고 있는 포토그래피(Photography)와 필름에 비유된다. 궁극적으로는 자연스러운 입체감을 보여줌으로써 현장감과 몰입감을 제공할 수 있다. 하지만 영화에서 보여주는 수준의 홀로그램 서비스는 아직 먼 미래의 일이다. 그만큼 홀로그램 기술은 상용화 과정에서 높은 기술적 장벽을 가지고 있기 때문이다. 그 사이를 메꿔주는 기술이 유사 홀로그램 또는 플로팅 홀로그램(Floating Hologram) 기술이다.

(마) 인공지능 기술 역시 홀로그램 기술에 접목되어 활용될 수 있는데, 이는 크게 두 가지로 분류 될 수 있다. 하나는 인공지능 기술을 활용하여 인간이 지닌 지적 능력의 일부 또는 전체를 인공적으로 구현한 것으로, 홀로그램으로 완성된 특정 인물이나 캐릭터에 여러 가지 관련된 데이터를 학습시켜 실제 그 인물이나 캐릭터가 가질 수 있는 말, 행동, 사고 등의 기능을 불어 넣을 수 있다. 애완동물을 예로 들자면 애완동물에 여러 방대한 정보를 학습시켜 실제 자기가 거주하는 공간에서 홀로그램 애완동물이 같이 뛰어놀게 하는 것이다. 이와 같은 기능을 실제 와 매우 가깝게 구현할 수 있다면 고령화 사회에 맞는 실버산업에도 활용될 수 있다. 또 다른 하나는 인공지능 기술이 홀로그램 콘텐츠를 가공하는 과정에서 사용될 수 있다는 점이다. 이를 통해 기존에는 불가능했던 홀로그램 복원 기술이 가능하게 됨으로써 보다 완성도가 높고 폭넓은 홀로그램 콘텐츠의 재현이 가능하게 된다.

11. 윗글의 문단 (가) ~ (마)를 논리적 순서대로 바르게 배열한 것은?

① (가) – (다) – (마) – (나) – (라)　　② (가) – (나) – (마) – (다) – (라)

③ (라) – (나) – (다) – (마) – (가)　　④ (라) – (다) – (마) – (나) – (가)

⑤ (라) – (마) – (다) – (나) – (가)

12. 다음 중 ㉠에 들어갈 내용으로 가장 적절하지 않은 것은?

① 인공지능 기술을 활용한 다양한 서비스가 제공되는

② 다차원의 정보가 3차원 공간에서 공유되는

③ 모든 종류의 감각 정보를 재현할 수 있는

④ 데이터 추출과 분석 과정에서 새로운 가치가 창출되는

⑤ 기술적 융합을 넘어 진정한 상호 소통을 추구하는

[13 ~ 14] 다음 글을 읽고 이어지는 질문에 답하시오.

기술진보가 노동시장에 미치는 영향에 대해서는 다양한 연구가 진행되고 있다. 특히 기술진보가 노동을 대체 혹은 보완할 것인가는 항상 관심의 대상이었다. 다수의 전문가들은 지속적인 기술진보가 일자리 총량을 늘어나게 할 것이라고 주장한다. 그러나 일자리의 총량이 증가하더라도 일자리의 구성은 달라질 가능성이 높다. 특히 2016년 세계경제포럼(WEF ; World Economic Forum)에서 4차 산업혁명으로 인해 현재의 많은 일자리가 대체 혹은 사라질 것에 대하여 우려하는 목소리가 커지면서 과거에 비해 오히려 기술진보로 인한 일자리의 소멸에 대한 두려움이 커지고 있는 실정이다. (㉠) 4차 산업혁명 및 기술진보가 노동시장에 미치는 영향을 분석하려는 시도가 최근에 활발하게 진행 중이다. 그러나 대부분의 연구가 장기적인 일자리 수 추이와 변화 혹은 거시적 수준에서의 방향성을 대상으로 한 연구이고, 미시적인 관점에서 산업 및 기업의 일자리 변화에 미치는 효과를 분석한 연구는 부족하다. (㉡) 특히 4차 산업혁명의 핵심기술이라고 불리는 인공지능, 로봇, 빅 데이터, 사물인터넷 등은 기술간 융 · 복합으로 복잡다기하게 산업 및 기업 생태계를 변화시킴으로써 과거의 기술진보가 산업 및 기업에 미치는 영향과는 큰 차이를 보일 것이다. (㉢) 이러한 기술진보는 인력양성 측면에서 새로운 변화를 요구하고 있다. 산업이나 기업에서 요구되는 기능과 역량을 갖춘 인력을 교육과 훈련을 통하여 공급하고 이를 통해서 경제적인 보상을 받는 것이 개인의 삶을 영위하는 데 필요하다. (㉣) 그러나 교육과 훈련에는 시간이 필요하고, 또한 생애주기 측면에서 청년기에 집중되는 경향에 의해 다양한 보상이 줄어들 가능성이 높다. 그러므로 기술진보 및 4차 산업혁명 등으로 인한 노동수요의 변화를 통한 노동시장의 변화를 분석하고, 향후 근로자에게 요구하는 기능과 역량이 어떻게 달라지는지에 대한 고찰을 통해 교육과 훈련에 투입되는 비용을 줄일 수 있게 된다. (㉤) 미래에 대한 불확실성과 자료의 제약으로 인해서 정교한 분석이 불가능하다는 한계점에도 불구하고 4차 산업혁명 및 기술진보가 노동시장에 미치는 영향에 관해서는 다양한 연구가 진행되어 왔다. 이들 연구는 노동시장의 변화를 크게 업무 혹은 직업의 변화를 중심으로 분석하고자 했다. 전자는 기술진보로 인한 기업의 생산방식, 즉 생산 공장의 변화로 인한 노동수요의 변화를 분석한 연구이며, 후자는 직업의 변화에 미치는 영향을 분석한 연구를 의미한다.

13. 다음 중 윗글을 쓴 필자의 의도로 가장 적절한 것은?

① 4차 산업혁명으로 인한 기술진보에 따른 노동시장과 직업의 변화를 파악하기 위해

② 4차 산업혁명의 영향에 따른 노동시장의 한계점을 알아보기 위해

③ 4차 산업혁명이 창출할 새로운 일자리를 예측하기 위해

④ 기술진보로 인한 새로운 직업의 교육과 훈련을 제공하기 위해

⑤ 기술진보로 인한 노동수요의 변화를 파악하기 위해

14. 윗글을 논지의 흐름에 따라 두 개의 문단으로 나눌 때, ㉠ ~ ㉤ 중 두 번째 문단의 시작 지점으로 가장 적절한 것은?

① ㉠

② ㉡

③ ㉢

④ ㉣

⑤ ㉤

[15 ~ 16] 다음 글을 읽고 이어지는 질문에 답하시오.

(가) 가을에 은행잎은 아주 밝은 노란색 단풍으로 변한다. 은행나무의 잎은 여름에는 엽록소의 생성이 활발하여 초록색이 두드러진다. 그러나 가을이 되면서 엽록소의 생성이 느려지고 분해되면서 잎에 포함된 색소(크산토필(노란색, Xanthophyll))가 본래의 모습을 드러내면 노란색이 된다. 다른 색소를 포함한 식물은 그들이 띠고 있는 색소(카로틴(오렌지색)과 탄닌(갈색))로 그들만의 멋을 부린다. 식물의 색소에는 안토시아닌(Anthocyanin)이라 부르는 것도 있다. 그것은 식물의 잎, 줄기, 뿌리 등에 분포되어 있으며, 그것이 많이 포함된 부분에서 고유의 색을 나타낸다. 안토시아닌의 경우에는 가을철에 일부 나뭇잎에서 형성되어 색을 발현한다. 여름보다 낮과 밤의 기온 차가 큰 가을에 엽록소의 생성이 감소하고 잎에 당이 축적되면서 안토시아닌이 생성된다.

(나) 안토시아닌으로 인한 단풍잎의 색깔은 토양의 pH에도 영향을 받는다. 왜냐하면 안토시아닌 색소는 pH에 따라 색이 달라지는 분자이기 때문이다. 온도와 습도가 변하는 같은 조건에서 색소의 분해 속도는 엽록소의 분해 속도보다 느리기 때문에 단풍의 수명이 그렇게 짧지는 않다. 은행나무 잎에 있는 크산토필을 비롯한 카로티노이드 계통의 색소는 분해가 더디게 진행되므로 비교적 오랫동안 보존이 가능하다. 그러므로 나뭇잎이 떨어지기 전에 밝은 노란색을 유지하고, 떨어진 후에도 어느 정도 기간까지는 노란색을 유지하는 것이 가능하다. 보통 노란 잎의 수명은 2주 정도이며, 그 후에는 낙엽이 되어 거리를 어지럽힌다.

(다) 은행나무는 암수가 구별된다. 주황색 열매가 열리는 것이 암컷이며, 수컷은 열매를 맺지 않는다. 은행 열매의 모양과 빛깔은 살구와 비슷하지만 그 냄새는 전혀 다르다. 더구나 열매가 떨어져 물렁한 외피층(Sarcotesta)이 터져버리면 정말로 참기 힘든 고약한 냄새가 난다. 냄새의 주범은 주로 탄소 4 ~ 6개로 이루어진 지방산들이다. 테르펜(Terpene, C_5H_8) 및 그것의 유도체인 불포화 탄화수소들은 산소, 빛, 열에 의해 산화되면 5개의 탄소로 이루어진 지방산(예) 3-Methylbutanoic Acid(Isovaleric Acid))으로 쉽게 변질될 가능성이 있다. 이 지방산의 냄새가 발 고린내와 매우 비슷한 것으로 알려져 있다. 이런 종류의 지방산들은 특히 피부와 눈 점막 등에 닿으면 자극적이어서 문제가 된다.

(라) 그러므로 익은 은행 열매를 주울 때 혹은 은행알을 얻기 위해 외피층을 벗길 때 반드시 비닐 장갑을 껴 피부를 보호해야 된다. 또한 탄소가 4개인 뷰티릭산(Butyric Acid), 6개인 헥사노익산(Hexanoic Acid)도 이에 포함된다. 상한 버터 냄새로 알려진 뷰티릭산은 버터에서 처음 발견되었다. 일반적으로 탄소가 4 ~ 6개로 이루어진 지방산 혹은 그것의 변형 분자들은 냄새가 고약하다는 특징이 있다. 이런 종류의 유기 지방산은 강산은 아니지만 농도가 진할 경우에는 주의해서 취급해야 한다.

(마) 한편 은행 외피층에서 발산하는 지독한 냄새의 효능은 의외로 다른 데 있다. 사람과는 달리 그런 냄새에 유혹을 느낀 동물이 열매를 먹고, 장소를 옮겨 가며 볼일을 본다. 그러면 소화가 안 된 은행알에서 새로이 싹이 튼다. 그 결과 은행나무는 어렵지 않게 새로운 장소에 자손을 퍼뜨릴 수 있다. 스컹크나 너구리 같은 들짐승들은 은행나무가 여러 장소로 퍼져 나가는 데 한몫을 했다고 볼 수 있다.

15. 윗글을 이해한 내용으로 적절하지 않은 것은?

① 단풍이 든 은행잎은 떨어진 후에도 특유의 밝은 노란색을 일정 기간 유지할 수 있다.

② 안토시아닌 색소는 pH에 따라 색이 달라지므로 은행잎의 색깔은 토양의 pH에 영향을 받는다.

③ 은행잎은 원래 노란색 색소를 지니고 있으나 여름에는 엽록소로 인해 초록색을 유지한다.

④ 은행 냄새의 주범인 지방산은 피부와 눈 점막에 자극을 주어서 취급에 주의가 필요하다.

⑤ 은행 열매의 고약한 냄새는 동물을 유혹하여 은행나무 종자를 넓은 지역으로 퍼지게 한다.

16. 윗글 각 문단의 소제목으로 적절하지 않은 것은?

① (가) – 은행잎이 노랗게 물드는 이유

② (나) – 안토시아닌과 단풍과의 상관성

③ (다) – 은행나무의 분류와 은행 냄새의 매커니즘

④ (라) – 은행을 다룰 때 주의점과 그 이유

⑤ (마) – 은행 냄새의 효능

[17 ~ 18] 다음 글을 읽고 이어지는 질문에 답하시오.

한국인 남성과 결혼 이주민 여성으로 구성된 다문화 가정의 수가 지속적으로 증가하고 있다. 2018년에 시행된 법무부 조사에 의하면 현재 결혼이민자는 156,439명이며 다문화 아동은 2016년 기준 99,186명으로 2007년 대비 20.2% 증가한 것으로 나타났다. 다문화 가정이 지속적으로 증가함에 따라 국가 차원에서는 이들의 사회 융합 및 적응을 도모하기 위해 다문화 가정의 특성과 요구사항을 반영한 정책을 지속적으로 시행하고 있다. 그러나 언어와 문화 차이로 인해 서비스 이용에 불편을 경험하고 있으며 특히 필수적 삶의 요소인 의료, 보건서비스 이용에 어려움을 느끼고 있는 것으로 보고되고 있다. 다문화 가정의 의료, 보건서비스 이용 실태 연구 결과로는 의료기관의 거리, 의사소통의 문제, 진료비용 등으로 인해 의료기관 이용의 어려움을 경험하는 것으로 나타났으며, 다문화 가족 실태조사에서는 다문화 가정의 여성이 건강보험 조건에 충족되지 못하여 미충족 의료가 발생하는 비율이 높고 이러한 결과로 치료를 중도에 포기하는 비율이 높은 것으로 확인되었다.

또한 이들의 의료, 보건서비스 수검률을 저하시키는 요인으로 정보 접근성을 들 수 있는데, 이들은 가족이나 같은 국가 출신 친구를 통해 간접적으로 건강서비스 정보를 접하기 때문에 이용 가능한 서비스 범위를 파악하는 것도 쉽지 않은 것으로 보인다. 다문화 가정 결혼 이주민 여성은 공공의료기관에서 제공하는 건강의료서비스 이용 의사가 높으며 특히 임신하고 출산하는 과정을 겪으면서 이들은 우선적으로 임신 및 출산에 관한 교육과 자녀의 건강관리에 관한 정보를 알고자 하는 것으로 조사되었다. 이들은 결혼을 통해 한국사회에 유입되며, 대체로 임신과 출산의 과정도 함께 겪는다. 주로 사회취약계층인 다문화 가정 여성이 한국사회에 유연하게 적응하게 하기 위해서는 이들이 건강서비스 이용 시 겪는 어려움을 심도 있게 살펴볼 필요가 있다. 이러한 자료는 향후 이들이 타깃으로 하는 건강서비스를 제안하고 차후 마련될 여러 가지 정책사안의 기초로도 활용될 것이며 실질적으로 다문화 가정 대상 건강서비스의 문제점을 해결할 수 있는 방안이 될 것이다.

17. 다음 중 윗글을 쓴 필자의 의도로 가장 적절한 것은?

① 다문화 가정과 이주민 여성 건강상태를 분석하기 위해

② 다문화 가정에 적합한 건강관리 방법을 제안하기 위해

③ 다문화 가정의 의료서비스 이용 실태를 보고하기 위해

④ 다문화 가정을 위한 건강보험의 개편을 요구하기 위해

⑤ 다문화 가정의 건강증진을 위한 서비스 수요를 파악하기 위해

18. 다음 중 윗글을 통해 알 수 있는 내용이 아닌 것은?

① 다문화 가정의 사회 적응은 민족 통합을 위해 필요하다.

② 다문화 가정에 대한 여러 가지 조사가 시행되었다.

③ 결혼 이주민 여성은 언어와 문화의 차이로 어려움을 겪고 있다.

④ 다문화 가정의 삶의 질 개선을 위한 정책들이 시행되고 있다.

⑤ 결혼 이주민 여성은 우리나라에서 사회취약계층에 속한 경우가 많다.

19. A 씨는 주기적으로 그림의 종류와 위치를 바꾸고, 유리창의 커튼을 바꿔 거실 인테리어에 변화를 주고 있다. 거실의 구조와 현재 보유한 그림과 커튼의 수가 다음과 같을 때, 가능한 인테리어는 모두 몇 가지인가?

- 커튼은 모두 3종, 그림은 모두 7종을 보유한다.
- 거실 네 면 중 한 면은 전체가 유리이므로 커튼만 달 수 있다.
- 거실 네 면 중 세 면은 콘크리트 벽으로 그림만 한 개씩 건다.
- 콘크리트 벽 세 면에는 서로 다른 그림을 건다.
- 같은 그림이라도 콘크리트 면이 바뀌어 걸리면 인테리어가 바뀐 것으로 본다.

---

① 16가지   ② 36가지   ③ 105가지
④ 210가지   ⑤ 630가지

20. 김새롬 씨는 오늘 벼룩시장에서 생활용품을 판매했다. 판매 물품과 내용이 다음과 같을 때, 새롬 씨가 판 물건의 총이익률은?

- 오늘 판매한 수제 캔들은 24개, 수제 비누는 40개이다.
- 수제 캔들의 원가는 900원이고, 판매가는 3,000원이다.
- 수제 비누의 원가는 1,200원이고, 판매가는 4,000원이다.
- 총이익률은 '$\dfrac{\text{매출총이익}}{\text{총매출액}} \times 100$', 매출총이익은 '총매출액－총매출원가'이다.

---

① 2%   ② 21%   ③ 39%
④ 70%   ⑤ 82%

21. AA 기업의 20XX년 신입사원에 대한 정보가 다음과 같다. 신입사원 중에서 경력자 1명을 임의로 뽑았을 때, 그 신입사원이 여성일 확률은?

> • 신입사원 전체의 60%는 여성이다.
> • 신입사원 전체의 20%는 여성이면서 경력자이다.
> • 신입사원 전체의 80%는 여성이거나 경력자이다.

① 25%   ② 35%   ③ 40%
④ 50%   ⑤ 60%

22. 김새롬 씨는 사무실에서 세 가지 화초를 키우고 있다. 화초에 물을 주는 주기가 아래와 같을 때, 다음 중 세 가지 화초에 동시에 물을 주는 날짜는 언제인가?

> • 새롬 씨가 키우는 화초는 A, B, C 세 가지이다.
> • A는 6일마다, B는 8일마다, C는 9일마다 물을 준다.
> • 새롬 씨가 세 가지 화초에 처음으로 동시에 물을 준 날은 4월 10일이다.

① 6월 18일   ② 6월 19일   ③ 6월 20일
④ 6월 21일   ⑤ 6월 22일

23. 김새벽 씨는 뉴욕으로 휴가를 가기 위해 아래와 같이 여행 준비를 하고 있다. 여행 경비는 원화로 모두 얼마인가? (단, 제시된 환율을 기준으로 하고 수수료는 고려하지 않는다)

- 여행 경비는 왕복 항공권, 숙박료, 기타 경비이다.
- 숙박은 3박씩 두 곳에 예약하여 모두 6박이다.
- 숙박 한 곳은 5월 10일 기준 환율로 3박 예약에 총 285USD를 지불했다.
- 다른 한 곳 역시 5월 10일 기준 환율로 3박 예약에 총 306USD를 지불했다.
- 왕복 항공권은 원화로 1,659,000원을 결제하였다.
- 기타 경비 : 5월 12일 은행에서 1,100USD를 환전하였다.

날짜	기준 환율(원/USD)
5월 10일	1,060
5월 11일	1,065
5월 12일	1,080

① 1,824,460원   ② 2,460,460원   ③ 3,473,460원
④ 3,474,990원   ⑤ 3,476,685원

24. 박 사원과 김 사원은 프로젝트를 마무리하고 다음 〈조건〉과 같이 보고서를 작성할 계획이다. 보고서가 완료되기 전까지 김 사원이 혼자 보고서를 작성하는 날은 모두 며칠인가? (단, 두 사원이 함께 보고서를 작성할 경우에는 각 사원의 작성량이 각각 반영된다)

조건

- 박 사원과 김 사원이 보고서를 작성한다.
- 박 사원이 혼자 보고서를 작성하는 경우 총 8일이 걸린다.
- 김 사원이 혼자 보고서를 작성하는 경우 총 14일이 걸린다.
- 처음 이틀 동안 박 사원과 김 사원이 함께 보고서를 작성하기 시작하고, 그 후 김 사원 혼자 이어서 보고서를 작성하다가 마지막 이틀은 두 사원이 함께 보고서를 마무리한다.

① 3일   ② 5일   ③ 7일
④ 9일   ⑤ 11일

25. AA 기업 서울 본사에 근무하는 김 과장은 헝가리에 있는 공장 현지 담당자와 1시간 동안 화상회의를 해야 한다. 쌍방의 업무시간을 고려할 때, 화상회의를 시작할 수 있는 시간은? (단, 점심시간에는 화상회의를 하지 않는다)

> - 헝가리 공장의 현지 시간은 서울보다 7시간 느리다.
> - 헝가리 공장 현지 담당자가 화상회의를 할 수 있는 시간은 현지 시간으로 오전 10시부터 오후 5시까지이다.
> - 김 과장의 업무시간은 서울 시간으로 오전 9시부터 오후 6시까지이다.
> - 헝가리 공장과 김 과장의 점심시간은 각자의 현지 시간으로 정오부터 1시까지이다.

① 서울 시간 오전 9시   ② 헝가리 시간 오후 2시   ③ 헝가리 시간 오전 10시
④ 서울 시간 오후 1시   ⑤ 서울 시간 오후 3시

26. 다음 자료에 대한 이해로 옳은 것은?

〈A국 자동차 판매량 통계〉

(단위 : 만 대)

구분	20X4년	20X5년	20X6년	20X7년	20X8년	20X9년
세단	1,201	1,253	1,192	1,215	1,189	1,767
다목적차량	132	201	221	252	203	189
스포츠유틸리티차량	288	467	632	915	1,408	1,255
크로스오버차량	166	135	112	68	58	54
트럭	382	320	288	329	383	387
버스	58	62	61	50	52	49

① 스포츠유틸리티차량의 판매량은 꾸준히 증가하였다.
② 매년 버스의 판매량은 동일 연도 트럭 판매량의 20% 이하이다.
③ 매년 자동차 종류별 판매량 순위에서 변동이 없는 것은 한 종류이다.
④ 판매량의 변동이 가장 큰 자동차 종류는 크로스오버차량이다.
⑤ 20X5년 이후 크로스오버차량은 매년 판매량이 전년 대비 10% 이상 감소하였다.

27. 다음 자료에 대한 보고서를 작성하려고 한다. ㉠에 들어갈 수치로 옳은 것은? (단, 소수점 아래 둘째 자리에서 반올림한다)

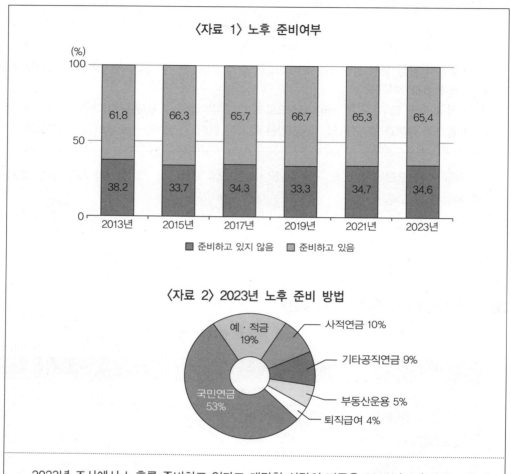

〈자료 1〉 노후 준비여부

〈자료 2〉 2023년 노후 준비 방법

2023년 조사에서 노후를 준비하고 있다고 대답한 사람의 비중은 2013년보다 3.6%p 증가했다. 2023년 노후를 준비하는 사람들에게 노후 준비 방법에 대해 질문하였다. 국민연금으로 노후 준비를 하는 인원이 가장 많았으며, 이는 전체 조사대상자 중 약 ____㉠____ 에 해당한다.

① 6.3%   ② 9.8%   ③ 22.9%

④ 34.7%   ⑤ 53.5%

28. 다음은 20X9년 원/달러 환율 추이에 대한 자료이다. 이에 대한 설명으로 옳지 않은 것은? (단, 한국의 입장을 기준으로 판단한다)

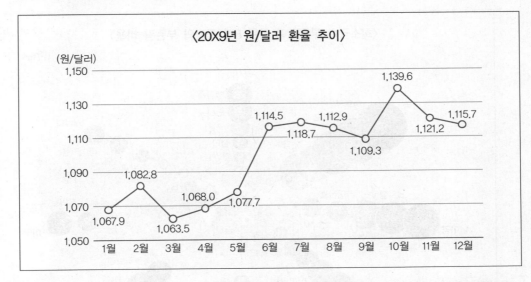

〈20X9년 원/달러 환율 추이〉

① 물품 수입업자가 동일한 양의 제품을 수입했을 때, 20X9년 10월보다 같은 해 3월에 상대적으로 환율에서 이득을 보았을 것이다.

② 김 과장이 2월과 3월에 각 50만 원씩 환전했다면 환율 변동으로 인해 3월에 5달러 이상 더 받았다.

③ 이 부장이 10월에 미국 유학 중인 아들에게 5만 달러를 송금했다면 이는 원화로 5,500만 원보다 적은 금액이다.

④ A 중소기업이 9월에 30억 원짜리 계약을 체결했다면 이는 약 270만 달러에 해당하는 금액이다.

⑤ 1년 중 원/달러 환율이 가장 높았던 때는 10월이고, 전월 대비 변동이 가장 크게 나타났던 달은 6월이다.

29. 다음은 희소금속 부존량이 많은 8개 국가의 부존량이 세계 전체 부존량에서 차지하는 비율을 나타낸 자료이다. 이에 대한 설명으로 옳은 것은?

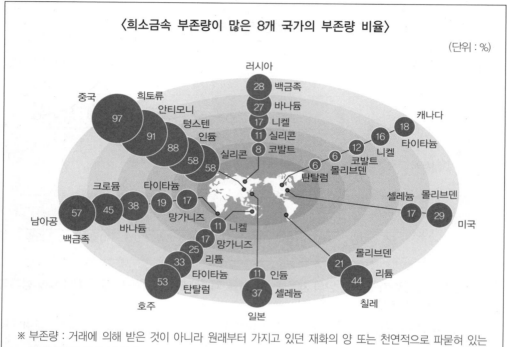

〈희소금속 부존량이 많은 8개 국가의 부존량 비율〉

(단위 : %)

※ 부존량 : 거래에 의해 받은 것이 아니라 원래부터 가지고 있던 재화의 양 또는 천연적으로 파묻혀 있는 자연자원의 양을 말한다.

※ 희소금속의 총 부존량은 모든 금속이 각각 다르다.

※ 제시된 8개 국가를 제외한 다른 국가에서는 각 희소금속을 제시된 국가보다 적게 보유한다.

① 남아공의 백금족 부존량은 러시아의 백금족 부존량의 2.5배이다.

② 부존량의 과반인 희소금속을 보유하고 있는 국가는 6개국이다.

③ 제시된 국가 중에서 타이타늄을 부존자원으로 보유한 국가는 2개 국가이다.

④ 니켈은 제시된 국가 이외에도 6개 이상의 국가에서 부존자원으로 보유하고 있다.

⑤ 칠레의 리튬 부존량은 일본의 인듐 부존량의 4배이다.

30. 다음은 워라밸(일과 삶의 균형)에 대한 조사 자료이다. 이에 대한 설명으로 옳은 것을 〈보기〉에서 모두 고르면?

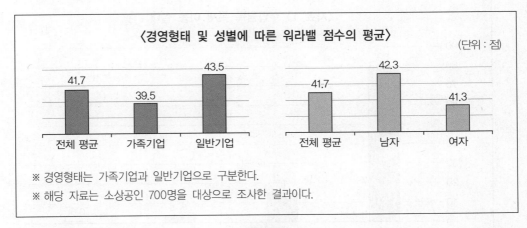

〈경영형태 및 성별에 따른 워라밸 점수의 평균〉

(단위 : 점)

41.7　전체 평균　39.5　가족기업　43.5　일반기업

41.7　전체 평균　42.3　남자　41.3　여자

※ 경영형태는 가족기업과 일반기업으로 구분한다.
※ 해당 자료는 소상공인 700명을 대상으로 조사한 결과이다.

보기

㉠ 조사대상 중 남자는 420명이다.
㉡ 조사대상 중 여자는 60%를 차지한다.
㉢ 조사대상 중 일반기업을 경영하는 사람은 455명이다.
㉣ 조사대상 중 가족기업을 경영하는 사람은 315명이다.

① ㉠, ㉢　　　　② ㉠, ㉣　　　　③ ㉡, ㉢
④ ㉡, ㉣　　　　⑤ ㉢, ㉣

31. 다음은 20XX년 목재 이용 실태에 관한 자료이다. 이에 대한 설명으로 옳지 않은 것은?

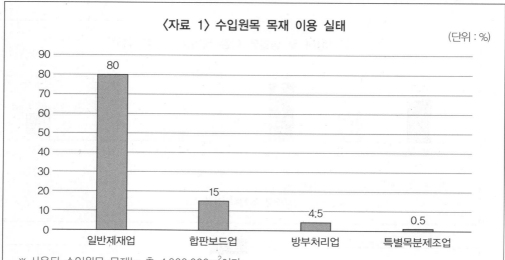

〈자료 1〉 수입원목 목재 이용 실태

(단위 : %)

※ 사용된 수입원목 목재는 총 4,000,000m²이다.

〈자료 2〉 국산원목 목재 이용 실태

(단위 : 천 m²)

구분	일반 제재업	합판 보드업	칩 제조업	방부 처리업	목탄 목초액	특별목분 제조업	표고버섯 재배업	팰릿	바이오 SRF	장작 제조
공급량	630	1,720	1,100	5	95	250	90	140	190	780

※ 사용된 국산원목 목재는 총 5,000,000m²이다.

① 수입원목 중에서 방부처리업에 공급되는 양은 180,000m²이다.

② 국산원목 중에서 방부처리업에 공급되는 양은 0.1%를 차지한다.

③ 전체 특별목분제조업 공급량 중에서 수입원목의 비율은 10% 미만이다.

④ 일반제재업에 공급되는 양은 전체 원목 공급량의 과반수를 차지한다.

⑤ 국산원목보다 수입원목이 더 많이 공급되는 분야는 일반제재업과 방부처리업이다.

[32 ~ 33] 다음 자료를 보고 이어지는 질문에 답하시오.

〈2023년 주택형태별 에너지 소비 현황〉

(단위 : 천 TOE)

구분	연탄	석유	도시가스	전력	열에너지	기타	합계
단독주택	411.8	2,051.8	2,662.1	2,118.0	–	110.3	7,354
아파트	–	111.4	5,609.3	2,551.5	1,852.9	–	10,125
연립주택	1.4	33.0	1,024.6	371.7	4.3	–	1,435
다세대주택	–	19.7	1,192.6	432.6	–	–	1,645
상가주택	–	10.2	115.8	77.6	15.0	2.4	221
총합	413.2	2,226.1	10,604.4	5,551.4	1,872.2	112.7	20,780

※ 전력 : 전기에너지와 심야전력에너지 포함

※ 기타 : 장작 등 임산 연료

32. 위의 자료에 대한 해석으로 적절한 것은?

① 단독주택에서 소비한 전력 에너지량은 단독주택 전체 에너지 소비량의 30% 이상을 차지한다.

② 모든 주택형태에서 가장 많이 소비한 에너지 유형은 도시가스 에너지이다.

③ 아파트는 다른 주택형태에 비해 가구당 에너지 소비량이 많다.

④ 모든 주택형태에서 소비되는 에너지 유형은 4가지이다.

⑤ 단독주택은 모든 유형의 에너지를 소비한다.

33. 아파트 전체 에너지 소비량 중 도시가스 에너지 소비량이 차지하는 비율은? (단, 소수점 아래 둘째 자리에서 반올림한다)

① 25.2%   ② 36.2%   ③ 52.4%

④ 55.4%   ⑤ 71.4%

[34 ~ 35] 다음 자료를 보고 이어지는 질문에 답하시오.

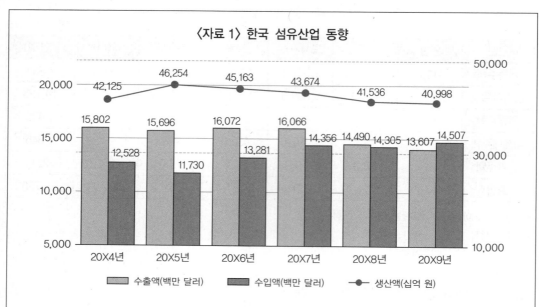

〈자료 1〉 한국 섬유산업 동향

수출액(백만 달러) | 수입액(백만 달러) | 생산액(십억 원)

〈자료 2〉 20X9년 세계 주요국별 섬유 수출 현황

(단위 : 억 달러)

순위	국가	금액	순위	국가	금액
	세계	7,263	8	홍콩	236
1	중국	2,629	9	미국	186
2	인도	342	10	스페인	170
3	이탈리아	334	11	프랑스	150
4	베트남	308	12	벨기에	144
5	독일	307	13	대한민국	136
6	방글라데시	304	14	네덜란드	132
7	터키	260	15	파키스탄	128

※ 기타 국가는 위 목록에서 제외함.

34. 다음 중 위 자료에 대한 설명으로 적절하지 않은 것은?

① 20X6년부터 20X9년까지 한국 섬유산업의 생산액은 지속적으로 감소하고 있다.

② 20X5년 한국 섬유산업 수출액은 전년 대비 236백만 달러 감소했다.

③ 20X8년 한국 섬유산업 수입액은 20X5년 대비 2,575백만 달러 증가했다.

④ 20X9년 이탈리아 섬유 수출액은 한국 섬유 수출액보다 약 145% 더 많다.

⑤ 20X6년 한국 섬유 수출액은 20X9년 프랑스의 섬유 수출액보다 더 많다.

35. 다음은 위 자료를 바탕으로 만든 그래프이다. 바르게 작성된 것을 모두 고르면? (단, 모든 계산은 소수점 아래 둘째 자리에서 반올림한다)

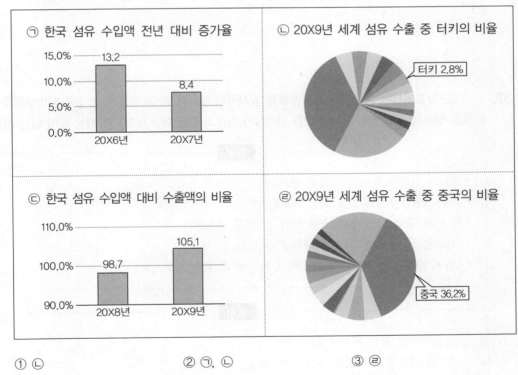

① ㉡

② ㉠, ㉡

③ ㉣

④ ㉠, ㉣

⑤ ㉡, ㉢, ㉣

36. ○○백화점 신입사원 A, B, C, D, E는 각각 강남, 목동, 반포, 잠실, 판교 중 한 지점으로 발령을 받았다. 네 명은 진실을 말하고 한 명은 거짓을 말했다고 할 때, 다음 중 항상 옳은 것은?

- A : B는 목동점이 아닌 다른 지점으로 발령을 받았다.
- B : D는 강남점으로 발령을 받았다.
- C : B의 말은 진실이다.
- D : C의 말은 거짓이다.
- E : C는 목동점으로 발령을 받았고, A는 잠실점으로 발령을 받았다.

---

① B가 발령받은 지점은 강남점이다.　　　② B가 발령을 받은 곳은 목동점이다.

③ 판교점에 발령을 받은 사람은 C이다.　　④ 반포점에 발령을 받은 사람은 D이다.

⑤ A가 발령을 받은 곳은 잠실점이다.

37. △△고등학교에서는 중간고사 부정행위를 방지하기 위하여 한 교실에 1, 2, 3학년 학생들을 각 줄별로 섞어서 배치한다. 배치에 대한 〈정보〉가 다음과 같을 때, 〈보기〉 중 항상 참이 되는 것은?

정보

- 교실의 좌석은 총 6개의 줄로 배치한다.
- 1, 2, 3학년을 모두 1줄 이상 배치한다.
- 첫 번째 줄과 다섯 번째 줄은 항상 3학년을 배치한다.
- 바로 옆줄에는 같은 학년을 배치할 수 없다.
- 3학년 줄의 수는 1학년 줄과 2학년 줄의 수를 합한 것과 같다.

보기

ⓐ 모든 3학년 줄의 위치는 항상 같다.

ⓑ 2학년 줄과 1학년 줄의 수는 항상 같다.

ⓒ 두 번째 줄이 1학년 줄이면 여섯 번째 줄은 2학년 줄이다.

---

① ㉠　　　　　　② ㉡　　　　　　③ ㉠, ㉡

④ ㉠, ㉢　　　　⑤ ㉡, ㉢

38. 면접관 A, B, C, D, E는 면접장에서 긴 테이블에 옆으로 나란히 앉는다. 이들이 앉은 위치에 대한 〈정보〉가 다음과 같을 때, 반드시 참인 것은?

정보

- B는 항상 끝자리에 앉는다.
- C는 가장 왼쪽에 앉거나 왼쪽에서 두 번째 자리에 앉는다.
- D는 A의 왼쪽에 앉는다.
- B는 가장 오른쪽에 앉지 않는다.
- E는 가장 오른쪽에 앉지 않는다.

① D는 가장 중앙에 앉는다.   ② C는 A의 바로 옆에 앉는다.

③ B는 D의 바로 옆에 앉는다.   ④ E는 오른쪽에서 두 번째 자리에 앉는다.

⑤ A는 가장 오른쪽 자리에 앉는다.

39. 다음 〈명제〉의 내용이 참이라고 할 때, 반드시 참이 아닌 명제를 〈보기〉에서 모두 고르면?

명제

- 나는 음악을 감상하면 졸리지 않는다.
- 나는 졸리지 않으면 책을 읽는다.
- 나는 자전거를 타면 커피를 마시지 않는다.
- 나는 커피를 마시지 않으면 책을 읽지 않는다.
- 나는 커피를 마시면 졸리지 않는다.

보기

㉠ 나는 자전거를 타면 음악을 감상하지 않는다.
㉡ 나는 커피를 마시지 않으면 졸리다.
㉢ 나는 커피를 마시면 음악을 감상하지 않는다.
㉣ 나는 책을 읽으면 졸리지 않는다.
㉤ 나는 졸리면 자전거를 탄다.

① ㉠, ㉡   ② ㉡, ㉢   ③ ㉡, ㉣

④ ㉢, ㉤   ⑤ ㉣, ㉤

40. 다음 〈조건〉을 바탕으로 강사와 그의 직급, 강의 시간, 강의 내용을 바르게 연결한 것은?

조건

- 신입사원 OJT교육을 준비하는 A, B, C 세 사람이 세 개의 강의를 하나씩 맡아서 진행한다.
- 세 개의 강의 내용은 '회사 및 사업 현황 소개', '인사제도 교육', '업무스킬 향상 교육'이다.
- 강의 시간은 세 개의 교육이 각각 2시간, 1시간 30분, 1시간씩 소요된다.
- A, B, C 세 사람의 직급은 과장 2명, 부장 1명이고, 과장보다 부장의 직급이 더 높다.
- 부장의 강의 시간은 B의 강의 시간보다 짧다.
- A의 강의시간이 가장 길다.
- '회사 및 사업 현황 소개'의 강의 시간은 '업무스킬 향상 교육'보다 짧다.
- '인사제도 교육'을 맡은 사람의 직급이 가장 높다.

	강사	직급	강의 시간	강의 내용
①	A	부장	1시간	인사제도 교육
②	A	과장	2시간	회사 및 사업 현황 소개
③	B	과장	1시간 30분	업무스킬 향상 교육
④	C	부장	1시간	인사제도 교육
⑤	C	과장	2시간	업무스킬 향상 교육

41. 다음 〈상황〉에서 학부모 A가 범하고 있는 논리적 오류와 가장 유사한 오류를 범하고 있는 것은?

상황

학교가 끝날 무렵 교문 밖. 학부모 A, B 두 사람이 자녀를 기다리며 대화 중이다.

A : 댁의 딸 소정이의 새 남자친구인 승호는 내 남동생 민기의 어린 시절 모습과 닮았어요.

B : 어머! 그런가요?

A : 네, 생김새나 마음 씀씀이는 물론 유머 감각까지 아주 비슷해요. 그런데 민기는 여자 아이들한테 아주 짓궂게 굴어서 여자애들이 싫어했죠. 그래서 드리는 말씀인데요, 소정이와 승호는 오래 사귀지 못할 것 같네요.

① 여성이 사회적 활동을 왕성하게 하기 위해서는 남성의 협조가 반드시 필요하다. 남자가 집안일을 돕지 않으면 여성이 사회적 활동을 할 수 없기 때문이다.

② 시계가 빨리 간다고 좋은 시계가 아니야. 마찬가지로 남들보다 부지런하게 한 발 앞서 산다고 좋은 것은 아니야.

③ 모든 꿈은 정신현상이다. 인생은 꿈이다. 인생이란 정신현상에 불과하다.

④ 귀신이 실제로 있다고 주장할 수 있어? 귀신이 있다는 걸 증명한 사람이 아무도 없잖아. 그러니까 귀신은 세상에 없어.

⑤ 물로 불을 끌 수 있다. 물은 수소와 산소로 되어 있다. 그러므로 수소와 산소로 불을 끌 수 있다.

42. A, B, C, D 네 직원은 동일 제품의 수리를 받기 위해 같은 날 강북, 강서, 강남 3곳의 A/S센터를 방문했다. 네 직원의 〈진술〉이 다음과 같을 때, 반드시 참인 것은? (단, 수리가 가능한 A/S센터의 경우 반드시 수리를 한다)

> **진술**
>
> ㉠ A는 강북 A/S센터를 방문하였으며 수리를 받지 못했다.
> ㉡ B는 세 지점을 모두 방문했지만 수리를 받지 못했다.
> ㉢ C는 강서 A/S센터와 강남 A/S센터를 방문하였으며 수리를 받지 못했다.
> ㉣ D는 강서 A/S센터와 강남 A/S센터를 방문하였으며 수리를 받지 못했다.

① ㉠과 ㉡의 경우만 고려한다면, 수리를 받을 수 있었던 곳은 강남 A/S센터뿐이다.

② ㉠과 ㉡의 경우만 고려한다면, 강서 A/S센터와 강남 A/S센터는 수리를 받을 수 있었다.

③ ㉡과 ㉢의 경우만 고려한다면, 수리를 받을 수 있었던 곳은 강북 A/S센터뿐이다.

④ ㉡과 ㉣의 경우만 고려한다면, 3곳 모두 수리가 가능한 A/S센터였다.

⑤ ㉢과 ㉣의 경우만 고려한다면, 강북 A/S센터에서 수리 가능 여부는 알 수 없다.

[43 ~ 44] 다음 자료를 보고 이어지는 질문에 답하시오.

공지

안녕하세요. 홍보사업팀 차량시승행사 담당자 김○○입니다. 본사에서는 현재 연구개발 중인 신규 차량에 대해 시승행사를 진행 중입니다. 해당 차량시승행사와 관련해 고객들이 시승 신청한 현황을 알려드립니다.

신청 상황

차량 모델	신청인원 수(명)	배치 날짜	비고
A	26	5/12	하이브리드 차량
B	34	5/12 ~ 17 중 하루	
C	57	5/12 또는 5/16	전기차
D	37	5/13	할인행사 진행
E	48	5/14	

아울러 당부 말씀드립니다.
• 해당 사업 계약의 규정상 하루 최대 시승 가능 인원수는 차량 한 대당 15명이며, 하루에 한 가지 모델의 시승행사만 진행합니다.
• 하루에 참여할 수 있는 고객의 수는 최대 30명입니다.
• 안전을 위하여 시승 차량에는 반드시 차 한 대당 한 명의 운전 강사가 동승하여야 합니다.
• 고객 1명당 최소 10분, 최대 30분의 시승시간을 제공합니다.
• 시승행사를 위한 차량 제공은 10시부터 17시 50분까지만 가능합니다.
• 시승 차량에 동승하는 강사에 대한 정보는 인사팀(☎ 031-○○○-○○11)으로 문의 바랍니다.
• 기타 제한 사항이나 문의사항은 홍보사업팀(☎ 031-○○○-○○22)으로 문의 바랍니다.

내용을 참고하여 각 차량 모델별 필요 수량과 고객 배정 목록, 강사 배정 목록을 홍보사업팀으로 알려주시면 반영하겠습니다. 사원 여러분의 노고에 항상 감사드립니다.

43. 사원 A는 위 자료를 바탕으로 업무 계획을 세우려고 한다. 다음 중 적절하지 않은 계획을 모두 고르면?

> ㉠ 행사가 진행되는 동안 C 모델의 경우 다른 모델들보다 필요한 차량의 수가 가장 많겠군.
>
> ㉡ 인사팀에서 운전 강사에 대한 정보를 받으면 되겠다.
>
> ㉢ 5월 13일에는 3대의 차량을 준비해야겠어.
>
> ㉣ 하루 행사 동안 일부 고객은 최대 시승시간을 채우지 못하고 내려야 하는 경우도 있을 테니 사전에 양해를 구해야겠어.

① ㉠, ㉢   ② ㉠, ㉣   ③ ㉡, ㉢
④ ㉠, ㉡, ㉣   ⑤ ㉠, ㉢, ㉣

44. 인사팀에서 위 자료와 〈강사 일정〉을 바탕으로 시승행사 계획을 수립하려고 한다. 다음 중 옳지 않은 것은?

〈강사 일정〉

강사명	5월 가능일정	자격 여부
김○○	12일/13일/14일/15일	하이브리드 운전 경험 있음.
이○○	13일/14일/15일/16일	
박○○	12일/16일	하이브리드 운전 경험 있음.
최○○	12일/14일/15일/16일	
강○○	12일/13일/14일	
한○○	12일/14일/15일	

※ 하이브리드 차량의 경우, 하이브리드 운전 경험이 있는 강사를 배치해야 함.

① A 모델 시승은 김○○, 박○○ 강사에게 맡기면 되겠군.

② 김○○ 강사는 연속 2일은 무조건 시승행사에 참석해야겠네.

③ 행사 일정 및 강사 일정을 고려하면 C 모델 시승행사는 16일에 진행해야겠네.

④ 13일에 일정이 가능한 강사 중 한 명은 참석하지 않아도 일정을 진행하는 데 지장이 없겠네.

⑤ 행사 일정 및 강사 일정을 고려하면 B 모델 시승행사는 15일에 진행하는 것이 적절해 보이네.

[45 ~ 46] 다음 자료를 읽고 이어지는 질문에 답하시오.

〈신혼희망타운 입주자 선정 순위〉

1. 우선공급 : 건설량의 30%를 혼인기간 2년 이내인 신혼부부, 예비신혼부부, 만 3세 미만의 자녀를 둔 한부모가족에게 아래 가점 다득점 순으로 우선 공급합니다.

가점항목	평가요소	점수	비고
가구소득 (중위소득)	70% 이하	3	배우자가 소득이 있는 경우 80% 이하
	70% 초과 100% 이하	2	
	100% 초과	1	
해당 지역 연속 거주기간	2년 이상	3	신청자가 공고일 현재 △△지역에 계속하여 거주한 기간을 말하며, 해당 지역에 거주하지 않은 경우 0점
	1년 이상 2년 미만	2	
	1년 미만	1	
주택종합청약저축 납입인정 횟수	24회 이상	3	입주자저축(청약저축 포함) 가입 확인서 기준
	12회 이상 23회 이하	2	
	6회 이상 11회 이하	1	

2. 잔여공급 : 나머지 70%를 위 우선공급 낙첨자, 혼인기간 2년 초과 7년 이내인 신혼부부, 만 3세 이상 만 7세 미만 자녀를 둔 한부모가족을 대상으로 아래 가점 다득점 순으로 공급한다.

가점항목	평가요소	점수	비고
미성년 자녀수	3명 이상	3	태아, 입양 포함
	2명	2	
	1명	1	
무주택기간	2년 이상	3	신청자의 나이가 만 30세가 되는 날(신청자가 그 전에 혼인한 경우 최초 혼인신고일)부터 공고일 현재까지 무주택세대 구성원 전원이 계속해서 무주택인 기간으로 산출
	1년 이상 2년 미만	2	
	1년 미만	1	
해당지역 연속 거주기간	2년 이상	3	신청자가 공고일 현재 △△지역에 계속하여 거주한 기간을 말하며, 해당 지역에 거주하지 않은 경우 0점
	1년 이상 2년 미만	2	
	1년 미만	1	
주택종합청약저축 납입인정 횟수	24회 이상	3	입주자저축(청약저축 포함) 가입 확인서 기준
	12회 이상 23회 이하	2	
	6회 이상 11회 이하	1	

※ 총 자산기준 : 2억 5,000만 원 이하
※ 총자산＝토지＋건물＋자동차＋금융자산－부채

45. 다음 중 위 자료로 파악할 수 있는 신혼희망타운 입주자의 조건으로 옳은 것은?

① 공고일 현재 신청자는 결혼했던 적이 없는 무주택세대 구성원이어야 한다.

② 해당 지역에 거주했던 이력이 없으면 신혼희망타운 입주 신청이 불가능하다.

③ 신혼희망타운에 입주를 신청할 수 있는 신혼부부의 혼인기간은 2년 이내이다.

④ 만 3세 미만의 자녀를 둔 한부모가족은 잔여공급 대상자가 될 수 있다.

⑤ 신청자의 총자산 산정은 부채와 관계없이 토지, 건물, 자동차, 금융자산을 모두 합한 금액으로 한다.

46. 위 자료를 바탕으로 할 때, 강하늘 씨가 받을 수 있는 가점은?

> **강하늘(만 32세)**
> • 결혼 42개월 차이다.
> • 현재 임신 4개월 차 아내와 만 3세의 딸 1명으로 구성된 3인 가족이다.
> • 부부 모두 무주택자이고, 해당 지역에 19개월 연속 거주하였다.
> • 주택청약종합저축 납입기간 5년으로 60회를 납입하였다.

① 5점　　　　　　　② 6점　　　　　　　③ 8점

④ 9점　　　　　　　⑤ 10점

[47 ~ 48] 다음 자료를 읽고 이어지는 질문에 답하시오.

공직복무 관리계획 추진(안)

1. 추진 배경
   - 엄중한 국정상황에 따른 안정적 국정운영 및 국민의 불안감 해소
   - 청탁금지법 시행으로 위축된 소극행정 제거 등 엄정한 공직기강 확립

   > **〈○○○○부 20XX년도 공직복무관리 종합 추진 사항〉**
   >
   > 1) 엄정한 공직기강 확립   2) 안정적 산업정책 지원
   > 3) 정치적 중립 위반행위 차단   4) 공직사회 청렴의식 제고
   > 5) 공직자 사기진작 추진

2. 주요 내용(내부 추진과제는 별도 시행계획 수립)
   - 청탁금지법 위반행위 적발 활동 강화
     - 취약시기(명절 · 휴가철 · 연말연시 등) 공직자의 근무기강 해이 및 금품수수 등 공직 비위 집중 단속
   - 청탁금지법 정착 노력 지속 강화(교육, 홍보), 소극적 행정처리 근절
   - 지역별 청탁방지담당관 협의회(○○○○부 주관 연 2회 이상) 참여
   - 기본업무 충실 · 청렴 강화
     - 고객 접점 부서 근무지에 대한 민원 응대 불량
   - 비밀문서 · 정책자료 관리 및 (사이버)정보 · 보안 관련 예방실태 점검
     - 비밀문서의 방치, 관리 소홀 등 중요 문서 관리 실태 점검 및 위규 사항 엄단
     - 주요 정책자료의 무단 유출 또는 보안사고 등 (사이버)정보 · 보안 관련 예방실태 점검 및 관련 비위에 대해서는 엄중 문책
   - 정치적 중립 위반행위 차단
     - (대외) 대통령 선거, (대내) 노조선거 시 공직선거법 위반행위 등 점검
   - 내부적 사기진작 방안 확대
     - 우수한 업무 능력을 보인 직원에 대한 보상 확대, 해외연수 기회 부여 등 인센티브 제공

---

47. 윗글을 바탕으로 세부추진과제 시행계획수립과 관련한 검토 내용으로 가장 적절하지 않은 것은?

① 비밀문서 · 정책자료 관리 및 (사이버)정보 · 보안 관련 예방실태를 상시 점검하고 보안 관련 보완 사항을 수시로 체크한다.

② 고객 응대 업무에서 민원인들의 평가를 통해 매달 우수 직원을 뽑아 인센티브를 제공한다.

③ 정치적 중립 위반행위 또는 청탁금지법 위반행위에 대한 처벌을 강화하도록 입법청원을 한다.

④ 공직사회의 청렴을 알려 국민의 불안감을 해소하기 위해 청탁금지법 정착을 위한 내부 교육을 진행하고 홍보자료를 배포한다.

⑤ 사원들의 사기진작과 직무능력향상을 위해서 업무 수행도에 따른 포상기준을 구체적이면서도 단계적으로 정하여 게시판에 고지한다.

48. 다음은 〈공직복무 관리계획 추진(안)〉과 관련된 세부운영안 중 하나이다. 〈보기〉에서 감사실 청렴윤리부 김새벽 대리가 수행할 업무로 가장 적절한 것은?

〈청탁금지법 위반 행위 상담 · 신고센터 운영안〉

1. 상담 · 신고 설치
   • 청탁금지 전담 직원 배치 및 상담 · 신고센터 운영
   – 청탁방지담당과 감사실 청렴윤리부 김새벽(☎ 1122), 조사팀 박찬성(☎ 1212)
2. 상담실 운영
   • 상담자의 인적사항 및 상담내용의 비밀이 최대한 유지될 수 있도록 가급적 업무용 사무실 별도 공간으로 지정하여 상담실 관리 담당은 별도로 정함.
3. 주요 업무
   • 부정청탁금지 및 금품 등 수수 금지에 관한 내용의 교육
   – 청탁방지담당관은 소속 직원을 대상으로 연 1회 이상 의무 시행
     (전사) 청탁금지법 관련교육 진행 : 감사실 청렴윤리부 김새벽 대리
   • 청탁금지법 위반행위 여부 질의응답, 상담, 신고접수 등
   – 업무 유형별 사례 질의응답 : 감사실 청렴윤리부 김새벽 대리
   – 위반행위에 대한 신고, 상담, 신고접수 : 감사실 청렴윤리부 조사팀 박수용 대리

보기

㉠ 상담 직통전화를 통해 걸려온 청탁금지법 위반행위에 대한 신고접수를 기록한다.
㉡ 내부 직원들을 대상으로 연 1회 이상 청탁금지 관련 교육을 진행한다.
㉢ 청탁금지법에 저촉되는 사례를 정리하여 교육 자료로 활용한다.
㉣ 사무실 내 상담실을 설치하여 상담자와 원만한 분위기에서 상담이 진행되도록 한다.

---

① ㉠

② ㉡, ㉢

③ ㉢, ㉣

④ ㉠, ㉢, ㉣

⑤ ㉡, ㉢, ㉣

[49 ~ 50] 다음 자료를 보고 이어지는 질문에 답하시오.

모바일 오피스, 재택근무, 스마트워크센터 근무, 직장에서 업무 효율성을 높일 수 있는 화상회의 등 업무 환경을 구축하여 근무하는 것은 일종의 스마트워크라 할 수 있다. 이러한 스마트워크가 이루어질 수 있는 유형은 스마트워크센터의 직장 내 스마트오피스이다. 스마트오피스는 개인고정 업무공간을 축소하여 공간효율성을 높이며 직급 간 업무공간에 차별을 두지 않는 공간 구성의 특징이 있다. 스마트오피스에서 필요에 따라 좌석을 예약하여 사용하며, 집중업무해야 하는 직원들을 위한 고정 좌석도 구성하여 업무의 특성에 따라 적절한 좌석을 사용함으로써 효율적이고 집중도가 높은 업무공간을 구성할 수 있다.

스마트워크 업무공간은 다양한 정보통신기술 및 컴퓨터 인프라를 이용하여 시간과 장소의 제약 없이 공동의 과업을 관계자들과 협업하는 근로 공간을 의미한다. 지식 근로자들에게 시간과 장소에 대한 자율권을 부여하여 근무환경의 유연성을 극대화한 개념이다. 앞으로의 업무환경은 업무 융통성이 매우 증대될 것이며 이는 일하는 방식, 일하는 시간, 일하는 장소를 융통적으로 선택할 수 있는 방식으로 구현될 것이다.

많은 기업들은 근무자들이 직장과 가정에서 전반적인 삶의 질을 향상시킬 수 있도록 업무와 개인생활을 더 잘 조화시킬 수 있는 기회를 제공하면서 기업의 목표를 성취할 수 있게 하는 방법으로 스마트워크 근무형태를 이행할 수 있다. 이러한 근무형태는 결근율과 지각 감소, 이직률 감소, 연장근무 감소, 직무만족 및 사기 진작, 개인 시간의 활용, 통근문제 감소, 기타 시설 활용문제 해결 그리고 생산성 증가와 같은 장점이 있으며, 유능한 인재를 유인하는 유인책의 일환으로 활용될 수 있다. 우리나라도 1990년대 중반 이래 주 5일 근무제, 자율 출퇴근제, 조기 출퇴근제 등이 실행되어 왔으며 조직 구성원들의 변화하는 요구를 수용하기 위해서 각자의 환경에 따라 다양한 형태의 근무제도 활용이 가능하다.

스마트워크 업무공간의 사용은 업무공간 계획에 대한 새로운 접근이며 기업의 이익을 가져올 수 있는 방법을 모색하기 위한 것이다. 21세기 정보화 시대를 맞으면서 기업은 기업의 정체성, 기업의 문화, 조직구조, 업무환경 등에 더욱 새롭고 다각적인 변화를 요구하게 되었다. 스마트워크 업무공간을 사용하는 방법은 사무실 외의 공간을 이용하는 방법과 기존 사무실을 이용하는 방법으로 나눌 수 있다. 새틀라이트 오피스, 텔레워크 센터, 텔러커뮤팅, 가상 오피스와 같이 사무실 외의 공간을 이용하는 대안적인 업무공간 전략은 부동산 및 관련 비용 절감, 교통비용 절감, 통근시간 절약, 이직률 감소, 근로자의 생산성과 업무만족도 증가와 같은 장점을 기대할 수 있으나 근무자들이 자발적이고 의욕적이어야 하며, 원격관리가 어렵고 근무자 간 또는 사무실 간의 커뮤니케이션이 어려운 단점이 있다. 한편 사무실을 이용하는 스마트워크의 업무공간은 공간 재배치와 업무공간의 사용에 있어서 전통적 수직적인 업무공간보다 융통성을 제공하는 수평적 업무공간이라는 점이 큰 특징이다.

49. 윗글을 참고하여 추론한 내용으로 적절한 것은?

① 사무실을 이용하는 대안적 업무공간인 스마트워크는 근무자들의 자발적 참여를 고취시킨다.

② 스마트오피스에서 한 명의 근로자가 필요에 따라 여러 자리를 옮겨다니며 업무를 수행하기도 한다.

③ 사무실 외 공간을 이용하는 스마트워크는 비용절감 면에서 큰 효과를 거둘 수 있기 때문에 적극적인 도입이 필요하다.

④ 사무실의 효율적 설계와 운영은 근로자의 복지를 위해 기획된 것이며, 장기적으로 볼 때 이윤추구로 흐르지 않는다.

⑤ 스마트오피스에서는 개인공간보다 회의실과 같은 협업 공간이나 직원들 간 일상적 의사소통용 공간이 더 큰 비중을 차지한다.

50. 다음은 스마트워크 업무공간을 조성하기 위한 회의의 내용이다. ㉠ ~ ㉤ 중 스마트오피스의 특징이 반영된 결정으로 적절하지 않은 것은?

〈회의 결과〉

1. 변동 좌석제 채택
   ㉠ 개인고정 업무공간을 축소하여 공간 면적 효율성을 높임.
   ㉡ 공간의 쾌적한 사용을 위해 개인 물품 비치를 지양함.
   ㉢ 직급, 부서에 따른 자리 구분을 없앰으로써 여러 조직 간의 교류가 가능하게 함.
2. 개인 집중 업무공간
   ㉣ 업무수행의 집중력 제고 및 타 직원과의 교감이 원활하도록 칸막이를 제거함.
   ㉤ 근로자가 집중하여 업무에 몰입할 수 있도록 좌석 이용 시간을 제한함.

---

① ㉠   ② ㉡, ㉢   ③ ㉢, ㉣

④ ㉢, ㉤   ⑤ ㉣, ㉤

과목 **2** 철도관련법령 ⊘ 51~60

51. 「철도산업발전기본법」에서 정하는 공익서비스에 대한 규정의 내용으로 옳지 않은 것은?

① 공익서비스는 철도운영자가 국가 또는 지방자치단체의 정책을 근거로 영리목적의 영업활동을 통해 제공하는 철도서비스를 의미한다.

② 국가정책상의 목적으로 철도운임 · 요금을 감면할 경우, 그 감면액은 공익서비스 제공으로 발생하는 비용에 해당한다.

③ 국가가 부담해야 하는 공익서비스비용인 국가부담비용에 대해 이에 대한 지급신청서를 받은 국토교통부장관은 철도운영자에게 매 반기마다 반기초에 이를 지급하여야 한다.

④ 공익서비스의 원인제공자는 철도운영자와의 보상계약을 체결하는 과정에서 그 계약내용에 대해 국토교통부장관 및 기획재정부장관과 미리 협의하여야 한다.

⑤ 철도운영자는 공익서비스의 원인제공자가 공익서비스에 의해 발생하는 비용을 부담하지 않는 경우 국토교통부장관의 승인으로 해당 철도서비스를 제한하는 조치를 취할 수 있다.

52. 철도산업에 대한 국가의 역할에 대한 설명으로 옳지 않은 것은?

① 국가는 국민의 생명 · 신체 및 재산을 보호하기 위하여 철도안전에 필요한 법적 · 제도적 장치를 마련하고 이에 필요한 재원을 확보하도록 노력하여야 한다.

② 국가는 철도산업시책을 수립하여 시행하는 경우 효율성과 공익적 기능을 고려하여야 한다.

③ 국가는 철도시설 투자를 추진함에 있어서 환경적 편익을 고려하여야 한다.

④ 시장경제원리에 따라 국가는 철도산업에 대한 직접적인 세제 지원은 제한된다.

⑤ 국가는 철도산업종사자의 자격제도를 다양화하고 그 질적 수준을 유지 · 발전시키기 위하여 필요한 시책을 수립하여야 한다.

53. 「철도산업발전기본법」에서 정하는 한국철도협회에 대한 규정으로 옳지 않은 것은?

① 한국철도협회는 국토교통부장관의 인가를 받아 성립한다.

② 한국철도협회는 철도운영 관련 사업을 효율적으로 경영하기 위하여 특별법에 의하여 설립된 법인이다.

③ 한국철도협회는 해외철도 진출을 위한 현지조사 및 지원 업무를 수행한다.

④ 한국철도협회의 정관은 국토교통부장관의 인가를 받아야 한다.

⑤ 국가는 한국철도협회에 위탁한 위탁사업의 수행에 필요한 비용의 전부 또는 일부를 예산의 범위 안에서 지원할 수 있다.

54. 한국철도공사의 사업에 대한 다음 설명 중 옳지 않은 것은?

① 한국철도공사는 철도시설의 유지·보수에 관하여 국가·지방자치단체 외에 공공법인로부터 위탁받은 사업을 직접 수행할 수 있다.

② 국가는 공사의 철도 차량·장비의 현대화 사업에 필요한 재정 지원을 목적으로 비용의 일부를 보조할 수 있다.

③ 국토교통부장관은 한국철도공사의 연도별 사업계획 및 예산에 관한 사항에 대한 지도 및 감독 업무를 수행한다.

④ 한국철도공사는 지방자치단체로부터 위탁받은 철도시설의 유지·보수사업에 관하여 지방자치단체 소유의 부동산에 관한 권리를 등기하여야 하는 경우, 공사가 지방자치단체를 대위하여 등기를 촉탁할 수 있다.

⑤ 한국철도공사의 사업은 국내의 철도 관련 사업으로 한정된다.

55. 다음 중 한국철도공사의 사업을 효율적으로 수행하기 위해 국유재산을 무상으로 대부하는 경우, 그 대상이 될 수 있는 한국철도공사의 사업이 아닌 것은?

① 철도차량의 정비 사업
② 철도와 다른 교통수단의 연계운송사업
③ 역세권 개발·운영 사업
④ 역시설 개발·운영 사업
⑤ 철도장비의 제작 사업

56. 「철도사업법」에서 정하는 용어의 정의에 대해 다음 ㉠ ~ ㉢에 들어갈 내용으로 바르게 연결된 것은?

> • (㉠)란 철도사업을 목적으로 설치하거나 운영하는 철도를 말한다.
> • 전용철도란 다른 사람의 수요에 따른 영업을 목적으로 하지 않고 (㉡)의 수요에 따라 특수 목적을 수행하기 위하여 설치하거나 운영하는 철도를 말한다.
> • 철도사업자란 (㉢) 및 「철도사업법」 제5조에 따라 면허를 받은 자를 말한다.

	㉠	㉡	㉢
①	사업용철도	자신	한국철도공사
②	도시철도	국가	도시철도공사
③	사업용철도	공공	국가철도공단
④	도시철도	자신	국가철도공단
⑤	사업용철도	국가	한국철도공사

57. 다음은 우리나라의 사업용철도노선인 경부고속선에 대한 정보이다. 이에 대한 설명으로 옳지 않은 것은?

> - 노선명 : 경부고속선
> - 소유자 : 대한민국 정부
> - 운영자 : 한국철도공사, 주식회사 SR
> - 노선번호 : 101
> - 종류 : ㉠간선철도, ㉡고속철도노선
> - 기점 / 종점 : 시흥연결선 종점 / 부산역

① 경부고속선의 운영자는 노선명과 노선번호, 기점과 종점에 대한 사항을 고시해야 한다.

② ㉠은 운행지역과 운행거리를 기준으로 하였을 때의 분류이다.

③ ㉡은 운행속도를 기준으로 하였을 때의 분류이다.

④ 경부고속선의 운영자는 국토부교통장관의 면허를 받아 이를 운영한다.

⑤ 경부고속선을 도시철도와 연결하여 운행하기 위해서는 그 여객 운임 · 요금의 신고를 하기 전 미리 당해 도시철도운영자와의 협의를 거쳐야 한다.

58. 부가 운임의 징수에 대한 다음 「철도사업법」 규정의 다음 ㉠, ㉡에 들어갈 내용을 바르게 연결한 것은?

> - 철도사업자는 열차를 이용하는 여객이 정당한 운임 · 요금을 지급하지 아니하고 열차를 이용하는 경우에는 승차 구간에 해당하는 운임 외에 그의 (㉠)의 범위에서 부가 운임을 징수할 수 있다.
> - 철도사업자는 송하인이 운송작에 적은 화물의 품명 · 중량 · 용적 또는 개수에 따라 계산한 운임이 정당한 사유 없이 정상 운임보다 적은 경우에는 송하인에게 그 부족 운임 외에 그 부족 운임의 (㉡)의 범위에서 부가 운임을 징수할 수 있다.

	㉠	㉡		㉠	㉡		㉠	㉡
①	10배	5배	②	30배	5배	③	30배	10배
④	50배	10배	⑤	50배	30배			

59. 전용철도를 운영하기 위한 절차적 요건에 대한 설명으로 옳지 않은 것은?

① 전용철도를 운영하기 위해서는 전용철도의 건설·운전·보안 및 운송에 관한 사항을 포함한 운용계획서를 첨부하여 국토교통부장관에게 등록을 하여야 한다.

② 전용철도의 등록이 취소된 후 1년이 지나지 아니한 자는 전용철도를 등록할 수 없다.

③ 전용철도의 운영을 양수받기 위해서는 국토교통부장관에게 해당 사실을 신고하여야 한다.

④ 전용철도운영자가 사망하여 그 상속인이 전용철도의 운영을 계속하려는 경우에는 피상속인이 사망한 날로부터 3개월 이내에 이를 국토교통부장관에게 신고하여야 한다.

⑤ 전용철도운영자의 상속인이 등록요건을 충족하지 못하고 피상속인이 사망한 날로부터 3개월 이내에 그 전용철도의 운영권을 다른 사람에게 양도한 경우, 피상속인의 사망일로부터 양도일까지의 기간에서의 피상속인의 전용철도 등록은 이를 양수받은 자의 등록으로 한다.

60. 철도사업자의 사업계획 변경에 대한 「철도사업법」의 규정으로 옳지 않은 것은?

① 여객열차의 운행구간 변경 등 철도사업의 중요 사항을 변경하기 위해서는 국토교통부장관에 이를 신고하는 것이 아닌 국토교통부장관의 인가를 요구한다.

② 국토교통부장관은 철도사업자를 대상으로 한 개선명령을 이행하지 않음을 이유로 철도사업자의 사업계획 변경을 제한할 수 있다.

③ 국토교통부장관은 철도사업자의 고의 또는 중대한 과실로 인한 철도사고로 다수의 사상자가 발생하였음을 이유로 철도사업자에게 사업계획의 변경을 명할 수 있다.

④ 국토교통부장관이 철도사업자의 자산상태의 현저한 분량을 이유로 철도사업자를 대상으로 직접 사업계획의 변경을 명하려면 청문을 하여야 한다.

⑤ 철도사업자의 사업계획 변경 사실을 국토교통부장관에게 신고하지 아니한 경우에는 1천만 원 이하의 과태료를 부과한다.

과목1 직업기초   ⊘ 1~50

01. 다음 중 밑줄 친 단어가 ㉠과 같은 의미로 사용된 것은?

> 흔히들 '경제는 심리'라고 한다. 1997년 외환위기에 의해 IMF 구제 금융을 받기 전까지 한국 경제는 활기찼다. 무모할 정도의 적극경영이었고 지나칠 정도의 차입경영이었다. 누가, 어느 그룹이 신 사업 분야, 신 시장에 먼저 진출하여 선점하느냐, 어느 기업이 매출과 점유율 면에서 앞서고 있느냐 등 양적 경쟁이 치열했다.
>
> 따라서 투자 면에서도 과열된 분위기를 ㉠띠고 있었고 자연히 투자 실패로 인한 경영 부실도 많았다. 그렇다 하더라도 이 시기에는 세계 어느 나라 기업보다 과감하게 투자하는 도전 경영을 하였다. 자신감과 도전정신, 즉 기업가 정신으로 충만했던 것이다.

① 가을이 되자 시골 들판에는 누런빛을 띤 벼가 추수를 기다리며 익어 가고 있었다.

② 패스파인더는 화성에 생물체가 있는지 없는지를 알아내야 하는 막중한 임무를 띠고 있었다.

③ 방북한 재계 인사들은 서류 가방을 직접 챙겨 들고 시종일관 미소를 띤 채 북한 경제인들과 인사를 나누었다.

④ K사에 입사 지원하기 위하여 교수님으로부터 받은 추천서를 띠고 방문하였다.

⑤ 명절 음식 준비로 바쁜 어머니는 입고 계신 치마가 흘러내리지 않게 허리에 띠를 띠고 있었다.

02. 다음의 ㈀ ~ ㈁을 어법에 맞도록 수정한 내용으로 적절하지 않은 것은?

- 감독은 그 작품에서 방황하는 현대 젊은이들의 모습을 ㈀<u>부각시켜</u> 드러냈다.
- 초기 비용이 과다하게 투입되는 계획은 사장의 ㈁<u>제가</u>를 받기 어렵다.
- 몇 날이고 정월의 매서운 폭풍 속에서 밤길을 걸어야 하는 것 또한 여간 ㈂<u>고역이었다.</u>
- 퇴근 시간대의 엘리베이터는 ㈃<u>혼잡하므로</u> 가급적 계단을 이용하는 것이 좋다.
- 아이가 밖에서 제 물건을 잃어버리고 들어온 날이면 어머니는 애가 ㈄<u>칠칠맞다고</u> 타박을 주었다.

① ㈀ 부각하여　　② ㈁ 재가　　③ ㈂ 고역이 아니었다.
④ ㈃ 혼잡함으로　　⑤ ㈄ 칠칠맞지 못하다고

03. 다음 중 밑줄 친 단어들의 의미 관계가 ㈀ : ㈁의 관계와 가장 유사한 것은?

　영국에서는 주소와 이름을 말하면 아무 조건 없이 투표용지를 받을 수 있다. 따라서 대리투표나 부정투표가 얼마든지 가능하다. 어떻게 민주주의의 가장 중요한 절차 중 하나인 투표를 하는데 본인 확인도 하지 않고 투표에 참여하게 하는 것일까? 과연 이런 제도의 ㈀<u>맹점(盲點)</u>을 영국인은 모르는 건가 아니면 알면서도 무슨 특별한 이유가 있어 애써 모르는 체하는 건가? 아니면 이래도 문제가 없다는 말인가? 믿을 만한 사람이 와서 자신이 국민이라고 하면 믿어야지, 관에서 감히 의심을 하고 신분을 확인하는 일은 월권이라는 믿음이 영국 사회에는 분명하게 있다. 그래서 본인이 아니라는 확신이 들 때만 신분을 확인할 수 있다는 것이고 ㈁<u>무결(無缺)</u>한 투표가 가능하다고 생각하는 것이다.

① <u>방언(方言)</u>은 <u>언어(言語)</u>의 분화체로서 쓰는 집단과 지역에 따라 다르게 형성된다.
② 페소화의 평가절상이 사실상 <u>기정(旣定)</u> 사실이 된 것으로 보고 있으나 아직은 <u>미정(未定)</u> 상태이다.
③ 국립생물(生物)자원관은 어린이 및 청소년을 대상으로 숲속의 <u>야생화(野生花)</u> 관찰 현장학습 프로그램을 운영하고 있다.
④ 이중, 삼중의 인격을 가진 자는 그가 뜻하는 바도 이중, 삼중이 되어 <u>모순(矛盾)</u>과 <u>당착(撞着)</u>을 일으킨다.
⑤ 보수파와 개혁파 사이의 <u>마찰(摩擦)</u>이 심해 파벌 간의 <u>알력(軋轢)</u>이 끊일 날이 없다.

04. 다음 중 ⊙ ~ ⓒ에 들어갈 단어를 〈보기〉에서 바르게 고른 것은?

- 셀레늄, 텔루륨 등 희귀 원소들은 전 세계에 골고루 분포하지 않고 일부 지역에 (⊙)되어 있다.
- 미국의 경우 이민자의 유입경로와 지리적 사정에 따라 수십 가지 영어가 (ⓒ)되어 있고 같은 지역에 거주하는 자라도 그 발음이 제각각이다.
- 정부는 해외에 (ⓒ)된 문화재들을 되찾아오기 위해 노력하고 있다.

보기

ⓐ 편재(偏在)   ⓑ 산재(散在)   ⓒ 혼재(混在)

	⊙	ⓒ	ⓒ		⊙	ⓒ	ⓒ		⊙	ⓒ	ⓒ
①	ⓐ	ⓑ	ⓒ	②	ⓐ	ⓒ	ⓑ	③	ⓑ	ⓐ	ⓒ
④	ⓑ	ⓒ	ⓐ	⑤	ⓒ	ⓑ	ⓐ				

05. 다음 글의 ⊙ ~ ⓜ 중 쓰임이 적절하지 않은 것은?

전주 덕진공원 내 덕진연못이 국가중점관리 저수지가 됐다. 지방자치단체가 관리하는 저수지 중 국가중점관리 저수지로 ⊙지정된 것은 전국에서 덕진연못이 처음이다. 전주시는 덕진연못 수질 개선사업을 적극 추진해 덕진공원을 도심의 명물 수변 · 휴양형 휴식공간으로 만들겠다는 ⓒ구상이다.

후백제 시대 ⓒ편성된 것으로 알려진 전주 덕진연못은 역사 · 문화적 가치가 우수한 지역 명소로 전주 한옥마을과 함께 전주의 대표관광지 중 하나다. 주변 지역 도시화와 유입수량 부족으로 수질이 악화됐지만 준설 등을 위해서 막대한 예산이 들어갈 것으로 ⓔ전망돼 정비에 어려움을 겪어 왔다.

국가중점관리 저수지는 오염된 저수지의 수질개선을 위한 '수질 및 수생태계 보전에 관한 법률'에 따라 지정되며 수질개선을 위한 사업 추진 시 국비를 우선 지원받게 된다. 이에 따라 시는 내년 8월까지 덕진연못 수질오염방지 및 수질개선대책을 수립해 환경부에 제출하여야 하며, 이후 2020년부터 2022년까지 연차적으로 국비 125억 원 등 총 250억 원을 투입해 덕진연못 수질개선 연계사업을 ⓜ추진할 수 있게 됐다.

---

① ⊙   ② ⓒ   ③ ⓒ
④ ⓔ   ⑤ ⓜ

06. 다음 글의 문단 (가) ~ (라)를 문맥에 따라 순서대로 바르게 배열한 것은?

정부 주도의 주택 보급이 활성화되던 1970년대에서 1990년대는 '벽돌의 시대'였다. 그러나 이후 구조와 건축 재료의 발달로 벽돌은 저렴한 저층 건축 재료로 낙인찍혔다. 최근 개성 넘치는 새로운 옷으로 다시 주목받고 있는 벽돌의 매력과 미래를 가늠해 보자.

(가) 1980 ~ 90년대 이후 아파트 시장의 활황으로 대형 건설업자들이 콘크리트로 아파트를 수없이 짓고 있을 때 소규모 주택 시장의 집장사들은 공동주택에 '빌라'라는 이름을 붙이고 콘크리트 내력벽 위에 화강석을 건식으로 붙인 저품질 주택을 양산했고, 자연스레 대중은 붉은 벽돌집은 싸구려 집이라는 인식을 갖게 되었다. 기술의 발달과 재료의 다양화 역시 벽돌을 멀어지게 만든 원인 중 하나였다. 어떤 건축가들은 물성을 드러내는 재료로서 노출 콘크리트를 진지하게 탐구하기 시작했으며, 어떤 건축가들은 건물의 '스킨'이라 하여 건물 외벽을 금속 패널로 치장하는 데 몰두하기도 했다. 이 사이에 벽돌건축은 점차 건축가들의 관심에서도 멀어져 갔다.

(나) 최근엔 벽돌이 구조재가 아닌 치장재로 새롭게 주목받기 시작하며 다양한 색깔과 독특한 쌓기 방식으로 건물의 외벽에서 개성을 드러내고 있다. 이런 변화가 생긴 것은 크게 두 가지 이유인데, 첫째로 건축 기술의 발달로 벽돌이 건물의 힘을 받는 구조체로부터 독립해 외장재로 자유로워졌으며, 둘째로 벽돌을 활용한 다양한 쌓기 방법이 개발되고 철물의 개발로 높이 쌓는 것이 가능해지면서 고층 건물의 외부를 벽돌로 장식하여 얻어지는 시각적 독특함이 눈길을 끌 수 있게 되었기 때문이다.

(다) 그러나 건축에서 무엇보다 가장 중요한 것은 자연스럽고 친숙한 이미지와 느낌이다. 벽돌은 흙을 구워서 만든다. 그리고 천연 재료라는 이미지와 더불어 가지런한 줄눈은 안정감을 준다. 게다가 한국처럼 다습하며 기온 변화가 심한 곳에선 건축 재료의 오염이 빈번한 편인데 벽돌은 다른 건축 재료에 비해 변형이나 오염에 대한 문제가 상대적으로 적다. 이것이 많은 사람들이 벽돌 외벽을 선호하게 된 이유가 되었다.

(라) 일제강점기 근대건축이 들어오면서 우리 생활에 벽돌이 본격적으로 들어오기 시작했다. 당시 신재료였던 벽돌은 '근대성'의 상징이었다. 광복 후 전란으로 폐허가 된 서울을 신속하게 복구하는 데에도 재활용이 가능한 재료로 벽돌만큼 쉽게 구할 수 있는 것이 없었다. 1970년대 이후 소규모 주택을 공급하는 '집장사'들이 만드는 '불란서 2층 양옥집'이 유행했을 때에도 대부분이 붉은 벽돌집이었다. 이후에 '집'하면 자연스레 '붉은 벽돌집'을 떠올릴 정도로 많은 벽돌집이 지어졌다.

① (가)-(나)-(라)-(다) ② (가)-(라)-(나)-(다) ③ (나)-(다)-(라)-(가)

④ (라)-(가)-(나)-(다) ⑤ (라)-(가)-(다)-(나)

07. 다음은 ○○출판사가 잡지 광고를 유치하기 위해 작성 중인 글이다. (가) ~ (마) 중 어법에 어긋난 부분이 있는 문장은 모두 몇 개인가?

> (가) 우리 잡지에 광고를 실어 주실 회사나 단체, 개인을 모시고 있습니다.
>
> (나) 잡지에 광고를 게재하시면 TV 광고처럼 짧은 시간 동안만 보이는 것이 아니라 매월 발간되는 이 잡지를 계속 보신다는 뜻입니다.
>
> (다) 그리고 타 매체보다 훨씬 저렴하면서도 큰 광고 효과를 지속적으로 누리실 수 있을 것입니다.
>
> (라) 특히 우리 잡지는 광고 매출의 일정 부분을 소외 계층, 장애인 단체 등 도움이 필요한 분들을 위해 쓰고 있습니다.
>
> (마) 우리 잡지에 광고를 실으시면 사회공헌 활동에도 동참하시는 것이 됩니다. 많은 연락을 기다리겠습니다.

① 1개   ② 2개   ③ 3개

④ 4개   ⑤ 5개

08. 다음 글의 (가) ~ (마)를 요약한 내용으로 적절하지 않은 것은?

> (가) '스튜어드십 코드'란 '집사의 행동지침'이란 뜻으로 멀리 영국 중세시대에 장원의 자산을 관리하던 집사를 가리키는 스튜어드(Steward)와 법을 뜻하는 코드(Code)의 합성어이다. 스튜어드십 코드는 증권시장에서 연기금과 자산운용사 등 주요 기관 투자자에 주인의 재산을 관리하는 집사와도 같은 의무를 부여하는 지침을 의미한다. 따라서 스튜어드십 코드가 적용될 경우에 기관 투자자들은 투자가 이루어진 기업의 의사결정에 적극적으로 참여하여, 주주로서의 역할을 충실히 수행하고 위탁받은 자금의 주인인 국민이나 고객에게 투명하게 보고하도록 하는 등의 의무를 부여받게 된다.
>
> (나) 스튜어드십 코드는 2010년 영국에서 처음 도입되었다. 현재까지 네덜란드, 캐나다, 스위스, 이탈리아 등 10여개 국가가 도입 운용 중이고, 아시아에서는 일본, 말레이시아, 홍콩, 대만 등이 운용 중인데 한국에서는 아직은 생소한 개념이다. 스튜어드십 코드는 핵심 내용을 포함하는 '원칙'과 원칙 준수를 위한 세부적 권고사항인 '지침'으로 구성돼 있으며 원칙 준수를 기본으로 하고 불이행 시 예외 사유를 설명하는 '원칙준수 예외설명' 방식으로 적용된다. 이러한 형식이 일반적인 한국 법률의 형태가 아니기 때문에 도입 당시의 스튜어드십 코드는 '강행법규'처럼 운용될 가능성을 염려하는 이도 있었을 만큼 모든 부분에서 생소한 규범이었다.

(다) 현행 법률상의 '수탁자 책임'이 스튜어드십 코드와 비슷한 책임으로 보이지만 기존 수탁자 책임은 고객과 수익자의 이익을 고려하는 것에 그쳤다. 스튜어드십 코드는 고객 및 수익자뿐만 아니라 투자한 회사의 중장기적 가치 향상에 기여하여 최종적으로 자본시장과 경제의 내실 있는 발전을 도모하는 것으로, 기존의 수탁자 책임보다 그 내용이 추가되고 구체화된 것이다. 뿐만 아니라 스튜어드십 코드는 수탁자 책임이 규율할 수 없었던 투자연쇄 속에서 자산소유자, 자산운용자, 의결권자문기관 등에게 포괄적으로 적용할 수 있다는 특징이 있다.

(라) 스튜어드십 코드가 한국에서는 생소한 규범이지만 이미 여러 나라에서 도입되어 국제적인 규범이 되고 있다. 그러나 같은 스튜어드십 코드라도 도입 배경, 도입 내용이 지역마다 다르다. 대략적인 내용은 비슷하지만 그 나라의 실정에 맞게 수정해서 도입했기 때문이다. 2008년 글로벌 금융위기 때 도입한 영국의 경우, 당시 기관투자자들이 주주의 권리를 행사하지 않고 침묵해 왔음을 반성하는 차원에서 제정하였으며, 일본의 경우 디플레이션과 경기 침체에서 벗어나기 위해서 제정되었다. 한국의 경우 기업지배구조 위험의 극복을 위해서 스튜어드십 코드를 도입하였다.

(마) 아직 걸음마 단계에 있는 한국의 스튜어드십 코드의 모든 논란이 해소된 것은 아니다. 그러나 정착을 위한 제도 개선 방안을 고민해 보지도 않고 한국 실정에 맞지 않는다고 말하기는 이르다. 특히 한국의 스튜어드십 코드는 국민연금의 참여 전과 후로 나뉜다. 왜냐하면 자산운용 규모가 막대한 국민연금은 외부 자산운용자에게 운용을 위탁하는 경우가 많아서 국민연금이 스튜어드십 책임을 이행하게 되면 그 자산운용자도 국민연금의 지시에 따라 결국 스튜어드십 책임을 이행하기 때문이다. 스튜어드십 코드의 문제점을 잘 파악하여 개선해 나가고 참여자들이 책임을 잘 이행하도록 지원해 간다면, 최종적으로 기업지배구조 개선이라는 목표를 달성하여 한국 자본시장의 활성화를 견인하는 역할을 해 나갈 것으로 기대된다.

① (가) – '스튜어드십 코드'의 어원과 정의
② (나) – '스튜어드십 코드'가 생소하게 인식되는 이유
③ (다) – '수탁자 책임'과 '스튜어드십 코드'의 유사점과 차이점
④ (라) – '스튜어드십 코드'의 나라별 도입 배경과 목적의 차이
⑤ (마) – 국민연금의 '스튜어드십 코드' 도입을 위한 구체적인 제도 개선 방안

[09 ~ 10] 다음 글을 읽고 이어지는 질문에 답하시오.

다른 나라와 마찬가지로 최근 호주에서도 자동차에 대한 인식이 개인의 전유물에서 시민들이 공유하는 교통수단으로 변화하고 있다. 호주 현지 전문가들은 카셰어링 비즈니스로 자동차 산업에 일어나고 있는 변화의 정도를 '위험한 속도(Breakneck Speed)'로까지 비유하고 있다. 카셰어링이란 렌터카와 다른 방식인데, 시간 또는 분 단위로 자동차를 빌려 사용하는 방식으로 비용절감뿐만 아니라 환경적, 사회적 측면에서 세계적으로 각광받고 있는 사업 모델이다. 호주에서 카셰어링 시장규모는 8,360만 호주 달러로 지난 5년간 연평균 21.7%의 급격한 성장률을 보이고 있다. IBIS World 산업보고서에 따르면 호주 카셰어링 시장은 앞으로도 가파르게 성장해 2022년에는 현재보다 2.5배 증가한 2억1920만 호주 달러에 이를 것으로 보이고 Roy Morgan 리서치에서도 10년 안에 호주 카셰어링 이용자가 현재 20만 명에서 150만 명까지 폭발적으로 늘어나 자동차 산업에 큰 변화를 가져올 것이라고 예상하고 있다. 그렇다면 호주에서 카셰어링 비즈니스가 급성장한 배경은 무엇일까?

그 배경으로 우선 도심의 인구 증가를 들 수 있다. 다민족 국가인 호주는 이민자들로 인한 인구의 지속적인 증가와 도심으로의 인구 유입 현상을 동시에 겪고 있다. 그러나 카셰어링 서비스 이후 카셰어링 차량 한 대당 도로상의 개인 소유차 9대를 줄이는 효과가 있었으며 카셰어링 멤버들은 해당 서비스 가입 이후 자동차 사용을 50%까지 줄였다고 한다. 이 카셰어링 비즈니스는 주차 문제와 교통 정체를 해결하는 데 도움이 클 것으로 예상된다. 이러한 이유로 호주정부에서 카셰어링 서비스를 적극적으로 지원하고 있다.

다음은 세계 최고 수준인 호주의 높은 물가를 들 수 있다. 고물가로 생활비가 많이 들어 차량을 소유하는 부담이 크기 때문에 카셰어링 서비스의 이용도가 높아지고 있다. 도시에 거주하고 운전이동 거리가 적을수록 카셰어링 서비스를 이용하는 비용이 훨씬 저렴하고 여기에다 주차 공간을 찾는데 소요되는 시간도 줄이는 이점도 있기 때문이다.

또한 IT 환경의 발달이 카셰어링 비즈니스의 급성장에 끼친 영향이 크다. 세계 하위권이던 호주의 인터넷 환경이 최근 정부의 광통신망 구축사업으로 개선되어 카셰어링 플랫폼과 같은 On-Offline을 융합한 비즈니스 시장이 빠르게 성장하고 있다. 호주에서 카셰어링 비즈니스를 이용하는 세대들은 휴대 전화를 통한 온라인 플랫폼 이용에 익숙하고 소유보다는 공유를 선호하는 세대이다. 이들은 특히 친환경 차량에도 관심이 높아 온실가스 배출이 제로인 차량을 이용할 수 있다면 기꺼이 비용을 더 지불할 의사도 있다는 조사결과도 있다.

지금의 세계는 소유 아닌 공유의 시대로 나아가고 있다. 호주의 카셰어링 비즈니스 시장은 지속적인 성장을 하고 있지만, 앞선 미국이나 유럽 각국의 대도시에 비하면 아직 시작에 불과하다. 그래서 호주의 카셰어링 비즈니스는 아직 부족하고 오히려 잠재력이 큰 시장이다. 특히 차별화된 온라인 비즈니스 플랫폼을 보유한 국내 기업들에게는 지금이 호주의 카셰어링 비즈니스 시장 진출의 적기일 수 있다.

09. 윗글의 제목으로 적절한 것은?

① 급성장하는 호주의 카셰어링 비즈니스 시장, 그 성장 배경과 전망

② 호주의 카셰어링 비즈니스와 미래 산업의 향방

③ 다민족 국가이자 이민자의 나라인 호주, 카셰어링 비즈니스 시장의 잠재력

④ 호주의 카셰어링 비즈니스 시장을 통해 본 공유경제의 가능성

⑤ 4차 산업혁명시대와 카셰어링 비즈니스

10. 윗글의 논지 전개 방식으로 적절한 것은?

① 시간 이동에 따른 대상의 변화 과정을 기술하고 있다.

② 구체적인 근거를 제시하며 현상의 원인을 분석하고 있다.

③ 비유를 통해 어려운 개념을 쉽게 설명하고 있다.

④ 결말을 먼저 밝히고 역순행적으로 진행 과정을 서술하고 있다.

⑤ 현실의 문제를 비판하기 위하여 사례를 들어 반박하고 있다.

[11 ~ 12] 다음 글을 읽고 이어지는 질문에 답하시오.

1884년 10월 13일 「국제자오선회의」에서 영국의 그리니치 자오선을 본초 자오선으로 채택하면서 지구상의 모든 지역은 하나의 시간을 공유하게 됐다. 본초 자오선을 정하기 전 인류 대부분은 태양의 위치로 시간을 파악했다. 그림자가 생기지 않는 정오를 시간의 기준점으로 삼았는데, 관측 지점마다 시간이 다를 수밖에 없었다.

지역 간 이동이 활발하지 않던 그 시절에는 수많은 시간이 공존했던 것이다. 그러나 세계가 확장하고 지역과 지역을 넘나들면서 문제가 발생했다. 기차의 발명이 그 변화의 시초였다. 기차는 공간을 빠르고 편리하게 이동할 수 있어 산업혁명의 바탕이 됐지만 지역마다 다른 시간의 충돌을 야기했다. 역마다 시계를 다시 맞춰야 했고 시간이 엉킬 경우, 충돌 등 대형 사고가 일어날 가능성도 높았다.

이런 문제점을 공식 제기하고 세계 ㉠표준시 도입을 주장한 인물이 '세계 표준시의 아버지' 샌퍼드 플레밍(1827 ~ 1915)이다. 그는 1876년 아일랜드의 시골 역에서 그 지역의 시각과 자기 손목시계의 시각이 달라 기차를 놓치고 다음 날 런던에서 출발하는 배까지 타지 못했다. 당시의 경험을 바탕으로 기준시의 필요성을 주창하고 경도를 기준으로 시간을 정하는 구체적 방안까지 제안했다. 그의 주장이 받아들여진 결과가 1884년 미국 워싱턴에서 열린 국제자오선회의이다.

시간을 하나로 통일하는 회의 과정에서는 영국이 주장하는 그리니치 표준시와 프랑스가 밀어붙인 파리 표준시가 충돌했다. 자존심을 건 시간 전쟁이었다. 결과는 그리니치 표준시의 일방적인 승리로 끝났다. 이미 30년 이상 영국의 그리니치 표준시를 기준 삼아 기차 시간표를 사용해 왔고 미국의 철도 회사도 이를 따르고 있다는 게 이유였다. 당시 결정한 그리니치 표준시(GMT)는 1972년 원자시계를 도입하면서 협정세계시(UTC)로 대체했지만 여전히 GMT 표기를 사용하는 경우도 많다. 둘의 차이는 1초보다 작다.

표준시를 도입했다는 건 세상이 완전히 열렸음을 의미한다. 세계의 모든 인구가 하나의 표준시에 맞춰 일상을 살고 국가마다 다른 철도와 선박, 항공 시간을 체계적으로 정리할 수 있게 됐다. 지구 곳곳에 파편처럼 흩어져 살아가던 인류가 하나의 세계로 통합된 것이다. 협정세계시에 따르면 한국의 표준시는 UTC+09 : 00이다. 그리니치보다 9시간 빠르다는 의미다. 우리나라가 표준시를 처음으로 도입한 것은 고종의 대한제국 시절이며 동경 127.5도를 기준으로 UTC+08 : 30, 그러니까 지금보다 30분 빠른 표준시를 썼다. 현재는 일제 강점기를 거치고 파란의 현대사를 지나며 박정희 군사정부가 채택한 동경 135도의 표준시를 쓰고 있다.

11. 윗글에서 ㉠을 설명한 방식으로 적절한 것은?

① ㉠이 한국에 적용된 시기를 살펴보고 다른 나라들의 사례와 비교하고 있다.

② ㉠에 적용된 과학적 원리를 설명하고 역사적 변천 과정을 서술하고 있다.

③ ㉠의 한계점을 지적하고 대안을 설명하고 있다.

④ ㉠을 일정한 기준으로 나누고 각각의 장, 단점을 열거하고 있다.

⑤ ㉠의 필요성이 대두된 배경과 도입과정을 소개하고, 그 의의를 설명하고 있다.

12. 윗글의 내용에 대한 이해로 적절하지 않은 것은?

① 현재 사용하는 협정세계시와 그리니치 표준시의 차이는 1초 이내이다.

② 그리니치 표준시가 채택된 이유는 이것을 기준으로 열차가 운영된 사례들이 있었기 때문이다.

③ 시간 제정을 두고 벌어진 영국과 프랑스 사이의 갈등이 표준시 제정의 필요성을 촉진시켰다.

④ 표준시는 특정 자오선을 기준으로 하여 제정된 협정세계시이다.

⑤ 오늘날 한국의 표준시는 대한제국 시기에 도입된 표준시보다 30분 느리다.

[13 ~ 14] 다음 글을 읽고 이어지는 질문에 답하시오.

최근 발생한 자동차 질주 사고는 자동차 운전면허의 '허점'을 드러냈다. 사고 운전자는 운전면허 취득이 금지된 뇌전증 환자로 밝혀졌다. 운전면허는 자동차를 적법하게 운전할 수 있도록 하는 자격임에도 불구하고 국민의 안전은 무시된 셈이었다. 면허시험장 적성검사 때 간단한 신체검사만 했을 뿐 면허 결격사유인 뇌전증에 대한 검증은 전혀 이뤄지지 않았기 때문이다. 그렇다면 현행 운전면허 제도는 부적격자를 가려낼 수 있을까? 운전면허를 취득할 때, 갱신할 때 그리고 운전에 영향을 줄 수 있는 질환이 발병했을 때의 세 가지 상황을 통해 살펴보자.

첫째, 운전면허를 취득할 때 면허시험 응시자가 병력을 밝히지 않으면 면허취득을 제한할 방법이 없다. 운전면허 취득 시 1장짜리 질병 신고서를 작성하는 것이 전부이며, 신체검사는 시력과 색맹, 청력, 팔 · 다리 운동에 그치기 때문이다. 도로교통법 제82조에 따르면 정신질환자, 간질환자, 마약, 대마, 향정신성 의약품 또는 알코올중독자와 같은 운전면허 부적격자는 질병에 관한 자진신고를 하게 돼 있다. 그러나 법이 무색하게도 운전면허를 취득할 때 면허시험 응시자가 병력을 밝히지 않으면 면허 취득을 제한할 방법이 없다. 응시자가 알코올 중독, 정신병력 등이 있어도 체크리스트에 직접 적지 않으면 걸러낼 방법이 없기 때문이다.

둘째, 운전면허를 갱신할 때 정기적성검사를 받지만 시력 등 간단한 신체능력을 테스트하는 수준이다. 2013년 적성검사를 간소화하면서 면허시험장에서 직접 실시하던 신체검사 중 대부분을 수검자 자신이 작성하게 되면서 운전자 자신이 질병 유무를 밝히지 않으면 정기적성검사에서는 확인이 불가능하게 되었다. 면허시험장에서는 시력만 검사하고 있으며, 청력검사는 1종 대형, 특수 면허 소지자에 한정되고 신체 · 정신적 장애를 확인하는 절차는 장애인 운전자만 대상으로 한다. 심지어 이렇게 간단한 적성검사마저 1종 면허 소지자만 받는다. 2종 면허 적성검사는 2000년 폐지돼 2종 면허 운전자는 신체검사를 받지 않고 면허를 갱신하고 있다.

셋째, 면허를 받은 뒤 후천적으로 신체장애가 발생한 경우에도 도로교통공단은 제대로 알 수 없다. 보건복지부나 지자체, 병무청 등의 기관은 운전면허 결격사유 해당자 정보를 도로교통공단에 보내 수시적성검사를 하지만 대상자는 극히 제한적이다. 뇌전증을 비롯한 정신질환자의 경우 6개월 이상 병원에 입원한 경우에만 수시적성검사 대상자로 분류된다. 하지만 위 사고 운전자처럼 입원하지 않은 채 통원치료를 하면서 약만 복용하는 경우는 해당되지 않기 때문에 운전면허 갱신, 신규 취득 역시 가능하다. 수시적성검사 대상자로 분류돼 운전적성판정위원회가 열려도 '위험 운전자'를 모두 걸러낼 수 있는지 의문이다.

그렇다면 이렇게 허술한 운전면허 검증을 어떻게 해결해야 할까. 무엇보다 부적격자를 미연에 걸러내기 위한 정보가 관리되고 이를 검증, 반영하는 절차를 보강하는 일이 필요하다. 따라서 (㉠   ) 위 사고의 운전자도 과거에 보행로로 차량을 운전하는 등 상식적으로 이해하기 힘든 사고를 냈던 기록이 있다. 문제는 세 차례의 교통사고가 '인명사고가 없었다'는 이유로 경찰에 보고되지 않고 보험사에서만 처리됐다는 점이다.

13. 다음 중 윗글의 빈칸 ㉠에 들어갈 말로 적절한 것은?

① 정부는 2000년에 폐지한 2종 면허 적성검사를 재도입하여 면허증 갱신 과정에서 부적격자를 가려낼 수 있도록 해야 한다.

② 정부는 모든 교통사고 정보가 경찰에 의무적으로 보고되도록 하는 교통사고 정보 공유 시스템을 마련하여 운전면허 재발급 과정에서 반드시 참조되도록 하여야 한다.

③ 정부는 운전면허 부적격자가 스스로 신고하지 않을 경우 강력 처벌하는 방안을 마련해야 한다.

④ 정부는 운전면허 취득 과정의 투명성을 높여서 보다 많은 사람들에게 공정한 기회를 제공하도록 제도를 보완해야 한다.

⑤ 정부는 수시적성검사의 대상과 범위를 입원병력이 있는 모든 운전면허 소지자로 확대하여야 한다.

14. 윗글을 통해 추론할 수 있는 내용으로 적절한 것은?

① 보건복지부나 병무청 등은 정신질환자, 간질환자, 마약, 대마, 향정신성 의약품 또는 알코올중독자에 대한 모든 정보를 도로교통공단에 의무적으로 제공하고 있다.

② 2024년 현재 2종 면허소지자는 시력검사만 받으면 면허를 갱신할 수 있다.

③ 운전면허 취득 시 질병 신고서만 작성하면 취득 자격을 획득할 수 있다.

④ 뇌전증 때문에 8개월간 병원에 입원한 병력이 있으면 수시적성검사 대상자로 분류된다.

⑤ 1종 보통 면허를 소지한 운전자는 면허 갱신 시 시력검사와 청력검사를 모두 받아야 한다.

[15 ~ 16] 다음 글을 읽고 이어지는 질문에 답하시오.

우리가 갈등을 두려워하는 것은 아마 우리가 갈등 이전이나 갈등을 겪는 동안 느끼는 감정들은 선명하고 강렬하게 기억하는 반면 갈등이 해결된 후의 것은 그에 비해 아주 미미하게 기억하기 때문일 것이다. 심한 갈등이 진행되는 동안 겪는 감정은 대개 우리에게 스트레스를 주고 위협적인 것들이다. 하지만 갈등이 해결된 후에는 마침내 해결했다는 것에서나 혹은 우리의 관계가 그러한 어려움을 이겨냈다는 것에서 오는 만족감을 느낄 수 있다. 이처럼 갈등은 긍정적인 결과를 가져올 수 있다.

갈등이 주는 또 다른 이점은 현재의 집단이 더 나은 결정을 하도록 돕는다는 것이다. 연구자들은 어떤 집단에서 갈등이 없다는 것은 그 집단이 건강하지 못하다는 것을 보여 준다고 주장한다. 왜냐하면 이렇게 될 경우 (㉠) 이른바 '집단사고(Groupthink)'가 나타나는 결과를 초래하기 때문이다. 갈등을 효과적으로 관리하기만 하면 보다 나은 결정을 하는 데 도움이 된다는 인식을 공유할 때 그 집단은 더욱 나은 성과를 산출할 수 있다. 갈등이 포함된 업무는 구성원을 이전보다 더 가깝게 묶어 주고, 구성원들이 집단의 구조를 정의하는 것을 도와주며 그 집단이 협조적인 관계가 되는 것을 촉진한다.

또한 갈등은 사람들이 자신의 감정을 어딘가에 쏟아 꺼내 놓을 수 있도록 도와준다. 그곳은 개방된 공간이며 사람들이 그러한 감정을 충분히 감당하고 처리할 수 있는 공간이다. 감정을 숨기는 것은 종종 현명한 일이 아니다. 특히 강한 감정일 경우에는 더욱 그러하다. 하지만 이렇게 감정을 숨기는 일들은 발생하기 마련이고 결국 그것은 갈등이 충돌할 때에야 비로소 표출된다. 누군가 감정을 표현해야 비로소 그것을 다룰 수 있게 되는데 이를 통해 구성원들은 서로가 느끼는 실망감, 조바심, 두려움들에 대해 반응하는 방법을 알아 가게 된다.

앞서 언급한 바와 같이 갈등은 또 하나의 이점을 가지고 있는데, 그것은 바로 그들의 관계에 대한 신뢰를 증진한다는 점이다. 예를 들어 대부분 커플은 결혼하기 전에 많은 시간을 함께 보낼 것이다. 하지만 그들이 아무리 서로를 잘 안다고 하더라도 실제적인 어려움이 닥쳤을 때 상대방이 어떻게 행동할 것인가에 대해서는 확신이 없다. 그들 사이에 있었던 첫 번째 심각한 논쟁은 분명 큰 사건이라고 할 수 있다. 하지만 그것을 잘 해결했을 때 따라오는 신뢰감은 훨씬 더 중요하다. 두 사람 모두 그들의 관계가 얼마나 깊고 견고해졌는지 확실하게 느낄 것이다. 갈등은 이러한 감정이 표출되는 것을 돕는다. 이와 비슷한 일이 여러분의 직장, 삶의 공동체, 여러분이 속한 조직 혹은 가족 간에도 나타날 수 있다.

갈등은 사람들의 진실한 만남을 촉진한다. 예를 들어 어떤 관계에서 권력이 낮은 위치에 있는 사람은 항상 결정에 따르기만 하는 것에 싫증을 느끼고 관계를 변화시키기 위해 갈등을 사용할 수 있다. 이 경우 갈등은 한 개인에게 힘을 부여한다. 또는 여러분이 직장과 전공을 선택할 때 한 친구가 강하게 자신의 의견을 피력한다면, 그것은 여러분과 그 친구 사이의 독특한 차이점을 경험하게 하는 기회를 제공한다. 만약 여러분이 스스로의 결정에 대해서 신중하게 생각하고 친구도 그러했다면 많은 허울들을 벗고 진실하게 그와 대면할 수 있다. 그때 여러분은 다른 누구의 생각이나 입장을 대변하는 것이 아닌 현재 자신을 온전히 드러내게 된다. 여러분의 친구도 그러할 것이다.

물론 이런 일들이 항상 일어나는 것이 아니다. 사람들은 이따금 진정한 자신을 뒤로 숨기고 다른 것을 앞에 내세워 갈등에 반응하기도 한다. 하지만 갈등은 대부분 사람들에게 진실한 대인 간의 만남을 갖도록 도와준다.

요컨대 서구의 관점에서 갈등은 친한 관계뿐만 아니라 직장, 동네, 가족, 클럽 혹은 다른 조직에서도 긍정적인 역할을 할 수 있다. 우리가 앞서 언급한 바와 같이, 사람들이 고유함을 유지하는 한 여러분은 그들과의 의사소통에서 갈등을 제거할 수 없다. 또한 억지로 시도할 필요도 없다. 왜냐하면 그것이 본질적으로 '나쁜' 것은 아니기 때문이다. 사실 갈등이 좋은지 나쁜지는 전적으로 그것을 어떻게 다루느냐에 달려 있다.

15. 윗글의 제목으로 적절한 것은?

① 인간관계에서 발생하는 여러 가지 갈등의 유형
② 갈등 해결을 위한 바람직한 의사소통 방법
③ 갈등이 개인에게 미치는 긍정적인 영향
④ 관계 발전을 위한 갈등 활용법
⑤ 갈등에 대한 부정적인 인식으로부터 해방

16. 다음 중 윗글의 빈칸 ㉠에 들어갈 내용으로 적절한 것은?

① 집단의 모든 구성원이 동의하는 의견만을 채택하는
② 어떠한 대안에 대한 탐색이나 논의 없이 바로 결정되는
③ 구성원들의 개별적인 의견을 총합하여 결정하는
④ 대안을 결정함에 있어 집단의 이익이 최우선적으로 고려되는
⑤ 이분법적 사고로 다양함을 차단하는

[17 ~ 18] 다음 글을 읽고 이어지는 질문에 답하시오.

우리가 경험하고 이해하는 공간은 다양하다. 하늘, 바다, 경관의 공간 또는 높은 빌딩에서 내려다볼 때 발아래에 펼쳐진 도시라는 공간, 또 외부에서 바라보거나 내부에서 경험하게 되는 건물들로 구성된 공간, 지도나 계획도, 천체도, 기하학, 별과 별 사이의 공간 같은 추론의 공간, 또 사물들이 점유한 공간, 국가가 영토로 규정한 공간, 신에게 바쳐진 공간, 이처럼 공간의 범위는 다양하다. 공간은 형태가 없고, 손으로 만져 볼 수도 없고 또 직접 묘사하거나 분석할 수 있는 실체가 아니다. 그러나 우리가 어떻게 공간을 느끼고, 알고 또 설명하더라도 거기에는 항상 장소감이나 장소 개념이 관련되어 있다. 일반적으로 공간이 장소에 맥락을 주는 것처럼 보이지만 공간은 그 의미를 특정한 장소들로부터 얻는다.

공간의 본질은 철학자나 과학자들이 많이 논의해 온 주제이다. 그러나 이러한 논의는 아직까지 해결되지 않았으며 다양한 형태의 공간들을 모두 포괄하면서 상당히 일관된 틀을 정식화하는 것은 쉬운 일이 아니다. 그러므로 이런 논쟁에 휘말리는 것은 적절치 못하다. 하지만 공간과 장소 간의 관계를 명확히 하고 그에 따라 장소를 개념적, 경험적 맥락에서 분리하지 않는 일은 중요하다. 이 딜레마는 직접 경험과 추상적 사고라는 양극단을 가진 연속체 속에 다양한 형태의 공간이 자리 잡고 있음을 인식함으로써 어느 정도 해결될 수 있다. 이 연속체를 다시 몇 가지 형태의 공간으로 구분해 볼 수 있다. 예를 들어 무의식적이고 실용적인 경험 공간, 개별적인 인간들이 의식적으로 경험하는 지각 공간, 건축물 같은 '인공 공간(Built Space)' 그리고 추상적인 기하학적 공간 등이 있다. 이 중에서 '실존' 또는 '생활' 공간이 특히 중요하다. 이 공간은 장소에 대한 현상학적 이해와 관련되기 때문이다. 물론 개념이나 경험, 창조된 공간이 항상 이러한 범주 가운데 딱 들어맞는 것은 아니다. 하지만 이러한 분류는 공간과 관련된 관념, 경험, 활동 등 매우 넓은 범위를 포괄하며 장소의 다양한 의미를 전달해 주기 때문에 유용하다.

일상생활에서 장소는 위치나 외관으로 간단하게 기술될 수 있는, 독립적이고 명확하게 규정되는 실체로 경험되는 것이 아니다. 오히려 장소는 환경 · 경관 · 의식 · 일상적인 일 · 다른 사람들 · 개인적인 체험 · 가정에 대한 배려와 같은 것들이 뒤섞인 데서, 그리고 다른 장소들과의 맥락 속에서 느껴진다. 장소는 나의 장소, 너의 장소, 거리, 동네, 시내, 시 · 군, 지역, 국가와 대륙 등 공간적 정체화가 가능한 모든 수준에서 나타난다. 하지만 장소가 반드시 이렇게 깔끔하게 위계적으로 분류되는 것은 아니다. 모든 장소는 서로 겹치고, 서로 섞이며 다양하게 해석될 수 있다. 그러나 우리의 장소 경험 측면에서 보면 장소 규모의 복잡성과 다양성이 당연히 바람직한 특성이지만 장소를 하나의 현상으로 이해하려고 하게 되면 이 특성이 매우 골치 아픈 문제가 된다. 그러나 장소를 명확하게 인식할 수 있는 한 가지 방법이 있다. 장소를 다차원적인 경험 현상으로 보고 위치나 경관 같은 장소의 다양한 속성 및 개인적 장소 경험 등을 탐구하는 것이다. 이런 방식으로 장소 의미의 원천이나 본질을 밝힐 수 있다.

장소는 인간의 질서와 자연의 질서가 융합된 것이고 우리나 세계를 직접적으로 경험하는 의미 깊은 중심이다. 장소는 고유한 입지, 경관, 공동체에 의하여 정의되기보다는 특정 환경에 대한 경험과 의도에 초점을 두는 방식으로 정의된다. 장소는 추상이나 개념이 아니다. 장소는 생활 세계가 직접 경험되는 현상이다. 그래서 장소는 의미, 실재 사물, 계속적인 활동으로 가득 차 있다.

이것은 개인과 공동체 정체성의 중요한 원천이며 때로는 사람들이 정서적 · 심리적으로 깊은 유대를 느끼는 인간 실존의 심오한 중심이 된다. 사실 장소와 인간의 관계는 사람들과의 관계와 마찬가지고 필수적이고 다양하며, 때로는 불쾌한 것이다.

규모에 상관없이 모든 장소는 자연물과 인공물, 활동과 기능 그리고 의도적으로 부여된 의미가 종합된 총체적인 실체이다. 이런 구성 요소들로 특정 장소의 정체성이 만들어지지만 구성 요소가 이 정체성을 규정하는 것은 아니다. 장소의 정체성이란 특별한 성격을 가진 내부성이자 내부에 있다는 경험으로서 장소들을 공간상에 분리시키는 역할을 한다. 내부성은 중세 도시의 성곽 같이 물리적 형태와 관련이 있고 또 물리적 형태에 반영되기도 한다. 또는 장소의 고유한 특질을 유지하려는 의식(儀式)과 주기적인 활동으로 내부성이 표출될 수도 있다. 하지만 무엇보다도 내부성은 장소경험의 강렬함과 관련이 있다.

17. 윗글에서 설명하고 있는 '장소'의 특성으로 적절하지 않은 것은?

① 다양성   ② 연속성   ③ 내부성

④ 맥락성   ⑤ 총체성

18. 다음 중 윗글에 나타난 '장소'에 대한 설명으로 적절한 것은?

① 장소는 객관적인 지표를 기준으로 정의 내릴 수 있다.

② 장소는 공간과는 독립적으로 이해해야 한다.

③ 장소는 개인의 경험과 밀접하게 관련되어 있다.

④ 장소는 공간적 정체화가 가능하다면 명확하게 분류할 수 있다.

⑤ 공간과 달리 장소에 대한 경험은 정서적이다.

19. C 회사는 이번 달 신제품 출시에 앞서 10, 20, 30대 고객들을 대상으로 제품 만족도 조사를 실시하였다. 다음은 조사 내용을 정리한 표일 때, 응답자 전체의 만족도 평균 점수는 몇 점인가? (단, 소수점 아래 둘째 자리에서 반올림한다)

구분	조사 대상자 수(명)	평균 점수(10점 만점, 점)
10대	60	7.0
20대	64	7.6
30대	40	8.2

① 7.3점   ② 7.5점   ③ 7.7점

④ 7.9점   ⑤ 8.1점

20. H 제과회사는 제품 A를 3개 라인에서 동시에 생산하고 있다. 생산 라인의 상황이 다음 〈보기〉와 같다면, 이 공장의 하루 생산량 전체의 불량률은 얼마인가? (단, 소수점 아래 셋째 자리에서 반올림한다)

> **보기**
>
> • 1번 라인은 하루에 5,000개의 제품을 생산한다.
> • 2번 라인은 1번 라인보다 10% 더 많은 제품을 생산하며, 3번 라인은 2번 라인보다 500개 더 적은 제품을 생산한다.
> • 하루 생산량의 불량률은 1번 라인 0.8%, 2번 라인 1%, 3번 라인 0.5%이다.

① 0.76%   ② 0.77%   ③ 0.78%

④ 0.79%   ⑤ 0.80%

21. K 공사는 매월 말에 부서 전체 회의를 진행한다. 각 부서의 직원들이 다음의 〈조건〉에 따라 회의를 진행할 때, 같은 부서 직원들끼리 서로 이웃하여 앉는 경우의 수는 몇 가지인가?

조건

- 회의에는 부서별로 2명씩 모두 6명이 참석한다.
- 회의 참석자들은 하나의 원형 테이블에 둘러앉아 회의를 진행한다.

① 10가지   ② 12가지   ③ 16가지
④ 24가지   ⑤ 36가지

22. 다음의 〈조건〉을 참고할 때, 전 사원들에게 지급되고 있는 월급의 총액은 얼마인가?

조건

- 모든 사원의 월급은 동일하다.
- 사원 10명을 증원하고 각 사원의 월급을 100만 원씩 줄이면 전 사원에게 지급하는 월급 총액은 기존의 80%가 된다.
- 사원 20명을 감축하고 각 사원의 월급을 전과 같이 지급한다면 전 사원에게 지급하는 월급 총액은 기존의 60%가 된다.

① 1억 원   ② 1억 2천만 원   ③ 1억 5천만 원
④ 1억 8천만 원   ⑤ 2억 원

23. K 공사는 하계 워크숍에 참석한 직원들에게 객실을 배정하고 있다. 다음의 〈조건〉을 참고할 때, 워크숍에 참석한 직원들은 최대 몇 명인가?

조건

- 객실 1개에 4명씩 배정하면 12명이 객실 배정을 받지 못한다.
- 객실 1개에 6명씩 배정하면 객실은 2개가 남고 하나의 객실은 6명 미만이 사용한다.
---

① 60명   ② 64명   ③ 68명

④ 72명   ⑤ 76명

24. 다음은 20X1 ~ 20X5년의 아르바이트 동향에 관한 자료이다. 이에 대한 설명으로 옳은 것은? (단, 1개월은 4주로 계산한다)

〈최근 5년간 아르바이트 동향 자료〉

(단위 : 원, 시간)

구분	20X1년	20X2년	20X3년	20X4년	20X5년
월 평균 소득	642,000	671,000	668,000	726,000	723,000
평균 시급	6,210	6,950	7,100	6,900	9,100
주간 평균 근로시간	24.5	24	22	21	19.5

① 5년 동안 월 평균 소득은 꾸준히 증가하였다.

② 20X5년 평균 시급은 20X1년의 1.4배 이상이다.

③ 20X3년 월 평균 근로시간은 100시간을 초과한다.

④ 5년 동안 월 평균 소득이 증가하면 평균 시급도 증가하는 양상을 보이고 있다.

⑤ 5년 동안 평균 시급은 꾸준히 증가하고 주간 평균 근로시간은 그 반대의 양상을 보이고 있다.

25. 다음은 2023년 공항철도 여객 수송실적을 나타낸 자료이다. 이에 대한 해석으로 옳지 않은 것은?

〈공항철도 월별 여객 수송실적〉

(단위 : 천 명)

구분	승차인원	유입인원	수송인원
1월	2,843	2,979	5,822
2월	( )	2,817	5,520
3월	3,029	3,302	6,331
4월	3,009	3,228	6,237
5월	3,150	3,383	6,533
6월	3,102	3,259	6,361
7월	3,164	3,267	6,431
8월	3,103	( )	6,720
9월	2,853	3,480	6,333
10월	3,048	3,827	6,875
11월	2,923	3,794	6,717
12월	3,010	3,900	( )

※ 유입인원(명) : 다른 철도를 이용하다가 공항철도로 환승하여 최종 종착지에 내린 승객의 수

※ 수송인원(명)＝승차인원＋유입인원

① 2023년 공항철도의 수송인원은 매 분기 증가하고 있다.

② 2023년 2분기 공항철도 총 유입인원은 1천만 명보다 적다.

③ 9월의 공항철도 유입인원은 8월에 비해 1만 5천 명 이하로 줄었다.

④ 유입인원이 가장 많았던 달과 수송인원이 가장 많았던 달은 일치한다.

⑤ 승차인원이 가장 많았던 달은 가장 적었던 달보다 승차인원이 40만 명 이상 더 많았다.

26. 다음은 어느 지방자치단체의 결혼이민자에 관한 자료이다. 이를 통해 알 수 있는 것은? (단, 모든 계산은 소수점 아래 첫째 자리에서 반올림한다)

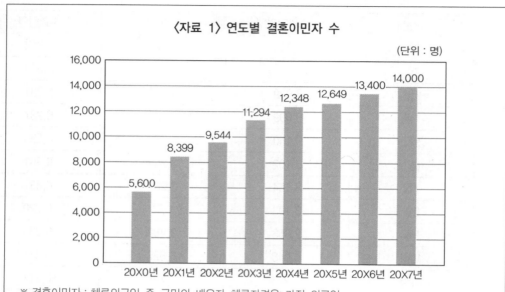

〈자료 1〉 연도별 결혼이민자 수

(단위 : 명)

※ 결혼이민자 : 체류외국인 중 국민의 배우자 체류자격을 가진 외국인

〈자료 2〉 20X7년 국적별 결혼이민자 수

(단위 : 명)

국적	베트남	중국 (한국계)	중국	필리핀	일본	캄보디아	태국	기타
결혼 이민자 수	3,920	3,360	2,800	1,260	560	420	280	1,400

※ 기타 : 200명 미만인 16개 국적의 결혼이민자 수의 합계

① 20X7년 결혼이민자 수는 20X2년 대비 약 147% 증가하였다.

② 20X0년 대비 20X1년의 결혼이민자 수 증가율은 약 55%이다.

③ 기타에 해당하는 국적 중 결혼이민자 수가 87명 이하인 국적이 존재한다.

④ 20X7년 필리핀 국적의 결혼이민자 수는 해당 연도 전체 결혼이민자의 28%에 해당한다.

⑤ 20X7년 중국(한국계)과 중국 국적의 결혼이민자 수의 합은 전년도 전체 결혼이민자의 과반수를 차지한다.

27. 의류회사에 근무하는 박 사원은 지난주의 시간대별 모바일 쇼핑 매출 기록을 다음과 같이 정리하였다. 〈자료 1〉, 〈자료 2〉를 바탕으로 평일(5일) 시간대별 모바일 쇼핑 매출 비율을 추정할 때, 평일(5일) 15 ～ 21시 구간이 매출에서 차지하는 비율은 얼마인가? (단, 모든 계산은 소수점 아래 둘째 자리에서 반올림한다)

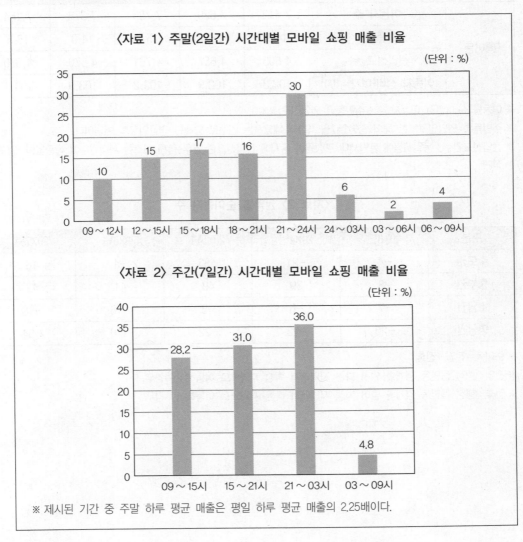

〈자료 1〉 주말(2일간) 시간대별 모바일 쇼핑 매출 비율

(단위 : %)

〈자료 2〉 주간(7일간) 시간대별 모바일 쇼핑 매출 비율

(단위 : %)

※ 제시된 기간 중 주말 하루 평균 매출은 평일 하루 평균 매출의 2.25배이다.

① 28% ② 29% ③ 30%

④ 31% ⑤ 32%

[28 ~ 29] 다음은 국내 인구이동 현황 자료이다. 이어지는 질문에 답하시오.

〈자료 1〉 국내 인구이동

(단위 : 천 명, %, 건)

구분		20X3년	20X4년	20X5년	20X6년	20X7년
총이동	이동자 수	7,412	7,629	7,755	7,378	7,154
	이동률	14.7	15.0	15.2	14.0	13.8
	전입신고건수	4,505	4,657	4,761	4,570	4,570
	이동자 성비(여자=100)	102.3	102.9	103.2	103.9	104.1

※ 이동률(%) : (연간 이동자 수÷주민등록 연앙인구)×100

※ 주민등록 연앙인구 : 한 해의 중앙일(7월 1일)에 해당하는 인구로 당해년 평균인구의 개념이다.

※ 전입신고건수 : 동일시점에 동일세대 구성원이 동시에 전입신고한 경우 함께 신고한 세대원수에 상관없이 1건으로 집계

〈자료 2〉 권역별 순이동자 수

(단위 : 천 명)

구분	20X3년	20X4년	20X5년	20X6년	20X7년
수도권	−4	−21	−33	−1	16
중부권	28	39	49	41	42
호남권	−7	−6	−8	−16	−18
영남권	−25	−23	−22	−40	−54

※ 순이동＝전입−전출

※ 전입 : 행정 읍면동 경계를 넘어 다른 지역에서 특정 지역으로 이동해 온 경우

※ 전출 : 행정 읍면동 경계를 넘어 특정 지역에서 다른 지역으로 이동해 간 경우

28. 다음 중 위 자료에 대해 바르게 해석하지 못한 것은?

① 20X4년에는 여자 100명이 이동할 때, 남자 102.9명이 이동했다.

② 국내 인구 이동률은 20X5년 이후 계속해서 감소하고 있다.

③ 20X3 ~ 20X6년까지 수도권으로 전입한 인구가 전출한 인구보다 많다.

④ 20X3 ~ 20X7년까지 중부권은 전입이 전출보다 많다.

⑤ 20X7년 국내 이동자 수는 총 715만 4천 명으로 전년 대비 약 3% 감소하였다.

29. 위 자료를 토대로 할 때, 20X6년의 주민등록 연앙인구는 몇 명인가?

① 48,145,000명　　　　② 50,860,000명　　　　③ 52,700,000명

④ 54,380,000명　　　　⑤ 56,460,000명

[30 ~ 31] 다음 생활시간조사에 관한 자료를 보고 이어지는 질문에 답하시오.

〈자료 1〉 18세 이상 전체 인구의 생활 행동별 요일 내 평균 시간

(단위 : 분)

행동 분류별		2006년	2011년	2016년	2021년
필수시간	수면	442	445	450	480
	식사	94	111	116	127
	건강관리	8	8	7	6
의무시간	근로시간	206	187	183	180
	가정관리	110	106	105	109
	학습시간	33	17	15	23
여가시간	게임시간	5	13	10	10
	여가활동	217	275	248	259

※ 생활시간조사는 18세 이상의 국민이 각자 주어진 24시간을 보내는 양상을 파악하기 위한 것으로 24시간을 필수시간, 의무시간, 여가시간으로 구분하여 행동 분류별 시간 사용량을 파악하고 있다.

〈자료 2〉 18세 이상 행위자 인구의 생활 행동별 요일 내 평균 시간

(단위 : 분)

행동 분류별		2006년	2011년	2016년	2021년
필수시간	수면	442	445	450	480
	식사	94	111	116	127
	건강관리	8	60	47	43
의무시간	근로시간	385	343	334	341
	가정관리	146	137	131	134
	학습시간	222	327	294	232
여가시간	게임시간	85	80	73	64
	여가활동	220	276	250	261

※ 행위자 인구는 18세 이상의 성인 중 하루 24시간 중 1분 이상 필수시간, 의무시간, 여가시간에 속한 특정 행위를 한 사람들을 의미한다. 따라서 〈자료 2〉는 해당 생활 행동 행위자만을 대상으로 계산한 요일 평균 행위시간을 나타낸다.

30. 〈자료 1〉에 대한 해석으로 적절한 것은?

① 2021년 여가활동은 2006년에 비해 110% 이상 증가하였다.

② 2006년부터 2021년까지 의무시간의 세 항목들은 같은 추세를 보인다.

③ 가정관리에 투자하는 시간이 계속 감소하고 있음을 알 수 있다.

④ 조사 기간 중 5년 전 조사 대비 식사시간의 증가율은 2021년에서 가장 크다.

⑤ 전체적으로 필수시간의 총합은 증가하고, 근로시간은 감소한다.

31. 다음 중 〈자료 1〉과 〈자료 2〉를 통해서 알 수 있는 사실이 아닌 것은?

① 2021년 게임 행위자의 평균 시간은 전체 인구 평균에 비해 6배 이상이다.

② 여가시간의 행위자 평균 시간과 전체 인구의 평균 시간의 추세는 동일하다.

③ 학습을 하지 않는 사람의 수는 학습을 하는 사람의 수보다 10배 이상 많다.

④ 조사 기간의 수면시간과 식사시간은 전체 인구 평균과 행위자의 평균이 동일하다.

⑤ 의무시간과 여가시간의 모든 항목에서 행위자 평균이 전체 인구 평균보다 높게 나타났다.

[32 ~ 33] 다음 자료를 보고 이어지는 질문에 답하시오.

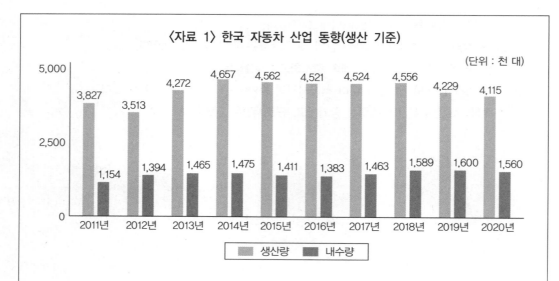

〈자료 1〉 한국 자동차 산업 동향(생산 기준)

(단위 : 천 대)

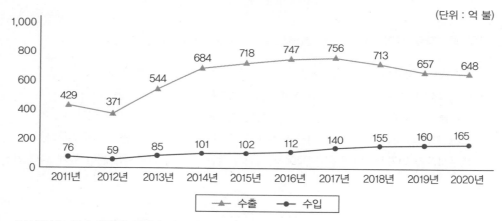

〈자료 2〉 한국 자동차 산업 동향(수출입 기준)

(단위 : 억 불)

※ 생산/내수는 국내 완성차 업계의 실적 집계이며, 수출/수입은 통관 기준 금액임(완성차, 부품 포함).
※ 무역수지＝수출－수입

〈자료 3〉 2020년 자동차 생산량 국제 비교

(단위 : 천 대)

구분	한국	중국	미국	일본	독일	인도	멕시코	세계 총 생산
생산량	4,115	29,015	11,182	9,684	6,051	4,780	4,068	98,909

32. 다음 중 위 자료에 대한 설명으로 옳은 것을 모두 고르면?

> ㉠ 2020년 한국은 세계 총 자동차 생산량의 약 4%를 차지하고 있다.
>
> ㉡ 자동차 내수량이 가장 많았던 해에는 전년 대비 10,000대 이상 증가했다.
>
> ㉢ 한국 자동차 산업의 무역수지는 모든 해에서 흑자를 기록하였으며, 무역수지가 가장 큰 해는 2016년이다.

① ㉠

② ㉠, ㉡

③ ㉠, ㉢

④ ㉡, ㉢

⑤ ㉠, ㉡, ㉢

33. 2020년 한국의 자동차 생산량의 전년 대비 감소율과 일본의 전년 대비 증가율이 동일하다고 할 때, 일본의 2019년 자동차 생산량은 몇 대인가? (단, 모든 계산은 소수점 아래 첫째 자리에서 반올림한다)

① 약 9,078천 대

② 약 9,150천 대

③ 약 9,277천 대

④ 약 9,402천 대

⑤ 약 9,504천 대

[34 ~ 35] 다음 자료를 보고 이어지는 질문에 답하시오.

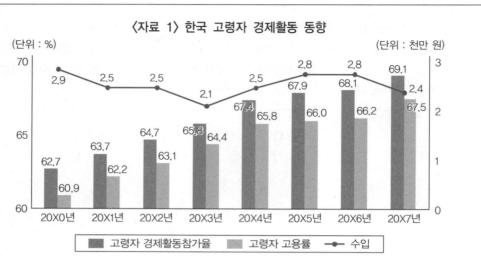

〈자료 1〉 한국 고령자 경제활동 동향

(단위 : %)

(단위 : 천만 원)

※ 고령자는 55 ~ 64세를 의미함.

〈자료 2〉 한국 생산가능인구 및 고령생산가능인구 비율

(단위 : 천 명, %)

구분	20X0년	20X1년	20X2년	20X3년	20X4년	20X5년	20X6년	20X7년
생산가능인구 (15 ~ 64세)	40,825	41,387	41,857	42,304	42,795	43,239	43,606	43,931
고령생산가능 인구 비율	12.3	12.9	13.4	14.0	14.6	15.4	16.3	16.8

※ 고령생산가능인구 비율은 15세 이상 생산가능인구 중 고령생산가능인구(55 ~ 64세)가 차지하는 비율을 의미함.

〈자료 3〉 20X6년 고령자 경제활동 동향 국제비교

(단위 : %)

구분	미국	영국	독일	일본	프랑스	스웨덴	OECD 평균
고령자 경제활동참가율	64.1	66.0	71.3	73.6	53.7	79.8	62.1
고령자 고용률	61.8	63.6	68.6	71.4	49.9	75.6	58.4
고령자 실업률	3.6	3.6	3.9	2.9	7.1	5.3	5.7

※ 경제활동참가율 = 경제활동인구 ÷ 생산가능인구 × 100   ※ 고용률 = 취업자 ÷ 생산가능인구 × 100

※ 취업률 = 취업자 ÷ 경제활동인구 × 100   ※ 실업률 = 실업자 ÷ 경제활동인구 × 100

※ 경제활동인구 = 취업자 + 구직활동을 한 실업자

※ 취업자는 수입목적으로 주당 1시간 이상 일한 자 또는 주당 18시간 이상 일한 무급가족종사자를 의미함.

34. 다음은 위 자료를 바탕으로 작성한 보고서 내용의 일부이다. ㉠~㉤ 중 위 자료의 내용과 일치하는 것은?

> 한국 고령자의 경제활동참가율은 매년 지속적으로 증가하고 있다. ㉠고령자 고용률과 수입도 지속적으로 증가하고 있으며, 특히 ㉡20X7년 고령자 고용률은 전년보다 1.0%p 증가한 것으로 나타났다. ㉢고령자 실업률은 20X3년부터 20X5년까지 증가하는 모습을 보였으나, 20X6년 이후로 다시 감소하는 모습을 보였다. 20X6년 고령자 경제활동 동향을 나라별로 살펴보면, ㉣미국, 영국, 독일, 일본, 프랑스, 스웨덴 중 OECD 평균보다 고령자 고용률이 낮은 나라는 프랑스와 미국이며, 프랑스는 고령자 실업률도 다른 나라와 반대로 OECD 평균보다 높다. ㉤반면, 20X6년 고령자 고용률이 가장 높은 나라는 스웨덴으로 두 번째로 고령자 고용률이 높은 일본에 비해 4.9%p 더 높다.

① ㉠   ② ㉡   ③ ㉢

④ ㉣   ⑤ ㉤

35. 위 자료를 바탕으로 다음 ㉠, ㉡에 들어갈 숫자를 바르게 짝지은 것은? (단, 소수점 아래 첫째 자리에서 반올림한다)

> 20X7년 한국의 고령생산가능인구는 ____㉠____ 천 명으로, 전년 대비 ____㉡____ % 증가했다.

	㉠	㉡		㉠	㉡		㉠	㉡
①	7,380	4	②	7,380	5	③	8,786	3
④	8,786	4	⑤	8,786	5			

36. K 공사 업무지원팀은 팀원 5명의 지방 파견 가능 여부를 체크하고 있다. 다음 〈보기〉를 바탕으로 할 때, 지방으로 파견될 수 있는 팀원들은 누구인가?

> **보기**
>
> - D는 반드시 파견되기로 하였다.
> - D가 파견되면 E도 같이 파견된다.
> - C가 파견되면 B는 파견될 수 없다.
> - A가 파견되면 D는 파견될 수 없다.
> - E가 파견될 경우, A 혹은 C도 같이 파견된다.

① A, B, C

② A, C, D

③ C, D, E

④ A, B, C, E

⑤ B, C, D, E

37. 최 사원은 졸업하는 후배 12명에게 다음과 같이 장미꽃을 한 송이씩 전달하였다. 〈보기〉에서 옳은 것을 모두 고르면?

> - 꽃은 붉은색, 노란색, 하얀색, 하늘색 4종류가 각각 한 송이 이상씩 있으며, 모두 12송이 이다.
> - 하얀 장미를 받은 사람은 노란 장미를 받은 사람보다 적다.
> - 붉은 장미를 받은 사람은 하얀 장미를 받은 사람보다 적다.
> - 하늘색 장미는 붉은 장미보다 많고, 하얀 장미보다는 적다.

> **보기**
>
> ㉠ 노란 장미를 받은 사람은 5명 이상이다.
> ㉡ 붉은 장미를 받은 사람이 1명이면, 하얀 장미를 받은 사람은 4명이다.
> ㉢ 노란 장미를 받은 사람이 6명이라면, 하늘색 장미를 받은 사람은 2명이다.

① ㉠

② ㉡

③ ㉢

④ ㉠, ㉡

⑤ ㉠, ㉢

38. K 공사의 야유회에서 10명의 사원을 5명씩 두 팀으로 나누어 보물찾기를 하고 있다. 한 팀이 먼저 보물을 숨기고 다른 팀에게 다음과 같이 힌트를 주었는데, 두 명은 거짓을 말하고 있다. 거짓을 말하는 사람은 누구인가? (단, 보물은 한 개다)

> A : 보물은 풀숲 안에 숨겼습니다.
>
> B : 텐트 안에 보물이 있습니다.
>
> C : D는 진실만을 말하고 있습니다.
>
> D : 풀숲 안에 보물을 숨기는 것을 보았습니다.
>
> E : 저희는 나무 아래에 보물을 숨겼습니다.

① A, B   ② A, D   ③ B, C

④ B, E   ⑤ C, E

39. A ~ E 5명의 사원은 이번 주 평일에 돌아가면서 당직 근무를 선다. 하루에 2명씩 당직을 서고 근무 배정은 〈조건〉과 같을 때, 다음 중 반드시 참인 것은? (단, 5명 모두 당직을 서는 횟수는 동일하다)

> **조건**
>
> • E는 금요일 당직을 선다.
>
> • 수요일은 A와 C가 함께 당직을 선다.
>
> • D는 수요일 이후로 당직 근무를 서지 않는다.
>
> • A와 E는 이번 주에 한 번씩 D와 함께 당직을 선다.

① A는 두 번 연이어 당직을 선다.

② B는 화요일과 목요일에 당직을 선다.

③ E는 월요일과 금요일에 당직을 선다.

④ 목요일에는 B와 C가 함께 당직을 선다.

⑤ 이번 주에 B와 E는 함께 당직을 서지 않는다.

40. ○○은행은 지점별로 순환근무제를 실시하고 있다. 동기 사원인 A, B, C, D는 〈조건〉과 같이 순환 근무를 한다고 할 때, 〈보기〉에서 옳은 것을 모두 고르면?

조건

- 2019년에 입행한 A, B, C, D는 각각 서부, 남부, 동부, 북부에 배치되었다.
- 순환배치는 항상 동부지점 → 남부지점 → 서부지점 → 북부지점 순이다.
- A는 연 1회, B는 2년에 1회, C는 3년에 1회, D는 4년에 1회 순환배치된다.

보기

ⓐ 2024년에 A와 C는 같은 지점에 근무하게 된다.
ⓑ A, B, C, D 중 2020년에 서부지점에서 근무한 사람은 없다.
ⓒ C와 D가 같은 지점에 근무하는 일은 2031년까지 일어나지 않는다.
ⓓ 2023년에는 A, B, C, D 모두 서부 또는 북부지점에서 근무했다.
ⓔ 2024년까지 A, B, C, D 중 세 사람이 같은 지점에서 근무하는 경우는 발생하지 않는다.

---

① ⓐ, ⓓ   ② ⓓ, ⓔ   ③ ⓐ, ⓑ, ⓒ
④ ⓐ, ⓓ, ⓔ   ⑤ ⓑ, ⓒ, ⓔ

---

41. 사원 A, B, C, D, E 5명이 출퇴근 방법에 관한 설문조사를 마치고 다음과 같이 말하였다. 5명 중 2명이 거짓을 말하고 있을 때, 사원과 그 사원이 이용하는 교통수단이 바르게 짝지어진 것은?

5명의 사원이 이용한다고 대답한 교통수단은 자가용(2명), 택시(2명), 버스(3명), 지하철(3명)이고, 5명의 사원은 각각 두 가지 교통수단을 이용한다고 대답하였다.

A 사원 : 저는 자가용을 이용한다고 대답했고, E는 거짓말을 하고 있습니다.
B 사원 : 저는 버스를 이용하지 않는다고 대답했고, D는 진실을 말하고 있습니다.
C 사원 : 저는 버스를 이용하지 않는다고 대답했고, E는 진실을 말하고 있습니다.
D 사원 : 저는 자가용과 지하철을 이용한다고 대답했습니다.
E 사원 : 저는 택시를 이용한다고 대답했고, B와 D는 거짓말을 하고 있습니다.

---

① A : 택시   ② A : 버스   ③ C : 자가용
④ C : 지하철   ⑤ E : 자가용

42. 다음 글에서 필자가 주장하는 바에 비추어 볼 때, 빈칸 ㉠에 들어갈 문장으로 적절한 것은?

전국에서 떼죽음이 벌어지고 있다. 2016년 겨울, 전남 해남에서 처음 신고된 H5N6형 고병원성 조류인플루엔자(AI)가 전국에 퍼지면서 살처분된 닭과 오리가 2,000만 마리를 넘어섰다. 며칠 전엔 2014년의 H5N8형 고병원성 AI까지 다시 나타났다. 역대 최악의 피해다.

AI 확진 판정이 나면 반경 3km 내의 닭과 오리들을 모두 죽인다. 고병원성 바이러스의 확산을 막으려면 '예방적' 살처분이 불가피하다는 것이다. 살처분의 규모는 눈덩이처럼 불어난다. 2003년부터 2015년까지 모두 3,873만 마리, 각각의 확진 때마다 26만 마리를 죽였는데, 2016년 당시에는 하루 평균 60만 마리나 도살했다.

가축은 살처분 후 매몰하게 되어 있다. 하지만 실제 현장에서는 매몰이 살처분인 경우도 많다. 포대자루에 닭이나 오리를 몇 마리씩 집어넣고 구덩이에 파묻어 버린다. 생지옥이 따로 없다. 2010년 말의 구제역 때는 돼지 300만 마리가 대부분 생매장되었다.

2016년의 AI 사태를 재앙 수준으로 키운 정부의 방역대책, 특히 '골든타임'을 놓친 허술한 초동대응을 질타하는 목소리가 높다. 이웃 일본과 비교하면 백번 맞는 말이다. 하지만 엄청난 피해의 근원은 공장식 축산이다. 대규모 사육이 아니면 살처분 규모가 이토록 커질 리가 없다. 게다가 축산공장은 AI 바이러스의 온상으로 최적지이다. 일단 AI가 들어오면 방사 사육되는 닭들과 달리 공장식 축산의 밀폐된 축사에서 사육되는 닭들은 속수무책이다. 그런데도 AI를 막겠다며 정부는 바이러스의 진원지인 축산공장은 그대로 둔 채 멀쩡한 닭들만 엄청나게 죽이는 어처구니없는 일만 반복하고 있다. 공장식 축산의 근본 문제는 생명을 물건으로 여긴다는 것이다. 우리는 대부분 마트 진열대 위에 놓인 정갈한 포장육과 계란 같은 상품으로 가축을 접한다. 상품이 되기까지 가축이 겪는 사육 과정, 그들의 일생에 대해서는 무관심하거나 무지하다. 그래서인가, 우리는 엄연한 생명체인 가축에 대해 '공장'과 '살처분'이라는 말을 무심히 사용한다.

( ㉠)

① 그러나 경제적 측면에서 대규모 공장식 축산은 중요하므로 범정부적 차원의 지원과 함께 관리와 감독도 강화하여야 하겠다.

② 그러므로 인류의 복지와 환경 그리고 동물 애호 정신을 동시에 고려하는 축산으로 전환하는 것은 이 시대의 선결 과제이다.

③ 이렇듯 바이러스 확산을 막기 위한 동물의 살처분을 당연하게 여기는 사회라면, 도덕성이 둔감해져 각종 사회문제가 더욱 심화될지도 모르는 일이다.

④ 하지만 공장이란 물건을 생산하는 곳이지 생명을 낳고 기르는 곳이 아니며, 처분하는 것은 물건이지 생명이 아니다.

⑤ 따라서 대국민 홍보를 통해 육류소비를 줄이는 것이 AI 확산으로 인한 국민 건강의 위협을 막는 길이다.

[43 ~ 44] A 기업은 전년도부터 '에너지 자원 절약 프로젝트'를 실시하고 있다. 직원 B는 이 프로젝트의 결과 보고서를 작성하기 위해 다음과 같이 자료를 정리하고 있다. 이어지는 질문에 답하시오.

〈실천 과제 항목별 월간 절감 비용〉

(단위 : 천 원)

구분	월 절감비용
(ㄱ) 개인 컵 사용	58,000
(ㄴ) 이면지 재활용	55,000
(ㄷ) 3층 이하 엘리베이터 사용 자제	26,000
(ㄹ) 실내 온도 제한	50,000
(ㅁ) 점심시간 사무실 소등	34,000
(ㅂ) 퇴근 시 불필요한 전력 사용 차단(복사기 등)	46,000
(ㅅ) 외근 등 장시간 부재 시 PC 전력 대기모드 전환	23,000

〈복수 항목 실천 시 추가 절감률〉

(단위 : %)

구분	추가 절감률
(ㄱ)+(ㄴ)+(ㄹ)	25
(ㄱ)+(ㄷ)+(ㅁ)	20
(ㄱ)+(ㄹ)+(ㅁ)	15
(ㄴ)+(ㄷ)+(ㅅ)	20
(ㄴ)+(ㄹ)+(ㅁ)	10
(ㄷ)+(ㄹ)+(ㅂ)	15
(ㄷ)+(ㅂ)+(ㅅ)	15

※ 1) 에너지 자원 절약 프로젝트는 1달에 3가지 이상을 필수적으로 실천해야 함.
  2) 총 절감비용＝해당 복수 항목(세 항목)의 절감비용의 총 합×해당 추가 절감률

43. A 기업은 다음 달 '3층 이하 엘리베이터 사용 자제'를 포함한 총 3개 항목을 실천하여 에너지를 최대한 많이 절감하려고 한다. 나머지 2개의 실천 항목으로 적절한 것은?

① (ㄱ), (ㅁ) ② (ㄹ), (ㅂ) ③ (ㅂ), (ㅅ)
④ (ㄴ), (ㅅ) ⑤ (ㄱ), (ㄴ)

44. A 기업은 지난달에 '이면지 재활용', '3층 이하 엘리베이터 사용 자제', '퇴근 시 불필요한 전력 사용 차단(복사기 등)'을 실천하였고 이번 달에는 '개인 컵 사용', '실내 온도 제한', '점심시간 사무실 소등'을 실천하였다. 이번 달 에너지 절감 비용은 지난달과 얼마나 차이가 나는가?

① 15,000,000원 ② 22,600,000원 ③ 28,500,000원
④ 36,300,000원 ⑤ 41,800,000원

[45 ~ 46] 다음 자료를 보고 이어지는 질문에 답하시오.

회의록		
회의명	신제품 프로모션 기획 2차 회의	
일시	202X년 9월 30일	장소 / 별관 3층 소회의실
참석자	개발부 : A 부장, B 과장, C 대리 / 영업부 : D 차장, E 대리, F 사원	

회의내용	1. 목적 　－내년 새롭게 출시하는 화장품을 알리기 위한 프로모션 행사 기획 2. 추진방향 　－다양한 판촉 행사를 기획함으로써 제품의 긍정적 이미지를 제고 　－최신 홍보 · 판촉 행사 트렌드를 따라가되, 신선한 기획안 준비 3. 추진내용 및 역할 분담

홍보 및 판촉 성공 국내 사례 분석 (최근 1년간 출시된 유사 국내 제품의 특징과 관련 제품 홍보 및 판촉 성공 사례 수집 및 분석)	개발부
자사 신제품의 장점과 특징을 타사의 제품과 비교하여 정리	개발부
최근 2년간 자사의 홍보 및 판촉 행사 분석	영업부
홍보물 유통 경로 체크	영업부
신제품 홍보 및 판촉 행사 방안 구상	개발부, 영업부

　－추가 다른 부서 협력 요청 사항
　　1) 최근 자사의 홍보용 콘텐츠 분석 : 미디어제작부(10/7까지)
　　2) 최근 화제성이 높은 해외 판촉 사례 분석 : 마케팅부(10/15까지)
4. 기획 및 준비 기간 : 202X년 9월 30일～202X년 11월 29일
5. 다음 회의 일정 : 202X년 10월 8일
　－1차 회의 참석자에서 마케팅부 2명, 미디어제작부 2명 추가
　－최근 자사 홍보 콘텐츠의 경향 분석 및 정리 자료는 미디어제작부에 사전 요청

45. 위 회의록을 참고하여 다음 회의까지 각 부서별로 수행해야 할 업무 내용으로 적절한 것을 모두 고르면?

> 가. 영업부 F 사원은 최근 2개년 해외의 홍보 및 판촉 성공 사례를 분석하며 신제품 판촉 행사 방안을 구상한다.
>
> 나. 개발부 C 대리는 최근 자사의 홍보 및 판촉 방식을 참고하여 신제품의 특징을 좀 더 차별적으로 부각할 수 있는 새로운 홍보 방안을 구상해 본다.

다. 개발부 B 과장은 자사의 신제품이 가진 특징을 타사의 제품과 비교·조사하고, 제품 판촉 행사 및 홍보를 성공적으로 진행했던 국내의 사례를 살펴본다.

라. 영업부 E 대리는 최근 홍보물 유통 방식에 대하여 조사하고, 이를 신제품 홍보와 관련된 아이디어 구상에 활용한다.

① 가, 나 ② 가, 라 ③ 다, 라

④ 가, 나, 다 ⑤ 나, 다, 라

46. 윗글과 다음 글을 참고하여 구상한 홍보 기획안으로 적절하지 않은 것은?

> 최근 국내 화장품 로드숍이 사회관계망서비스(SNS)를 활용해 반전을 시도하고 있다. 국내에서 주목받고 SNS에서 해시태그(#기호로 게시글을 묶는 기능)를 만들거나 영향력 있는 개인을 통해 신제품을 소개하는 이 방법은 소비자들에게 신제품을 빠르게 홍보할 수 있다. A 기업은 SNS상의 유명 인사를 상품 모델로 내세워 영상을 제작했는데, 그 제품은 일부 매장에서 품절될 정도로 화제가 되었다. 화장품 홍보 게시글을 올리고, 소비자들의 질문에 적극적으로 댓글을 달면서 소통을 이어가기도 했다. B 기업은 화장법을 알리는 영상을 SNS에 게시했다. 제품의 특징을 파악하는 동시에 화장을 손쉽게 배울 수 있다는 점이 소비자들의 뜨거운 반응을 이끌었다. 또한 최근 여러 기업들은 SNS에 올린 게시물을 통해 손쉽게 상품을 구매할 수 있도록 유도하고 있으며 친숙한 해시태그를 만들어 홍보하거나 각종 이벤트에도 활용하는 모습을 보이고 있다. 이는 주요 소비자층인 20 ~ 30대가 SNS를 많이 이용한다는 점을 염두에 둔 홍보 방식이다.

① SNS 유명 뷰티 인플루언서들에게 자사의 신제품을 무료로 제공하여 체험하게 한 뒤, SNS에 제품 사용 후기 글을 올려 제품을 홍보하도록 제안한다.

② 신제품의 특성을 담으면서 특색 있고 기억하기 쉬운 해시태그를 만들어 게시물이 쉽게 퍼질 수 있도록 한다.

③ SNS에서 해시태그를 통해 게시글이 빠르게 확산되는 점을 고려하여 제품의 이미지가 하락하지 않도록 용어 사용에 주의한다.

④ 유명 인사의 오프라인 강연을 통해 회사의 이미지를 제고하고 소비자들과의 소통을 높인다.

⑤ SNS 계정을 만들어서 자사 화장품에 대한 정보뿐만 아니라 최근 유행하는 화장법을 소개하는 게시글을 올려 소비자들과 활발히 소통한다.

[47 ~ 48] 다음 글을 읽고 이어지는 질문에 답하시오.

<**202X년도 AA 연구원 연구직 채용공고**>

1. 모집분야 및 채용인원

직종	직급	모집분야	채용 인원	응시자격
연구직	부연구 위원급 이상	경제학, 경영학, 통계학, 에너지자원 관련 분야	4명	모집분야 박사학위 소지자(내년도 상반기 취득예정자 포함)
연구직	전문연구원	경제학, 경영학, 통계학, 에너지자원 관련 분야, 국제협상 및 국제관계 관련 분야	6명	모집분야 석사학위 소지자(내년도 2월 취득예정자 포함)

2. 임용기간 및 조건 : 1년 근무 후 평가를 통해 정규직 임용(본원의 운영규칙 적용)

3. 전형방법

• 부연구위원급 이상
  1차 시험 : 서류전형(블라인드 심사), 2차 시험 : 세미나(논문 또는 연구 발표), 면접
• 전문연구원

전형	시행방법
1. 서류	블라인드 입사지원서 심사
2. 직업기초능력 및 직무수행능력 평가	○○시험을 통한 직업기초능력 평가
3. 논술	논술 시험을 통한 직무수행능력 평가
4. 블라인드 면접	모집분야 관련 주제 세미나
5. 신원조사	신원조사, 신체검사, 비위면직자 조회

4. 응시 제출서류

– 모든 제출서류에 학교명을 삭제하여 각 1부씩 온라인 접수 시 첨부
• 부연구위원 : 응시원서 및 자기소개서, 박사논문 요약문과 전문, 최근 4년 이내 연구실적목록
  (학위논문 제외), 박사학위증 또는 졸업(예정) 증명서
• 전문연구원 : 응시원서 및 자기소개서, 석사논문 요약문과 전문, 공인어학성적 증명서, 최종학
  력 성적 증명서
• 공통 적용사항 : 취업지원대상자 증명서 등 가점 관련 증명서, 재직/경력증명서는 해당자의
  경우 제출

5. 응시원서 접수 기간 및 제출방법 : 202X. 11. 1. ~ 202X. 11. 30. 본원 홈페이지 온라인 접수

6. 기타사항
- 국가유공자 등 예우 및 지원에 관한 법률, 장애인 고용촉진 및 직업재활법 해당자는 법령에 의하여 우대함.
- 비수도권 지역 인재, 기초생활수급자, 연구원 소재지 지역 인재의 경우 서류전형 단계에서 가점 부여함. 단, 가점 등 우대혜택이 중복되는 경우 가점이 제일 높은 항목 한 개만 적용함.

47. 위 채용공고 내용을 참고하여 다음과 같이 지원서를 제출하였다. 적절하게 지원한 사람을 모두 고르면?

- 박○○ : 경제학 박사학위를 202X년 8월에 취득하며, 부연구위원에 지원한다. 박사학위 논문을 연구실적으로 제출하였다.
- 김◇◇ : 학사 과정에서 경영학과 통계학을 전공하였다. 학사졸업 후 경제개발 관련 연구소에서 5년 동안 근무했다. 이 경력을 살려 전문연구원에 지원했다.
- 정◎◎ : 연구원 소재지에 거주하며 기초생활수급자이다. 가점을 받기 위해 이 두 가지 부분에 대한 관련 증명서를 제출하였다.
- 류□□ : 에너지관리학 석사학위를 소지하고 있으며, 최종학력 성적 증명서에 출신학교를 삭제한 뒤 전문연구원에 지원하였다.
- 채△△ : 201X년 2월 국제관계학 박사학위를 받았다. 학위증명서와 각종 연구실적 목록을 준비하여 부연구위원 채용에 지원하였다.

① 박○○, 김◇◇   ② 박○○, 정◎◎   ③ 정◎◎, 류□□
④ 정◎◎, 채△△   ⑤ 류□□, 채△△

48. 〈보기〉의 내용은 국제협상 및 국제관계 연구직 채용자에게 요구되는 필요지식이다. 이에 해당하는 연구원을 선발하기 위해 지원 서류를 심사하는 과정에서 담당자가 떠올릴 수 있는 생각으로 적절하지 않은 것은?

보기

- 에너지 국제협력 또는 개발 선행연구에 대한 지식, 관련 분야
- 사업성 분석 및 경영전략에 대한 이해
- 고객 데이터 수집·관리 및 분석, 처리 방법에 대한 이해
- 영어 등 외국어 구사 및 활용능력

---

① 국제협상 및 국제관계 분야의 연구원을 채용하는 것이지만, 에너지 자원에 대한 관심도와 직무 수행과 관련된 데이터 처리능력에 대한 지식을 확인하며 심사해야 한다.

② 국제협상 및 국제관계 분야 연구직으로 채용되었더라도 사업과 경영전략에 대한 이해 능력에 두각을 보이면 근무 평가 이후 업무 분야를 변경할 수 있음을 고려하여 채용한다.

③ 논술, 면접 전형에서 에너지자원 문제의 동향을 얼마나 이해하고 있는지 확인한다.

④ 공인어학성적 증명서를 통해 영어 등 외국어 구사 및 활용 능력을 일차적으로 검증하고, 면접 과정에서 외국어 활용 능력을 확인해 본다.

⑤ 석사논문의 내용을 통해 에너지 국제협력 문제에 대한 이해가 충분한지를 살펴본다.

[49 ~ 50] 다음 자료를 보고 이어지는 질문에 답하시오.

'지리여행(地理旅行, Geotravel)'이란 말이 사용되기 시작한 것은 약 20년 전이다. 지리여행은 '어떤 곳의 지형이나 길 따위의 형편 혹은 지구상의 지형, 생물, 물, 기후, 도시, 교통, 주민, 산업 따위의 상태를 즐기는 여행'으로 풀이할 수 있다. 지리여행은 머리로 하는 여행이 아니라 가슴으로 하는 여행이며, 지리여행은 감성여행이며 관찰여행이다. 지리여행은 역사 중심의 관광패턴을 크게 뛰어넘는 포괄적 국토환경여행이다. 지구를 구성하고 있는 기권, 암권, 수권, 생물권 등의 4권역을 관광의 대상으로 삼는 신개념 탐구여행이고, 특정의 자연환경을 토대로 살아온 지역 주민들의 의식주를 탐미하는 향토여행이기도 하다. 지리여행은 우리 주변의 산지, 하천, 해안지형 및 물이 빚어낸 자연경관, 그리고 이러한 자연경관 위에 펼쳐지고 있는 도시, 농산어촌의 생활양식이 시공간적으로 결합된 지리콘텐츠(Geographical Content)를 현장답사를 통해 이해하는 체험여행인 것이다.

현재 우리사회의 관광 콘텐츠는 주로 역사 중심의 프로그램으로 구성되어 있다. 반만 년의 유구한 전통을 갖고 있는 우리나라 곳곳에는 역사와 관련된 국보와 보물 등의 문화재로 가득하다. 우리나라가 세계유산으로 등재한 11곳의 내역을 보면 10곳이 해인사장경판전, 종묘, 석굴암·불국사 등과 같은 문화유산들이며, 자연유산으로는 제주 화산섬과 용암동굴만이 지정되어 있을 뿐이다. 이는 우리나라의 관광자원이 역사·문화 중심으로 편중되어 있음을 의미한다. 역사·문화 편중의 관광 콘텐츠만으로는 우리의 국토공간을 제대로 즐기기 어렵다. 이러한 콘텐츠로는 국내여행의 다양성을 확보하기 힘들다. 국립공원과 같은 관광지에서 한눈에 볼 수 있는 것은 산, 강, 바다와 같은 대자연으로 고궁, 사찰 등의 관광 소재만으로는 우리의 자연경관을 음미하기에는 제한적일 수밖에 없는 것이다. 이러한 현실을 극복하기 위해 삶의 공간을 탐미하는 지리여행은 관광 활성화를 위한 적절한 대안이 될 수 있다.

지리여행과 비슷한 탐구 성격을 지닌 여행으로 생태관광과 지질관광이 있다. 2010년부터 문화체육관광부와 환경부가 창녕, 파주, 태안 등 전국 11개 지역에 선정한 생태관광 모델사업도 국내 관광 활성화를 위해 시도된 테마여행이다. 지질관광 역시 지질공원과 함께 생긴 테마여행으로 2012년 환경부가 마련한 국가지질공원제도는 지질관광 대중화를 위한 활력소가 되고 있다. 현재 우리나라의 국가지질공원은 2013년에 지정된 제주도와 울릉도·독도 등 모두 6곳이 지정되어 있다. 생태관광이나 지질관광은 아직 초기단계여서 그 성과를 평가하기에는 성급함이 있으나 벌써부터 대중화를 위한 적지 않은 한계점이 나타나고 있다. 예컨대 생태관광 사업은 원래 우수한 생태자원을 발굴하고 주변의 역사와 문화자원을 더불어 체험하기 위해 마련된 소프트웨어 중심의 사업이다. 그러나 문화체육관광부에서 환경부로 생태관광 업무가 이관된 후로는 국립공원과 자연공원, 생태경관보전지역, 철새도래지 등 환경적으로 우수한 대다수의 보호지역이 생태관광지로 소개되며 생태관광 본래의 사업목적이 변질되기에 이르렀다. 또한 지질관광은 깊은 지질학적 지식을 요구하고 있어 방문객들이 그 내용을 근본적으로 이해하기 어려운 구조적 문제점을 안고 있다. 이는 지질관광의 일반화를 위해 지질 관광의 콘텐츠 개발이 재고되어야 함을 의미한다.

지리여행 콘텐츠는 이러한 생태관광이나 지질관광의 한계를 극복하기 위해 개발되었다. 우선 지리여행이 지질관광이나 생태관광과 다른 점은 지리여행은 점(點)의 여행이 아니라, 답사 코스를 따르는 공간 여행의 성격이 강하다는 것이다. 광범위한 지역의 공간 특성을 관광 대상으로 하는 지리여행은 어떤 지역의 자연은 물론 문화, 역사, 민속 등 인문적 특성 모두를 관광의 관심대상으로 삼는다. 장(場, Field)의 환경특성을 기초로 한 21세기형 문화여행은 지리여행의 근간을 이루는 주요 융복합 콘텐츠이다. 지리여행 콘텐츠는 우리 땅의 특성은 무엇이고, 그러한 땅 위에서 선조들이 어떤 삶의 형태를 이루어 왔는지를 음미하는 내용으로 구성된다. 지리여행은 자연스럽게 지구 환경 보전사상을 균형감 있게 갖추는 계기를 마련해 줄 것이며 향토애를 느끼고 또 우리 땅의 가치를 인식해 이를 애국심으로 승화시키는 시너지 효과를 가져다 줄 것이다.

49. 윗글을 바탕으로 추론한 내용으로 적절하지 않은 것은?

① 현재의 지질관광은 전문적 지식을 요하기 때문에 대중화에 어려움을 겪고 있다.

② 현재 여행 콘텐츠는 대체로 역사 중심으로 이루어져 있다는 점이 한계로 지적된다.

③ 지리여행은 역사·문화 관광과 지질관광, 생태관광의 개념을 모두 아우르는 형태이다.

④ 자연경관 관광 중심 여행에 더하여 현대의 건축물이나 시장 답사 중심의 여행 콘텐츠가 개발될 필요가 있다.

⑤ 생태관광의 본래 사업 목적을 실현하기 위해서는 관련된 지식을 쉽게 전달할 수 있는 콘텐츠를 개발해야 한다.

50. 윗글을 고려하여 ○○강 지리여행을 위한 체험학습 안내서를 작성하고자 한다. 다음 ㉠ ~ ㉤ 중 적절하지 않은 것은?

〈○○강 지리여행 목적〉

• 인간의 필수 생활요소인 물 환경의 관찰을 토대로 유역의 소중함을 환경적 관점에서 느낄 수 있도록 한다. ·· ㉠

• ○○강 유역 속에 담겨 있는 지역의 향토문화 특색을 여행지 방문을 통해 자연스레 깨닫도록 한다. 이는 탐방객들에게 문화 태생지인 하천공간을 둘러보게 함으로써 문화공간으로서의 유역의 의미를 되새기게 하는 데 의의를 갖는다. ·········· ㉡

〈○○강 지리여행 내용〉

• ○○강 발원지의 이해 : 우리나라 5대강 발원지의 지형학적 특성과 해당 지역의 전설을 흥미롭게 설명

• △△산의 이해 : ○○강과 인접한 △△산의 지질, 지형학적 특징에 대하여 중점적으로 전달 ··· ㉢

• 인삼밭 방문 : 인삼재배의 역사를 설명하고 인삼 캐기 체험을 통해 마을 사람들의 삶을 가까이서 느껴볼 수 있는 시간을 가짐. ························· ㉣

〈○○강 지리여행 기대효과〉

• ○○강의 자연환경 구성 요소를 올바르게 파악할 수 있다.

• ○○강 유역 거주민들의 향토문화 특성을 파악할 수 있다.

• ○○강 유역 내의 지리여행 방문지들의 위치와 특성을 말이나 글로 표현할 수 있다.

• 우리 자연환경과 문화유산의 소중함을 인지할 수 있다. ··············· ㉤

---

① ㉠   ② ㉡   ③ ㉢

④ ㉣   ⑤ ㉤

51~60

과목 2

철도관련법령

51. 「철도산업발전기본법」에서 정하는 철도시설관리자에 대한 설명으로 옳지 않은 것은?

① 철도시설관리자는 철도시설의 건설 및 관리 등에 관한 업무를 수행하는 자로, 철도의 관리청인 국토교통부장관은 이에 해당하지 않는다.

② 철도시설 관련 업무를 집행하는 조직인 국가철도공단은 「철도산업발전기본법」에서 정하는 철도시설관리자에 해당한다.

③ 철도시설관리자는 그 시설을 설치 또는 관리함에 있어서 해당 시설의 안전확보에 필요한 조치를 할 의무를 진다.

④ 철도시설관리자는 철도시설을 사용하려는 자로부터 사용료를 징수할 수 있다.

⑤ 철도시설관리자는 지방자치단체 · 특정한 기관 또는 단체가 철도시설건설사업으로 인하여 현저한 이익을 받은 경우에는 국토교통부장관의 승인을 얻어 그 이익을 받은 자로하여금 그 비용의 일부를 부담하게 할 수 있다.

52. 철도운영과 이를 수행하는 주체인 철도운영자에 관한 「철도산업발전기본법」의 내용으로 옳지 않은 것은?

① 국토교통부장관은 철도운영에 관한 시책을 수립하고 이를 시행한다.

② 철도운영 관련 사업을 효율적으로 경영하기 위해 철도청과 고속철도건설공단 관련조직을 전환한 국가철도공단을 설립한다.

③ 철도운영자는 철도 여객 및 화물 운송뿐만 아니라 철도시설 · 철도차량 및 철도부지 등을 활용한 부대사업개발 및 서비스를 수행한다.

④ 철도운영자는 철도의 안전한 운행 또는 철도차량 및 장비 등의 구조 · 설비 및 장치의 안전성을 확보하고 이의 향상을 위해 노력하여야 하는 의무를 진다.

⑤ 철도운영자는 영리와 관계없이 국가 또는 지방자치단체의 정책이나 공공목적 등을 위하여 철도서비스를 제공한다.

53. 철도시설을 사용하기 위한 철도시설관리자와의 시설사용계약에 대한 설명으로 옳지 않은 것은?

① 철도시설의 시설사용계약을 체결한 자는 해당 철도시설을 사용하는 것에 대한 허가권을 가진다.

② 철도시설관리자는 철도시설의 사용계약을 체결하기 전에 사용계약을 통해 철로시설을 사용하게 할 것이라는 사실을 공고하여야 한다.

③ 철도시설의 사용계약에 따른 철도시설의 사용목적은 반드시 화물운송만을 목적으로만 해야 하며, 그 사용기간은 5년을 초과하지 않아야 한다.

④ 국가 또는 지방자치단체가 건설사업비의 전액을 부담한 선로에 대한 사용료는 해당 선로의 유지보수비용의 총액을 초과하지 않는 범위 내에서 이를 회수할 수 있도록 사용료를 설정해야 한다.

⑤ 철도시설의 사용계약을 갱신하기 위해서는 사용기간이 만료되기 10월 전까지 이를 신청하여야 하며, 철도시설관리자는 특별한 사유가 없는 한 이를 우선적으로 협의하여야 한다.

54. 한국철도공사의 설립에 관한 다음 설명 중 옳지 않은 것은?

① 한국철도공사의 설립은 철도 운영의 전문성과 효율성을 높임으로써 철도산업과 국민경제의 발전에 이바지함을 목적으로 한다.

② 한국철도공사의 자본금은 22조 원이며, 전액 정부가 출자하였다.

③ 한국철도공사의 설립등기에는 설립목적과 명칭, 임원의 성명과 주소를 포함한다.

④ 한국철도공사는 주된 사무소의 소재지에서 설립등기를 함으로써 성립하고, 주된 사무소의 소재지는 정관으로 정한다.

⑤ 공공기관의 자율성을 위해 한국철도공사의 하부조직 설치에는 별도의 등기를 요하지 않는다.

55. 다음은 한국철도공사의 유사명칭 사용 금지에 관한 설명이다. ㉠, ㉡에 들어갈 내용으로 바르게 연결된 것은?

> 「한국철도공사법」에 따른 공사가 아닌 자는 한국철도공사 또는 이와 유사한 명칭을 사용할 수 없다. 이를 위반한 자는 (㉠) 이하의 과태료를 부과하며, 이를 부과 · 징수하는 주체는 (㉡)이다.

	㉠	㉡		㉠	㉡
①	100만 원	국토교통부장관	②	200만 원	국토교통부장관
③	200만 원	한국철도공사	④	500만 원	국토교통부장관
⑤	500만 원	한국철도공사			

56. 한국철도공사의 사업결산으로 발생한 손익의 처리규정에 대한 내용으로 옳지 않은 것은?

① 사업연도 결산 결과 손실금이 발생하면 이를 사업확장적립금을 보전하고, 그 적립금으로도 부족하면 이익준비금으로 보전한다.

② 사업연도 결산 결과 발생한 이익금의 처리는 이월결손금의 보전을 최우선으로 한다.

③ 사업연도 결산 결과 발생한 이익금 중 이월결손금을 보전하고 남은 금액은 자본금의 2분의 1이 될 때까지 그 이익금의 10분의 2 이상을 이익준비금으로 적립한다.

④ 사업연도 결산에 따른 사업확장적립금을 자본금으로 전입하기 위해서는 이사회의 의결을 거쳐 기획재정부의 승인을 얻어야 한다.

⑤ 사업연도 결산 결과 발생한 이익금을 적립하고 남은 금액은 배당하거나 정관으로 정하는 바에 따라 적립한다.

57. 다음 중 「철도사업법」에서 규정하는 과징금에 관련 설명으로 옳지 않은 것은?

① 국토교통부장관은 철도사업자에게 사업정지처분을 하여야 하는 경우 그 사업정지처분과 함께 1억 원 이하의 과징금을 병과하여 징수할 수 있다.

② 국토교통부장관은 민자철도사업자가 민자철도의 유지 · 관리 및 운영에 관한 기준을 준수하지 않은 경우 1억 원 이하의 과징금을 부과 · 징수할 수 있다.

③ 국토교통부장관으로부터 사업정지처분에 갈음한 과징금의 부과 통지를 받은 철도사업자는 20일 이내에 과징금을 국토교통부장관이 지정한 수납기관에 납부하여야 한다.

④ 국토교통부장관의 사업정지처분에 갈음하여 철도사업자로부터 징수한 과징금은 철도사업 종사자의 양성 · 교육훈련을 위한 시설의 건설 · 운영에 사용된다.

⑤ 과징금 부과처분을 받은 자가 납부기한까지 과징금을 내지 아니하면 국세 체납처분의 예에 따라 징수한다.

58. 전용철도의 운영에 관한 다음 설명 중 옳지 않은 것은?

① 전용철도를 운영하려는 자는 운영계획서를 첨부하여 국토교통부장관에게 등록을 하여야 한다.

② 국토교통부장관은 환경오염이나 주변 여건 등 지역적 특성을 이유로 전용철도의 등록에 일정 부담을 붙일 수 있다.

③ 전용철도를 등록하려는 법인의 임원 중 한 명이 등록을 취소한 날로부터 1년이 지나지 않은 자라면 해당 법인은 전용철도를 등록할 수 없다.

④ 전용철도의 운영권은 양도할 수 없으며, 전용철도의 운영권을 가진 법인이 합병하여 소멸하면 해당 전용철도의 운영권은 국가에 귀속된다.

⑤ 국토교통부장관은 전용철도 운영의 건전한 발전을 위해 전용철도운영자에게 사업장을 이전할 것을 직접 명할 수 있다.

59. 철도사업을 경영하기 위한 면허에 대한 「철도사업법」의 규정으로 옳은 것은?

① 철도사업을 경영하기 위해 면허를 받으려는 자는 법인이어야 한다.

② 철도사업의 면허를 취득하기 위해서는 사업계획서를 첨부한 면허신청서를 국회 소관 상임위원회에 제출하여야 한다.

③ 파산선고를 받은 후 복권된 사람을 임원으로 하는 법인은 철도사업의 면허를 받을 수 없다.

④ 철도사업의 면허 취득에 있어서는 수수료가 면제된다.

⑤ 거짓이나 그 밖의 부정한 방법으로 철도사업의 면허를 받은 자는 1년 이하의 징역 또는 1천만 원 이하의 벌금에 처한다.

60. 다음 보도자료의 내용과 관련된 「철도사업법」의 규정의 설명으로 옳지 않은 것은?

> 한국철도공사가 열차 부정승차 근절과 여행질서 확립을 위해 두 팔을 걷었다. 코레일은 지난 해 12월 민사소송 절차에 의한 '부가 운임 지급 소액사건 심판'을 청구해 부가 운임 납부 거부자에 대한 첫 소송에서 승소했다. 대상자는 유효 기간이 지난 정기승차권 캡처본을 소지한 채 열차를 이용하다 적발되어 운임의 10배인 400만 원이 넘는 부가 운임이 청구되었으나, 이를 납부하지 않아 소송을 통해 부가 운임 징수와 함께 소송비용까지 지불하게 되었다.
>
> 한국철도공사는 빅데이터와 이용 내역을 활용한 부정승차 모니터링을 통해 승차권 다량반환(취소), 출발 후 승차권 반환, 할인상품의 부정사용 등 의심징후가 나타날 경우 집중 검표하고 있다. 한국철도공사 관계자는 "앞으로 부가 운임 납부 거부자에 대한 소송 등 적극적인 대응을 통해 올바른 철도이용 문화가 정착될 수 있도록 노력하겠다."고 말했다.

① 철도사업자는 열차를 이용하는 여객이 정당한 운임 · 요금을 지급하지 아니하고 열차를 이용한 경우에는 승차 구간에 해당하는 운임 외에 그의 10배의 범위에서 부가 운임을 징수할 수 있다.

② 부가 운임의 징수대상자는 이를 성실하게 납부하여야 하는 의무를 진다.

③ 국토교통부장관은 3년마다 부가 운임의 상한에 관한 타당성을 검토하여야 한다.

④ 철도사업자가 설정한 부가 운임의 산정기준은 철도사업약관에 포함하여 국토교통부장관에게 신고하여야 한다.

⑤ 철도사업자는 부가 운임을 징수하려는 경우 사전에 부가 운임의 징수 대상 행위, 열차의 종류 및 운행 구간에 따른 부가 운임의 산정기준을 정해야 한다.

파트 2 인성검사

01 인성검사의 이해

1 인성검사, 왜 필요한가?

채용기업은 지원자가 '직무적합성'을 지닌 사람인지를 인성검사와 NCS기반 필기시험을 통해 판단한다. 인성검사에서 말하는 인성(人性)이란 그 사람의 성품, 즉 각 개인이 가지는 사고와 태도 및 행동 특성을 의미한다. 인성은 사람의 생김새처럼 사람마다 다르기 때문에 몇 가지 유형으로 분류하고 이에 맞추어 판단한다는 것 자체가 억지스럽고 어불성설일지 모른다. 그럼에도 불구하고 기업들의 입장에서는 입사를 희망하는 사람이 어떤 성품을 가졌는지 정보가 필요하다. 그래야 해당 기업의 인재상에 적합하고 담당할 업무에 적격한 인재를 채용할 수 있기 때문이다.

지원자의 성격이 외향적인지 아니면 내향적인지, 어떤 직무와 어울리는지, 조직에서 다른 사람과 원만하게 생활할 수 있는지, 업무 수행 중 문제가 생겼을 때 어떻게 대처하고 해결할 수 있는지에 대한 전반적인 개성은 자기소개서를 통해서나 면접을 통해서도 어느 정도 파악할 수 있다. 그러나 이것들만으로 인성을 충분히 파악할 수 없기 때문에 객관화되고 정형화된 인성검사로 지원자의 성격을 판단하고 있다.

채용기업은 필기시험을 높은 점수로 통과한 지원자라 하더라도 해당 기업과 거리가 있는 성품을 가졌다면 탈락시키게 된다. 일반적으로 필기시험 통과자 중 인성검사로 탈락하는 비율이 10% 내외가 된다고 알려져 있다. 물론 인성검사를 탈락하였다 하더라도 특별히 인성에 문제가 있는 사람이 아니라면 절망할 필요는 없다. 자신을 되돌아보고 다음 기회를 대비하면 되기 때문이다. 탈락한 기업이 원하는 인재상이 아니었다면 맞는 기업을 찾으면 되고, 경쟁자가 많았기 때문이라면 자신을 다듬어 경쟁력을 높이면 될 것이다.

2 인성검사의 특징

우리나라 대다수의 채용기업은 인재개발 및 인적자원을 연구하는 한국행동과학연구소(KIRBS), 에스에이치알(SHR), 한국사회적성개발원(KSAD), 한국인재개발진흥원(KPDI) 등 전문기관에 인성검사를 의뢰하고 있다.

이 기관들의 인성검사 개발 목적은 비슷하지만 기관마다 검사 유형이나 평가 척도는 약간의 차이가 있다. 또 지원하는 기업이 어느 기관에서 개발한 검사지로 인성검사를 시행하는지는 사전에 알 수 없다. 그렇지만 공통으로 적용하는 척도와 기준에 따라 구성된 여러 형태의 인성검사지로 사전 테스트를 해 보고 자신의 인성이 어떻게 평가되는가를 미리 알아보는 것은 가능하다.

인성검사는 필기시험 당일 직무능력평가와 함께 실시하는 경우와 직무능력평가 합격자에 한하여 면접과 함께 실시하는 경우가 있다. 인성검사의 문항은 100문항 내외에서부터 최대 500문항까지 다양하다. 인성검사에 주어지는 시간은 문항 수에 비례하여 30~100분 정도가 된다.

문항 자체는 단순한 질문으로 어려울 것은 없지만 제시된 상황에서 본인의 행동을 정하는 것이 쉽지만은 않다. 문항 수가 많을 경우 이에 비례하여 시간도 길게 주어지지만 단순하고 유사하며 반복되는 질문에 방심하여 집중하지 못하고 실수하는 경우가 있으므로 컨디션 관리와 집중력 유지에 노력하여야 한다. 특히 같거나 유사한 물음에 다른 답을 하는 경우가 가장 위험하다.

🔍 3 인성검사 척도 및 구성

1 미네소타 다면적 인성검사(MMPI)

MMPI(Minnesota Multiphasic Personality Inventory)는 1943년 미국 미네소타 대학교수인 해서웨이와 매킨리가 개발한 대표적인 자기 보고형 성향 검사로서 오늘날 가장 대표적으로 사용되는 객관적 심리검사 중 하나이다. MMPI는 약 550여 개의 문항으로 구성되며 각 문항을 읽고 '예(YES)' 또는 '아니오(NO)'로 대답하게 되어 있다.

MMPI는 4개의 타당도 척도와 10개의 임상척도로 구분된다. 500개가 넘는 문항들 중 중복되는 문항들이 포함되어 있는데 내용이 똑같은 문항도 10문항 이상 포함되어 있다. 이 반복 문항들은 응시자가 얼마나 일관성 있게 검사에 임했는지를 판단하는 지표로 사용된다.

구분	척도명	약자	주요 내용
타당도 척도 (바른 태도로 임했는지, 신뢰할 수 있는 결론인지 등을 판단)	무응답 척도 (Can not say)	?	응답하지 않은 문항과 복수로 답한 문항들의 총합으로 빠진 문항을 최소한으로 줄이는 것이 중요하다.
	허구 척도 (Lie)	L	자신을 좋은 사람으로 보이게 하려고 고의적으로 정직하지 못한 답을 판단하는 척도이다. 허구 척도가 높으면 장점까지 인정받지 못하는 결과가 발생한다.
	신뢰 척도 (Frequency)	F	검사 문항에 빗나간 답을 한 경향을 평가하는 척도로 정상적인 집단의 10% 이하의 응답을 기준으로 일반적인 경향과 다른 정도를 측정한다.
	교정 척도 (Defensiveness)	K	정신적 장애가 있음에도 다른 척도에서 정상적인 면을 보이는 사람을 구별하는 척도로 허구 척도보다 높은 고차원으로 거짓 응답을 하는 경향이 나타난다.
임상척도 (정상적 행동과 그렇지 않은 행동의 종류를 구분하는 척도로, 척도마다 다른 기준으로 점수가 매겨짐)	건강염려증 (Hypochondriasis)	Hs	신체에 대한 지나친 집착이나 신경질적 혹은 병적 불안을 측정하는 척도로 이러한 건강염려증이 타인에게 어떤 영향을 미치는지도 측정한다.
	우울증 (Depression)	D	슬픔·비관 정도를 측정하는 척도로 타인과의 관계 또는 본인 상태에 대한 주관적 감정을 나타낸다.
	히스테리 (Hysteria)	Hy	갈등을 부정하는 정도를 측정하는 척도로 신체 증상을 호소하는 경우와 적대감을 부인하며 우회적인 방식으로 드러내는 경우 등이 있다.
	반사회성 (Psychopathic Deviate)	Pd	가정 및 사회에 대한 불신과 불만을 측정하는 척도로 비도덕적 혹은 반사회적 성향 등을 판단한다.
	남성-여성특성 (Masculinity- Feminity)	Mf	남녀가 보이는 흥미와 취향, 적극성과 수동성 등을 측정하는 척도로 성에 따른 유연한 사고와 융통성 등을 평가한다.

편집증 (Paranoia)	Pa	과대 망상, 피해 망상, 의심 등 편집증에 대한 정도를 측정하는 척도로 열등감, 비사교적 행동, 타인에 대한 불만과 같은 내용을 질문한다.
강박증 (Psychasthenia)	Pt	과대 근심, 강박관념, 죄책감, 공포, 불안감, 정리정돈 등을 측정하는 척도로 만성 불안 등을 나타낸다.
정신분열증 (Schizophrenia)	Sc	정신적 혼란을 측정하는 척도로 자폐적 성향이나 타인과의 감정 교류, 충동 억제불능, 성적 관심, 사회적 고립 등을 평가한다.
경조증 (Hypomania)	Ma	정신적 에너지를 측정하는 척도로 생각의 다양성 및 과장성, 행동의 불안정성, 흥분성 등을 나타낸다.
사회적 내향성 (Social introversion)	Si	대인관계 기피, 사회적 접촉 회피, 비사회성 등의 요인을 측정하는 척도로 외향성 및 내향성을 구분한다.

2 캘리포니아 성격검사(CPI)

CPI(California Psychological Inventory)는 캘리포니아 대학의 연구팀이 개발한 성검사로 MMPI와 함께 세계에서 가장 널리 사용되고 있는 인성검사 툴이다. CPI는 다양한 인성 요인을 통해 지원자가 답변한 응답 왜곡 가능성, 조직 역량 등을 측정한다. MMPI가 주로 정서적 측면을 진단하는 특징을 보인다면, CPI는 정상적인 사람의 심리적 특성을 주로 진단한다.

CPI는 약 480개 문항으로 구성되어 있으며 다음과 같은 18개의 척도로 구분된다.

구분	척도명	주요 내용
제1군 척도 (대인관계 적절성 측정)	지배성(Do)	리더십, 통솔력, 대인관계에서의 주도권을 측정한다.
	지위능력성(Cs)	내부에 잠재되어 있는 내적 포부, 자기 확신 등을 측정한다.
	사교성(Sy)	참여 기질이 활달한 사람과 그렇지 않은 사람을 구분한다.
	사회적 자발성(Sp)	사회 안에서의 안정감, 자발성, 사교성 등을 측정한다.
	자기 수용성(Sa)	개인적 가치관, 자기 확신, 자기 수용력 등을 측정한다.
	행복감(Wb)	생활의 만족감, 행복감을 측정하며 긍정적인 사람으로 보이고자 거짓 응답하는 사람을 구분하는 용도로도 사용된다.
제2군 척도 (성격과 사회화, 책임감 측정)	책임감(Re)	법과 질서에 대한 양심, 책임감, 신뢰성 등을 측정한다.
	사회성(So)	가치 내면화 정도, 사회 이탈 행동 가능성 등을 측정한다.
	자기 통제성(Sc)	자기조절, 자기통제의 적절성, 충동 억제력 등을 측정한다.
	관용성(To)	사회적 신념, 편견과 고정관념 등에 대한 태도를 측정한다.
	호감성(Gi)	타인이 자신을 어떻게 보는지에 대한 민감도를 측정하며, 좋은 사람으로 보이고자 거짓 응답하는 사람을 구분한다.
	임의성(Cm)	사회에 보수적 태도를 보이고 생각 없이 적당히 응답한 사람을 판단하는 척도로 사용된다.

제3군 척도 (인지적, 학업적 특성 측정)	순응적 성취(Ac)	성취동기, 내면의 인식, 조직 내 성취 욕구 등을 측정한다.
	독립적 성취(Ai)	독립적 사고, 창의성, 자기실현을 위한 능력 등을 측정한다.
	지적 효율성(Le)	지적 능률, 지능과 연관이 있는 성격 특성 등을 측정한다.
제4군 척도 (제1~3군과 무관한 척도의 혼합)	심리적 예민성(Py)	타인의 감정 및 경험에 대해 공감하는 정도를 측정한다.
	융통성(Fx)	개인적 사고와 사회적 행동에 대한 유연성을 측정한다.
	여향성(Fe)	남녀 비교에 따른 흥미의 남향성 및 여향성을 측정한다.

3 SHL 직업성격검사(OPQ)

OPQ(Occupational Personality Questionnaire)는 세계적으로 많은 외국 기업에서 널리 사용하는 CEB 사의 SHL 직무능력검사에 포함된 직업성격검사이다. 4개의 질문이 한 세트로 되어 있고 총 68세트 정도 출제 되고 있다. 4개의 질문 안에서 '자기에게 가장 잘 맞는 것'과 '자기에게 가장 맞지 않는 것'을 1개씩 골라 '예', '아니오'로 체크하는 방식이다. 단순하게 모든 척도가 높다고 좋은 것은 아니며, 척도가 낮은 편이 좋은 경우도 있다.

기업에 따라 척도의 평가 기준은 다르다. 희망하는 기업의 특성을 연구하고, 채용 기준을 예측하는 것이 중요하다.

척도	내용	질문 예
설득력	사람을 설득하는 것을 좋아하는 경향	- 새로운 것을 사람에게 권하는 것을 잘한다. - 교섭하는 것에 걱정이 없다. - 기획하고 판매하는 것에 자신이 있다.
지도력	사람을 지도하는 것을 좋아하는 경향	- 사람을 다루는 것을 잘한다. - 팀을 아우르는 것을 잘한다. - 사람에게 지시하는 것을 잘한다.
독자성	다른 사람의 영향을 받지 않고, 스스로 생각해서 행동하는 것을 좋아하는 경향	- 모든 것을 자신의 생각대로 하는 편이다. - 주변의 평가는 신경 쓰지 않는다. - 유혹에 강한 편이다.
외향성	외향적이고 사교적인 경향	- 다른 사람의 주목을 끄는 것을 좋아한다. - 사람들이 모인 곳에서 중심이 되는 편이다. - 담소를 나눌 때 주변을 즐겁게 해 준다.
우호성	친구가 많고, 대세의 사람이 되는 것을 좋아하는 경향	- 친구와 함께 있는 것을 좋아한다. - 무엇이라도 얘기할 수 있는 친구가 많다. - 친구와 함께 무언가를 하는 것이 많다.
사회성	세상 물정에 밝고 사람 앞에서도 낯을 가리지 않는 성격	- 자신감이 있고 유쾌하게 발표할 수 있다. - 공적인 곳에서 인사하는 것을 잘한다. - 사람들 앞에서 발표하는 것이 어렵지 않다.

겸손성	사람에 대해서 겸손하게 행동하고 누구라도 똑같이 사귀는 경향	− 자신의 성과를 그다지 내세우지 않는다. − 절제를 잘하는 편이다. − 사회적인 지위에 무관심하다.
협의성	사람들에게 의견을 물으면서 일을 진행하는 경향	− 사람들의 의견을 구하며 일하는 편이다. − 타인의 의견을 묻고 일을 진행시킨다. − 친구와 상담해서 계획을 세운다.
돌봄	측은해 하는 마음이 있고, 사람을 돌봐 주는 것을 좋아하는 경향	− 개인적인 상담에 친절하게 답해 준다. − 다른 사람의 상담을 진행하는 경우가 많다. − 후배의 어려움을 돌보는 것을 좋아한다.
구체적인 사물에 대한 관심	물건을 고치거나 만드는 것을 좋아하는 경향	− 고장 난 물건을 수리하는 것이 재미있다. − 상태가 안 좋은 기계도 잘 사용한다. − 말하기보다는 행동하기를 좋아한다.
데이터에 대한 관심	데이터를 정리해서 생각하는 것을 좋아하는 경향	− 통계 등의 데이터를 분석하는 것을 좋아한다. − 표를 만들거나 정리하는 것을 좋아한다. − 숫자를 다루는 것을 좋아한다.
미적가치에 대한 관심	미적인 것이나 예술적인 것을 좋아하는 경향	− 디자인에 관심이 있다. − 미술이나 음악을 좋아한다. − 미적인 감각에 자신이 있다.
인간에 대한 관심	사람의 행동에 동기나 배경을 분석하는 것을 좋아하는 경향	− 다른 사람을 분석하는 편이다. − 타인의 행동을 보면 동기를 알 수 있다. − 다른 사람의 행동을 잘 관찰한다.
정통성	이미 있는 가치관을 소중히 여기고, 익숙한 방법으로 사물을 대하는 것을 좋아하는 경향	− 실적이 보장되는 확실한 방법을 취한다. − 낡은 가치관을 존중하는 편이다. − 보수적인 편이다.
변화 지향	변화를 추구하고, 변화를 받아들이는 것을 좋아하는 경향	− 새로운 것을 하는 것을 좋아한다. − 해외여행을 좋아한다. − 경험이 없더라도 시도해 보는 것을 좋아한다.
개념성	지식에 대한 욕구가 있고, 논리적으로 생각하는 것을 좋아하는 경향	− 개념적인 사고가 가능하다. − 분석적인 사고를 좋아한다. − 순서를 만들고 단계에 따라 생각한다.
창조성	새로운 분야에 대한 공부를 하는 것을 좋아하는 경향	− 새로운 것을 추구한다. − 독창성이 있다. − 신선한 아이디어를 낸다.
계획성	앞을 생각해서 사물을 예상하고, 계획적으로 실행하는 것을 좋아하는 경향	− 과거를 돌이켜보며 계획을 세운다. − 앞날을 예상하며 행동한다. − 실수를 돌아보며 대책을 강구하는 편이다.

치밀함	정확한 순서를 세워 진행하는 것을 좋아하는 경향	– 사소한 실수는 거의 하지 않는다. – 정확하게 요구되는 것을 좋아한다. – 사소한 것에도 주의하는 편이다.
꼼꼼함	어떤 일이든 마지막까지 꼼꼼하게 마무리 짓는 경향	– 맡은 일을 마지막까지 해결한다. – 마감 시한은 반드시 지킨다. – 시작한 일은 중간에 그만두지 않는다.
여유	평소에 릴랙스하고, 스트레스에 잘 대처하는 경향	– 감정의 회복이 빠르다. – 분별없이 함부로 행동하지 않는다. – 스트레스에 잘 대처한다.
근심 · 걱정	어떤 일이 잘 진행되지 않으면 불안을 느끼고, 중요한 일을 앞두면 긴장하는 경향	– 예정대로 잘되지 않으면 근심 · 걱정이 많다. – 신경 쓰이는 일이 있으면 불안하다. – 중요한 만남 전에는 기분이 편하지 않다.
호방함	사람들이 자신을 어떻게 생각하는지를 신경 쓰지 않는 경향	– 사람들이 자신을 어떻게 생각하는지 그다지 신경 쓰지 않는다. – 상처받아도 동요하지 않고 아무렇지 않은 태도를 취한다. – 사람들의 비판에 크게 영향받지 않는다.
억제력	감정을 표현하지 않는 경향	– 쉽게 감정적으로 되지 않는다. – 분노를 억누른다. – 격분하지 않는다.
낙관적	사물을 낙관적으로 보는 경향	– 낙관적으로 생각하고 일을 진행시킨다. – 문제가 일어나도 낙관적으로 생각한다.
비판적	비판적으로 사물을 생각하고, 이론 · 문장 등의 오류에 신경 쓰는 경향	– 이론의 모순을 찾아낸다. – 계획이 갖춰지지 않은 것이 신경 쓰인다. – 누구도 신경 쓰지 않는 오류를 찾아낸다.
행동력	운동을 좋아하고, 민첩하게 행동하는 경향	– 동작이 날렵하다. – 여가를 활동적으로 보낸다. – 몸을 움직이는 것을 좋아한다.
경쟁성	지는 것을 싫어하는 경향	– 승부를 겨루게 되면 지는 것을 싫어한다. – 상대를 이기는 것을 좋아한다. – 싸워 보지 않고 포기하는 것을 싫어한다.
출세 지향	출세하는 것을 중요하게 생각하고, 야심적인 목표를 향해 노력하는 경향	– 출세 지향적인 성격이다. – 곤란한 목표도 달성할 수 있다. – 실력으로 평가받는 사회가 좋다.
결단력	빠르게 판단하는 경향	– 답을 빠르게 찾아낸다. – 문제에 대한 빠른 상황 파악이 가능하다. – 위험을 감수하고도 결단을 내리는 편이다.

🧑‍🤝‍🧑 4 인성검사 합격 전략

1 포장하지 않은 솔직한 답변

"다른 사람을 험담한 적이 한 번도 없다.", "물건을 훔치고 싶다고 생각해 본 적이 없다."

이 질문에 당신은 '그렇다', '아니다' 중 무엇을 선택할 것인가? 채용기업이 인성검사를 실시하는 가장 큰 이유는 '이 사람이 어떤 성향을 가진 사람인가'를 효율적으로 파악하기 위해서이다.

인성검사는 도덕적 가치가 빼어나게 높은 사람을 판별하려는 것도 아니고, 성인군자를 가려내기 위함도 아니다. 인간의 보편적 성향과 상식적 사고를 고려할 때, 도덕적 질문에 지나치게 겸손한 답변을 체크하면 오히려 솔직하지 못한 것으로 간주되거나 인성을 제대로 판단하지 못해 무효 처리가 되기도 한다. 자신의 성격을 포장하여 작위적인 답변을 하지 않도록 솔직하게 임하는 것이 예기치 않은 결과를 피하는 첫 번째 전략이 된다.

2 필터링 함정을 피하고 일관성 유지

앞서 강조한 솔직함은 일관성과 연결된다. 인성검사를 구성하는 많은 척도는 여러 형태의 문장 속에 동일한 요소를 적용해 반복되기도 한다. 예컨대 '나는 매우 활동적인 사람이다'와 '나는 운동을 매우 좋아한다'라는 질문에 '그렇다'고 체크한 사람이 '휴일에는 집에서 조용히 쉬며 독서하는 것이 좋다'에도 '그렇다'고 체크한다면 일관성이 없다고 평가될 수 있다.

그러나 일관성 있는 답변에만 매달리면 '이 사람이 같은 답변만 체크하기 위해 이 부분만 신경 썼구나'하는 필터링 함정에 빠질 수도 있다. 비슷하게 보이는 문장이 무조건 같은 내용이라고 판단하여 똑같이 답하는 것도 주의해야 한다. 일관성보다 중요한 것은 솔직함이다. 솔직함이 전제되지 않은 일관성은 허위 척도 필터링에서 드러나게 되어 있다. 유사한 질문의 응답이 터무니없이 다르거나 양극단에 치우치지 않는 정도라면 약간의 차이는 크게 문제되지 않는다. 중요한 것은 솔직함과 일관성이 하나의 연장선에 있다는 점을 명심하자.

3 지원한 직무와 연관성을 고려

다양한 분야의 많은 계열사와 큰 조직을 통솔하는 대기업은 여러 사람이 조직적으로 움직이는 만큼 각 직무에 걸맞은 능력을 갖춘 인재가 필요하다. 그래서 기업은 매년 신규채용으로 입사한 신입사원들의 젊은 패기와 참신한 능력을 성장 동력으로 활용한다.

기업은 사교성 있고 활달한 사람만을 원하지 않는다. 해당 직군과 직무에 따라 필요로 하는 사원의 능력과 개성이 다르기 때문에, 지원자가 희망하는 계열사나 부서의 직무가 무엇인지 제대로 파악하여 자신의 성향과 맞는지에 대한 고민은 반드시 필요하다. 같은 질문이라도 기업이 원하는 인재상이나 부서의 직무에 따라 판단 척도가 달라질 수 있다.

4 평상심 유지와 컨디션 관리

역시 솔직함과 연결된 내용이다. 한 질문에 오래 고민하고 신경 쓰면 불필요한 생각이 개입될 소지가 크다. 이는 직관을 떠나 이성적 판단에 따라 포장할 위험이 높아진다는 뜻이기도 하다. 긴 시간 생각하지 말고 자신의 평상시 생각과 감정대로 답하는 것이 중요하며, 가능한 건너뛰지 말고 모든 질문에 답하도록 한다. 300 ~ 400개 정도 문항을 출제하는 기업이 많기 때문에, 끝까지 집중하여 임하는 것이 중요하다.

특히 적성검사와 같은 날 실시하는 경우, 적성검사를 마친 후 연이어 보기 때문에 신체적·정신적으로 피로한 상태에서 자세가 흐트러질 수도 있다. 따라서 컨디션을 유지하면서 문항당 7 ~ 10초 이상 쓰지 않도록 하고, 문항 수가 많을 때는 답안지에 바로바로 표기하자.

02 인성검사 연습

1 인성검사 출제유형

인성검사는 기업이 추구하는 '사람지향 소통인, 고객지향 전문인, 미래지향 혁신인'이라는 내부 기준에 따라 적합한 인재를 찾기 위해 가치관과 태도를 측정하는 것이다. 응시자 개인의 사고와 태도·행동 특성 및 유사 질문의 반복을 통해 거짓말 척도 등으로 기업의 인재상에 적합한지를 판단하므로 특별하게 정해진 답은 없다.

2 문항군 개별 항목 체크

1 각 문항의 내용을 읽고 자신이 동의하는 정도에 따라 '① 매우 그렇지 않다 ② 그렇지 않다 ③ 보통이다 ④ 그렇다 ⑤ 매우 그렇다' 중 해당되는 것을 표시한다.

2 각 문항의 내용을 읽고 평소 자신의 생각 및 행동과 유사하거나 일치하면 '예', 다르거나 일치하지 않으면 '아니오'에 표시한다.

3 구성된 검사지에 문항 수가 많으면 일관된 답변이 어려울 수도 있으므로 최대한 꾸밈없이 자신의 가치관과 신념을 바탕으로 솔직하게 답하도록 노력한다.

인성검사 Tip

1. 직관적으로 솔직하게 답한다.
2. 모든 문제를 신중하게 풀도록 한다.
3. 비교적 일관성을 유지할 수 있도록 한다.
4. 평소의 경험과 선호도를 자연스럽게 답한다.
5. 각 문항에 너무 골똘히 생각하거나 고민하지 않는다.
6. 지원한 분야와 나의 성격의 연관성을 미리 생각하고 분석해 본다.

👥 3 모의 연습

※ 자신의 모습 그대로 솔직하게 응답하십시오. 솔직하고 성의 있게 응답하지 않을 경우 결과가 무효 처리됩니다.

[01~100] 모든 문항에는 옳고 그른 답이 없습니다. 다음 문항을 잘 읽고 ① ~ ⑤ 중 본인에게 해당되는 부분에 표시해 주십시오.

번호	문항	매우 그렇지 않다	그렇지 않다	보통 이다	그렇다	매우 그렇다
1	내가 한 행동이 가져올 결과를 잘 알고 있다.	①	②	③	④	⑤
2	다른 사람의 주장이나 의견이 어떤 맥락을 가지고 있는지 생각해 본다.	①	②	③	④	⑤
3	나는 어려운 문제를 보면 반드시 그것을 해결해야 직성이 풀린다.	①	②	③	④	⑤
4	시험시간이 끝나면 곧바로 정답을 확인해 보는 편이다.	①	②	③	④	⑤
5	물건을 구매할 때 가격 정보부터 찾는 편이다.	①	②	③	④	⑤
6	항상 일을 할 때 개선점을 찾으려고 한다.	①	②	③	④	⑤
7	사적인 스트레스로 일을 망치는 일은 없다.	①	②	③	④	⑤
8	일이 어떻게 진행되고 있는지 지속적으로 점검한다.	①	②	③	④	⑤
9	궁극적으로 내가 달성하고자 하는 것을 자주 생각한다.	①	②	③	④	⑤
10	막상 시험기간이 되면 계획대로 되지 않는다.	①	②	③	④	⑤
11	다른 사람에게 궁금한 것이 있어도 참는 편이다.	①	②	③	④	⑤
12	요리하는 TV프로그램을 즐겨 시청한다.	①	②	③	④	⑤
13	후회를 해 본 적이 없다.	①	②	③	④	⑤
14	스스로 계획한 일은 하나도 빠짐없이 실행한다.	①	②	③	④	⑤
15	낮보다 어두운 밤에 집중력이 좋다.	①	②	③	④	⑤
16	인내심을 가지고 일을 한다.	①	②	③	④	⑤
17	많은 생각을 필요로 하는 일에 더 적극적이다.	①	②	③	④	⑤
18	미래는 불확실하기 때문에 결과를 예측하는 것은 무의미하다.	①	②	③	④	⑤
19	매일 긍정적인 감정만 느낀다.	①	②	③	④	⑤
20	쉬는 날 가급적이면 집 밖으로 나가지 않는다.	①	②	③	④	⑤

21	나는 약속 시간을 잘 지킨다.	①	②	③	④	⑤
22	영화보다는 연극을 선호한다.	①	②	③	④	⑤
23	아무리 계획을 잘 세워도 결국 일정에 쫓기게 된다.	①	②	③	④	⑤
24	생소한 문제를 접하면 해결해 보고 싶다는 생각보다 귀찮다는 생각이 먼저 든다.	①	②	③	④	⑤
25	내가 한 일의 결과물을 구체적으로 상상해 본다.	①	②	③	④	⑤
26	새로운 것을 남들보다 빨리 받아들이는 편이다.	①	②	③	④	⑤
27	나는 친구들의 생일선물을 잘 챙겨 준다.	①	②	③	④	⑤
28	나를 알고 있는 모든 사람은 나에게 칭찬을 한다.	①	②	③	④	⑤
29	일을 할 때 필요한 나의 능력에 대해 정확하게 알고 있다.	①	②	③	④	⑤
30	나는 질문을 많이 하는 편이다.	①	②	③	④	⑤
31	가급적 여러 가지 대안을 고민하는 것이 좋다.	①	②	③	④	⑤
32	만일 일을 선택할 수 있다면 어려운 것보다 쉬운 것을 선택할 것이다.	①	②	③	④	⑤
33	나는 즉흥적으로 일을 한다.	①	②	③	④	⑤
34	배가 고픈 것을 잘 참지 못한다.	①	②	③	④	⑤
35	단순한 일보다는 생각을 많이 해야 하는 일을 선호한다.	①	②	③	④	⑤
36	갑작스럽게 힘든 일을 겪어도 스스로를 통제할 수 있다.	①	②	③	④	⑤
37	가능성이 낮다 하더라도 내가 믿는 것이 있으면 그것을 실현시키기 위해 노력할 것이다.	①	②	③	④	⑤
38	내가 잘하는 일과 못하는 일을 정확하게 알고 있다.	①	②	③	④	⑤
39	어떤 목표를 세울 것인가 보다 왜 그런 목표를 세웠는지가 더 중요하다.	①	②	③	④	⑤
40	나는 성인이 된 이후로 하루도 빠짐없이 똑같은 시간에 일어났다.	①	②	③	④	⑤
41	다른 사람들보다 새로운 것을 빠르게 습득하는 편이다.	①	②	③	④	⑤
42	나는 모르는 것이 있으면 수단과 방법을 가리지 않고 알아낸다.	①	②	③	④	⑤
43	내 삶을 향상시키기 위한 방법을 찾는다.	①	②	③	④	⑤
44	내 의견이 옳다는 생각이 들면 다른 사람과 잘 타협하지 못한다.	①	②	③	④	⑤
45	나는 집요한 사람이다.	①	②	③	④	⑤

46	가까운 사람과 사소한 일로 다투었을 때 먼저 화해를 청하는 편이다.	①	②	③	④	⑤
47	무엇인가를 반드시 성취해야 하는 것은 아니다.	①	②	③	④	⑤
48	일을 통해서 나의 지식과 기술을 후대에 기여하고 싶다.	①	②	③	④	⑤
49	내 의견을 이해하지 못하는 사람은 상대하지 않는다.	①	②	③	④	⑤
50	사회에서 인정받을 수 있는 사람이 되고 싶다.	①	②	③	④	⑤
51	착한 사람은 항상 손해를 보게 되어 있다.	①	②	③	④	⑤
52	내가 잘한 일은 남들이 꼭 알아줬으면 한다.	①	②	③	④	⑤
53	상황이 변해도 유연하게 대처한다.	①	②	③	④	⑤
54	나와 다른 의견도 끝까지 듣는다.	①	②	③	④	⑤
55	상황에 따라서는 거짓말도 필요하다.	①	②	③	④	⑤
56	평범한 사람이라고 생각한다.	①	②	③	④	⑤
57	남들이 실패한 일도 나는 해낼 수 있다.	①	②	③	④	⑤
58	남들보다 특별히 더 우월하다고 생각하지 않는다.	①	②	③	④	⑤
59	시비가 붙더라도 침착하게 대응한다.	①	②	③	④	⑤
60	화가 날수록 상대방에게 침착해지는 편이다.	①	②	③	④	⑤
61	세상은 착한 사람들에게 불리하다.	①	②	③	④	⑤
62	여러 사람과 이야기하는 것이 즐겁다.	①	②	③	④	⑤
63	다른 사람의 감정을 내 것처럼 느낀다.	①	②	③	④	⑤
64	내게 모욕을 준 사람들을 절대 잊지 않는다.	①	②	③	④	⑤
65	우리가 사는 세상은 살 만한 곳이라고 생각한다.	①	②	③	④	⑤
66	속이 거북할 정도로 많이 먹을 때가 있다.	①	②	③	④	⑤
67	마음속에 있는 것을 솔직하게 털어놓는 편이다.	①	②	③	④	⑤
68	일은 내 삶의 중심에 있다.	①	②	③	④	⑤
69	내가 열심히 노력한다고 해서 나의 주변 환경에 어떤 바람직한 변화가 일어나는 것은 아니다.	①	②	③	④	⑤
70	웬만한 일을 겪어도 마음의 평정을 유지하는 편이다.	①	②	③	④	⑤
71	사람들 앞에 서면 실수를 할까 걱정된다.	①	②	③	④	⑤
72	점이나 사주를 믿는 편이다.	①	②	③	④	⑤
73	화가 나면 언성이 높아진다.	①	②	③	④	⑤
74	차근차근 하나씩 일을 마무리한다.	①	②	③	④	⑤

75	어려운 목표라도 어떻게 해서든 실현 가능한 해결책을 만든다.	①	②	③	④	⑤
76	진행하던 일을 홧김에 그만둔 적이 있다.	①	②	③	④	⑤
77	사람을 차별하지 않는다.	①	②	③	④	⑤
78	창이 있는 레스토랑에 가면 창가에 자리를 잡는다.	①	②	③	④	⑤
79	다양한 분야에 관심이 있다.	①	②	③	④	⑤
80	무단횡단을 한 번도 해 본 적이 없다.	①	②	③	④	⑤
81	내 주위에서는 즐거운 일들이 자주 일어난다.	①	②	③	④	⑤
82	다른 사람의 행동을 내가 통제하고 싶다.	①	②	③	④	⑤
83	내 친구들은 은근히 뒤에서 나를 비웃는다.	①	②	③	④	⑤
84	아이디어를 적극적으로 제시한다.	①	②	③	④	⑤
85	규칙을 어기는 것도 필요할 때가 있다.	①	②	③	④	⑤
86	친구를 쉽게 사귄다.	①	②	③	④	⑤
87	내 분야에서 1등이 되어야 한다.	①	②	③	④	⑤
88	스트레스가 쌓이면 몸도 함께 아프다.	①	②	③	④	⑤
89	목표를 달성하기 위해서는 때로 편법이 필요할 때도 있다.	①	②	③	④	⑤
90	나는 보통사람들보다 더 존경받을 만하다고 생각한다.	①	②	③	④	⑤
91	내 주위에는 나보다 잘난 사람들만 있는 것 같다.	①	②	③	④	⑤
92	나는 따뜻하고 부드러운 마음을 가지고 있다.	①	②	③	④	⑤
93	어떤 일에 실패했어도 반드시 다시 도전한다.	①	②	③	④	⑤
94	회의에 적극 참여한다.	①	②	③	④	⑤
95	나는 적응력이 뛰어나다.	①	②	③	④	⑤
96	서두르지 않고 순서대로 일을 마무리한다.	①	②	③	④	⑤
97	나는 실수에 대해 변명한 적이 없다.	①	②	③	④	⑤
98	나는 맡은 일은 책임지고 끝낸다.	①	②	③	④	⑤
99	나는 눈치가 빠르다.	①	②	③	④	⑤
100	나는 본 검사에 성실하게 응답하였다.	①	②	③	④	⑤

www.gosinet.co.kr gosinet

1회 기출예상

2회 기출예상

3회 기출예상

4회 기출예상

5회 기출예상

인성검사

면접가이드

빈출용어

※ 자신의 모습 그대로 솔직하게 응답하십시오. 솔직하고 성의 있게 응답하지 않을 경우 결과가 무효 처리됩니다.

[01~50] 모든 문항에는 옳고 그른 답이 없습니다. 문항의 내용을 읽고 평소 자신의 생각 및 행동과 유사하거나 일치하면 '예', 다르거나 일치하지 않으면 '아니오'로 표시해 주십시오.

1	나는 수줍음을 많이 타는 편이다.	○ 예	○ 아니오
2	나는 과거의 실수가 자꾸만 생각나곤 한다.	○ 예	○ 아니오
3	나는 사람들과 서로 일상사에 대해 이야기하는 것이 쑥스럽다.	○ 예	○ 아니오
4	내 주변에는 나를 좋지 않게 평가하는 사람들이 있다.	○ 예	○ 아니오
5	나는 가족들과는 합리적인 대화가 잘 안 된다.	○ 예	○ 아니오
6	나는 내가 하고 싶은 일은 꼭 해야 한다.	○ 예	○ 아니오
7	나는 개인적 사정으로 타인에게 피해를 주는 사람을 이해할 수 없다.	○ 예	○ 아니오
8	나는 많은 것을 성취하고 싶다.	○ 예	○ 아니오
9	나는 변화가 적은 것을 좋아한다.	○ 예	○ 아니오
10	나는 내가 하고 싶은 일과 해야 할 일을 구분할 줄 안다.	○ 예	○ 아니오
11	나는 뜻대로 일이 되지 않으면 화가 많이 난다.	○ 예	○ 아니오
12	내 주변에는 나에 대해 좋게 얘기하는 사람이 있다.	○ 예	○ 아니오
13	요즘 세상에서는 믿을 만한 사람이 없다.	○ 예	○ 아니오
14	나는 할 말은 반드시 하고야 마는 사람이다.	○ 예	○ 아니오
15	나는 변화가 적은 것을 좋아한다.	○ 예	○ 아니오
16	나는 가끔 부당한 대우를 받는다는 생각이 든다.	○ 예	○ 아니오
17	나는 가치관이 달라도 친하게 지내는 친구들이 많다.	○ 예	○ 아니오
18	나는 새로운 아이디어를 내는 것이 쉽지 않다.	○ 예	○ 아니오
19	나는 노력한 만큼 인정받지 못하고 있다.	○ 예	○ 아니오
20	나는 매사에 적극적으로 참여한다.	○ 예	○ 아니오
21	나의 가족들과는 어떤 주제를 놓고도 서로 대화가 잘 통한다.	○ 예	○ 아니오
22	나는 사람들과 어울리는 일에서 삶의 활력을 얻는다.	○ 예	○ 아니오
23	학창시절 마음에 맞는 친구가 없었다.	○ 예	○ 아니오
24	특별한 이유 없이 누군가를 미워한 적이 있다.	○ 예	○ 아니오
25	내가 원하는 대로 일이 되지 않을 때 화가 많이 난다.	○ 예	○ 아니오

26	요즘 같은 세상에서는 누구든 믿을 수 없다.	○ 예	○ 아니오
27	나는 여행할 때 남들보다 짐이 많은 편이다.	○ 예	○ 아니오
28	나는 상대방이 화를 내면 더욱 화가 난다.	○ 예	○ 아니오
29	나는 반대 의견을 말하더라도 상대방을 무시하는 말을 하지 않으려고 한다.	○ 예	○ 아니오
30	나는 학창시절 내가 속한 동아리에서 누구보다 충성도가 높은 사람이었다.	○ 예	○ 아니오
31	나는 새로운 집단에서 친구를 쉽게 사귀는 편이다.	○ 예	○ 아니오
32	나는 다른 사람을 챙기는 태도가 몸에 배여 있다.	○ 예	○ 아니오
33	나는 항상 겸손하여 노력한다.	○ 예	○ 아니오
34	내 주변에는 나에 대해 좋지 않은 이야기를 하는 사람이 있다.	○ 예	○ 아니오
35	나는 가족들과는 합리적인 대화가 잘 안 된다.	○ 예	○ 아니오
36	나는 내가 하고 싶은 일은 꼭 해야 한다.	○ 예	○ 아니오
37	나는 스트레스를 받으면 몸에 이상이 온다.	○ 예	○ 아니오
38	나는 재치가 있다는 말을 많이 듣는 편이다.	○ 예	○ 아니오
39	나는 사람들에게 잘 보이기 위해 마음에 없는 거짓말을 한다.	○ 예	○ 아니오
40	다른 사람을 위협적으로 대한 적이 있다.	○ 예	○ 아니오
41	나는 부지런하다는 말을 자주 들었다.	○ 예	○ 아니오
42	나는 쉽게 화가 났다가 쉽게 풀리기도 한다.	○ 예	○ 아니오
43	나는 할 말은 반드시 하고 사는 사람이다.	○ 예	○ 아니오
44	나는 터질 듯한 분노를 종종 느낀다.	○ 예	○ 아니오
45	나도 남들처럼 든든한 배경이 있었다면 지금보다 훨씬 나은 위치에 있었을 것이다.	○ 예	○ 아니오
46	나는 종종 싸움에 휘말린다.	○ 예	○ 아니오
47	나는 능력과 무관하게 불이익을 받은 적이 있다.	○ 예	○ 아니오
48	누군가 내 의견을 반박하면 물러서지 않고 논쟁을 벌인다.	○ 예	○ 아니오
49	남이 나에게 피해를 입힌다면 나도 가만히 있지 않을 것이다.	○ 예	○ 아니오
50	내가 인정받기 위해서 규칙을 위반한 행위를 한 적이 있다.	○ 예	○ 아니오

코레일 | 한국철도공사_보훈 · 고졸

파트 3   면접가이드

NCS 면접의 이해

※ 능력중심 채용에서는 타당도가 높은 구조화 면접을 적용한다.

1 면접이란?

일을 하는 데 필요한 능력(직무역량, 직무지식, 인재상 등)을 지원자가 보유하고 있는지를 다양한 면접기법을 활용하여 확인하는 절차이다. 자신의 환경, 성취, 관심사, 경험 등에 대해 이야기하여 본인이 적합하다는 것을 보여 줄 기회를 제공하고, 면접관은 평가에 필요한 정보를 수집하고 평가하는 것이다.

- 지원자의 태도, 적성, 능력에 대한 정보를 심층적으로 파악하기 위한 선발 방법
- 선발의 최종 의사결정에 주로 사용되는 선발 방법
- 전 세계적으로 선발에서 가장 많이 사용되는 핵심적이고 중요한 방법

2 면접의 특징

서류전형이나 인적성검사에서 드러나지 않는 것들을 볼 수 있는 기회를 제공한다.

- 직무수행과 관련된 다양한 지원자 행동에 대한 관찰이 가능하다.
- 면접관이 알고자 하는 정보를 심층적으로 파악할 수 있다.
- 서류상의 미비한 사항과 의심스러운 부분을 확인할 수 있다.
- 커뮤니케이션, 대인관계행동 등 행동·언어적 정보도 얻을 수 있다.

3 면접의 평가요소

1 인재적합도

해당 기관이나 기업별 인재상에 대한 인성 평가

2 조직적합도

조직에 대한 이해와 관련 상황에 대한 평가

3 직무적합도

직무에 대한 지식과 기술, 태도에 대한 평가

🔍 4 면접의 유형

1회 기출예상

2회 기출예상

3회 기출예상

4회 기출예상

5회 기출예상

인성검사

면접가이드

실전모의

구조화된 정도에 따른 분류

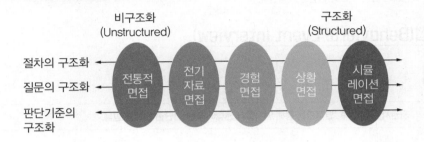

비구조화
(Unstructured)

구조화
(Structured)

절차의 구조화
질문의 구조화
판단기준의
구조화

전통적
면접

전기
자료
면접

경험
면접

상황
면접

시뮬
레이션
면접

1 구조화 면접(Structured Interview)

사전에 계획을 세워 질문의 내용과 방법, 지원자의 답변 유형에 따른 추가 질문과 그에 대한 평가역량이
정해져 있는 면접 방식(표준화 면접)

- 표준화된 질문이나 평가요소가 면접 전 확정되며, 지원자는 편성된 조나 면접관에 영향을 받지 않고 동
  일한 질문과 시간을 부여받을 수 있음.
- 조직 또는 직무별로 주요하게 도출된 역량을 기반으로 평가요소가 구성되어, 조직 또는 직무에서 필요한
  역량을 가진 지원자를 선발할 수 있음.
- 표준화된 형식을 사용하는 특성 때문에 비구조화 면접에 비해 신뢰성과 타당성, 객관성이 높음.

2 비구조화 면접(Unstructured Interview)

면접 계획을 세울 때 면접 목적만 명시하고 내용이나 방법은 면접관에게 전적으로 일임하는 방식(비표준화
면접)

- 표준화된 질문이나 평가요소 없이 면접이 진행되며, 편성된 조나 면접관에 따라 지원자에게 주어지는
  질문이나 시간이 다름.
- 면접관의 주관적인 판단에 따라 평가가 이루어져 평가 오류가 빈번히 일어남.
- 상황 대처나 언변이 뛰어난 지원자에게 유리한 면접이 될 수 있음.

02 NCS 구조화 면접 기법

※ 능력중심 채용에서는 타당도가 높은 구조화 면접을 적용한다.

1 경험면접(Behavioral Event Interview)

면접 프로세스

안내 ⟩ 지원자는 입실 후, 면접관을 통해 인사말과 면접에 대한 간단한 안내를 받음.

⌄

질문 ⟩ 지원자는 면접관에게 평가요소(직업기초능력, 직무수행능력 등)와 관련된 주요 질문을 받게 되며, 질문에서 의도하는 평가요소를 고려하여 응답할 수 있도록 함.

⌄

세부질문 ⟩ • 지원자가 응답한 내용을 토대로 해당 평가기준들을 충족시키는지 파악하기 위한 세부질문이 이루어짐.
• 구체적인 행동·생각 등에 대해 응답할수록 높은 점수를 얻을 수 있음.

• **방식**
해당 역량의 발휘가 요구되는 일반적인 상황을 제시하고, 그러한 상황에서 어떻게 행동했었는지(과거경험)를 이야기하도록 함.

• **판단기준**
해당 역량의 수준, 경험 자체의 구체성, 진실성 등

• **특징**
추상적인 생각이나 의견 제시가 아닌 과거 경험 및 행동 중심의 질의가 이루어지므로 지원자는 사전에 본인의 과거 경험 및 사례를 정리하여 면접에 대비할 수 있음.

• **예시**

지원분야		지원자		면접관		(인)
경영자원관리 조직이 보유한 인적자원을 효율적으로 활용하여, 조직 내 유·무형 자산 및 재무자원을 효율적으로 관리한다.						
주질문						
A. 어떤 과제를 처리할 때 기존에 팀이 사용했던 방식의 문제점을 찾아내 이를 보완하여 과제를 더욱 효율적으로 처리했던 경험에 대해 이야기해 주시기 바랍니다.						
세부질문						
[상황 및 과제] 사례와 관련해 당시 상황에 대해 이야기해 주시기 바랍니다. [역할] 당시 지원자께서 맡았던 역할은 무엇이었습니까? [행동] 사례와 관련해 구성원들의 설득을 이끌어 내기 위해 어떤 노력을 하였습니까? [결과] 결과는 어땠습니까?						

기대행동	평점
업무진행에 있어 한정된 자원을 효율적으로 활용한다.	① − ② − ③ − ④ − ⑤
구성원들의 능력과 성향을 파악해 효율적으로 업무를 배분한다.	① − ② − ③ − ④ − ⑤
효과적 인적/물적 자원관리를 통해 맡은 일을 무리 없이 잘 마무리한다.	① − ② − ③ − ④ − ⑤

척도해설

1 : 행동증거가 거의 드러나지 않음	2 : 행동증거가 미약하게 드러남	3 : 행동증거가 어느 정도 드러남	4 : 행동증거가 명확하게 드러남	5 : 뛰어난 수준의 행동증거가 드러남
관찰기록 :				
총평 :				

※ 실제 적용되는 평가지는 기업/기관마다 다름.

2 상황면접(Situational Interview)

면접 프로세스

안내 — 지원자는 입실 후, 면접관을 통해 인사말과 면접에 대한 간단한 안내를 받음.

∨

질문
- 지원자는 상황질문지를 검토하거나 면접관을 통해 상황 및 질문을 제공받음.
- 면접관의 질문이나 질문지의 의도를 파악하여 응답할 수 있도록 함.

∨

세부질문
- 지원자가 응답한 내용을 토대로 해당 평가기준들을 충족시키는지 파악하기 위한 세부질문이 이루어짐.
- 구체적인 행동·생각 등에 대해 응답할수록 높은 점수를 얻을 수 있음.

- **방식**
  직무 수행 시 접할 수 있는 상황들을 제시하고, 그러한 상황에서 어떻게 행동할 것인지(행동의도)를 이야기하도록 함.
- **판단기준**
  해당 상황에 맞는 해당 역량의 구체적 행동지표
- **특징**
  지원자의 가치관, 태도, 사고방식 등의 요소를 평가하는 데 용이함.

• 예시

지원분야		지원자		면접관		(인)

유관부서협업
타 부서의 업무협조요청 등에 적극적으로 협력하고 갈등 상황이 발생하지 않도록 이해관계를 조율하며 관련 부서의 협업을 효과적으로 이끌어 낸다.

주질문
당신은 생산관리팀의 팀원으로, 2개월 뒤에 제품 A를 출시하기 위해 생산팀의 생산 계획을 수립한 상황입니다. 그러나 원가가 곧 실적으로 이어지는 구매팀에서는 최대한 원가를 줄여 전반적 단가를 낮추려고 원가절감을 위한 제안을 하였으나, 연구개발팀에서는 구매팀이 제안한 방식으로 제품을 생산할 경우 대부분이 구매팀의 실적으로 산정될 것이므로 제대로 확인도 해보지 않은 채 적합하지 않은 방식이라고 판단하고 있습니다. 당신은 어떻게 하겠습니까?

세부질문
[상황 및 과제] 이 상황의 핵심적인 이슈는 무엇이라고 생각합니까?
[역할] 당신의 역할을 더 잘 수행하기 위해서는 어떤 점을 고려해야 하겠습니까? 왜 그렇게 생각합니까?
[행동] 당면한 과제를 해결하기 위해서 구체적으로 어떤 조치를 취하겠습니까? 그 이유는 무엇입니까?
[결과] 그 결과는 어떻게 될 것이라고 생각합니까? 그 이유는 무엇입니까?

척도해설

1 : 행동증거가 거의 드러나지 않음	2 : 행동증거가 미약하게 드러남	3 : 행동증거가 어느 정도 드러남	4 : 행동증거가 명확하게 드러남	5 : 뛰어난 수준의 행동증거가 드러남
관찰기록 :				
총평 :				

※ 실제 적용되는 평가지는 기업/기관마다 다름.

3 발표면접(Presentation)

면접 프로세스

안내
• 입실 후 지원자는 면접관으로부터 인사말과 발표면접에 대해 간략히 안내받음.
• 면접 전 지원자는 과제 검토 및 발표 준비시간을 가짐.

발표
• 지원자들이 과제 주제와 관련하여 정해진 시간 동안 발표를 실시함.
• 면접관은 발표내용 중 평가요소와 관련해 나타난 가점 및 감점요소들을 평가하게 됨.

질문응답
• 발표 종료 후 면접관은 정해진 시간 동안 지원자의 발표내용과 관련해 구체적인 내용을 확인하기 위한 질문을 함.
• 지원자는 면접관의 질문의도를 정확히 파악하여 적절히 응답할 수 있도록 함.
• 응답 시 명확하고 자신있게 전달할 수 있도록 함.

- 방식

  지원자가 특정 주제와 관련된 자료(신문기사, 그래프 등)를 검토하고, 그에 대한 자신의 생각을 면접관 앞에서 발표하며, 추가 질의응답이 이루어짐.

- 판단기준

  지원자의 사고력, 논리력, 문제해결능력 등

- 특징

  과제를 부여한 후, 지원자들이 과제를 수행하는 과정과 결과를 관찰·평가함. 과제수행의 결과뿐 아니라 과제수행 과정에서의 행동을 모두 평가함.

4 토론면접(Group Discussion)

면접 프로세스

| 안내 | • 입실 후, 지원자들은 면접관으로부터 토론 면접의 전반적인 과정에 대해 안내받음.
• 지원자는 정해진 자리에 착석함. |

| 토론 | • 지원자들이 과제 주제와 관련하여 정해진 시간 동안 토론을 실시함(시간은 기관별 상이).
• 지원자들은 면접 전 과제 검토 및 토론 준비시간을 가짐.
• 토론이 진행되는 동안, 지원자들은 다른 토론자들의 발언을 경청하여 적절히 본인의 의사를 전달할 수 있도록 함. 더불어 적극적인 태도로 토론면접에 임하는 것도 중요함. |

| 마무리
(5분 이내) | • 면접 종료 전, 지원자들은 토론을 통해 도출한 결론에 대해 첨언하고 적절히 마무리 지음.
• 본인의 의견을 전달하는 것과 동시에 다른 토론자를 배려하는 모습도 중요함. |

- 방식

  상호갈등적 요소를 가진 과제 또는 공통의 과제를 해결하는 내용의 토론 과제(신문기사, 그래프 등)를 제시하고, 그 과정에서의 개인 간의 상호작용 행동을 관찰함.

- 판단기준

  팀워크, 갈등 조정, 의사소통능력 등

- 특징

  면접에서 최종안을 도출하는 것도 중요하나 주장의 옳고 그름이 아닌 결론을 도출하는 과정과 말하는 자세 등도 중요함.

5 역할연기면접(Role Play Interview)

- 방식

  기업 내 발생 가능한 상황에서 부딪히게 되는 문제와 역할을 가상적으로 설정하여 특정 역할을 맡은 사람과 상호작용하고 문제를 해결해 나가도록 함.

- 판단기준

  대처능력, 대인관계능력, 의사소통능력 등

- 특징

  실제 상황과 유사한 가상 상황에서 지원자의 성격이나 대처 행동 등을 관찰할 수 있음.

6 집단면접(Group Activity)

- 방식

  지원자들이 팀(집단)으로 협력하여 정해진 시간 안에 활동 또는 게임을 하며 면접관들은 지원자들의 행동을 관찰함.

- 판단기준

  대인관계능력, 팀워크, 창의성 등

- 특징

  기존 면접보다 오랜 시간 관찰을 하여 지원자들의 평소 습관이나 행동들을 관찰하려는 데 목적이 있음.

03 면접 최신 기출 주제

- 총 면접시간은 10분, 면접관 4명과의 1 : 4 면접
- 1분 자기소개 – 상황면접 답변 – 상황면접 관련 질문 – 인성면접으로 구성
- 1분 자기소개는 타이머로 정확히 1분을 측정하면서 진행
- 상황면접
  - 면접 직전 A4용지 1페이지 분량의 상황문제를 제시하고 7분 동안 답변을 작성
  - 상황문제와 함께 상황면접 채점기준도 함께 제공
  - 작성한 답변으로 면접 중 1분 동안 상황면접 발표 후 면접관이 답변을 바탕으로 하는 꼬리질문을 진행

1 2024 면접 실제 기출 주제

1. 1분 동안 자기소개를 하시오.

2. 직무에 관심을 가지게 된 계기는 무엇인가?

3. 한국철도공사에 관한 이슈 하나를 이야기해보시오.

4. 스트레스를 관리하는 본인의 비법이 있다면?

5. 본인이 지원한 직무는 어떤 일을 하는 지 아는 대로 설명해보시오.

6. 나이 차이가 많이 나는 상사와 친분을 쌓는 본인만의 방법이 있다면 무엇인가?

7. 코레일의 서비스를 이용한 경험에 대해 이야기해보시오.

8. 본인이 생각하는 본인의 장점과 단점은?

9. 본인이 생각하는 인간관계에서의 가장 중요한 요소는 무엇인가?

10. 최근 본인이 성취한 성과에 대해 이야기하시오.

👥 2 2023 면접 실제 기출 주제

1. 1분 동안 자기소개를 해 보시오.

2. 지원한 직무에서 가장 자신이 있는 부분에 대해 말해 보시오.

3. 지원한 직무에 관심을 갖게 된 이유는 무엇인가?

4. 학생과 직장인의 가장 큰 차이가 무엇이라고 생각하는가?

5. 살면서 겪었던 어려움을 극복했던 적이 있다면 그 경험에 대해 말해 보시오.

6. 상사로부터 부당한 지시를 받았을 경우 어떻게 대처할 것인가?

7. 정해진 출근시간보다 얼마나 일찍 와야 한다고 생각하는가?

8. 동기와 다툼이 있을 경우 어떻게 해결할 것인지 말해 보시오.

9. 지원한 직무의 일이 구체적으로 무엇인지 설명해 보시오.

10. 한국철도공사가 더 나은 기업이 되기 위해 필요한 것은 무엇이라 생각하는지 말해 보시오.

11. 최근 한국철도공사에 대한 이슈 중 하나를 골라 말해 보시오.

12. 다른 지원자들에게는 없으리라 생각하는 자신만의 특징을 말해 보시오.

13. 노사관계에 대해 어떻게 생각하는가?

14. 취미나 스트레스를 관리하는 자신만의 비법에 대해 말해 보시오.

15. 규정대로 행동하는 것과 융통성 중 무엇이 더 중요하다고 생각하는가?

16. 공기업에서 일을 함에 있어 가장 중요한 직업윤리는 무엇이라고 생각하는가?

17. 철도 경부선 시발역과 종착역을 알고 있는가?

18. 마지막으로 한국철도공사를 이용한 경험과 그때의 느낀 점에 대해 말해 보시오.

19. 공부를 제외하고 성취한 일이 있다면?

20. 인간관계에 있어서 가장 중요한 것은 무엇이라고 생각하는가?

21. 상사가 자신보다 나이가 어릴 경우 어떻게 대해야 한다고 생각하는가?

22. 제4차 산업혁명을 한국철도공사가 어떻게 적용해야 한다고 생각하는가?

23. 만약 입사하게 된다면 코레일에 기여할 수 있는 부분과 이를 어떻게 추진할 것인지 말해 보시오.

3 그 외 면접 실제 기출 주제

1. 노조의 필요성에 대해 말해 보시오.

2. 다른 사람의 의견에 대해 적절히 반박한 경험이 있다면 말해 보시오.

3. 현재 한국철도공사가 가지고 있는 가장 큰 장점이 무엇인지 말해 보시오.

4. 애플리케이션을 이용한 홍보 방법으로는 무엇이 있을지 말해 보시오.

5. 조직 내에서 문제를 겪었던 경험이 있다면 말해 보시오.

6. 살면서 가장 열심히 무언가를 배워 본 경험이 있다면 언제였는가?

7. 가장 존경하는 인물과 그 이유를 말해 보시오.

8. 가장 재미있게 읽었던 책과 그 이유를 말해 보시오.

9. 코로나19가 유행함에 따라 겪은 불편이 있다면 무엇인가?

10. 코로나19가 끝난다면 가장 먼저 해 보고 싶은 일이 무엇인가?

11. 소속감을 느끼기 위해 개인의 행동 중 가장 중요한 것은 무엇이라고 생각하는가?

12. 동료의 유형 중 가장 함께 일하기 힘든 유형은 어떤 것인가?

13. 아르바이트를 한 경험이 있다면 말해 보시오.

14. 정규직과 계약직의 가장 큰 차이가 무엇이라고 생각하는가?

15. 청년 실업 문제에 대해 어떻게 생각하는가?

16. MZ 세대들이 가지고 있는 문제들 중 기성 세대와 가장 큰 차이가 드러나는 부분은 어떤 것이라고 생각하는가?

17. 평소 친구들과 얼마나 자주 만나며 지내는가?

18. 집단 지성을 발휘하여 문제를 해결한 경험에 대해 말해 보시오.

19. 본인에게 있어서 가장 중요한 가치관은 무엇인가?

20. 외국 한 곳을 정해 여행을 할 수 있다면 어떤 나라로 하겠는가? 그 이유는?

21. 가장 성취감을 느꼈던 경험에 대해 말해 보시오.

22. 만약 업무 도중 기분이 상하는 일이 발생한다면 어떻게 해결하겠는가?

23. 만약 상사가 휴가 반납을 강요한다면 어떻게 하겠는가?

24. 원하는 부서에 배치되지 못한다면 어떻게 하겠는가?

25. 가장 기억에 남는 기차역의 이름과 그 이유에 대해 말해 보시오.

부록　철도법령

- 철도산업발전기본법 · 시행령
- 한국철도공사법 · 시행령
- 철도사업법 · 시행령

철도산업발전기본법
〈법률 제18693호, 시행 2022. 7. 5.〉

제1장 총칙

제1조(목적) 이 법은 철도산업의 경쟁력을 높이고 발전기반을 조성함으로써 철도산업의 효율성 및 공익성의 향상과 국민경제의 발전에 이바지함을 목적으로 한다.

제2조(적용범위) 이 법은 다음 각호의 어느 하나에 해당하는 철도에 대하여 적용한다. 다만, 제2장의 규정은 모든 철도에 대하여 적용한다.
1. 국가 및 한국고속철도건설공단법에 의하여 설립된 한국고속철도건설공단(이하 "고속철도건설공단"이라 한다)이 소유·건설·운영 또는 관리하는 철도
2. 제20조 제3항에 따라 설립되는 국가철도공단 및 제21조 제3항에 따라 설립되는 한국철도공사가 소유·건설·운영 또는 관리하는 철도

제3조(정의) 이 법에서 사용하는 용어의 정의는 다음 각호와 같다.
1. "철도"라 함은 여객 또는 화물을 운송하는 데 필요한 철도시설과 철도차량 및 이와 관련된 운영·지원체계가 유기적으로 구성된 운송체계를 말한다.
2. "철도시설"이라 함은 다음 각 목의 어느 하나에 해당하는 시설(부지를 포함한다)을 말한다.
   가. 철도의 선로(선로에 부대되는 시설을 포함한다), 역시설(물류시설·환승시설 및 편의시설 등을 포함한다) 및 철도운영을 위한 건축물·건축설비
   나. 선로 및 철도차량을 보수·정비하기 위한 선로보수기지, 차량정비기지 및 차량유치시설
   다. 철도의 전철전력설비, 정보통신설비, 신호 및 열차제어설비
   라. 철도노선 간 또는 다른 교통수단과의 연계운영에 필요한 시설
   마. 철도기술의 개발·시험 및 연구를 위한 시설
   바. 철도경영연수 및 철도전문인력의 교육훈련을 위한 시설
   사. 그 밖에 철도의 건설·유지보수 및 운영을 위한 시설로서 대통령령으로 정하는 시설
3. "철도운영"이라 함은 철도와 관련된 다음 각 목의 어느 하나에 해당하는 것을 말한다.
   가. 철도 여객 및 화물 운송
   나. 철도차량의 정비 및 열차의 운행관리

   다. 철도시설·철도차량 및 철도부지 등을 활용한 부대사업개발 및 서비스
4. "철도차량"이라 함은 선로를 운행할 목적으로 제작된 동력차·객차·화차 및 특수차를 말한다.
5. "선로"라 함은 철도차량을 운행하기 위한 궤도와 이를 받치는 노반 또는 공작물로 구성된 시설을 말한다.
6. "철도시설의 건설"이라 함은 철도시설의 신설과 기존 철도시설의 직선화·전철화·복선화 및 현대화 등 철도시설의 성능 및 기능향상을 위한 철도시설의 개량을 포함한 활동을 말한다.
7. "철도시설의 유지보수"라 함은 기존 철도시설의 현상유지 및 성능향상을 위한 점검·보수·교체·개량 등 일상적인 활동을 말한다.
8. "철도산업"이라 함은 철도운송·철도시설·철도차량 관련산업과 철도기술개발관련산업 그 밖에 철도의 개발·이용·관리와 관련된 산업을 말한다.
9. "철도시설관리자"라 함은 철도시설의 건설 및 관리 등에 관한 업무를 수행하는 자로서 다음 각 목의 어느 하나에 해당하는 자를 말한다.
   가. 제19조에 따른 관리청
   나. 제20조 제3항에 따라 설립된 국가철도공단
   다. 제26조 제1항에 따라 철도시설관리권을 설정받은 자
   라. 가목부터 다목까지의 자로부터 철도시설의 관리를 대행·위임 또는 위탁받은 자
10. "철도운영자"라 함은 제21조 제3항에 따라 설립된 한국철도공사 등 철도운영에 관한 업무를 수행하는 자를 말한다.
11. "공익서비스"라 함은 철도운영자가 영리목적의 영업활동과 관계없이 국가 또는 지방자치단체의 정책이나 공공목적 등을 위하여 제공하는 철도서비스를 말한다.

제2장 철도산업 발전기반의 조성
제1절 철도산업시책의 수립 및 추진체제

제4조(시책의 기본방향) ① 국가는 철도산업시책을 수립하여 시행하는 경우 효율성과 공익적 기능을 고려하여야 한다.

② 국가는 에너지이용의 효율성, 환경친화성 및 수송효율성이 높은 철도의 역할이 국가의 건전한 발전과 국민의 교통편익 증진을 위하여 필수적인 요소임을 인식하여 적정한 철도수송분담의 목표를 설정하여 유지하고 이를 위한 철도시설을 확보하는 등 철도산업발전을 위한 여러 시책을 마련하여야 한다.

③ 국가는 철도산업시책과 철도투자 · 안전 등 관련 시책을 효율적으로 추진하기 위하여 필요한 조직과 인원을 확보하여야 한다.

제5조(철도산업발전기본계획의 수립 등) ① 국토교통부장관은 철도산업의 육성과 발전을 촉진하기 위하여 5년 단위로 철도산업발전기본계획(이하 "기본계획"이라 한다)을 수립하여 시행하여야 한다.

② 기본계획에는 다음 각호의 사항이 포함되어야 한다.

1. 철도산업 육성시책의 기본방향에 관한 사항
2. 철도산업의 여건 및 동향전망에 관한 사항
3. 철도시설의 투자 · 건설 · 유지보수 및 이를 위한 재원확보에 관한 사항
4. 각종 철도 간의 연계수송 및 사업조정에 관한 사항
5. 철도운영체계의 개선에 관한 사항
6. 철도산업 전문인력의 양성에 관한 사항
7. 철도기술의 개발 및 활용에 관한 사항
8. 그 밖에 철도산업의 육성 및 발전에 관한 사항으로서 대통령령으로 정하는 사항

③ 기본계획은 「국가통합교통체계효율화법」 제4조에 따른 국가기간교통망계획, 같은 법 제6조에 따른 중기 교통시설투자계획 및 「국토교통과학기술 육성법」 제4조에 따른 국토교통과학기술 연구개발 종합계획과 조화를 이루도록 하여야 한다.

④ 국토교통부장관은 기본계획을 수립하고자 하는 때에는 미리 기본계획과 관련이 있는 행정기관의 장과 협의한 후 제6조에 따른 철도산업위원회의 심의를 거쳐야 한다. 수립된 기본계획을 변경(대통령령으로 정하는 경미한 변경은 제외한다)하고자 하는 때에도 또한 같다.

⑤ 국토교통부장관은 제4항에 따라 기본계획을 수립 또는 변경한 때에는 이를 관보에 고시하여야 한다.

⑥ 관계행정기관의 장은 수립 · 고시된 기본계획에 따라 연도별 시행계획을 수립 · 추진하고, 해당 연도의 계획 및 전년도의 추진실적을 국토교통부장관

에게 제출하여야 한다.

⑦ 제6항에 따른 연도별 시행계획의 수립 및 시행절차에 관하여 필요한 사항은 대통령령으로 정한다.

제6조(철도산업위원회) ① 철도산업에 관한 기본계획 및 중요정책 등을 심의 · 조정하기 위하여 국토교통부에 철도산업위원회(이하 "위원회"라 한다)를 둔다.

② 위원회는 다음 각호의 사항을 심의 · 조정한다.

1. 철도산업의 육성 · 발전에 관한 중요정책 사항
2. 철도산업구조개혁에 관한 중요정책 사항
3. 철도시설의 건설 및 관리 등 철도시설에 관한 중요정책 사항
4. 철도안전과 철도운영에 관한 중요정책 사항
5. 철도시설관리자와 철도운영자 간 상호협력 및 조정에 관한 사항
6. 이 법 또는 다른 법률에서 위원회의 심의를 거치도록 한 사항
7. 그 밖에 철도산업에 관한 중요한 사항으로서 위원장이 회의에 부치는 사항

③ 위원회는 위원장을 포함한 25인 이내의 위원으로 구성한다.

④ 위원회에 상정할 안건을 미리 검토하고 위원회가 위임한 안건을 심의하기 위하여 위원회에 분과위원회를 둔다.

⑤ 이 법에서 규정한 사항 외에 위원회 및 분과위원회의 구성 · 기능 및 운영에 관하여 필요한 사항은 대통령령으로 정한다.

제2절 철도산업의 육성

제7조(철도시설 투자의 확대) ① 국가는 철도시설 투자를 추진하는 경우 사회적 · 환경적 편익을 고려하여야 한다.

② 국가는 각종 국가계획에 철도시설 투자의 목표치와 투자계획을 반영하여야 하며, 매년 교통시설 투자예산에서 철도시설 투자예산의 비율이 지속적으로 높아지도록 노력하여야 한다.

제8조(철도산업의 지원) 국가 및 지방자치단체는 철도산업의 육성 · 발전을 촉진하기 위하여 철도산업에 대한 재정 · 금융 · 세제 · 행정상의 지원을 할 수 있다.

제9조(철도산업전문인력의 교육 · 훈련 등) ① 국토교통부장관은 철도산업에 종사하는 자의 자질향상과

1회 기출예상 2회 기출예상 3회 기출예상 4회 기출예상 5회 기출예상 인성검사 면접가이드 철도법령

새로운 철도기술 및 그 운영기법의 향상을 위한 교육·훈련방안을 마련하여야 한다.

② 국토교통부장관은 국토교통부령으로 정하는 바에 의하여 철도산업전문연수기관과 협약을 체결하여 철도산업에 종사하는 자의 교육·훈련프로그램에 대한 행정적·재정적 지원 등을 할 수 있다.

③ 제2항에 따른 철도산업전문연수기관은 매년 전문인력수요조사를 실시하고 그 결과와 전문인력의 수급에 관한 의견을 국토교통부장관에게 제출할 수 있다.

④ 국토교통부장관은 새로운 철도기술과 운영기법의 향상을 위하여 특히 필요하다고 인정하는 때에는 정부투자기관·정부출연기관 또는 정부가 출자한 회사 등으로 하여금 새로운 철도기술과 운영기법의 연구·개발에 투자하도록 권고할 수 있다.

제10조(철도산업교육과정의 확대 등) ① 국토교통부장관은 철도산업전문인력의 수급의 변화에 따라 철도산업교육과정의 확대 등 필요한 조치를 관계 중앙행정기관의 장에게 요청할 수 있다.

② 국가는 철도산업종사자의 자격제도를 다양화하고 질적 수준을 유지·발전시키기 위하여 필요한 시책을 수립·시행하여야 한다.

③ 국토교통부장관은 철도산업 전문인력의 원활한 수급 및 철도산업의 발전을 위하여 특성화된 대학 등 교육기관을 운영·지원할 수 있다.

제11조(철도기술의 진흥 등) ① 국토교통부장관은 철도기술의 진흥 및 육성을 위하여 철도기술전반에 대한 연구 및 개발에 노력하여야 한다.

② 국토교통부장관은 제1항에 따른 연구 및 개발을 촉진하기 위하여 이를 전문으로 연구하는 기관 또는 단체를 지도·육성하여야 한다.

③ 국가는 철도기술의 진흥을 위하여 철도시험·연구개발시설 및 부지 등 국유재산을 「과학기술분야정부출연연구기관등의설립·운영및육성에관한법률」에 의한 한국철도기술연구원에 무상으로 대부·양여하거나 사용·수익하게 할 수 있다.

제12조(철도산업의 정보화 촉진) ① 국토교통부장관은 철도산업에 관한 정보를 효율적으로 처리하고 원활하게 유통하기 위하여 대통령령으로 정하는 바에 의하여 철도산업정보화기본계획을 수립·시행하여야 한다.

② 국토교통부장관은 철도산업에 관한 정보를 효율적으로 수집·관리 및 제공하기 위하여 대통령령으로 정하는 바에 의하여 철도산업정보센터를 설치·운영하거나 철도산업에 관한 정보를 수집·관리 또는 제공하는 자 등에게 필요한 지원을 할 수 있다.

제13조(국제협력 및 해외진출 촉진) ① 국토교통부장관은 철도산업에 관한 국제적 동향을 파악하고 국제협력을 촉진하여야 한다.

② 국가는 철도산업의 국제협력 및 해외시장 진출을 추진하기 위하여 다음 각호의 사업을 지원할 수 있다.

1. 철도산업과 관련된 기술 및 인력의 국제교류
2. 철도산업의 국제표준화와 국제공동연구개발
3. 그 밖에 국토교통부장관이 철도산업의 국제협력 및 해외시장 진출을 촉진하기 위하여 필요하다고 인정하는 사업

제13조의2(협회의 설립) ① 철도산업에 관련된 기업, 기관 및 단체와 이에 관한 업무에 종사하는 자는 철도산업의 건전한 발전과 해외진출을 도모하기 위하여 철도협회(이하 "협회"라 한다)를 설립할 수 있다.

② 협회는 법인으로 한다.

③ 협회는 국토교통부장관의 인가를 받아 주된 사무소의 소재지에 설립등기를 함으로써 성립한다.

④ 협회는 철도 분야에 관한 다음 각호의 업무를 한다.

1. 정책 및 기술개발의 지원
2. 정보의 관리 및 공동활용 지원
3. 전문인력의 양성 지원
4. 해외철도 진출을 위한 현지조사 및 지원
5. 조사·연구 및 간행물의 발간
6. 국가 또는 지방자치단체 위탁사업
7. 그 밖에 정관으로 정하는 업무

⑤ 국가, 지방자치단체 및 「공공기관의운영에관한법률」에 따른 철도 분야 공공기관은 협회에 위탁한 업무의 수행에 필요한 비용의 전부 또는 일부를 예산의 범위에서 지원할 수 있다.

⑥ 협회의 정관은 국토교통부장관의 인가를 받아야 하며, 정관의 기재사항과 협회의 운영 등에 필요한 사항은 대통령령으로 정한다.

⑦ 협회에 관하여 이 법에 규정한 것 외에는 「민법」 중 사단법인에 관한 규정을 준용한다.

제3장 철도안전 및 이용자 보호

제14조(철도안전) ① 국가는 국민의 생명·신체 및 재산을 보호하기 위하여 철도안전에 필요한 법적·제도적 장치를 마련하고 이에 필요한 재원을 확보하도록 노력하여야 한다.

② 철도시설관리자는 그 시설을 설치 또는 관리할 때에 법령에서 정하는 바에 따라 해당 시설의 안전한 상태를 유지하고, 해당 시설과 이를 이용하려는 철도차량 간의 종합적인 성능검증 및 안전상태 점검 등 안전확보에 필요한 조치를 하여야 한다.

③ 철도운영자 또는 철도차량 및 장비 등의 제조업자는 법령에서 정하는 바에 따라 철도의 안전한 운행 또는 그 제조하는 철도차량 및 장비 등의 구조·설비 및 장치의 안전성을 확보하고 이의 향상을 위하여 노력하여야 한다.

④ 국가는 객관적이고 공정한 철도사고조사를 추진하기 위한 전담기구와 전문인력을 확보하여야 한다.

제15조(철도서비스의 품질개선 등) ① 철도운영자는 그가 제공하는 철도서비스의 품질을 개선하기 위하여 노력하여야 한다.

② 국토교통부장관은 철도서비스의 품질을 개선하고 이용자의 편익을 높이기 위하여 철도서비스의 품질을 평가하여 시책에 반영하여야 한다.

③ 제2항에 따른 철도서비스 품질평가의 절차 및 활용 등에 관하여 필요한 사항은 국토교통부령으로 정한다.

제16조(철도이용자의 권익보호 등) 국가는 철도이용자의 권익보호를 위하여 다음 각호의 시책을 강구하여야 한다.

1. 철도이용자의 권익보호를 위한 홍보·교육 및 연구

2. 철도이용자의 생명·신체 및 재산상의 위해 방지

3. 철도이용자의 불만 및 피해에 대한 신속·공정한 구제조치

4. 그 밖에 철도이용자 보호와 관련된 사항

제4장 철도산업구조개혁의 추진
제1절 기본시책

제17조(철도산업구조개혁의 기본방향) ① 국가는 철도산업의 경쟁력을 강화하고 발전기반을 조성하기 위하여 철도시설 부문과 철도운영 부문을 분리하는 철도산업의 구조개혁을 추진하여야 한다.

② 국가는 철도시설 부문과 철도운영 부문 간의 상호 보완적 기능이 발휘될 수 있도록 대통령령으로 정하는 바에 의하여 상호협력체계 구축 등 필요한 조치를 마련하여야 한다.

제18조(철도산업구조개혁기본계획의 수립 등) ① 국토교통부장관은 철도산업의 구조개혁을 효율적으로 추진하기 위하여 철도산업구조개혁기본계획(이하 "구조개혁계획"이라 한다)을 수립하여야 한다.

② 구조개혁계획에는 다음 각호의 사항이 포함되어야 한다.

1. 철도산업구조개혁의 목표 및 기본방향에 관한 사항

2. 철도산업구조개혁의 추진방안에 관한 사항

3. 철도의 소유 및 경영구조의 개혁에 관한 사항

4. 철도산업구조개혁에 따른 대내외 여건조성에 관한 사항

5. 철도산업구조개혁에 따른 자산·부채·인력 등에 관한 사항

6. 철도산업구조개혁에 따른 철도관련 기관·단체 등의 정비에 관한 사항

7. 그 밖에 철도산업구조개혁을 위하여 필요한 사항으로서 대통령령으로 정하는 사항

③ 국토교통부장관은 구조개혁계획을 수립하고자 하는 때에는 미리 구조개혁계획과 관련이 있는 행정기관의 장과 협의한 후 제6조에 따른 위원회의 심의를 거쳐야 한다. 수립한 구조개혁계획을 변경(대통령령으로 정하는 경미한 변경은 제외한다)하고자 하는 경우에도 또한 같다.

④ 국토교통부장관은 제3항에 따라 구조개혁계획을 수립 또는 변경한 때에는 이를 관보에 고시하여야 한다.

⑤ 관계행정기관의 장은 수립·고시된 구조개혁계획에 따라 연도별 시행계획을 수립·추진하고, 그 연도의 계획 및 전년도의 추진실적을 국토교통부장관에게 제출하여야 한다.

⑥ 제5항에 따른 연도별 시행계획의 수립 및 시행 등에 관하여 필요한 사항은 대통령령으로 정한다.

제19조(관리청) ① 철도의 관리청은 국토교통부장관으로 한다.

② 국토교통부장관은 이 법과 그 밖의 철도에 관한 법률에 규정된 철도시설의 건설 및 관리 등에 관한 그의 업무의 일부를 대통령령으로 정하는 바에 의하여 제20조 제3항에 따라 설립되는 국가철도

공단으로 하여금 대행하게 할 수 있다. 이 경우 대행하는 업무의 범위·권한의 내용 등에 관하여 필요한 사항은 대통령령으로 정한다.

③ 제20조 제3항에 따라 설립되는 국가철도공단은 제2항에 따라 국토교통부장관의 업무를 대행하는 경우에 그 대행하는 범위 안에서 이 법과 그 밖의 철도에 관한 법률을 적용할 때에는 그 철도의 관리청으로 본다.

제20조(철도시설)
① 철도산업의 구조개혁을 추진하는 경우 철도시설은 국가가 소유하는 것을 원칙으로 한다.

② 국토교통부장관은 철도시설에 대한 다음 각호의 시책을 수립·시행한다.

1. 철도시설에 대한 투자 계획수립 및 재원조달
2. 철도시설의 건설 및 관리
3. 철도시설의 유지보수 및 적정한 상태 유지
4. 철도시설의 안전관리 및 재해대책
5. 그 밖에 다른 교통시설과의 연계성 확보 등 철도시설의 공공성 확보에 필요한 사항

③ 국가는 철도시설 관련업무를 체계적이고 효율적으로 추진하기 위하여 그 집행조직으로서 철도청 및 고속철도건설공단의 관련 조직을 통·폐합하여 특별법에 의하여 국가철도공단(이하 "국가철도공단"이라 한다)을 설립한다.

제21조(철도운영)
① 철도산업의 구조개혁을 추진하는 경우 철도운영 관련사업은 시장경제원리에 따라 국가 외의 자가 영위하는 것을 원칙으로 한다.

② 국토교통부장관은 철도운영에 대한 다음 각호의 시책을 수립·시행한다. 〈개정 2008. 2. 29., 2013. 3. 23.〉

1. 철도운영부문의 경쟁력 강화
2. 철도운영서비스의 개선
3. 열차운영의 안전진단 등 예방조치 및 사고조사 등 철도운영의 안전확보
4. 공정한 경쟁여건의 조성
5. 그 밖에 철도이용자 보호와 열차운행원칙 등 철도운영에 필요한 사항

③ 국가는 철도운영 관련사업을 효율적으로 경영하기 위하여 철도청 및 고속철도건설공단의 관련 조직을 전환하여 특별법에 의하여 한국철도공사(이하 "철도공사"라 한다)를 설립한다.

제2절 자산·부채 및 인력의 처리

제22조(철도자산의 구분 등)
① 국토교통부장관은 철도산업의 구조개혁을 추진하는 경우 철도청과 고속철도건설공단의 철도자산을 다음 각호와 같이 구분하여야 한다.

1. 운영자산 : 철도청과 고속철도건설공단이 철도운영 등을 주된 목적으로 취득하였거나 관련 법령 및 계약 등에 의하여 취득하기로 한 재산·시설 및 그에 관한 권리
2. 시설자산 : 철도청과 고속철도건설공단이 철도의 기반이 되는 시설의 건설 및 관리를 주된 목적으로 취득하였거나 관련 법령 및 계약 등에 의하여 취득하기로 한 재산·시설 및 그에 관한 권리
3. 기타자산 : 제1호 및 제2호의 철도자산을 제외한 자산

② 국토교통부장관은 제1항에 따라 철도자산을 구분하는 때에는 기획재정부장관과 미리 협의하여 그 기준을 정한다.

제23조(철도자산의 처리)
① 국토교통부장관은 대통령령으로 정하는 바에 의하여 철도산업의 구조개혁을 추진하기 위한 철도자산의 처리계획(이하 "철도자산처리계획"이라 한다)을 위원회의 심의를 거쳐 수립하여야 한다.

② 국가는 「국유재산법」에도 불구하고 철도자산처리계획에 의하여 철도공사에 운영자산을 현물출자한다.

③ 철도공사는 제2항에 따라 현물출자 받은 운영자산과 관련된 권리와 의무를 포괄하여 승계한다.

④ 국토교통부장관은 철도자산처리계획에 의하여 철도청장으로부터 다음 각호의 철도자산을 이관받으며, 그 관리업무를 국가철도공단, 철도공사, 관련 기관 및 단체 또는 대통령령으로 정하는 민간법인에 위탁하거나 그 자산을 사용·수익하게 할 수 있다.

1. 철도청의 시설자산(건설중인 시설자산은 제외한다)
2. 철도청의 기타자산

⑤ 국가철도공단은 철도자산처리계획에 의하여 다음 각호의 철도자산과 그에 관한 권리와 의무를 포괄하여 승계한다. 이 경우 제1호 및 제2호의 철도자산이 완공된 때에는 국가에 귀속된다.

1. 철도청이 건설중인 시설자산
2. 고속철도건설공단이 건설중인 시설자산 및 운영자산
3. 고속철도건설공단의 기타자산

⑥ 철도청장 또는 고속철도건설공단이사장이 제2항부터 제5항까지의 규정에 의하여 철도자산의

인계·이관 등을 하고자 하는 때에는 그에 관한 서류를 작성하여 국토교통부장관의 승인을 얻어야 한다.
⑦ 제6항에 따른 철도자산의 인계·이관 등의 시기와 해당 철도자산 등의 평가방법 및 평가기준일 등에 관한 사항은 대통령령으로 정한다.

제24조(철도부채의 처리) ① 국토교통부장관은 기획재정부장관과 미리 협의하여 철도청과 고속철도건설공단의 철도부채를 다음 각호로 구분하여야 한다.
1. 운영부채 : 제22조 제1항 제1호에 따른 운영자산과 직접 관련된 부채
2. 시설부채 : 제22조 제1항 제2호에 따른 시설자산과 직접 관련된 부채
3. 기타부채 : 제1호 및 제2호의 철도부채를 제외한 부채로서 철도사업특별회계가 부담하고 있는 철도부채 중 공공자금관리기금에 대한 부채
② 운영부채는 철도공사가, 시설부채는 국가철도공단이 각각 포괄하여 승계하고, 기타부채는 일반회계가 포괄하여 승계한다.
③ 제1항 및 제2항에 따라 철도청장 또는 고속철도건설공단이사장이 철도부채를 인계하고자 하는 때에는 인계에 관한 서류를 작성하여 국토교통부장관의 승인을 얻어야 한다.
④ 제3항에 따라 철도부채를 인계하는 시기와 인계하는 철도부채 등의 평가방법 및 평가기준일 등에 관한 사항은 대통령령으로 정한다.

제25조(고용승계 등) ① 철도공사 및 국가철도공단은 철도청 직원중 공무원 신분을 계속 유지하는 자를 제외한 철도청 직원 및 고속철도건설공단 직원의 고용을 포괄하여 승계한다.
② 국가는 제1항에 따라 철도청 직원 중 철도공사 및 국가철도공단 직원으로 고용이 승계되는 자에 대하여는 근로여건 및 퇴직급여의 불이익이 발생하지 않도록 필요한 조치를 한다.

제3절 철도시설관리권 등

제26조(철도시설관리권) ① 국토교통부장관은 철도시설을 관리하고 그 철도시설을 사용하거나 이용하는 자로부터 사용료를 징수할 수 있는 권리(이하 "철도시설관리권"이라 한다)를 설정할 수 있다.
② 제1항에 따라 철도시설관리권의 설정을 받은 자는 대통령령으로 정하는 바에 따라 국토교통부장관에게 등록하여야 한다. 등록한 사항을 변경하고자 하는 때에도 또한 같다.

제27조(철도시설관리권의 성질) 철도시설관리권은 이를 물권으로 보며, 이 법에 특별한 규정이 있는 경우를 제외하고는 민법 중 부동산에 관한 규정을 준용한다.

제28조(저당권 설정의 특례) 저당권이 설정된 철도시설관리권은 그 저당권자의 동의가 없으면 처분할 수 없다.

제29조(권리의 변동) ① 철도시설관리권 또는 철도시설관리권을 목적으로 하는 저당권의 설정·변경·소멸 및 처분의 제한은 국토교통부에 비치하는 철도시설관리권등록부에 등록함으로써 그 효력이 발생한다.
② 제1항에 따른 철도시설관리권의 등록에 관하여 필요한 사항은 대통령령으로 정한다.

제30조(철도시설 관리대장) ① 철도시설을 관리하는 자는 그가 관리하는 철도시설의 관리대장을 작성·비치하여야 한다.
② 철도시설 관리대장의 작성·비치 및 기재사항 등에 관하여 필요한 사항은 국토교통부령으로 정한다.

제31조(철도시설 사용료) ① 철도시설을 사용하고자 하는 자는 대통령령으로 정하는 바에 따라 관리청의 허가를 받거나 철도시설관리자와 시설사용계약을 체결하거나 그 시설사용계약을 체결한 자(이하 "시설사용계약자"라 한다)의 승낙을 얻어 사용할 수 있다.
② 철도시설관리자 또는 시설사용계약자는 제1항에 따라 철도시설을 사용하는 자로부터 사용료를 징수할 수 있다. 다만, 「국유재산법」 제34조에도 불구하고 지방자치단체가 직접 공용·공공용 또는 비영리 공익사업용으로 철도시설을 사용하고자 하는 경우에는 대통령령으로 정하는 바에 따라 그 사용료의 전부 또는 일부를 면제할 수 있다.
③ 제2항에 따라 철도시설 사용료를 징수하는 경우 철도의 사회경제적 편익과 다른 교통수단과의 형평성 등이 고려되어야 한다.
④ 철도시설 사용료의 징수기준 및 절차 등에 관하여 필요한 사항은 대통령령으로 정한다.

제4절 공익적 기능의 유지

제32조(공익서비스비용의 부담) ① 철도운영자의 공익서비스 제공으로 발생하는 비용(이하 "공익서비스비용"이라 한다)은 대통령령으로 정하는 바에

따라 국가 또는 해당 철도서비스를 직접 요구한 자(이하 "원인제공자"라 한다)가 부담하여야 한다.

② 원인제공자가 부담하는 공익서비스비용의 범위는 다음 각호와 같다.

1. 철도운영자가 다른 법령에 의하거나 국가정책 또는 공공목적을 위하여 철도운임·요금을 감면할 경우 그 감면액

2. 철도운영자가 경영개선을 위한 적절한 조치를 취하였음에도 불구하고 철도이용수요가 적어 수지균형의 확보가 극히 곤란하여 벽지의 노선 또는 역의 철도서비스를 제한 또는 중지하여야 되는 경우로서 공익목적을 위하여 기초적인 철도서비스를 계속함으로써 발생되는 경영손실

3. 철도운영자가 국가의 특수목적사업을 수행함으로서 발생되는 비용

제33조(공익서비스 제공에 따른 보상계약의 체결)

① 원인제공자는 철도운영자와 공익서비스비용의 보상에 관한 계약(이하 "보상계약"이라 한다)을 체결하여야 한다.

② 제1항에 따른 보상계약에는 다음 각호의 사항이 포함되어야 한다.

1. 철도운영자가 제공하는 철도서비스의 기준과 내용에 관한 사항

2. 공익서비스 제공과 관련하여 원인제공자가 부담하여야 하는 보상내용 및 보상방법 등에 관한 사항

3. 계약기간 및 계약기간의 수정·갱신과 계약의 해지에 관한 사항

4. 그 밖에 원인제공자와 철도운영자가 필요하다고 합의하는 사항

③ 원인제공자는 철도운영자와 보상계약을 체결하기 전에 계약내용에 관하여 국토교통부장관 및 기획재정부장관과 미리 협의하여야 한다.

④ 국토교통부장관은 공익서비스비용의 객관성과 공정성을 확보하기 위하여 필요한 때에는 국토교통부령으로 정하는 바에 의하여 전문기관을 지정하여 그 기관으로 하여금 공익서비스비용의 산정 및 평가 등의 업무를 담당하게 할 수 있다.

⑤ 보상계약체결에 관하여 원인제공자와 철도운영자의 협의가 성립되지 아니하는 때에는 원인제공자 또는 철도운영자의 신청에 의하여 위원회가 이를 조정할 수 있다.

제34조(특정노선 폐지 등의 승인) ① 철도시설관리자와 철도운영자(이하 "승인신청자"라 한다)는 다음 각호의 어느 하나에 해당하는 경우에 국토

교통부장관의 승인을 얻어 특정노선 및 역의 폐지와 관련 철도서비스의 제한 또는 중지 등 필요한 조치를 취할 수 있다.

1. 승인신청자가 철도서비스를 제공하고 있는 노선 또는 역에 대하여 철도의 경영개선을 위한 적절한 조치를 취하였음에도 불구하고 수지균형의 확보가 극히 곤란하여 경영상 어려움이 발생한 경우

2. 제33조에 따른 보상계약체결에도 불구하고 공익서비스비용에 대한 적정한 보상이 이루어지지 아니한 경우

3. 원인제공자가 공익서비스비용을 부담하지 아니한 경우

4. 원인제공자가 제33조 제5항에 따른 조정에 따르지 아니한 경우

② 승인신청자는 다음 각호의 사항이 포함된 승인신청서를 국토교통부장관에게 제출하여야 한다.

1. 폐지하고자 하는 특정 노선 및 역 또는 제한·중지하고자 하는 철도서비스의 내용

2. 특정 노선 및 역을 계속 운영하거나 철도서비스를 계속 제공하여야 할 경우의 원인제공자의 비용부담 등에 관한 사항

3. 그 밖에 특정 노선 및 역의 폐지 또는 철도서비스의 제한·중지 등과 관련된 사항

③ 국토교통부장관은 제2항에 따라 승인신청서가 제출된 경우 원인제공자 및 관계 행정기관의 장과 협의한 후 위원회의 심의를 거쳐 승인여부를 결정하고 그 결과를 승인신청자에게 통보하여야 한다. 이 경우 승인하기로 결정된 때에는 그 사실을 관보에 공고하여야 한다.

④ 국토교통부장관 또는 관계행정기관의 장은 승인신청자가 제1항에 따라 특정 노선 및 역을 폐지하거나 철도서비스의 제한·중지 등의 조치를 취하고자 하는 때에는 대통령령으로 정하는 바에 의하여 대체수송수단의 마련 등 필요한 조치를 하여야 한다.

제35조(승인의 제한 등) ① 국토교통부장관은 제34조 제1항 각호의 어느 하나에 해당되는 경우에도 다음 각호의 어느 하나에 해당하는 경우에는 같은 조 제3항에 따른 승인을 하지 아니할 수 있다.

1. 제34조에 따른 노선 폐지 등의 조치가 공익을 현저하게 저해한다고 인정하는 경우

2. 제34조에 따른 노선 폐지 등의 조치가 대체교통수단 미흡 등으로 교통서비스 제공에 중대한 지장을 초래한다고 인정하는 경우

② 국토교통부장관은 제1항 각호에 따라 승인을

하지 아니함에 따라 철도운영자인 승인신청자가 경영상 중대한 영업손실을 받은 경우에는 그 손실을 보상할 수 있다.

제36조(비상사태 시 처분) ① 국토교통부장관은 천재·지변·전시·사변, 철도교통의 심각한 장애 그 밖에 이에 준하는 사태의 발생으로 인하여 철도서비스에 중대한 차질이 발생하거나 발생할 우려가 있다고 인정하는 경우에는 필요한 범위 안에서 철도시설관리자·철도운영자 또는 철도이용자에게 다음 각호의 사항에 관한 조정·명령 그 밖의 필요한 조치를 할 수 있다.
1. 지역별·노선별·수송대상별 수송 우선순위 부여 등 수송통제
2. 철도시설·철도차량 또는 설비의 가동 및 조업
3. 대체수송수단 및 수송로의 확보
4. 임시열차의 편성 및 운행
5. 철도서비스 인력의 투입
6. 철도이용의 제한 또는 금지
7. 그 밖에 철도서비스의 수급안정을 위하여 대통령령으로 정하는 사항
② 국토교통부장관은 제1항에 따른 조치의 시행을 위하여 관계행정기관의 장에게 필요한 협조를 요청할 수 있으며, 관계행정기관의 장은 이에 협조하여야 한다.
③ 국토교통부장관은 제1항에 따른 조치를 한 사유가 소멸되었다고 인정하는 때에는 지체없이 이를 해제하여야 한다.

제5장 보칙

제37조(철도건설 등의 비용부담) ① 철도시설관리자는 지방자치단체·특정한 기관 또는 단체가 철도시설건설사업으로 인하여 현저한 이익을 받는 경우에는 국토교통부장관의 승인을 얻어 그 이익을 받는 자(이하 이 조에서 "수익자"라 한다)로 하여금 그 비용의 일부를 부담하게 할 수 있다.
② 제1항에 따라 수익자가 부담하여야 할 비용은 철도시설관리자와 수익자가 협의하여 정한다. 이 경우 협의가 성립되지 아니하는 때에는 철도시설관리자 또는 수익자의 신청에 의하여 위원회가 이를 조정할 수 있다.

제38조(권한의 위임 및 위탁) 국토교통부장관은 이 법에 따른 권한의 일부를 대통령령으로 정하는 바에 따라 특별시장·광역시장·도지사·특별자치도지사 또는 지방교통관서의 장에 위임하거나 관계 행정기관·국가철도공단·철도공사·정부출연연구기관에게 위탁할 수 있다. 다만, 철도시설 유지보수 시행업무는 철도공사에 위탁한다.

제39조(청문) 국토교통부장관은 제34조에 따른 특정 노선 및 역의 폐지와 이와 관련된 철도서비스의 제한 또는 중지에 대한 승인을 하고자 하는 때에는 청문을 실시하여야 한다.

제6장 벌칙

제40조(벌칙) ① 제34조의 규정을 위반하여 국토교통부장관의 승인을 얻지 아니하고 특정 노선 및 역을 폐지하거나 철도서비스를 제한 또는 중지한 자는 3년 이하의 징역 또는 5천만원 이하의 벌금에 처한다.
② 다음 각호의 어느 하나에 해당하는 자는 2년 이하의 징역 또는 3천만 원 이하의 벌금에 처한다.
1. 거짓이나 그 밖의 부정한 방법으로 제31조 제1항에 따른 허가를 받은 자
2. 제31조 제1항에 따른 허가를 받지 아니하고 철도시설을 사용한 자
3. 제36조 제1항 제1호부터 제5호까지 또는 제7호에 따른 조정·명령 등의 조치를 위반한 자

제41조(양벌규정) 법인의 대표자나 법인 또는 개인의 대리인, 사용인, 그 밖의 종업원이 그 법인 또는 개인의 업무에 관하여 제40조의 위반행위를 하면 그 행위자를 벌하는 외에 그 법인 또는 개인에게도 해당 조문의 벌금형을 과(科)한다. 다만, 법인 또는 개인이 그 위반행위를 방지하기 위하여 해당 업무에 관하여 상당한 주의와 감독을 게을리하지 아니한 경우에는 그러하지 아니하다.

제42조(과태료) ① 제36조 제1항 제6호의 규정을 위반한 자에게는 1천만 원 이하의 과태료를 부과한다. 〈개정 2020. 6. 9.〉
② 제1항에 따른 과태료는 대통령령으로 정하는 바에 따라 국토교통부장관이 부과·징수한다. 〈개정 2009. 4. 1., 2013. 3. 23.〉
③ 삭제 〈2009. 4. 1.〉
④ 삭제 〈2009. 4. 1.〉
⑤ 삭제 〈2009. 4. 1.〉

철도산업발전기본법 시행령
〈대통령령 제32759호, 시행 2022. 7. 5.〉

제1조(목적) 이 영은 「철도산업발전기본법」에서 위임된 사항과 그 시행에 관하여 필요한 사항을 규정함을 목적으로 한다.

제2조(철도시설) 「철도산업발전기본법」(이하 "법"이라 한다) 제3조 제2호 사목에서 "대통령령이 정하는 시설"이라 함은 다음 각호의 시설을 말한다.
1. 철도의 건설 및 유지보수에 필요한 자재를 가공·조립·운반 또는 보관하기 위하여 당해 사업기간 중에 사용되는 시설
2. 철도의 건설 및 유지보수를 위한 공사에 사용되는 진입도로·주차장·야적장·토석채취장 및 사토장과 그 설치 또는 운영에 필요한 시설
3. 철도의 건설 및 유지보수를 위하여 당해 사업기간 중에 사용되는 장비와 그 정비·점검 또는 수리를 위한 시설
4. 그 밖에 철도안전관련시설·안내시설 등 철도의 건설·유지보수 및 운영을 위하여 필요한 시설로서 국토교통부장관이 정하는 시설

제3조(철도산업발전기본계획의 내용) 법 제5조 제2항 제8호에서 "대통령령이 정하는 사항"이라 함은 다음 각호의 사항을 말한다.
1. 철도수송분담의 목표
2. 철도안전 및 철도서비스에 관한 사항
3. 다른 교통수단과의 연계수송에 관한 사항
4. 철도산업의 국제협력 및 해외시장 진출에 관한 사항
5. 철도산업시책의 추진체계
6. 그 밖에 철도산업의 육성 및 발전에 관한 사항으로서 국토교통부장관이 필요하다고 인정하는 사항

제4조(철도산업발전기본계획의 경미한 변경) 법 제5조 제4항 후단에서 "대통령령이 정하는 경미한 변경"이라 함은 다음 각호의 변경을 말한다.
1. 철도시설투자사업 규모의 100분의 1의 범위안에서의 변경
2. 철도시설투자사업 총투자비용의 100분의 1의 범위안에서의 변경
3. 철도시설투자사업 기간의 2년의 기간 내에서의 변경

제5조(철도산업발전시행계획의 수립절차 등) ① 관계행정기관의 장은 법 제5조 제6항의 규정에 의한 당해 연도의 시행계획을 전년도 11월말까지 국토교통부장관에게 제출하여야 한다.
② 관계행정기관의 장은 전년도 시행계획의 추진실적을 매년 2월 말까지 국토교통부장관에게 제출하여야 한다.

제6조(철도산업위원회의 구성) ① 법 제6조의 규정에 의한 철도산업위원회(이하 "위원회"라 한다)의 위원장은 국토교통부장관이 된다. 〈개정 2008. 2. 29., 2013. 3. 23.〉
② 위원회의 위원은 다음 각호의 자가 된다
1. 기획재정부차관·교육부차관·과학기술정보통신부차관·행정안전부차관·산업통상자원부차관·고용노동부차관·국토교통부차관·해양수산부차관 및 공정거래위원회부위원장
2. 법 제20조 제3항의 규정에 따른 국가철도공단(이하 "국가철도공단"이라 한다)의 이사장
3. 법 제21조 제3항의 규정에 의한 한국철도공사(이하 "한국철도공사"라 한다)의 사장
4. 철도산업에 관한 전문성과 경험이 풍부한 자중에서 위원회의 위원장이 위촉하는 자
③ 제2항 제4호의 규정에 의한 위원의 임기는 2년으로 하되, 연임할 수 있다.

제6조의2(위원의 해촉) 위원회의 위원장은 제6조 제2항 제4호에 따른 위원이 다음 각호의 어느 하나에 해당하는 경우에는 해당 위원을 해촉(解囑)할 수 있다.
1. 심신장애로 인하여 직무를 수행할 수 없게 된 경우
2. 직무와 관련된 비위사실이 있는 경우
3. 직무태만, 품위손상이나 그 밖의 사유로 인하여 위원으로 적합하지 아니하다고 인정되는 경우
4. 위원 스스로 직무를 수행하는 것이 곤란하다고 의사를 밝히는 경우

제7조(위원회의 위원장의 직무) ① 위원회의 위원장은 위원회를 대표하며, 위원회의 업무를 총괄한다.
② 위원회의 위원장이 부득이한 사유로 직무를 수행할 수 없는 때에는 위원회의 위원장이 미리 지명한 위원이 그 직무를 대행한다.

제8조(회의) ① 위원회의 위원장은 위원회의 회의를 소집하고, 그 의장이 된다.

② 위원회의 회의는 재적위원 과반수의 출석과 출석위원 과반수의 찬성으로 의결한다.

③ 위원회는 회의록을 작성·비치하여야 한다.

제9조(간사) 위원회에 간사 1인을 두되, 간사는 국토교통부장관이 국토교통부소속공무원 중에서 지명한다.

제10조(실무위원회의 구성 등) ① 위원회의 심의·조정사항과 위원회에서 위임한 사항의 실무적인 검토를 위하여 위원회에 실무위원회를 둔다.

② 실무위원회는 위원장을 포함한 20인 이내의 위원으로 구성한다.

③ 실무위원회의 위원장은 국토교통부장관이 국토교통부의 3급 공무원 또는 고위공무원단에 속하는 일반직공무원 중에서 지명한다.

④ 실무위원회의 위원은 다음 각호의 자가 된다.

1. 기획재정부·교육부·과학기술정보통신부·행정안전부·산업통상자원부·고용노동부·국토교통부·해양수산부 및 공정거래위원회의 3급 공무원, 4급 공무원 또는 고위공무원단에 속하는 일반직공무원 중 그 소속기관의 장이 지명하는 자 각 1인

2. 국가철도공단의 임직원 중 국가철도공단이사장이 지명하는 자 1인

3. 한국철도공사의 임직원 중 한국철도공사사장이 지명하는 자 1인

4. 철도산업에 관한 전문성과 경험이 풍부한 자 중에서 실무위원회의 위원장이 위촉하는 자

⑤ 제4항 제4호의 규정에 의한 위원의 임기는 2년으로 하되, 연임할 수 있다.

⑥ 실무위원회에 간사 1인을 두되, 간사는 국토교통부장관이 국토교통부소속 공무원 중에서 지명한다.

⑦ 제8조의 규정은 실무위원회의 회의에 관하여 이를 준용한다.

제10조의2(실무위원회 위원의 해촉 등) ① 제10조 제4항 제1호부터 제3호까지의 규정에 따라 위원을 지명한 자는 위원이 다음 각호의 어느 하나에 해당하는 경우에는 그 지명을 철회할 수 있다.

1. 심신장애로 인하여 직무를 수행할 수 없게 된 경우

2. 직무와 관련된 비위사실이 있는 경우

3. 직무태만, 품위손상이나 그 밖의 사유로 인하여 위원으로 적합하지 아니하다고 인정되는 경우

4. 위원 스스로 직무를 수행하는 것이 곤란하다고 의사를 밝히는 경우

② 실무위원회의 위원장은 제10조 제4항 제4호에 따른 위원이 제1항 각호의 어느 하나에 해당하는 경우에는 해당 위원을 해촉할 수 있다.

제11조(철도산업구조개혁기획단의 구성 등) ① 위원회의 활동을 지원하고 철도산업의 구조개혁 그 밖에 철도정책과 관련되는 다음 각호의 업무를 지원·수행하기 위하여 국토교통부장관소속하에 철도산업구조개혁기획단(이하 "기획단"이라 한다)을 둔다.

1. 철도산업구조개혁기본계획 및 분야별 세부추진계획의 수립

2. 철도산업구조개혁과 관련된 철도의 건설·운영 주체의 정비

3. 철도산업구조개혁과 관련된 인력조정·재원확보대책의 수립

4. 철도산업구조개혁과 관련된 법령의 정비

5. 철도산업구조개혁추진에 따른 철도운임·철도시설사용료·철도수송시장 등에 관한 철도산업정책의 수립

6. 철도산업구조개혁추진에 따른 공익서비스비용의 보상, 세제·금융지원 등 정부지원정책의 수립

7. 철도산업구조개혁추진에 따른 철도시설건설계획 및 투자재원조달대책의 수립

8. 철도산업구조개혁추진에 따른 전기·신호·차량 등에 관한 철도기술개발정책의 수립

9. 철도산업구조개혁추진에 따른 철도안전기준의 정비 및 안전정책의 수립

10. 철도산업구조개혁추진에 따른 남북철도망 및 국제철도망 구축정책의 수립

11. 철도산업구조개혁에 관한 대외협상 및 홍보

12. 철도산업구조개혁추진에 따른 각종 철도의 연계 및 조정

13. 그 밖에 철도산업구조개혁과 관련된 철도정책 전반에 관하여 필요한 업무

② 기획단은 단장 1인과 단원으로 구성한다.

③ 기획단의 단장은 국토교통부장관이 국토교통부의 3급 공무원 또는 고위공무원단에 속하는 일반직공무원 중에서 임명한다.

④ 국토교통부장관은 기획단의 업무수행을 위하여 필요하다고 인정하는 때에는 관계 행정기관, 한국철도공사 등 관련 공사, 국가철도공단 등 특별법에 의하여 설립된 공단 또는 관련 연구기관에 대하여 소속 공무원·임직원 또는 연구원을 기획단으로 파견하여 줄 것을 요청할 수 있다.

⑤ 기획단의 조직 및 운영에 관하여 필요한 세부적인 사항은 국토교통부장관이 정한다.

제12조(관계행정기관 등에의 협조요청 등) 위원회 및 실무위원회는 그 업무를 수행하기 위하여 필요한 때에는 관계행정기관 또는 단체 등에 대하여 자료 또는 의견의 제출 등의 협조를 요청하거나 관계공무원 또는 관계전문가 등을 위원회 및 실무위원회에 참석하게 하여 의견을 들을 수 있다.

제13조(수당 등) 위원회와 실무위원회의 위원 중 공무원이 아닌 위원 및 위원회와 실무위원회에 출석하는 관계전문가에 대하여는 예산의 범위안에서 수당·여비 그 밖의 필요한 경비를 지급할 수 있다.

제14조(운영세칙) 이 영에서 규정한 사항 외에 위원회 및 실무위원회의 운영에 관하여 필요한 사항은 위원회의 의결을 거쳐 위원회의 위원장이 정한다.

제15조(철도산업정보화기본계획의 내용 등) ① 법 제12조 제1항의 규정에 의한 철도산업정보화기본계획에는 다음 각호의 사항이 포함되어야 한다.
1. 철도산업정보화의 여건 및 전망
2. 철도산업정보화의 목표 및 단계별 추진계획
3. 철도산업정보화에 필요한 비용
4. 철도산업정보의 수집 및 조사계획
5. 철도산업정보의 유통 및 이용활성화에 관한 사항
6. 철도산업정보화와 관련된 기술개발의 지원에 관한 사항
7. 그 밖에 국토교통부장관이 필요하다고 인정하는 사항
② 국토교통부장관은 법 제12조 제1항의 규정에 의하여 철도산업정보화기본계획을 수립 또는 변경하고자 하는 때에는 위원회의 심의를 거쳐야 한다.

제16조(철도산업정보센터의 업무 등) ① 법 제12조 제2항의 규정에 의한 철도산업정보센터는 다음 각호의 업무를 행한다.
1. 철도산업정보의 수집·분석·보급 및 홍보
2. 철도산업의 국제동향 파악 및 국제협력사업의 지원
② 국토교통부장관은 법 제12조 제2항의 규정에 의하여 철도산업에 관한 정보를 수집·관리 또는 제공하는 자에게 예산의 범위안에서 운영에 소요되는 비용을 지원할 수 있다. 〈개정 2008. 2. 29., 2013. 3. 23.〉

제17조 삭제 〈2008. 10. 20.〉

제18조 삭제 〈2008. 10. 20.〉

제19조 삭제 〈2008. 10. 20.〉

제20조 삭제 〈2008. 10. 20.〉

제21조 삭제 〈2008. 10. 20.〉

제22조 삭제 〈2008. 10. 20.〉

제23조(업무절차서의 교환 등) ① 철도시설관리자와 철도운영자는 법 제17조 제2항의 규정에 의하여 철도시설관리와 철도운영에 있어 상호협력이 필요한 분야에 대하여 업무절차서를 작성하여 정기적으로 이를 교환하고, 이를 변경한 때에는 즉시 통보하여야 한다.
② 철도시설관리자와 철도운영자는 상호협력이 필요한 분야에 대하여 정기적으로 합동점검을 하여야 한다.

제24조(선로배분지침의 수립 등) ① 국토교통부장관은 법 제17조 제2항의 규정에 의하여 철도시설관리자와 철도운영자가 안전하고 효율적으로 선로를 사용할 수 있도록 하기 위하여 선로용량의 배분에 관한 지침(이하 "선로배분지침"이라 한다)을 수립·고시하여야 한다.
② 제1항의 규정에 의한 선로배분지침에는 다음 각호의 사항이 포함되어야 한다.
1. 여객열차와 화물열차에 대한 선로용량의 배분
2. 지역 간 열차와 지역 내 열차에 대한 선로용량의 배분
3. 선로의 유지보수·개량 및 건설을 위한 작업시간
4. 철도차량의 안전운행에 관한 사항
5. 그 밖에 선로의 효율적 활용을 위하여 필요한 사항
③ 철도시설관리자·철도운영자 등 선로를 관리 또는 사용하는 자는 제1항의 규정에 의한 선로배분지침을 준수하여야 한다.
④ 국토교통부장관은 철도차량 등의 운행정보의 제공, 철도차량 등에 대한 운행통제, 적법운행 여부에 대한 지도·감독, 사고발생시 사고복구 지시 등 철도교통의 안전과 질서를 유지하기 위하여 필요한 조치를 할 수 있도록 철도교통관제시설을 설치·운영하여야 한다.

제25조(철도산업구조개혁기본계획의 내용) 법 제18조 제2항 제7호에서 "대통령령이 정하는 사항"이라 함은 다음 각호의 사항을 말한다.
1. 철도서비스 시장의 구조개편에 관한 사항
2. 철도요금·철도시설사용료 등 가격정책에 관한 사항
3. 철도안전 및 서비스향상에 관한 사항
4. 철도산업구조개혁의 추진체계 및 관계기관의 협조에 관한 사항

5. 철도산업구조개혁의 중장기 추진방향에 관한 사항

6. 그 밖에 국토교통부장관이 철도산업구조개혁의 추진을 위하여 필요하다고 인정하는 사항

제26조(철도산업구조개혁기본계획의 경미한 변경)
법 제18조 제3항 후단에서 "대통령령이 정하는 경미한 변경"이라 함은 철도산업구조개혁기본계획 추진기간의 1년의 기간 내에서의 변경을 말한다.

제27조(철도산업구조개혁시행계획의 수립절차 등)
① 관계행정기관의 장은 법 제18조 제5항의 규정에 의한 당해 연도의 시행계획을 전년도 11월 말까지 국토교통부장관에게 제출하여야 한

② 관계행정기관의 장은 전년도 시행계획의 추진실적을 매년 2월 말까지 국토교통부장관에게 제출하여야 한다.

제28조(관리청 업무의 대행범위)
국토교통부장관이 법 제19조 제2항의 규정에 의하여 국가철도공단으로 하여금 대행하게 하는 경우 그 대행업무는 다음 각호와 같다.

1. 국가가 추진하는 철도시설 건설사업의 집행

2. 국가 소유의 철도시설에 대한 사용료 징수 등 관리업무의 집행

3. 철도시설의 안전유지, 철도시설과 이를 이용하는 철도차량간의 종합적인 성능검증·안전상태점검 등 철도시설의 안전을 위하여 국토교통부장관이 정하는 업무

4. 그 밖에 국토교통부장관이 철도시설의 효율적인 관리를 위하여 필요하다고 인정한 업무

제29조(철도자산처리계획의 내용)
법 제23조 제1항의 규정에 의한 철도자산처리계획에는 다음 각호의 사항이 포함되어야 한다.

1. 철도자산의 개요 및 현황에 관한 사항

2. 철도자산의 처리방향에 관한 사항

3. 철도자산의 구분기준에 관한 사항

4. 철도자산의 인계·이관 및 출자에 관한 사항

5. 철도자산처리의 추진일정에 관한 사항

6. 그 밖에 국토교통부장관이 철도자산의 처리를 위하여 필요하다고 인정하는 사항

제30조(철도자산 관리업무의 민간위탁계획)
① 법 제23조 제4항 각호외의 부분에서 "대통령령이 정하는 민간법인"이라 함은 민법에 의하여 설립된 비영리법인과 상법에 의하여 설립된 주식회사를 말한다.

② 국토교통부장관은 법 제23조 제4항의 규정에 의하여 철도자산의 관리업무를 민간법인에 위탁하고자 하는 때에는 위원회의 심의를 거쳐 민간위탁계획을 수립하여야 한다.

③ 제2항의 규정에 의한 민간위탁계획에는 다음 각호의 사항이 포함되어야 한다.

1. 위탁대상 철도자산

2. 위탁의 필요성·범위 및 효과

3. 수탁기관의 선정절차

④ 국토교통부장관이 제2항의 규정에 의하여 민간위탁계획을 수립한 때에는 이를 고시하여야 한다.

제31조(민간위탁계약의 체결)
① 국토교통부장관은 법 제23조 제4항의 규정에 의하여 철도자산의 관리업무를 위탁하고자 하는 때에는 제30조 제4항의 규정에 의하여 고시된 민간위탁계획에 따라 사업계획을 제출한 자중에서 당해 철도자산을 관리하기에 적합하다고 인정되는 자를 선정하여 위탁계약을 체결하여야 한다.

② 제1항의 규정에 의한 위탁계약에는 다음 각호의 사항이 포함되어야 한다.

1. 위탁대상 철도자산

2. 위탁대상 철도자산의 관리에 관한 사항

3. 위탁계약기간(계약기간의 수정·갱신 및 위탁계약의 해지에 관한 사항을 포함한다)

4. 위탁대가의 지급에 관한 사항

5. 위탁업무에 대한 관리 및 감독에 관한 사항

6. 위탁업무의 재위탁에 관한 사항

7. 그 밖에 국토교통부장관이 필요하다고 인정하는 사항

제32조(철도자산의 인계·이관 등의 절차 및 시기)
① 철도청장 또는 한국고속철도건설공단이사장은 법 제23조 제6항의 규정에 의하여 철도자산의 인계·이관 등에 관한 승인을 얻고자 하는 때에는 인계·이관 자산의 범위·목록 및 가액이 기재된 승인신청서에 인계·이관에 필요한 서류를 첨부하여 국토교통부장관에게 제출하여야 한다.

② 법 제23조 제7항의 규정에 의한 철도자산의 인계·이관 등의 시기는 다음 각호와 같다.

1. 한국철도공사가 법 제23조 제2항의 규정에 의한 철도자산을 출자받는 시기 : 한국철도공사의 설립등기일

2. 국토교통부장관이 법 제23조 제4항의 규정에 의한 철도자산을 이관받는 시기 : 2004년 1월 1일

3. 국가철도공단이 법 제23조 제5항의 규정에 의한 철도자산을 인계받는 시기 : 2004년 1월 1일

③ 인계·이관 등의 대상이 되는 철도자산의 평가기준일은 제2항의 규정에 의한 인계·이관 등을 받는 날의 전일로 한다. 다만, 법 제23조 제2항의 규정에 의하여 한국철도공사에 출자되는 철도자산의 평가기준일은 「국유재산법」이 정하는 바에 의한다.

④ 인계·이관 등의 대상이 되는 철도자산의 평가가액은 제3항의 규정에 의한 평가기준일의 자산의 장부가액으로 한다. 다만, 법 제23조 제2항의 규정에 의하여 한국철도공사에 출자되는 철도자산의 평가방법은 「국유재산법」이 정하는 바에 의한다.

제33조(철도부채의 인계절차 및 시기) ① 철도청장 또는 한국고속철도건설공단이사장이 법 제24조 제3항의 규정에 의하여 철도부채의 인계에 관한 승인을 얻고자 하는 때에는 인계 부채의 범위·목록 및 가액이 기재된 승인신청서에 인계에 필요한 서류를 첨부하여 국토교통부장관에게 제출하여야 한다.

② 법 제24조 제4항의 규정에 의한 철도부채의 인계시기는 다음 각호와 같다.

1. 한국철도공사가 법 제24조 제2항의 규정에 의하여 운영부채를 인계받는 시기 : 한국철도공사의 설립등기일

2. 국가철도공단이 법 제24조 제2항의 규정에 의하여 시설부채를 인계받는 시기 : 2004년 1월 1일

3. 일반회계가 법 제24조 제2항의 규정에 의하여 기타부채를 인계받는 시기 : 2004년 1월 1일

③ 인계하는 철도부채의 평가기준일은 제2항의 규정에 의한 인계일의 전일로 한다.

④ 인계하는 철도부채의 평가가액은 평가기준일의 부채의 장부가액으로 한다.

제34조(철도시설의 사용허가) 법 제31조 제1항에 따른 관리청의 허가 기준·방법·절차·기간 등에 관한 사항은 「국유재산법」에 따른다.

제34조의2(사용허가에 따른 철도시설의 사용료 등) ① 철도시설을 사용하려는 자가 법 제31조 제1항에 따라 관리청의 허가를 받아 철도시설을 사용하는 경우 같은 조 제2항 본문에 따라 관리청이 징수할 수 있는 철도시설의 사용료는 「국유재산법」 제32조에 따른다.

② 관리청은 법 제31조 제2항 단서에 따라 지방자치단체가 직접 공용·공공용 또는 비영리 공익사업용으로 철도시설을 사용하려는 경우에는 다음 각호의 구분에 따른 기준에 따라 사용료를 면제할 수 있다.

1. 철도시설을 취득하는 조건으로 사용하려는 경우로서 사용허가기간이 1년 이내인 사용허가의 경우 : 사용료의 전부

2. 제1호에서 정한 사용허가 외의 사용허가의 경우 : 사용료의 100분의 60

③ 사용허가에 따른 철도시설 사용료의 징수기준 및 절차 등에 관하여 이 영에서 규정된 것을 제외하고는 「국유재산법」에 따른다.

제35조(철도시설의 사용계약) ① 법 제31조 제1항에 따른 철도시설의 사용계약에는 다음 각호의 사항이 포함되어야 한다.

1. 사용기간·대상시설·사용조건 및 사용료

2. 대상시설의 제3자에 대한 사용승낙의 범위·조건

3. 상호책임 및 계약위반시 조치사항

4. 분쟁 발생 시 조정절차

5. 비상사태 발생 시 조치

6. 계약의 갱신에 관한 사항

7. 계약내용에 대한 비밀누설금지에 관한 사항

② 법 제3조 제2호 가목부터 라목까지에서 규정한 철도시설(이하 "선로등"이라 한다)에 대한 법 제31조 제1항에 따른사용계약(이하 "선로등사용계약"이라 한다)을 체결하려는 경우에는 다음 각호의 기준을 모두 충족해야 한다.

1. 해당 선로등을 여객 또는 화물운송 목적으로 사용하려는 경우일 것

2. 사용기간이 5년을 초과하지 않을 것

③ 선로등에 대한 제1항 제1호에 따른 사용조건에는 다음 각호의 사항이 포함되어야 하며, 그 사용조건은 제24조 제1항에 따른 선로배분지침에 위반되는 내용이어서는 안 된다.

1. 투입되는 철도차량의 종류 및 길이

2. 철도차량의 일일운행횟수·운행개시시각·운행종료시각 및 운행간격

3. 출발역·정차역 및 종착역

4. 철도운영의 안전에 관한 사항

5. 철도여객 또는 화물운송서비스의 수준

④ 철도시설관리자는 법 제31조 제1항에 따라 철도시설을 사용하려는 자와 사용계약을 체결하여 철도시설을 사용하게 하려는 경우에는 미리 그 사실을 공고해야 한다.

제36조(사용계약에 따른 선로등의 사용료 등) ① 철도시설관리자는 제35조 제1항 제1호에 따른 선로등의 사용료를 정하는 경우에는 다음 각호의 한도를 초과하지 않는 범위에서 선로등의 유지보수 비용 등 관련 비용을 회수할 수 있도록 해야 한다.

다만, 「사회기반시설에 대한 민간투자법」 제26조에 따라 사회기반시설관리운영권을 설정받은 철도시설관리자는 같은 법에서 정하는 바에 따라 선로등의 사용료를 정해야 한다.

1. 국가 또는 지방자치단체가 건설사업비의 전액을 부담한 선로등 : 해당 선로등에 대한 유지보수비용의 총액

2. 제1호의 선로등 외의 선로등 : 해당 선로등에 대한 유지보수비용 총액과 총건설사업비(조사비 · 설계비 · 공사비 · 보상비 및 그 밖에 건설에 소요된 비용의 합계액에서 국가 · 지방자치단체 또는 법 제37조 제1항에 따라 수익자가 부담한 비용을 제외한 금액을 말한다)의 합계액

② 철도시설관리자는 제1항 각호 외의 부분 본문에 따라 선로등의 사용료를 정하는 경우에는 다음 각호의 사항을 고려할 수 있다.

1. 선로등급 · 선로용량 등 선로등의 상태
2. 운행하는 철도차량의 종류 및 중량
3. 철도차량의 운행시간대 및 운행횟수
4. 철도사고의 발생빈도 및 정도
5. 철도서비스의 수준
6. 철도관리의 효율성 및 공익성

③ 삭제 〈2022. 7. 4.〉

제37조(선로등사용계약 체결의 절차)

① 제35조 제2항의 규정에 의한 선로등사용계약을 체결하고자 하는 자(이하 "사용신청자"라 한다)는 선로등의 사용목적을 기재한 선로등사용계약신청서에 다음 각호의 서류를 첨부하여 철도시설관리자에게 제출하여야 한다.

1. 철도여객 또는 화물운송사업의 자격을 증명할 수 있는 서류
2. 철도여객 또는 화물운송사업계획서
3. 철도차량 · 운영시설의 규격 및 안전성을 확인할 수 있는 서류

② 철도시설관리자는 제1항의 규정에 의하여 선로등사용계약신청서를 제출받은 날부터 1월 이내에 사용신청자에게 선로등사용계약의 체결에 관한 협의일정을 통보하여야 한다.

③ 철도시설관리자는 사용신청자가 철도시설에 관한 자료의 제공을 요청하는 경우에는 특별한 이유가 없는 한 이에 응하여야 한다.

④ 철도시설관리자는 사용신청자와 선로등사용계약을 체결하고자 하는 경우에는 미리 국토교통부장관의 승인을 받아야 한다. 선로등사용계약의 내용을 변경하는 경우에도 또한 같다.

제38조(선로등사용계약의 갱신)

① 선로등사용계약을 체결하여 선로등을 사용하고 있는 자(이하 "선로등사용계약자"라 한다)는 그 선로등을 계속하여 사용하고자 하는 경우에는 사용기간이 만료되기 10월 전까지 선로등사용계약의 갱신을 신청하여야 한다.

② 철도시설관리자는 제1항의 규정에 의하여 선로등사용계약자가 선로등사용계약의 갱신을 신청한 때에는 특별한 사유가 없는 한 그 선로등의 사용에 관하여 우선적으로 협의하여야 한다. 이 경우 제35조 제4항의 규정은 이를 적용하지 아니한다.

③ 제35조 제1항 내지 제3항, 제36조 및 제37조의 규정은 선로등사용계약의 갱신에 관하여 이를 준용한다.

제39조(철도시설의 사용승낙)

① 제35조 제1항의 규정에 의한 철도시설의 사용계약을 체결한 자(이하 이 조에서 "시설사용계약자"라 한다)는 그 사용계약을 체결한 철도시설의 일부에 대하여 법 제31조 제1항의 규정에 의하여 제3자에게 그 사용을 승낙할 수 있다. 이 경우 철도시설관리자와 미리 협의하여야 한다.

② 시설사용계약자는 제1항의 규정에 의하여 제3자에게 사용승낙을 한 경우에는 그 내용을 철도시설관리자에게 통보하여야 한다.

제40조(공익서비스비용 보상예산의 확보)

① 철도운영자는 매년 3월 말까지 국가가 법 제32조 제1항의 규정에 의하여 다음 연도에 부담하여야 하는 공익서비스비용(이하 "국가부담비용"이라 한다)의 추정액, 당해 공익서비스의 내용 그 밖의 필요한 사항을 기재한 국가부담비용추정서를 국토교통부장관에게 제출하여야 한다. 이 경우 철도운영자가 국가부담비용의 추정액을 산정함에 있어서는 법 제33조 제1항의 규정에 의한 보상계약 등을 고려하여야 한다.

② 국토교통부장관은 제1항의 규정에 의하여 국가부담비용추정서를 제출받은 때에는 관계행정기관의 장과 협의하여 다음 연도의 국토교통부소관 일반회계에 국가부담비용을 계상하여야 한다.

③ 국토교통부장관은 제2항의 규정에 의한 국가부담비용을 정하는 때에는 제1항의 규정에 의한 국가부담비용의 추정액, 전년도에 부담한 국가부담비용, 관련법령의 규정 또는 법 제33조 제1항의 규정에 의한 보상계약 등을 고려하여야 한다.

제41조(국가부담비용의 지급) ① 철도운영자는 국가부담비용의 지급을 신청하고자 하는 때에는 국토교통부장관이 지정하는 기간 내에 국가부담비용지급신청서에 다음 각호의 서류를 첨부하여 국토교통부장관에게 제출하여야 한다.

1. 국가부담비용지급신청액 및 산정내역서
2. 당해 연도의 예상수입·지출명세서
3. 최근 2년간 지급받은 국가부담비용내역서
4. 원가계산서

② 국토교통부장관은 제1항의 규정에 의하여 국가부담비용지급신청서를 제출받은 때에는 이를 검토하여 매 반기마다 반기초에 국가부담비용을 지급하여야 한다.

제42조(국가부담비용의 정산) ① 제41조 제2항의 규정에 의하여 국가부담비용을 지급받은 철도운영자는 당해 반기가 끝난 후 30일 이내에 국가부담비용정산서에 다음 각호의 서류를 첨부하여 국토교통부장관에게 제출하여야 한다.

1. 수입·지출명세서
2. 수입·지출증빙서류
3. 그 밖에 현금흐름표 등 회계 관련 서류

② 국토교통부장관은 제1항의 규정에 의하여 국가부담비용정산서를 제출받은 때에는 법 제33조 제4항의 규정에 의한 전문기관 등으로 하여금 이를 확인하게 할 수 있다.

제43조(회계의 구분 등) ① 국가부담비용을 지급받는 철도운영자는 법 제32조 제2항 제2호의 규정에 의한 노선 및 역에 대한 회계를 다른 회계와 구분하여 경리하여야 한다.

② 국가부담비용을 지급받는 철도운영자의 회계연도는 정부의 회계연도에 따른다.

제44조(특정노선 폐지 등의 승인신청서의 첨부서류) 철도시설관리자와 철도운영자가 법 제34조 제2항의 규정에 의하여 국토교통부장관에게 승인신청서를 제출하는 때에는 다음 각호의 사항을 기재한 서류를 첨부하여야 한다. 〈개정 2008. 2. 29., 2013. 3. 23.〉

1. 승인신청 사유
2. 등급별·시간대별 철도차량의 운행빈도, 역수, 종사자수 등 운영현황
3. 과거 6월 이상의 기간 동안의 1일 평균 철도서비스 수요
4. 과거 1년 이상의 기간 동안의 수입·비용 및 영업손실액에 관한 회계보고서

5. 향후 5년 동안의 1일 평균 철도서비스 수요에 대한 전망
6. 과거 5년 동안의 공익서비스비용의 전체규모 및 법 제32조 제1항의 규정에 의한 원인제공자가 부담한 공익서비스 비용의 규모
7. 대체수송수단의 이용가능성

제45조(실태조사) ① 국토교통부장관은 법 제34조 제2항의 규정에 의한 승인신청을 받은 때에는 당해 노선 및 역의 운영현황 또는 철도서비스의 제공현황에 관하여 실태조사를 실시하여야 한다.

② 국토교통부장관은 필요한 경우에는 관계 지방자치단체 또는 관련 전문기관을 제1항의 규정에 의한 실태조사에 참여시킬 수 있다.

③ 국토교통부장관은 제1항의 규정에 의한 실태조사의 결과를 위원회에 보고하여야 한다.

제46조(특정노선 폐지 등의 공고) 국토교통부장관은 법 제34조 제3항의 규정에 의하여 승인을 한 때에는 그 승인이 있은 날부터 1월 이내에 폐지되는 특정노선 및 역 또는 제한·중지되는 철도서비스의 내용과 그 사유를 국토교통부령이 정하는 바에 따라 공고하여야 한다.

제47조(특정노선 폐지 등에 따른 수송대책의 수립) 국토교통부장관 또는 관계행정기관의 장은 특정노선 및 역의 폐지 또는 철도서비스의 제한·중지 등의 조치로 인하여 영향을 받는 지역중에서 대체수송수단이 없거나 현저히 부족하여 수송서비스에 심각한 지장이 초래되는 지역에 대하여는 법 제34조 제4항의 규정에 의하여 다음 각호의 사항이 포함된 수송대책을 수립·시행하여야 한다.

1. 수송여건 분석
2. 대체수송수단의 운행횟수 증대, 노선조정 또는 추가투입
3. 대체수송에 필요한 재원조달
4. 그 밖에 수송대책의 효율적 시행을 위하여 필요한 사항

제48조(철도서비스의 제한 또는 중지에 따른 신규운영자의 선정) ① 국토교통부장관은 철도운영자인 승인신청자(이하 이 조에서 "기존운영자"라 한다)가 법 제34조 제1항의 규정에 의하여 제한 또는 중지하고자 하는 특정 노선 및 역에 관한 철도서비스를 새로운 철도운영자(이하 이 조에서 "신규운영자"라 한다)로 하여금 제공하게 하는 것이 타당하다고 인정하는 때에는 법 제34조 제4항의 규정에 의하여 신규운영자를 선정할 수 있다.

② 국토교통부장관은 제1항의 규정에 의하여 신규운영자를 선정하고자 하는 때에는 법 제32조 제1항의 규정에 의한 원인제공자와 협의하여 경쟁에 의한 방법으로 신규운영자를 선정하여야 한다.

③ 원인제공자는 신규운영자와 법 제33조의 규정에 의한 보상계약을 체결하여야 하며, 기존운영자는 당해 철도서비스 등에 관한 인수인계서류를 작성하여 신규운영자에게 제공하여야 한다.

④ 제2항 및 제3항의 규정에 의한 신규운영자 선정의 구체적인 방법, 인수인계절차 그 밖의 필요한 사항은 국토교통부령으로 정한다.

제49조(비상사태시 처분) 법 제36조 제1항 제7호에서 "대통령령이 정하는 사항"이라 함은 다음 각호의 사항을 말한다.

1. 철도시설의 임시사용
2. 철도시설의 사용제한 및 접근 통제
3. 철도시설의 긴급복구 및 복구지원
4. 철도역 및 철도차량에 대한 수색 등

제50조(권한의 위탁) ① 국토교통부장관은 법 제38조 본문의 규정에 의하여 법 제12조 제2항의 규정에 의한 철도산업정보센터의 설치·운영업무를 다음 각호의 자중에서 국토교통부령이 정하는 자에게 위탁한다.

1. 정부출연연구기관등의설립·운영및육성에관한법률 또는 과학기술분야정부출연연구기관등의설립·운영및육성에관한법률에 의한 정부출연연구기관
2. 국가철도공단

② 국토교통부장관은 법 제38조 본문의 규정에 의하여 철도시설유지보수 시행업무를 철도청장에게 위탁한다.

③ 국토교통부장관은 법 제38조 본문의 규정에 의하여 제24조 제4항의 규정에 의한 철도교통관제시설의 관리업무 및 철도교통관제업무를 다음 각호의 자 중에서 국토교통부령이 정하는 자에게 위탁한다.

1. 국가철도공단
2. 철도운영자

제51조(과태료) ① 국토교통부장관이 법 제42조 제2항의 규정에 의하여 과태료를 부과하는 때에는 당해 위반행위를 조사·확인한 후 위반사실·과태료 금액·이의제기의 방법 및 기간 등을 서면으로 명시하여 이를 납부할 것을 과태료처분대상자에게 통지하여야 한다.

② 국토교통부장관은 제1항의 규정에 의하여 과태료를 부과하고자 하는 때에는 10일 이상의 기간을 정하여 과태료처분대상자에게 구술 또는 서면에 의한 의견진술의 기회를 주어야 한다. 이 경우 지정된 기일까지 의견진술이 없는 때에는 의견이 없는 것으로 본다.

③ 국토교통부장관은 과태료의 금액을 정함에 있어서는 당해 위반행위의 동기·정도·횟수 등을 참작하여야 한다.

④ 과태료의 징수절차는 국토교통부령으로 정한다.

한국철도공사법
〈법률 제15460호. 시행 2019. 3. 14.〉

제1조(목적) 이 법은 한국철도공사를 설립하여 철도 운영의 전문성과 효율성을 높임으로써 철도산업과 국민경제의 발전에 이바지함을 목적으로 한다.

제2조(법인격) 한국철도공사(이하 "공사"라 한다)는 법인으로 한다.

제3조(사무소) ① 공사의 주된 사무소의 소재지는 정관으로 정한다.
② 공사는 업무수행을 위하여 필요하면 이사회의 의결을 거쳐 필요한 곳에 하부조직을 둘 수 있다.

제4조(자본금 및 출자) ① 공사의 자본금은 22조원으로 하고, 그 전부를 정부가 출자한다.
② 제1항에 따른 자본금의 납입 시기와 방법은 기획재정부장관이 정하는 바에 따른다.
③ 국가는 「국유재산법」에도 불구하고 「철도산업발전 기본법」 제22조 제1항 제1호에 따른 운영자산을 공사에 현물로 출자한다.
④ 제3항에 따라 국가가 공사에 출자를 할 때에는 「국유재산의 현물출자에 관한 법률」에 따른다.

제5조(등기) ① 공사는 주된 사무소의 소재지에서 설립등기를 함으로써 성립한다.
② 제1항에 따른 공사의 설립등기와 하부조직의 설치·이전 및 변경 등기, 그 밖에 공사의 등기에 필요한 사항은 대통령령으로 정한다.
③ 공사는 등기가 필요한 사항에 관하여는 등기하기 전에는 제3자에게 대항하지 못한다.

제6조 삭제〈2009. 3. 25.〉

제7조(대리·대행) 정관으로 정하는 바에 따라 사장이 지정한 공사의 직원은 사장을 대신하여 공사의 업무에 관한 재판상 또는 재판 외의 모든 행위를 할 수 있다.

제8조(비밀 누설·도용의 금지) 공사의 임직원이거나 임직원이었던 사람은 그 직무상 알게 된 비밀을 누설하거나 도용하여서는 아니 된다.

제8조의2(유사명칭의 사용금지) 이 법에 따른 공사가 아닌 자는 한국철도공사 또는 이와 유사한 명칭을 사용하지 못한다.

제9조(사업) ① 공사는 다음 각호의 사업을 한다.

1. 철도여객사업, 화물운송사업, 철도와 다른 교통수단의 연계운송사업
2. 철도 장비와 철도용품의 제작·판매·정비 및 임대사업
3. 철도 차량의 정비 및 임대사업
4. 철도시설의 유지·보수 등 국가·지방자치단체 또는 공공법인 등으로부터 위탁받은 사업
5. 역세권 및 공사의 자산을 활용한 개발·운영 사업으로서 대통령령으로 정하는 사업
6. 「철도의 건설 및 철도시설 유지관리에 관한 법률」 제2조 제6호 가목의 역 시설 개발 및 운영사업으로서 대통령령으로 정하는 사업
7. 「물류정책기본법」에 따른 물류사업으로서 대통령령으로 정하는 사업
8. 「관광진흥법」에 따른 관광사업으로서 대통령령으로 정하는 사업
9. 제1호부터 제8호까지의 사업과 관련한 조사·연구, 정보화, 기술 개발 및 인력 양성에 관한 사업
10. 제1호부터 제9호까지의 사업에 딸린 사업으로서 대통령령으로 정하는 사업
② 공사는 국외에서 제1항 각호의 사업을 할 수 있다.
③ 공사는 이사회의 의결을 거쳐 예산의 범위에서 공사의 업무와 관련된 사업에 투자·융자·보조 또는 출연할 수 있다.

제10조(손익금의 처리) ① 공사는 매 사업연도 결산 결과 이익금이 생기면 다음 각호의 순서로 처리하여야 한다.
1. 이월결손금의 보전(補塡)
2. 자본금의 2분의 1이 될 때까지 이익금의 10분의 2 이상을 이익준비금으로 적립
3. 자본금과 같은 액수가 될 때까지 이익금의 10분의 2 이상을 사업확장적립금으로 적립
4. 국고에 납입
② 공사는 매 사업연도 결산 결과 손실금이 생기면 제1항 제3호에 따른 사업확장적립금으로 보전하고 그 적립금으로도 부족하면 같은 항 제2호에 따른 이익준비금으로 보전하되, 보전미달액은 다음 사업연도로 이월(移越)한다.
③ 제1항 제2호 및 제3호에 따른 이익준비금과 사업

확장적립금은 대통령령으로 정하는 바에 따라 자본금으로 전입할 수 있다.

제11조(사채의 발행 등) ① 공사는 이사회의 의결을 거쳐 사채를 발행할 수 있다.

② 사채의 발행액은 공사의 자본금과 적립금을 합한 금액의 5배를 초과하지 못한다.

③ 국가는 공사가 발행하는 사채의 원리금 상환을 보증할 수 있다.

④ 사채의 소멸시효는 원금은 5년, 이자는 2년이 지나면 완성한다.

⑤ 공사는 「공공기관의 운영에 관한 법률」 제40조 제3항에 따라 예산이 확정되면 2개월 이내에 해당 연도에 발행할 사채의 목적·규모·용도 등이 포함된 사채발행 운용계획을 수립하여 이사회의 의결을 거쳐 국토교통부장관의 승인을 받아야 한다. 운용계획을 변경하려는 경우에도 또한 같다.

제12조(보조금 등) 국가는 공사의 경영 안정 및 철도 차량·장비의 현대화 등을 위하여 재정 지원이 필요하다고 인정하면 예산의 범위에서 사업에 필요한 비용의 일부를 보조하거나 재정자금의 융자 또는 사채 인수를 할 수 있다.

제13조(역세권 개발사업) 공사는 철도사업과 관련하여 일반업무시설, 판매시설, 주차장, 여객자동차터미널 및 화물터미널 등 철도 이용자에게 편의를 제공하기 위한 역세권 개발사업을 할 수 있고, 정부는 필요한 경우에 행정적·재정적 지원을 할 수 있다.

제14조(국유재산의 무상대부 등) ① 국가는 다음 각호의 어느 하나에 해당하는 공사의 사업을 효율적으로 수행하기 위하여 국토교통부장관이 필요하다고 인정하면 「국유재산법」에도 불구하고 공사에 국유재산(물품을 포함한다. 이하 같다)을 무상으로 대부(貸付)하거나 사용·수익하게 할 수 있다.

1. 제9조 제1항 제1호부터 제4호까지의 규정에 따른 사업

2. 「철도산업발전 기본법」 제3조 제2호 가목의 역시설의 개발 및 운영사업

② 국가는 「국유재산법」에도 불구하고 제1항에 따라 대부하거나 사용·수익을 허가한 국유재산에 건물이나 그 밖의 영구시설물을 축조하게 할 수 있다.

③ 제1항에 따른 대부 또는 사용·수익 허가의 조건 및 절차에 관하여 필요한 사항은 대통령령으로 정한다.

제15조(국유재산의 전대 등) ① 공사는 제9조에 따른 사업을 효율적으로 수행하기 위하여 필요하면 제14조에 따라 대부받거나 사용·수익을 허가받은 국유재산을 전대(轉貸)할 수 있다.

② 공사는 제1항에 따른 전대를 하려면 미리 국토교통부장관의 승인을 받아야 한다. 이를 변경하려는 경우에도 또한 같다.

③ 제1항에 따라 전대를 받은 자는 재산을 다른 사람에게 대부하거나 사용·수익하게 하지 못한다.

④ 제1항에 따라 전대를 받은 자는 해당 재산에 건물이나 그 밖의 영구시설물을 축조하지 못한다. 다만, 국토교통부장관이 행정 목적 또는 공사의 사업 수행에 필요하다고 인정하는 시설물의 축조는 그러하지 아니하다.

제16조(지도·감독) 국토교통부장관은 공사의 업무 중 다음 각호의 사항과 그와 관련되는 업무에 대하여 지도·감독한다.

1. 연도별 사업계획 및 예산에 관한 사항
2. 철도서비스 품질 개선에 관한 사항
3. 철도사업계획의 이행에 관한 사항
4. 철도시설·철도차량·열차운행 등 철도의 안전을 확보하기 위한 사항
5. 그 밖에 다른 법령에서 정하는 사항

제17조(자료제공의 요청) ① 공사는 업무상 필요하다고 인정하면 관계 행정기관이나 철도사업과 관련되는 기관·단체 등에 자료의 제공을 요청할 수 있다.

② 제1항에 따라 자료의 제공을 요청받은 자는 특별한 사유가 없으면 그 요청에 따라야 한다.

제18조(등기 촉탁의 대위) 공사가 제9조 제1항 제4호에 따라 국가 또는 지방자치단체로부터 위탁받은 사업과 관련하여 국가 또는 지방자치단체가 취득한 부동산에 관한 권리를 「부동산등기법」 제98조에 따라 등기하여야 하는 경우 공사는 국가 또는 지방자치단체를 대위(代位)하여 등기를 촉탁할 수 있다.

제19조(벌칙) 제8조를 위반한 자는 2년 이하의 징역 또는 2천만 원 이하의 벌금에 처한다.

제20조(과태료) ① 제8조의2를 위반한 자에게는 500만 원 이하의 과태료를 부과한다. 〈개정 2014. 5. 21.〉

② 제1항에 따른 과태료는 국토교통부장관이 부과·징수한다.

한국철도공사법 시행령
〈대통령령 제31899호, 시행 2019. 7. 20.〉

제1조(목적) 이 영은 「한국철도공사법」에서 위임된 사항과 그 시행에 관하여 필요한 사항을 규정함을 목적으로 한다.

제2조(설립등기) 「한국철도공사법」(이하 "법"이라 한다) 제5조 제2항의 규정에 의한 한국철도공사(이하 "공사"라 한다)의 설립등기사항은 다음 각호와 같다.
1. 설립목적
2. 명칭
3. 주된 사무소 및 하부조직의 소재지
4. 자본금
5. 임원의 성명 및 주소
6. 공고의 방법

제3조(하부조직의 설치등기) 공사가 하부조직을 설치한 때에는 다음 각호의 구분에 따라 각각 등기하여야 한다.
1. 주된 사무소의 소재지에 있어서는 2주일 이내에 새로이 설치된 하부조직의 명칭 및 소재지
2. 새로이 설치된 하부조직의 소재지에 있어서는 3주일 이내에 제2조 각호의 사항
3. 이미 설치된 하부조직의 소재지에 있어서는 3주일 이내에 새로이 설치된 하부조직의 명칭 및 소재지

제4조(이전등기) ① 공사가 주된 사무소 또는 하부조직을 다른 등기소의 관할구역으로 이전한 때에는 구소재지에 있어서는 2주일 이내에 그 이전한 뜻을, 신소재지에 있어서는 3주일 이내에 제2조 각호의 사항을 각각 등기하여야 한다.
② 동일한 등기소의 관할구역 안에서 주된 사무소 또는 하부조직을 이전한 때에는 2주일 이내에 그 이전의 뜻만을 등기하여야 한다.

제5조(변경등기) 공사는 제2조 각호의 사항에 변경이 있는 때에는 주된 사무소의 소재지에서는 2주일 이내에, 하부조직의 소재지에서는 3주일 이내에 그 변경된 사항을 등기하여야 한다.

제6조(대리 · 대행인의 선임등기) ① 공사의 사장이 법 제7조의 규정에 의하여 사장에 갈음하여 공사의 업무에 관한 재판상 또는 재판외의 행위를 할 수 있는 직원(이하 "대리 · 대행인"이라 한다)을 선임한 때에는 2주일 이내에 대리 · 대행인을 둔 주된 사무소 또는 하부조직의 소재지에서 다음 각호의 사항을 등기하여야 한다. 등기한 사항이 변경된 때에도 또한 같다.
1. 대리 · 대행인의 성명 및 주소
2. 대리 · 대행인을 둔 주된 사무소 또는 하부조직의 명칭 및 소재지
3. 대리 · 대행인의 권한을 제한한 때에는 그 제한의 내용
② 대리 · 대행인을 해임한 때에는 2주일 이내에 대리 · 대행인을 둔 주된 사무소 또는 하부조직의 소재지에서 그 해임한 뜻을 등기하여야 한다.

제7조(등기신청서의 첨부서류) 제2조 내지 제6조의 규정에 의한 각 등기의 신청서에는 다음 각호의 구분에 따른 서류를 첨부하여야 한다.
1. 제2조의 규정에 의한 공사의 설립등기의 경우에는 공사의 정관, 자본금의 납입액 및 임원의 자격을 증명하는 서류
2. 제3조의 규정에 의한 하부조직의 설치등기의 경우에는 하부조직의 설치를 증명하는 서류
3. 제4조의 규정에 의한 이전등기의 경우에는 주된 사무소 또는 하부조직의 이전을 증명하는 서류
4. 제5조의 규정에 의한 변경등기의 경우에는 그 변경된 사항을 증명하는 서류
5. 제6조의 규정에 의한 대리 · 대행인의 선임 · 변경 또는 해임의 등기의 경우에는 그 선임 · 변경 또는 해임이 법 제7조의 규정에 의한 것임을 증명하는 서류와 대리 · 대행인이 제6조 제1항 제3호의 규정에 의하여 그 권한이 제한된 때에는 그 제한을 증명하는 서류

제7조의2(역세권 개발 · 운영 사업 등) ① 법 제9조 제1항 제5호에서 "대통령령으로 정하는 사업"이란 다음 각호에 따른 사업을 말한다.
1. 역세권 개발 · 운영 사업 : 「역세권의 개발 및 이용에 관한 법률」 제2조 제2호에 따른 역세권개발사업 및 운영 사업
2. 공사의 자산을 활용한 개발 · 운영 사업 : 철도 이용객의 편의를 증진하기 위한 시설의 개발 · 운영 사업

② 법 제9조 제1항 제6호에서 "대통령령으로 정하는 사업"이란 다음 각호의 시설을 개발·운영하는 사업을 말한다.

1. 「물류정책기본법」 제2조 제1항 제4호의 물류시설 중 철도운영이나 철도와 다른 교통수단과의 연계운송을 위한 시설

2. 「도시교통정비 촉진법」 제2조 제3호에 따른 환승시설

3. 역사와 같은 건물 안에 있는 시설로서 「건축법 시행령」 제3조의5에 따른 건축물 중 제1종 근린생활시설, 제2종 근린생활시설, 문화 및 집회시설, 판매시설, 운수시설, 의료시설, 운동시설, 업무시설, 숙박시설, 창고시설, 자동차관련시설, 관광휴게시설과 그 밖에 철도이용객의 편의를 증진하기 위한 시설

③ 법 제9조 제1항 제7호에서 "대통령령으로 정하는 사업"이란 「물류정책기본법」 제2조 제1항 제2호의 물류사업 중 다음 각호의 사업을 말한다. 〈개정 2021. 7. 20.〉

1. 철도운영을 위한 사업

2. 철도와 다른 교통수단과의 연계운송을 위한 사업

3. 다음 각 목의 자산을 이용하는 사업으로서 「물류정책기본법 시행령」 별표 1의 물류시설운영업 및 물류서비스업

가. 「철도산업발전기본법」 제3조 제2호의 철도시설(이하 "철도시설"이라 한다) 또는 철도부지

나. 그 밖에 공사가 소유하고 있는 시설, 장비 또는 부지

④ 법 제9조 제1항 제8호에서 "대통령령으로 정하는 사업"이란 「관광진흥법」 제3조에서 정한 관광사업(카지노업은 제외한다)으로서 철도운영과 관련된 사업을 말한다.

⑤ 법 제9조 제1항 제10호에서 "대통령령으로 정하는 사업"이란 다음 각호의 사업을 말한다.

1. 철도시설 또는 철도부지나 같은 조 제4호의 철도차량 등을 이용하는 광고사업

2. 철도시설을 이용한 정보통신 기반시설 구축 및 활용 사업

3. 철도운영과 관련한 엔지니어링 활동

4. 철도운영과 관련한 정기간행물 사업, 정보매체 사업

5. 다른 법령의 규정에 따라 공사가 시행할 수 있는 사업

6. 그 밖에 철도운영의 전문성과 효율성을 높이기 위하여 필요한 사업

제8조(이익준비금 등의 자본금전입) ① 법 제10조 제3항의 규정에 의하여 이익준비금 또는 사업확장적립금을 자본금으로 전입하고자 하는 때에는 이사회의 의결을 거쳐 기획재정부장관의 승인을 얻어야 한다.

② 제1항의 규정에 의하여 이익준비금 또는 사업확장적립금을 자본금에 전입한 때에는 공사는 그 사실을 국토교통부장관에게 보고하여야 한다.

제9조(사채의 발행방법) 공사가 법 제11조 제1항의 규정에 의하여 사채를 발행하고자 하는 때에는 모집·총액인수 또는 매출의 방법에 의한다.

제10조(사채의 응모 등) ① 사채의 모집에 응하고자 하는 자는 사채청약서 2통에 그 인수하고자 하는 사채의 수·인수가액과 청약자의 주소를 기재하고 기명날인하여야 한다. 다만, 사채의 최저가액을 정하여 발행하는 경우에는 그 응모가액을 기재하여야 한다.

② 사채청약서는 사장이 이를 작성하고 다음 각호의 사항을 기재해야 한다.

1. 공사의 명칭

2. 사채의 발행총액

3. 사채의 종류별 액면금액

4. 사채의 이율

5. 사채상환의 방법 및 시기

6. 이자지급의 방법 및 시기

7. 사채의 발행가액 또는 그 최저가액

8. 이미 발행한 사채 중 상환되지 아니한 사채가 있는 때에는 그 총액

9. 사채모집의 위탁을 받은 회사가 있을 때에는 그 상호 및 주소

제11조(사채의 발행총액) 공사가 법 제11조 제1항의 규정에 의하여 사채를 발행함에 있어서 실제로 응모된 총액이 사채청약서에 기재한 사채발행총액에 미달하는 때에도 사채를 발행한다는 뜻을 사채청약서에 표시할 수 있다. 이 경우 그 응모총액을 사채의 발행총액으로 한다.

제12조(총액인수의 방법 등) 공사가 계약에 의하여 특정인에게 사채의 총액을 인수시키는 경우에는 제10조의 규정을 적용하지 아니한다. 사채모집의 위탁을 받은 회사가 사채의 일부를 인수하는 경우에는 그 인수분에 대하여도 또한 같다.

제13조(매출의 방법) 공사가 매출의 방법으로 사채를 발행하는 경우에는 매출기간과 제10조 제2항

제1호 · 제3호 내지 제7호의 사항을 미리 공고하여야 한다.

제14조(사채인수가액의 납입 등) ① 공사는 사채의 응모가 완료된 때에는 지체없이 응모자가 인수한 사채의 전액을 납입시켜야 한다.

② 사채모집의 위탁을 받은 회사는 자기명의로 공사를 위하여 제1항 및 제10조 제2항의 규정에 의한 행위를 할 수 있다.

제15조(채권의 발행 및 기재사항) ① 채권은 사채의 인수가액 전액이 납입된 후가 아니면 이를 발행하지 못한다.

② 채권에는 다음 각호의 사항을 기재하고, 사장이 기명날인하여야 한다. 다만, 매출의 방법에 의하여 사채를 발행하는 경우에는 제10조 제2항 제2호의 사항은 이를 기재하지 아니한다.

1. 제10조 제2항 제1호 내지 제6호의 사항
2. 채권번호
3. 채권의 발행연월일

제16조(채권의 형식) 채권은 무기명식으로 한다. 다만, 응모자 또는 소지인의 청구에 의하여 기명식으로 할 수 있다.

제17조(사채원부) ① 공사는 주된 사무소에 사채원부를 비치하고, 다음 각호의 사항을 기재해야 한다.

1. 채권의 종류별 수와 번호
2. 채권의 발행연월일
3. 제10조 제2항 제2호 내지 제6호 및 제9호의 사항

② 채권이 기명식인 때에는 사채원부에 제1항 각호의 사항 외에 다음 각호의 사항을 기재해야 한다.

1. 채권소유자의 성명과 주소
2. 채권의 취득연월일

③ 채권의 소유자 또는 소지인은 공사의 근무시간 중 언제든지 사채원부의 열람을 요구할 수 있다.

제18조(이권흠결의 경우의 공제) ① 이권(利券)이 있는 무기명식의 사채를 상환하는 경우에 이권이 흠결된 때에는 그 이권에 상당한 금액을 상환액으로부터 공제한다.

② 제1항의 규정에 의한 이권소지인은 그 이권과 상환으로 공제된 금액의 지급을 청구할 수 있다.

제19조(사채권자 등에 대한 통지 등) ① 사채를 발행하기 전의 그 응모자 또는 사채를 교부받을 권리를 가진 자에 대한 통지 또는 최고는 사채청약서에 기재된 주소로 하여야 한다. 다만, 따로 주소를 공사에 통지한 경우에는 그 주소로 하여야 한다.

② 기명식채권의 소유자에 대한 통지 또는 최고는 사채원부에 기재된 주소로 하여야 한다. 다만, 따로 주소를 공사에 통지한 경우에는 그 주소로 하여야 한다.

③ 무기명식채권의 소지자에 대한 통지 또는 최고는 공고의 방법에 의한다. 다만, 그 소재를 알 수 있는 경우에는 이에 의하지 아니할 수 있다.

제20조(국유재산의 무상대부 등) ① 법 제14조 제1항의 규정에 의한 국유재산의 무상사용 · 수익은 당해 국유재산관리청의 허가에 의하며, 무상대부의 조건 및 절차 등에 관하여는 당해 국유재산관리청과 공사간의 계약에 의한다.

② 국유재산의 무상대부 또는 무상사용 · 수익에 관하여 법 및 이 영에 규정된 것외에는 국유재산법의 규정에 의한다.

제21조(국유재산의 전대의 절차 등) 공사는 법 제14조 제1항의 규정에 의하여 대부받거나 사용 · 수익의 허가를 받은 국유재산을 법 제15조 제1항의 규정에 의하여 전대(轉貸)하고자 하는 경우에는 다음 각호의 사항이 기재된 승인신청서를 국토교통부장관에게 제출하여야 한다.

1. 전대재산의 표시(도면을 포함한다)
2. 전대를 받을 자의 전대재산 사용목적
3. 전대기간
4. 사용료 및 그 산출근거
5. 전대를 받을 자의 사업계획서

제22조 삭제 〈2017. 6. 13.〉

철도사업법

〈법률 제19391호. 시행 2023. 10. 19.〉

제1장 총칙

제1조(목적) 이 법은 철도사업에 관한 질서를 확립하고 효율적인 운영 여건을 조성함으로써 철도사업의 건전한 발전과 철도 이용자의 편의를 도모하여 국민경제의 발전에 이바지함을 목적으로 한다.

제2조(정의) 이 법에서 사용하는 용어의 뜻은 다음과 같다.

1. "철도"란 「철도산업발전 기본법」 제3조 제1호에 따른 철도를 말한다.
2. "철도시설"이란 「철도산업발전 기본법」 제3조 제2호에 따른 철도시설을 말한다.
3. "철도차량"이란 「철도산업발전 기본법」 제3조 제4호에 따른 철도차량을 말한다.
4. "사업용철도"란 철도사업을 목적으로 설치하거나 운영하는 철도를 말한다.
5. "전용철도"란 다른 사람의 수요에 따른 영업을 목적으로 하지 아니하고 자신의 수요에 따라 특수 목적을 수행하기 위하여 설치하거나 운영하는 철도를 말한다.
6. "철도사업"이란 다른 사람의 수요에 응하여 철도차량을 사용하여 유상(有償)으로 여객이나 화물을 운송하는 사업을 말한다.
7. "철도운수종사자"란 철도운송과 관련하여 승무(乘務, 동력차 운전과 열차 내 승무를 말한다. 이하 같다) 및 역무서비스를 제공하는 직원을 말한다.
8. "철도사업자"란 「한국철도공사법」에 따라 설립된 한국철도공사(이하 "철도공사"라 한다) 및 제5조에 따라 철도사업 면허를 받은 자를 말한다.
9. "전용철도운영자"란 제34조에 따라 전용철도 등록을 한 자를 말한다.

제3조(다른 법률과의 관계) 철도사업에 관하여 다른 법률에 특별한 규정이 있는 경우를 제외하고는 이 법에서 정하는 바에 따른다.

제3조의2(조약과의 관계) 국제철도(대한민국을 포함한 둘 이상의 국가에 걸쳐 운행되는 철도를 말한다)를 이용한 화물 및 여객 운송에 관하여 대한민국과 외국 간 체결된 조약에 이 법과 다른 규정이 있는 때에는 그 조약의 규정에 따른다.

제2장 철도사업의 관리

제4조(사업용철도노선의 고시 등) ① 국토교통부장관은 사업용철도노선의 노선번호, 노선명, 기점(起點), 종점(終點), 중요 경과지(정차역을 포함한다)와 그 밖에 필요한 사항을 국토교통부령으로 정하는 바에 따라 지정·고시하여야 한다.

② 국토교통부장관은 제1항에 따라 사업용철도노선을 지정·고시하는 경우 사업용철도노선을 다음 각호의 구분에 따라 분류할 수 있다.

1. 운행지역과 운행거리에 따른 분류
가. 간선(幹線)철도
나. 지선(支線)철도
2. 운행속도에 따른 분류
가. 고속철도노선
나. 준고속철도노선
다. 일반철도노선

③ 제2항에 따른 사업용철도노선 분류의 기준이 되는 운행지역, 운행거리 및 운행속도는 국토교통부령으로 정한다.

제4조의2(철도차량의 유형 분류) 국토교통부장관은 철도 운임 상한의 산정, 철도차량의 효율적인 관리 등을 위하여 철도차량을 국토교통부령으로 정하는 운행속도에 따라 다음 각호의 구분에 따른 유형으로 분류할 수 있다.

1. 고속철도차량
2. 준고속철도차량
3. 일반철도차량

제5조(면허 등) ① 철도사업을 경영하려는 자는 제4조 제1항에 따라 지정·고시된 사업용철도노선을 정하여 국토교통부장관의 면허를 받아야 한다. 이 경우 국토교통부장관은 철도의 공공성과 안전을 강화하고 이용자 편의를 증진시키기 위하여 국토교통부령으로 정하는 바에 따라 필요한 부담을 붙일 수 있다.

② 제1항에 따른 면허를 받으려는 자는 국토교통부령으로 정하는 바에 따라 사업계획서를 첨부한 면허신청서를 국토교통부장관에게 제출하여야 한다.

③ 철도사업의 면허를 받을 수 있는 자는 법인으로 한다.

제6조(면허의 기준) 철도사업의 면허기준은 다음 각호와 같다.

1. 해당 사업의 시작으로 철도교통의 안전에 지장을 줄 염려가 없을 것

2. 해당 사업의 운행계획이 그 운행 구간의 철도 수송 수요와 수송력 공급 및 이용자의 편의에 적합할 것

3. 신청자가 해당 사업을 수행할 수 있는 재정적 능력이 있을 것

4. 해당 사업에 사용할 철도차량의 대수(臺數), 사용연한 및 규격이 국토교통부령으로 정하는 기준에 맞을 것

제7조(결격사유) 다음 각호의 어느 하나에 해당하는 법인은 철도사업의 면허를 받을 수 없다.

1. 법인의 임원 중 다음 각 목의 어느 하나에 해당하는 사람이 있는 법인

가. 피성년후견인 또는 피한정후견인

나. 파산선고를 받고 복권되지 아니한 사람

다. 이 법 또는 대통령령으로 정하는 철도 관계 법령을 위반하여 금고 이상의 실형을 선고받고 그 집행이 끝나거나(끝난 것으로 보는 경우를 포함한다) 면제된 날부터 2년이 지나지 아니한 사람

라. 이 법 또는 대통령령으로 정하는 철도 관계 법령을 위반하여 금고 이상의 형의 집행유예를 선고받고 그 유예 기간 중에 있는 사람

2. 제16조 제1항에 따라 철도사업의 면허가 취소된 후 그 취소일부터 2년이 지나지 아니한 법인. 다만, 제1호가목 또는 나목에 해당하여 철도사업의 면허가 취소된 경우는 제외한다.

제8조(운송 시작의 의무) 철도사업자는 국토교통부장관이 지정하는 날 또는 기간에 운송을 시작하여야 한다. 다만, 천재지변이나 그 밖의 불가피한 사유로 철도사업자가 국토교통부장관이 지정하는 날 또는 기간에 운송을 시작할 수 없는 경우에는 국토교통부장관의 승인을 받아 날짜를 연기하거나 기간을 연장할 수 있다.

제9조(여객 운임·요금의 신고 등) ① 철도사업자는 여객에 대한 운임(여객운송에 대한 직접적인 대가를 말하며, 여객운송과 관련된 설비·용역에 대한 대가는 제외한다. 이하 같다)·요금(이하 "여객 운임·요금"이라 한다)을 국토교통부장관에게 신고하여야 한다. 이를 변경하려는 경우에도 같다.

② 철도사업자는 여객 운임·요금을 정하거나 변경하는 경우에는 원가(原價)와 버스 등 다른 교통수단의 여객 운임·요금과의 형평성 등을 고려하여야 한다. 이 경우 여객에 대한 운임은 제4조 제2항에 따른 사업용철도노선의 분류, 제4조의2에 따른 철도차량의 유형 등을 고려하여 국토교통부장관이 지정·고시한 상한을 초과하여서는 아니 된다.

③ 국토교통부장관은 제2항에 따라 여객 운임의 상한을 지정하려면 미리 기획재정부장관과 협의하여야 한다.

④ 국토교통부장관은 제1항에 따른 신고 또는 변경신고를 받은 날부터 3일 이내에 신고수리 여부를 신고인에게 통지하여야 한다.

⑤ 철도사업자는 제1항에 따라 신고 또는 변경신고를 한 여객 운임·요금을 그 시행 1주일 이전에 인터넷 홈페이지, 관계 역·영업소 및 사업소 등 일반인이 잘 볼 수 있는 곳에 게시하여야 한다.

제9조의2(여객 운임·요금의 감면) ① 철도사업자는 재해복구를 위한 긴급지원, 여객 유치를 위한 기념행사, 그 밖에 철도사업의 경영상 필요하다고 인정되는 경우에는 일정한 기간과 대상을 정하여 제9조 제1항에 따라 신고한 여객 운임·요금을 감면할 수 있다.

② 철도사업자는 제1항에 따라 여객 운임·요금을 감면하는 경우에는 그 시행 3일 이전에 감면 사항을 인터넷 홈페이지, 관계 역·영업소 및 사업소 등 일반인이 잘 볼 수 있는 곳에 게시하여야 한다. 다만, 긴급한 경우에는 미리 게시하지 아니할 수 있다. 〈개정 2015. 12. 29.〉

제10조(부가 운임의 징수) ① 철도사업자는 열차를 이용하는 여객이 정당한 운임·요금을 지급하지 아니하고 열차를 이용한 경우에는 승차 구간에 해당하는 운임 외에 그의 30배의 범위에서 부가 운임을 징수할 수 있다.

② 철도사업자는 송하인(送荷人)이 운송장에 적은 화물의 품명·중량·용적 또는 개수에 따라 계산한 운임이 정당한 사유 없이 정상 운임보다 적은 경우에는 송하인에게 그 부족 운임 외에 그 부족 운임의 5배의 범위에서 부가 운임을 징수할 수 있다.

③ 철도사업자는 제1항 및 제2항에 따른 부가 운임을 징수하려는 경우에는 사전에 부가 운임의 징수 대상 행위, 열차의 종류 및 운행 구간 등에 따른 부가 운임 산정기준을 정하고 제11조에 따른 철도사업약관에 포함하여 국토교통부장관에게 신고하여야 한다.

④ 국토교통부장관은 제3항에 따른 신고를 받은 날부터 3일 이내에 신고수리 여부를 신고인에게 통지하여야 한다.

⑤ 제1항 및 제2항에 따른 부가 운임의 징수 대상자는 이를 성실하게 납부하여야 한다.

제10조의2(승차권 등 부정판매의 금지) 철도사업자 또는 철도사업자로부터 승차권 판매위탁을 받은 자가 아닌 자는 철도사업자가 발행한 승차권 또는 할인권·교환권 등 승차권에 준하는 증서를 상습 또는 영업으로 자신이 구입한 가격을 초과한 금액으로 다른 사람에게 판매하거나 이를 알선하여서는 아니 된다.

제11조(철도사업약관) ① 철도사업자는 철도사업약관을 정하여 국토교통부장관에게 신고하여야 한다. 이를 변경하려는 경우에도 같다.

② 제1항에 따른 철도사업약관의 기재 사항 등에 필요한 사항은 국토교통부령으로 정한다.

③ 국토교통부장관은 제1항에 따른 신고 또는 변경신고를 받은 날부터 3일 이내에 신고수리 여부를 신고인에게 통지하여야 한다.

제12조(사업계획의 변경) ① 철도사업자는 사업계획을 변경하려는 경우에는 국토교통부장관에게 신고하여야 한다. 다만, 대통령령으로 정하는 중요 사항을 변경하려는 경우에는 국토교통부장관의 인가를 받아야 한다.

② 국토교통부장관은 철도사업자가 다음 각호의 어느 하나에 해당하는 경우에는 제1항에 따른 사업계획의 변경을 제한할 수 있다.

1. 제8조에 따라 국토교통부장관이 지정한 날 또는 기간에 운송을 시작하지 아니한 경우

2. 제16조에 따라 노선 운행중지, 운행제한, 감차(減車) 등을 수반하는 사업계획 변경명령을 받은 후 1년이 지나지 아니한 경우

3. 제21조에 따른 개선명령을 받고 이행하지 아니한 경우

4. 철도사고(「철도안전법」 제2조 제11호에 따른 철도사고를 말한다. 이하 같다)의 규모 또는 발생 빈도가 대통령령으로 정하는 기준 이상인 경우

③ 제1항과 제2항에 따른 사업계획 변경의 절차·기준과 그 밖에 필요한 사항은 국토교통부령으로 정한다.

④ 국토교통부장관은 제1항 본문에 따른 신고를 받은 날부터 3일 이내에 신고수리 여부를 신고인에게 통지하여야 한다.

제13조(공동운수협정) ① 철도사업자는 다른 철도사업자와 공동경영에 관한 계약이나 그 밖의 운수에 관한 협정(이하 "공동운수협정"이라 한다)을 체결하거나 변경하려는 경우에는 국토교통부령으로 정하는 바에 따라 국토교통부장관의 인가를 받아야 한다. 다만, 국토교통부령으로 정하는 경미한 사항을 변경하려는 경우에는 국토교통부령으로 정하는 바에 따라 국토교통부장관에게 신고하여야 한다.

② 국토교통부장관은 제1항 본문에 따라 공동운수협정을 인가하려면 미리 공정거래위원회와 협의하여야 한다.

③ 국토교통부장관은 제1항 단서에 따른 신고를 받은 날부터 3일 이내에 신고수리 여부를 신고인에게 통지하여야 한다.

제14조(사업의 양도·양수 등) ① 철도사업자는 그 철도사업을 양도·양수하려는 경우에는 국토교통부장관의 인가를 받아야 한다.

② 철도사업자는 다른 철도사업자 또는 철도사업 외의 사업을 경영하는 자와 합병하려는 경우에는 국토교통부장관의 인가를 받아야 한다.

③ 제1항이나 제2항에 따른 인가를 받은 경우 철도사업을 양수한 자는 철도사업을 양도한 자의 철도사업자로서의 지위를 승계하며, 합병으로 설립되거나 존속하는 법인은 합병으로 소멸되는 법인의 철도사업자로서의 지위를 승계한다.

④ 제1항과 제2항의 인가에 관하여는 제7조를 준용한다.

제15조(사업의 휴업·폐업) ① 철도사업자가 그 사업의 전부 또는 일부를 휴업 또는 폐업하려는 경우에는 국토교통부령으로 정하는 바에 따라 국토교통부장관의 허가를 받아야 한다. 다만, 선로 또는 교량의 파괴, 철도시설의 개량, 그 밖의 정당한 사유로 휴업하는 경우에는 국토교통부령으로 정하는 바에 따라 국토교통부장관에게 신고하여야 한다.

② 제1항에 따른 휴업기간은 6개월을 넘을 수 없다. 다만, 제1항 단서에 따른 휴업의 경우에는 예외로 한다.

③ 제1항에 따라 허가를 받거나 신고한 휴업기간 중이라도 휴업 사유가 소멸된 경우에는 국토교통부장관에게 신고하고 사업을 재개(再開)할 수 있다.

④ 국토교통부장관은 제1항 단서 및 제3항에 따른 신고를 받은 날부터 60일 이내에 신고수리 여부를 신고인에게 통지하여야 한다.

⑤ 철도사업자는 철도사업의 전부 또는 일부를 휴업 또는 폐업하려는 경우에는 대통령령으로 정하는 바에 따라 휴업 또는 폐업하는 사업의 내용과 그 기간 등을 인터넷 홈페이지, 관계 역 · 영업소 및 사업소 등 일반인이 잘 볼 수 있는 곳에 게시하여야 한다.

제16조(면허취소 등) ① 국토교통부장관은 철도사업자가 다음 각호의 어느 하나에 해당하는 경우에는 면허를 취소하거나, 6개월 이내의 기간을 정하여 사업의 전부 또는 일부의 정지를 명하거나, 노선 운행중지 · 운행제한 · 감차 등을 수반하는 사업계획의 변경을 명할 수 있다. 다만, 제4호 및 제7호의 경우에는 면허를 취소하여야 한다.
1. 면허받은 사항을 정당한 사유 없이 시행하지 아니한 경우
2. 사업 경영의 불확실 또는 자산상태의 현저한 불량이나 그 밖의 사유로 사업을 계속하는 것이 적합하지 아니할 경우
3. 고의 또는 중대한 과실에 의한 철도사고로 대통령령으로 정하는 다수의 사상자(死傷者)가 발생한 경우
4. 거짓이나 그 밖의 부정한 방법으로 제5조에 따른 철도사업의 면허를 받은 경우
5. 제5조 제1항 후단에 따라 면허에 붙인 부담을 위반한 경우
6. 제6조에 따른 철도사업의 면허기준에 미달하게 된 경우. 다만, 3개월 이내에 그 기준을 충족시킨 경우에는 예외로 한다.
7. 철도사업자의 임원 중 제7조 제1호 각 목의 어느 하나의 결격사유에 해당하게 된 사람이 있는 경우. 다만, 3개월 이내에 그 임원을 바꾸어 임명한 경우에는 예외로 한다.
8. 제8조를 위반하여 국토교통부장관이 지정한 날 또는 기간에 운송을 시작하지 아니한 경우
9. 제15조에 따른 휴업 또는 폐업의 허가를 받지 아니하거나 신고를 하지 아니하고 영업을 하지 아니한 경우
10. 제20조 제1항에 따른 준수사항을 1년 이내에 3회 이상 위반한 경우
11. 제21조에 따른 개선명령을 위반한 경우
12. 제23조에 따른 명의 대여 금지를 위반한 경우
② 제1항에 따른 처분의 기준 및 절차와 그 밖에 필요한 사항은 국토교통부령으로 정한다.
③ 국토교통부장관은 제1항에 따라 철도사업의 면허를 취소하려면 청문을 하여야 한다.

제17조(과징금처분) ① 국토교통부장관은 제16조 제1항에 따라 철도사업자에게 사업정지처분을 하여야 하는 경우로서 그 사업정지처분이 그 철도사업자가 제공하는 철도서비스의 이용자에게 심한 불편을 주거나 그 밖에 공익을 해칠 우려가 있을 때에는 그 사업정지처분을 갈음하여 1억 원 이하의 과징금을 부과 · 징수할 수 있다.
② 제1항에 따라 과징금을 부과하는 위반행위의 종류, 과징금의 부과기준 · 징수방법 등 필요한 사항은 대통령령으로 정한다.
③ 국토교통부장관은 제1항에 따라 과징금 부과처분을 받은 자가 납부기한까지 과징금을 내지 아니하면 국세 체납처분의 예에 따라 징수한다.
④ 제1항에 따라 징수한 과징금은 다음 각호 외의 용도로는 사용할 수 없다.
1. 철도사업 종사자의 양성 · 교육훈련이나 그 밖의 자질향상을 위한 시설 및 철도사업 종사자에 대한 지도업무의 수행을 위한 시설의 건설 · 운영
2. 철도사업의 경영개선이나 그 밖에 철도사업의 발전을 위하여 필요한 사업
3. 제1호 및 제2호의 목적을 위한 보조 또는 융자
⑤ 국토교통부장관은 과징금으로 징수한 금액의 운용계획을 수립하여 시행하여야 한다.
⑥ 제4항과 제5항에 따른 과징금 사용의 절차, 운용계획의 수립 · 시행에 관한 사항과 그 밖에 필요한 사항은 국토교통부령으로 정한다.

제18조(철도차량 표시) 철도사업자는 철도사업에 사용되는 철도차량에 철도사업자의 명칭과 그 밖에 국토교통부령으로 정하는 사항을 표시하여야 한다.

제19조(우편물 등의 운송) 철도사업자는 여객 또는 화물 운송에 부수(附隨)하여 우편물과 신문 등을 운송할 수 있다.

제20조(철도사업자의 준수사항) ① 철도사업자는 「철도안전법」 제21조에 따른 요건을 갖추지 아니한 사람을 운전업무에 종사하게 하여서는 아니 된다.
② 철도사업자는 사업계획을 성실하게 이행하여야 하며, 부당한 운송 조건을 제시하거나 정당한 사유 없이 운송계약의 체결을 거부하는 등 철도운송 질서를 해치는 행위를 하여서는 아니 된다.
③ 철도사업자는 여객 운임표, 여객 요금표, 감면 사항 및 철도사업약관을 인터넷 홈페이지에 게시하고 관계 역 · 영업소 및 사업소 등에 갖추어 두어야 하며, 이용자가 요구하는 경우에는 제시하여야 한다.

④ 제1항부터 제3항까지에 따른 준수사항 외에 운송의 안전과 여객 및 화주(貨主)의 편의를 위하여 철도사업자가 준수하여야 할 사항은 국토교통부령으로 정한다.

제21조(사업의 개선명령) 국토교통부장관은 원활한 철도운송, 서비스의 개선 및 운송의 안전과 그 밖에 공공복리의 증진을 위하여 필요하다고 인정하는 경우에는 철도사업자에게 다음 각호의 사항을 명할 수 있다.
1. 사업계획의 변경
2. 철도차량 및 운송 관련 장비·시설의 개선
3. 운임·요금 징수 방식의 개선
4. 철도사업약관의 변경
5. 공동운수협정의 체결
6. 철도차량 및 철도사고에 관한 손해배상을 위한 보험에의 가입
7. 안전운송의 확보 및 서비스의 향상을 위하여 필요한 조치
8. 철도운수종사자의 양성 및 자질향상을 위한 교육

제22조(철도운수종사자의 준수사항) 철도사업에 종사하는 철도운수종사자는 다음 각호의 어느 하나에 해당하는 행위를 하여서는 아니 된다.
1. 정당한 사유 없이 여객 또는 화물의 운송을 거부하거나 여객 또는 화물을 중도에서 내리게 하는 행위
2. 부당한 운임 또는 요금을 요구하거나 받는 행위
3. 그 밖에 안전운행과 여객 및 화주의 편의를 위하여 철도운수종사자가 준수하여야 할 사항으로서 국토교통부령으로 정하는 사항을 위반하는 행위

제23조(명의 대여의 금지) 철도사업자는 타인에게 자기의 성명 또는 상호를 사용하여 철도사업을 경영하게 하여서는 아니 된다.

제24조(철도화물 운송에 관한 책임) ① 철도사업자의 화물의 멸실·훼손 또는 인도(引導)의 지연에 대한 손해배상책임에 관하여는 「상법」 제135조를 준용한다.
② 제1항을 적용할 때에 화물이 인도 기한을 지난 후 3개월 이내에 인도되지 아니한 경우에는 그 화물은 멸실된 것으로 본다.

제2장의2
민자철도 운영의 감독·관리 등

제25조(민자철도의 유지·관리 및 운영에 관한 기준 등) ① 국토교통부장관은 「철도의 건설 및 철도시설 유지관리에 관한 법률」 제2조 제2호부터 제4호까지에 따른 고속철도, 광역철도 및 일반철도로서 「사회기반시설에 대한 민간투자법」 제2조 제6호에 따른 민간투자사업으로 건설된 철도(이하 "민자철도"라 한다)의 관리운영권을 「사회기반시설에 대한 민간투자법」 제26조 제1항에 따라 설정받은 자(이하 "민자철도사업자"라 한다)가 해당 민자철도를 안전하고 효율적으로 유지·관리할 수 있도록 민자철도의 유지·관리 및 운영에 관한 기준을 정하여 고시하여야 한다.
② 민자철도사업자는 민자철도의 안전하고 효율적인 유지·관리와 이용자 편의를 도모하기 위하여 제1항에 따라 고시된 기준을 준수하여야 한다.
③ 국토교통부장관은 제1항에 따른 민자철도의 유지·관리 및 운영에 관한 기준에 따라 매년 소관 민자철도에 대하여 운영평가를 실시하여야 한다.
④ 국토교통부장관은 제3항에 따른 운영평가 결과에 따라 민자철도에 관한 유지·관리 및 체계 개선 등 필요한 조치를 민자철도사업자에게 명할 수 있다.
⑤ 민자철도사업자는 제4항에 따른 명령을 이행하고 그 결과를 국토교통부장관에게 보고하여야 한다.
⑥ 제3항에 따른 운영평가의 절차, 방법 및 그 밖에 필요한 사항은 국토교통부령으로 정한다.

제25조의2(민자철도사업자에 대한 과징금 처분) ① 국토교통부장관은 민자철도사업자가 다음 각호의 어느 하나에 해당하는 경우에는 1억 원 이하의 과징금을 부과·징수할 수 있다.
1. 제25조 제2항을 위반하여 민자철도의 유지·관리 및 운영에 관한 기준을 준수하지 아니한 경우
2. 제25조 제5항을 위반하여 명령을 이행하지 아니하거나 그 결과를 보고하지 아니한 경우
② 제1항에 따라 과징금을 부과하는 위반행위의 종류와 위반 정도 등에 따른 과징금의 금액 및 징수방법 등에 필요한 사항은 대통령령으로 정한다.
③ 국토교통부장관은 제1항에 따라 과징금 부과처분을 받은 자가 납부기한까지 과징금을 내지 아니하면 국세강제징수의 예에 따라 징수한다.

④ 제1항에 따라 징수한 과징금의 용도 등에 관하여는 제17조 제4항부터 제6항까지를 준용한다.

제25조의3(사정변경 등에 따른 실시협약의 변경 요구 등) ① 국토교통부장관은 중대한 사정변경 또는 민자철도사업자의 위법한 행위 등 다음 각호의 어느 하나에 해당하는 사유가 발생한 경우 민자철도사업자에게 그 사유를 소명하거나 해소 대책을 수립할 것을 요구할 수 있다.

1. 민자철도사업자가 「사회기반시설에 대한 민간투자법」 제2조 제7호에 따른 실시협약(이하 "실시협약"이라 한다)에서 정한 자기자본의 비율을 대통령령으로 정하는 기준 미만으로 변경한 경우. 다만, 같은 조 제5호에 따른 주무관청의 승인을 받아 변경한 경우는 제외한다.

2. 민자철도사업자가 대통령령으로 정하는 기준을 초과한 이자율로 자금을 차입한 경우

3. 교통여건이 현저히 변화되는 등 실시협약의 기초가 되는 사실 또는 상황에 중대한 변경이 생긴 경우로서 대통령령으로 정하는 경우

② 제1항에 따른 요구를 받은 민자철도사업자는 국토교통부장관이 요구한 날부터 30일 이내에 그 사유를 소명하거나 해소 대책을 수립하여야 한다.

③ 국토교통부장관은 다음 각호의 어느 하나에 해당하는 경우 제25조의5에 따른 민자철도 관리지원센터의 자문을 거쳐 실시협약의 변경 등을 요구할 수 있다.

1. 민자철도사업자가 제2항에 따른 소명을 하지 아니하거나 그 소명이 충분하지 아니한 경우

2. 민자철도사업자가 제2항에 따른 해소 대책을 수립하지 아니한 경우

3. 제2항에 따른 해소 대책으로는 제1항에 따른 사유를 해소할 수 없거나 해소하기 곤란하다고 판단되는 경우

④ 국토교통부장관은 민자철도사업자가 제3항에 따른 요구에 따르지 아니하는 경우 정부지급금, 실시협약에 따른 보조금 및 재정지원금의 전부 또는 일부를 지급하지 아니할 수 있다.

제25조의4(민자철도사업자에 대한 지원) 국토교통부장관은 정책의 변경 또는 법령의 개정 등으로 인하여 민자철도사업자가 부담하여야 하는 비용이 추가로 발생하는 경우 그 비용의 전부 또는 일부를 지원할 수 있다.

제25조의5(민자철도 관리지원센터의 지정 등) ① 국토교통부장관은 민자철도에 대한 감독 업무를 효율적으로 수행하기 위하여 다음 각호의 어느 하나에 해당하는 기관을 민자철도에 대한 전문성을 고려하여 민자철도 관리지원센터(이하 "관리지원센터"라 한다)로 지정할 수 있다.

1. 「정부출연연구기관 등의 설립·운영 및 육성에 관한 법률」에 따른 정부출연연구기관

2. 「공공기관의 운영에 관한 법률」에 따른 공공기관

② 관리지원센터는 다음 각호의 업무를 수행한다.

1. 민자철도의 교통수요 예측, 적정 요금 또는 운임 및 운영비 산출과 관련한 자문 및 지원

2. 제25조 제1항에 따른 민자철도의 유지·관리 및 운영에 관한 기준과 관련한 자문 및 지원

3. 제25조 제3항에 따른 운영평가와 관련한 자문 및 지원

4. 제25조의3 제3항에 따른 실시협약 변경 등의 요구와 관련한 자문 및 지원

5. 제5항에 따라 국토교통부장관이 위탁하는 업무

6. 그 밖에 이 법에 따른 민자철도에 관한 감독 지원을 위하여 국토교통부령으로 정하는 업무

③ 국토교통부장관은 관리지원센터가 업무를 수행하는 데에 필요한 비용을 예산의 범위에서 지원할 수 있다.

④ 국토교통부장관은 관리지원센터가 다음 각호의 어느 하나에 해당하는 경우에는 지정을 취소할 수 있다. 다만, 제1호에 해당하는 경우에는 지정을 취소하여야 한다.

1. 거짓이나 그 밖의 부정한 방법으로 지정을 받은 경우

2. 지정받은 사항을 위반하여 업무를 수행한 경우

⑤ 국토교통부장관은 민자철도와 관련하여 이 법과 「사회기반시설에 대한 민간투자법」에 따른 업무로서 국토교통부령으로 정하는 업무를 관리지원센터에 위탁할 수 있다.

제25조의6(국회에 대한 보고 등) ① 국토교통부장관은 「사회기반시설에 대한 민간투자법」 제53조에 따라 국가가 재정을 지원한 민자철도의 건설 및 유지·관리 현황에 관한 보고서를 작성하여 매년 5월 31일까지 국회 소관 상임위원회에 제출하여야 한다.

② 국토교통부장관은 제1항에 따른 보고서를 작성하기 위하여 민자철도사업자에게 필요한 자료의 제출을 요구할 수 있다.

제3장 철도서비스 향상 등

제26조(철도서비스의 품질평가 등) ① 국토교통부장관은 공공복리의 증진과 철도서비스 이용자의 권익보호를 위하여 철도사업자가 제공하는 철도서비스에 대하여 적정한 철도서비스 기준을 정하고, 그에 따라 철도사업자가 제공하는 철도서비스의 품질을 평가하여야 한다.
② 제1항에 따른 철도서비스의 기준, 품질평가의 항목·절차 등에 필요한 사항은 국토교통부령으로 정한다.

제27조(평가 결과의 공표 및 활용) ① 국토교통부장관은 제26조에 따른 철도서비스의 품질을 평가한 경우에는 그 평가 결과를 대통령령으로 정하는 바에 따라 신문 등 대중매체를 통하여 공표하여야 한다.
② 국토교통부장관은 철도서비스의 품질평가 결과에 따라 제21조에 따른 사업 개선명령 등 필요한 조치를 할 수 있다.

제28조(우수 철도서비스 인증) ① 국토교통부장관은 공정거래위원회와 협의하여 철도사업자 간 경쟁을 제한하지 아니하는 범위에서 철도서비스의 질적 향상을 촉진하기 위하여 우수 철도서비스에 대한 인증을 할 수 있다.
② 제1항에 따라 인증을 받은 철도사업자는 그 인증의 내용을 나타내는 표지(이하 "우수서비스마크"라 한다)를 철도차량, 역 시설 또는 철도 용품 등에 붙이거나 인증 사실을 홍보할 수 있다.
③ 제1항에 따라 인증을 받은 자가 아니면 우수서비스마크 또는 이와 유사한 표지를 철도차량, 역 시설 또는 철도 용품 등에 붙이거나 인증 사실을 홍보하여서는 아니 된다.
④ 우수 철도서비스 인증의 절차, 인증기준, 우수서비스마크, 인증의 사후관리에 관한 사항과 그 밖에 인증에 필요한 사항은 국토교통부령으로 정한다.

제29조(평가업무 등의 위탁) 국토교통부장관은 효율적인 철도 서비스 품질평가 체제를 구축하기 위하여 필요한 경우에는 관계 전문기관 등에 철도서비스 품질에 대한 조사·평가·연구 등의 업무와 제28조 제1항에 따른 우수 철도서비스 인증에 필요한 심사업무를 위탁할 수 있다.

제30조(자료 등의 요청) ① 국토교통부장관이나 제29조에 따라 평가업무 등을 위탁받은 자는 철도서비스의 평가 등을 할 때 철도사업자에게 관련 자료 또는 의견 제출 등을 요구하거나 철도서비스에 대한 실지조사(實地調査)를 할 수 있다.
② 제1항에 따라 자료 또는 의견 제출 등을 요구받은 관련 철도사업자는 특별한 사유가 없으면 이에 따라야 한다.

제31조(철도시설의 공동 활용) 공공교통을 목적으로 하는 선로 및 다음 각호의 공동 사용시설을 관리하는 자는 철도사업자가 그 시설의 공동 활용에 관한 요청을 하는 경우 협정을 체결하여 이용할 수 있게 하여야 한다.
1. 철도역 및 역 시설(물류시설, 환승시설 및 편의시설 등을 포함한다)
2. 철도차량의 정비·검사·점검·보관 등 유지관리를 위한 시설
3. 사고의 복구 및 구조·피난을 위한 설비
4. 열차의 조성 또는 분리 등을 위한 시설
5. 철도 운영에 필요한 정보통신 설비

제32조(회계의 구분) ① 철도사업자는 철도사업 외의 사업을 경영하는 경우에는 철도사업에 관한 회계와 철도사업 외의 사업에 관한 회계를 구분하여 경리하여야 한다.
② 철도사업자는 철도운영의 효율화와 회계처리의 투명성을 제고하기 위하여 국토교통부령으로 정하는 바에 따라 철도사업의 종류별·노선별로 회계를 구분하여 경리하여야 한다.

제33조(벌칙 적용 시의 공무원 의제) 제29조에 따라 위탁받은 업무에 종사하는 관계 전문기관 등의 임원 및 직원은 「형법」 제129조부터 제132조까지의 규정을 적용할 때에는 공무원으로 본다.

제4장 전용철도

제34조(등록) ① 전용철도를 운영하려는 자는 국토교통부령으로 정하는 바에 따라 전용철도의 건설·운전·보안 및 운송에 관한 사항이 포함된 운영계획서를 첨부하여 국토교통부장관에게 등록을 하여야 한다. 등록사항을 변경하려는 경우에도 같다. 다만, 대통령령으로 정하는 경미한 변경의 경우에는 예외로 한다.
② 전용철도의 등록기준과 등록절차 등에 관하여 필요한 사항은 국토교통부령으로 정한다.

1회 기출예상 2회 기출예상 3회 기출예상 4회 기출예상 5회 기출예상 인성검사 면접가이드 철도법령

③ 국토교통부장관은 제2항에 따른 등록기준을 적용할 때에 환경오염, 주변 여건 등 지역적 특성을 고려할 필요가 있거나 그 밖에 공익상 필요하다고 인정하는 경우에는 등록을 제한하거나 부담을 붙일 수 있다.

제35조(결격사유) 다음 각호의 어느 하나에 해당하는 자는 전용철도를 등록할 수 없다. 법인인 경우 그 임원 중에 다음 각호의 어느 하나에 해당하는 자가 있는 경우에도 같다.
1. 제7조 제1호 각 목의 어느 하나에 해당하는 사람
2. 이 법에 따라 전용철도의 등록이 취소된 후 그 취소일부터 1년이 지나지 아니한 자

제36조(전용철도 운영의 양도·양수 등) ① 전용철도의 운영을 양도·양수하려는 자는 국토교통부령으로 정하는 바에 따라 국토교통부장관에게 신고하여야 한다.
② 전용철도의 등록을 한 법인이 합병하려는 경우에는 국토교통부령으로 정하는 바에 따라 국토교통부장관에게 신고하여야 한다.
③ 국토교통부장관은 제1항 및 제2항에 따른 신고를 받은 날부터 30일 이내에 신고수리 여부를 신고인에게 통지하여야 한다.
④ 제1항 또는 제2항에 따른 신고가 수리된 경우 전용철도의 운영을 양수한 자는 전용철도의 운영을 양도한 자의 전용철도운영자로서의 지위를 승계하며, 합병으로 설립되거나 존속하는 법인은 합병으로 소멸되는 법인의 전용철도운영자로서의 지위를 승계한다.
⑤ 제1항과 제2항의 신고에 관하여는 제35조를 준용한다.

제37조(전용철도 운영의 상속) ① 전용철도운영자가 사망한 경우 상속인이 그 전용철도의 운영을 계속하려는 경우에는 피상속인이 사망한 날부터 3개월 이내에 국토교통부장관에게 신고하여야 한다.
② 국토교통부장관은 제1항에 따른 신고를 받은 날부터 10일 이내에 신고수리 여부를 신고인에게 통지하여야 한다.
③ 제1항에 따른 신고가 수리된 경우 상속인은 피상속인의 전용철도운영자로서의 지위를 승계하며, 피상속인이 사망한 날부터 신고가 수리된 날까지의 기간 동안은 피상속인의 전용철도 등록은 상속인의 등록으로 본다.
④ 제1항의 신고에 관하여는 제35조를 준용한다.

다만, 제35조 각호의 어느 하나에 해당하는 상속인이 피상속인이 사망한 날부터 3개월 이내에 그 전용철도의 운영을 다른 사람에게 양도한 경우 피상속인의 사망일부터 양도일까지의 기간에 있어서 피상속인의 전용철도 등록은 상속인의 등록으로 본다.

제38조(전용철도 운영의 휴업·폐업) 전용철도운영자가 그 운영의 전부 또는 일부를 휴업 또는 폐업한 경우에는 1개월 이내에 국토교통부장관에게 신고하여야 한다.

제39조(전용철도 운영의 개선명령) 국토교통부장관은 전용철도 운영의 건전한 발전을 위하여 필요하다고 인정하는 경우에는 전용철도운영자에게 다음 각호의 사항을 명할 수 있다.
1. 사업장의 이전
2. 시설 또는 운영의 개선

제40조(등록의 취소·정지) 국토교통부장관은 전용철도운영자가 다음 각호의 어느 하나에 해당하는 경우에는 그 등록을 취소하거나 1년 이내의 기간을 정하여 그 운영의 전부 또는 일부의 정지를 명할 수 있다. 다만, 제1호에 해당하는 경우에는 등록을 취소하여야 한다. 〈개정 2013. 3. 23.〉
1. 거짓이나 그 밖의 부정한 방법으로 제34조에 따른 등록을 한 경우
2. 제34조 제2항에 따른 등록기준에 미달하거나 같은 조 제3항에 따른 부담을 이행하지 아니한 경우
3. 휴업신고나 폐업신고를 하지 아니하고 3개월 이상 전용철도를 운영하지 아니한 경우

제41조(준용규정) 전용철도에 관하여는 제16조 제3항과 제23조를 준용한다. 이 경우 "철도사업의 면허"는 "전용철도의 등록"으로, "철도사업자"는 "전용철도운영자"로, "철도사업"은 "전용철도의 운영"으로 본다.

제5장 국유철도시설의 활용·지원 등

제42조(점용허가) ① 국토교통부장관은 국가가 소유·관리하는 철도시설에 건물이나 그 밖의 시설물(이하 "시설물"이라 한다)을 설치하려는 자에게 「국유재산법」 제18조에도 불구하고 대통령령으로 정하는 바에 따라 시설물의 종류 및 기간 등을 정하여 점용허가를 할 수 있다.

② 제1항에 따른 점용허가는 철도사업자와 철도사업자가 출자·보조 또는 출연한 사업을 경영하는 자에게만 하며, 시설물의 종류와 경영하려는 사업이 철도사업에 지장을 주지 아니하여야 한다.

제42조의2(점용허가의 취소) ① 국토교통부장관은 제42조 제1항에 따른 점용허가를 받은 자가 다음 각호의 어느 하나에 해당하면 그 점용허가를 취소할 수 있다.

1. 점용허가 목적과 다른 목적으로 철도시설을 점용한 경우

2. 제42조 제2항을 위반하여 시설물의 종류와 경영하는 사업이 철도사업에 지장을 주게 된 경우

3. 점용허가를 받은 날부터 1년 이내에 해당 점용허가의 목적이 된 공사에 착수하지 아니한 경우. 다만, 정당한 사유가 있는 경우에는 1년의 범위에서 공사의 착수기간을 연장할 수 있다.

4. 제44조에 따른 점용료를 납부하지 아니하는 경우

5. 점용허가를 받은 자가 스스로 점용허가의 취소를 신청하는 경우

② 제1항에 따른 점용허가 취소의 절차 및 방법은 국토교통부령으로 정한다.

제43조(시설물 설치의 대행) 국토교통부장관은 제42조에 따라 점용허가를 받은 자(이하 "점용허가를 받은 자"라 한다)가 설치하려는 시설물의 전부 또는 일부가 철도시설 관리에 관계되는 경우에는 점용허가를 받은 자의 부담으로 그의 위탁을 받아 시설물을 직접 설치하거나 「국가철도공단법」에 따라 설립된 국가철도공단으로 하여금 설치하게 할 수 있다.

제44조(점용료) ① 국토교통부장관은 대통령령으로 정하는 바에 따라 점용허가를 받은 자에게 점용료를 부과한다.

② 제1항에도 불구하고 점용허가를 받은 자가 다음 각호에 해당하는 경우에는 대통령령으로 정하는 바에 따라 점용료를 감면할 수 있다.

1. 국가에 무상으로 양도하거나 제공하기 위한 시설물을 설치하기 위하여 점용허가를 받은 경우

2. 제1호의 시설물을 설치하기 위한 경우로서 공사기간 중에 점용허가를 받거나 임시 시설물을 설치하기 위하여 점용허가를 받은 경우

3. 「공공주택 특별법」에 따른 공공주택을 건설하기 위하여 점용허가를 받은 경우

4. 재해, 그 밖의 특별한 사정으로 본래의 철도 점용 목적을 달성할 수 없는 경우

5. 국민경제에 중대한 영향을 미치는 공익사업으로서 대통령령으로 정하는 사업을 위하여 점용허가를 받은 경우

③ 국토교통부장관이 「철도산업발전기본법」 제19조 제2항에 따라 철도시설의 건설 및 관리 등에 관한 업무의 일부를 「국가철도공단법」에 따른 국가철도공단으로 하여금 대행하게 한 경우 제1항에 따른 점용료 징수에 관한 업무를 위탁할 수 있다.

④ 국토교통부장관은 점용허가를 받은 자가 제1항에 따른 점용료를 내지 아니하면 국세 체납처분의 예에 따라 징수한다.

제44조의2(변상금의 징수) 국토교통부장관은 제42조 제1항에 따른 점용허가를 받지 아니하고 철도시설을 점용한 자에 대하여 제44조 제1항에 따른 점용료의 100분의 120에 해당하는 금액을 변상금으로 징수할 수 있다. 이 경우 변상금의 징수에 관하여는 제44조 제3항을 준용한다.

제45조(권리와 의무의 이전) 제42조에 따른 점용허가로 인하여 발생한 권리와 의무를 이전하려는 경우에는 대통령령으로 정하는 바에 따라 국토교통부장관의 인가를 받아야 한다.

제46조(원상회복의무) ① 점용허가를 받은 자는 점용허가기간이 만료되거나 제42조의2 제1항에 따라 점용허가가 취소된 경우에는 점용허가된 철도 재산을 원상(原狀)으로 회복하여야 한다. 다만, 국토교통부장관은 원상으로 회복할 수 없거나 원상회복이 부적당하다고 인정하는 경우에는 원상회복의무를 면제할 수 있다.

② 국토교통부장관은 점용허가를 받은 자가 제1항 본문에 따른 원상회복을 하지 아니하는 경우에는 「행정대집행법」에 따라 시설물을 철거하거나 그 밖에 필요한 조치를 할 수 있다.

③ 국토교통부장관은 제1항 단서에 따라 원상회복 의무를 면제하는 경우에는 해당 철도 재산에 설치된 시설물 등의 무상 국가귀속을 조건으로 할 수 있다.

제46조의2(국가귀속 시설물의 사용허가기간 등에 관한 특례) ① 제46조 제3항에 따라 국가귀속된 시설물을 「국유재산법」에 따라 사용허가하려는 경우 그 허가의 기간은 같은 법 제35조에도 불구하고 10년 이내로 한다.

② 제1항에 따른 허가기간이 끝난 시설물에 대해서는 10년을 초과하지 아니하는 범위에서 1회에 한하여 종전의 사용허가를 갱신할 수 있다.

③ 제1항에 따른 사용허가를 받은 자는 「국유재산법」 제30조 제2항에도 불구하고 그 사용허가의 용도나 목적에 위배되지 않는 범위에서 국토교통부장관의 승인을 받아 해당 시설물의 일부를 다른 사람에게 사용 · 수익하게 할 수 있다.

제6장 보칙

제47조(보고 · 검사 등) ① 국토교통부장관은 필요하다고 인정하면 철도사업자와 전용철도운영자에게 해당 철도사업 또는 전용철도의 운영에 관한 사항이나 철도차량의 소유 또는 사용에 관한 사항에 대하여 보고나 서류 제출을 명할 수 있다.

② 국토교통부장관은 필요하다고 인정하면 소속 공무원으로 하여금 철도사업자 및 전용철도운영자의 장부, 서류, 시설 또는 그 밖의 물건을 검사하게 할 수 있다.

③ 제2항에 따라 검사를 하는 공무원은 그 권한을 표시하는 증표를 지니고 이를 관계인에게 보여 주어야 한다.

④ 제3항에 따른 증표에 관하여 필요한 사항은 국토교통부령으로 정한다.

제48조(수수료) 이 법에 따른 면허 · 인가를 받으려는 자, 등록 · 신고를 하려는 자, 면허증 · 인가서 · 등록증 · 인증서 또는 허가서의 재발급을 신청하는 자는 국토교통부령으로 정하는 수수료를 내야 한다.

제48조의2(규제의 재검토) 국토교통부장관은 다음 각호의 사항에 대하여 2014년 1월 1일을 기준으로 3년마다(매 3년이 되는 해의 기준일과 같은 날 전까지를 말한다) 그 타당성을 검토하여 개선 등의 조치를 하여야 한다.

1. 제9조에 따른 여객 운임 · 요금의 신고 등
2. 제10조 제1항 및 제2항에 따른 부가 운임의 상한
3. 제21조에 따른 사업의 개선명령
4. 제39조에 따른 전용철도 운영의 개선명령

제7장 벌칙

제49조(벌칙) ① 다음 각호의 어느 하나에 해당하는 자는 2년 이하의 징역 또는 2천만 원 이하의 벌금에 처한다.

1. 제5조 제1항에 따른 면허를 받지 아니하고 철도사업을 경영한 자
2. 거짓이나 그 밖의 부정한 방법으로 제5조 제1항에 따른 철도사업의 면허를 받은 자
3. 제16조 제1항에 따른 사업정지처분기간 중에 철도사업을 경영한 자
4. 제16조 제1항에 따른 사업계획의 변경명령을 위반한 자
5. 제23조(제41조에서 준용하는 경우를 포함한다)를 위반하여 타인에게 자기의 성명 또는 상호를 대여하여 철도사업을 경영하게 한 자
6. 제31조를 위반하여 철도사업자의 공동 활용에 관한 요청을 정당한 사유 없이 거부한 자

② 다음 각호의 어느 하나에 해당하는 자는 1년 이하의 징역 또는 1천만 원 이하의 벌금에 처한다.

1. 제34조 제1항을 위반하여 등록을 하지 아니하고 전용철도를 운영한 자
2. 거짓이나 그 밖의 부정한 방법으로 제34조 제1항에 따른 전용철도의 등록을 한 자

③ 다음 각호의 어느 하나에 해당하는 자는 1천만 원 이하의 벌금에 처한다.

1. 제13조를 위반하여 국토교통부장관의 인가를 받지 아니하고 공동운수협정을 체결하거나 변경한 자
2. 삭제 〈2013. 3. 22.〉
3. 제28조 제3항을 위반하여 우수서비스마크 또는 이와 유사한 표지를 철도차량 등에 붙이거나 인증 사실을 홍보한 자

제50조(양벌규정) 법인의 대표자나 법인 또는 개인의 대리인, 사용인, 그 밖의 종업원이 그 법인 또는 개인의 업무에 관하여 제49조의 위반행위를 하면 그 행위자를 벌하는 외에 그 법인 또는 개인에게도 해당 조문의 벌금형을 과(科)한다. 다만, 법인 또는 개인이 그 위반행위를 방지하기 위하여 해당 업무에 관하여 상당한 주의와 감독을 게을리하지 아니한 경우에는 그러하지 아니하다.

제51조(과태료) ① 다음 각호의 어느 하나에 해당하는 자에게는 1천만 원 이하의 과태료를 부과한다.

1. 제9조 제1항에 따른 여객 운임·요금의 신고를 하지 아니한 자

2. 제11조 제1항에 따른 철도사업약관을 신고하지 아니하거나 신고한 철도사업약관을 이행하지 아니한 자

3. 제12조에 따른 인가를 받지 아니하거나 신고를 하지 아니하고 사업계획을 변경한 자

4. 제10조의2를 위반하여 상습 또는 영업으로 승차권 또는 이에 준하는 증서를 자신이 구입한 가격을 초과한 금액으로 다른 사람에게 판매하거나 이를 알선한 자

② 다음 각호의 어느 하나에 해당하는 자에게는 500만 원 이하의 과태료를 부과한다.

1. 제18조에 따른 사업용철도차량의 표시를 하지 아니한 철도사업자

2. 삭제 〈2018. 6. 12.〉

3. 제32조 제1항 또는 제2항을 위반하여 회계를 구분하여 경리하지 아니한 자

4. 정당한 사유 없이 제47조 제1항에 따른 명령을 이행하지 아니하거나 제47조 제2항에 따른 검사를 거부·방해 또는 기피한 자

③ 다음 각호의 어느 하나에 해당하는 자에게는 100만 원 이하의 과태료를 부과한다.

1. 제20조 제2항부터 제4항까지에 따른 준수사항을 위반한 자

2. 삭제 〈2018. 6. 12.〉

④ 제22조를 위반한 철도운수종사자 및 그가 소속된 철도사업자에게는 50만 원 이하의 과태료를 부과한다. 〈개정 2011. 5. 24.〉

⑤ 제1항부터 제4항까지의 규정에 따른 과태료는 대통령령으로 정하는 바에 따라 국토교통부장관이 부과·징수한다. 〈개정 2009. 4. 1., 2013. 3. 23.〉

⑥ 삭제 〈2009. 4. 1.〉

⑦ 삭제 〈2009. 4. 1.〉

제52조 삭제 〈2011. 5. 24.〉

철도사업법 시행령
〈대통령령 제33795호. 시행 2024. 1. 1.〉

제1조(목적) 이 영은 「철도사업법」에서 위임된 사항과 그 시행에 관하여 필요한 사항을 규정함을 목적으로 한다.

제2조(철도관계법령) 「철도사업법」(이하 "법"이라 한다) 제7조 제1호 다목 및 라목에서 "대통령령으로 정하는 철도 관계 법령"이란 각각 다음 각호의 법령을 말한다.
1. 「철도산업발전 기본법」
2. 「철도안전법」
3. 「도시철도법」
4. 「국가철도공단법」
5. 「한국철도공사법」

제3조(여객 운임·요금의 신고) ① 철도사업자는 법 제9조 제1항에 따라 여객에 대한 운임·요금(이하 "여객 운임·요금"이라 한다)의 신고 또는 변경신고를 하려는 경우에는 국토교통부령으로 정하는 여객 운임·요금신고서 또는 변경신고서에 다음 각호의 서류를 첨부하여 국토교통부장관에게 제출하여야 한다.
1. 여객 운임·요금표
2. 여객 운임·요금 신·구대비표 및 변경사유를 기재한 서류(여객 운임·요금을 변경하는 경우에 한정한다)
② 철도사업자는 사업용철도를 「도시철도법」에 의한 도시철도운영자가 운영하는 도시철도와 연결하여 운행하려는 때에는 법 제9조 제1항에 따라 여객 운임·요금의 신고 또는 변경신고를 하기 전에 여객 운임·요금 및 그 변경시기에 관하여 미리 당해 도시철도운영자와 협의하여야 한다.

제4조(여객 운임의 상한지정 등) ① 국토교통부장관은 법 제9조 제2항 후단에 따라 여객에 대한 운임(이하 "여객 운임"이라 한다)의 상한을 지정하는 때에는 물가상승률, 원가수준, 다른 교통수단과의 형평성, 법 제4조 제2항에 따른 사업용철도노선(이하 "사업용철도노선"이라 한다)의 분류와 법 제4조의2에 따른 철도차량의 유형 등을 고려하여야 하며, 여객 운임의 상한을 지정한 경우에는 이를 관보에 고시하여야 한다.
② 국토교통부장관은 제1항에 따라 여객 운임의 상한을 지정하기 위하여 「철도산업발전기본법」 제6조에 따른 철도산업위원회 또는 철도나 교통 관련 전문기관 및 전문가의 의견을 들을 수 있다.
③ 삭제 〈2008. 10. 20.〉
④ 삭제 〈2008. 10. 20.〉
⑤ 국토교통부장관이 여객 운임의 상한을 지정하려는 때에는 철도사업자로 하여금 원가계산 그 밖에 여객 운임의 산출기초를 기재한 서류를 제출하게 할 수 있다.
⑥ 국토교통부장관은 사업용철도노선과 「도시철도법」에 의한 도시철도가 연결되어 운행되는 구간에 대하여 제1항에 따른 여객 운임의 상한을 지정하는 경우에는 「도시철도법」 제31조 제1항에 따라 특별시장·광역시장·특별자치시장·도지사 또는 특별자치도지사가 정하는 도시철도 운임의 범위와 조화를 이루도록 하여야 한다.

제5조(사업계획의 중요한 사항의 변경) 법 제12조 제1항 단서에서 "대통령령으로 정하는 중요 사항을 변경하려는 경우"란 다음 각호의 어느 하나에 해당하는 경우를 말한다.
1. 철도이용수요가 적어 수지균형의 확보가 극히 곤란한 벽지 노선으로서 「철도산업발전기본법」 제33조 제1항에 따라 공익서비스비용의 보상에 관한 계약이 체결된 노선의 철도운송서비스(철도여객운송서비스 또는 철도화물운송서비스를 말한다)의 종류를 변경하거나 다른 종류의 철도운송서비스를 추가하는 경우
2. 운행구간의 변경(여객열차의 경우에 한한다)
3. 사업용철도노선별로 여객열차의 정차역을 신설 또는 폐지하거나 10분의 2 이상 변경하는 경우
4. 사업용철도노선별로 10분의 1 이상의 운행횟수의 변경(여객열차의 경우에 한한다). 다만, 공휴일·방학기간 등 수송수요와 열차운행계획상의 수송력과 현저한 차이가 있는 경우로서 3월 이내의 기간 동안 운행횟수를 변경하는 경우를 제외한다.

제6조(사업계획의 변경을 제한할 수 있는 철도사고의 기준) 법 제12조 제2항 제4호에서 "대통령령으로 정하는 기준"이란 사업계획의 변경을 신청한 날이 포함된 연도의 직전 연도의 열차운행거리 100만 킬로미터당 철도사고(철도사업자 또는 그 소속 종사자의 고의 또는 과실에 의한 철도사고를 말한다. 이하 같다)로 인한 사망자 수 또는 철도

사고의 발생횟수가 최근(직전연도를 제외한다) 5년간 평균보다 10분의 2 이상 증가한 경우를 말한다.

제7조(사업의 휴업 · 폐업 내용의 게시) 철도사업자는 법 제15조 제1항에 따라 철도사업의 휴업 또는 폐업의 허가를 받은 때에는 그 허가를 받은 날부터 7일 이내에 법 제15조 제4항에 따라 다음 각호의 사항을 철도사업자의 인터넷 홈페이지, 관계역 · 영업소 및 사업소 등 일반인이 잘 볼 수 있는 곳에 게시하여야 한다. 다만, 법 제15조 제1항 단서에 따라 휴업을 신고하는 경우에는 해당 사유가 발생한 때에 즉시 다음 각호의 사항을 게시하여야 한다.

1. 휴업 또는 폐업하는 철도사업의 내용 및 그 사유
2. 휴업의 경우 그 기간
3. 대체교통수단 안내
4. 그 밖에 휴업 또는 폐업과 관련하여 철도사업자가 공중에게 알려야 할 필요성이 있다고 인정하는 사항이 있는 경우 그에 관한 사항

제8조(면허취소 또는 사업정지 등의 처분대상이 되는 사상자 수) 법 제16조 제1항 제3호에서 "대통령령으로 정하는 다수의 사상자(死傷者)가 발생한 경우"란 1회 철도사고로 사망자 5명 이상이 발생하게 된 경우를 말한다.

제9조(철도사업자에 대한 과징금의 부과기준) 법 제17조 제1항에 따라 사업정지처분에 갈음하여 과징금을 부과하는 위반행위의 종류와 정도에 따른 과징금의 금액은 별표 1과 같다.

제10조(과징금의 부과 및 납부) ① 국토교통부장관은 법 제17조 제1항의 규정에 의하여 과징금을 부과하고자 하는 때에는 그 위반행위의 종별과 해당 과징금의 금액 등을 명시하여 이를 납부할 것을 서면으로 통지하여야 한다.
② 제1항에 따른 통지를 받은 자는 20일 이내에 과징금을 국토교통부장관이 지정한 수납기관에 납부해야 한다.
③ 제2항의 규정에 의하여 과징금의 납부를 받은 수납기관은 납부자에게 영수증을 교부하여야 한다.
④ 과징금의 수납기관은 제2항의 규정에 의하여 과징금을 수납한 때에는 지체 없이 그 사실을 국토교통부장관에게 통보하여야 한다. 〈개정 2008. 2. 29., 2013. 3. 23.〉
⑤ 삭제 〈2021. 9. 24.〉

제10조의2(민자철도사업자에 대한 과징금의 부과기준) 법 제25조의2 제1항에 따라 과징금을 부과하는 위반행위의 종류와 위반 정도 등에 따른 과징금의 금액 등 부과기준은 별표 1의2와 같다.

제10조의3(과징금의 부과 및 납부) 법 제25조 제1항에 따른 민자철도사업자(이하 "민자철도사업자"라 한다)에 대한 과징금의 부과 및 납부에 관하여는 제10조를 준용한다. 이 경우 "법 제17조 제1항"은 "법 제25조의2 제1항"으로 본다.

제10조의4(사정변경 등에 따른 실시협약의 변경 요구 등) ① 법 제25조의3 제1항 제1호 본문에서 "대통령령으로 정하는 기준"이란 「사회기반시설에 대한 민간투자법」 제7조에 따른 민간투자사업기본계획에 따라 민자철도사업자가 유지해야 하는 자기자본의 비율을 말한다.
② 법 제25조의3 제1항 제2호에서 "대통령령으로 정하는 기준을 초과한 이자율"이란 다음 각호의 이자율 중 가장 낮은 이자율을 초과한 이자율을 말한다.
1. 「대부업 등의 등록 및 금융이용자 보호에 관한 법률 시행령」 제5조 제2항에 따른 이자율
2. 「이자제한법 제2조 제1항의 최고이자율에 관한 규정」에 따른 최고이자율
3. 민자철도사업자가 자금을 차입하는 때의 최고 이자율에 관하여 국토교통부장관과 합의가 있는 경우에는 그 이자율
③ 법 제25조의3 제1항 제3호에서 "대통령령으로 정하는 경우"란 「사회기반시설에 대한 민간투자법」 제2조 제7호에 따른 실시협약(이하 이 항에서 "실시협약"이라 한다)의 체결 이후 다음 각호의 경우로 인하여 연간 실제 교통량이 실시협약에서 정한 교통량의 100분의 30 이상 변경된 경우를 말한다.
1. 해당 민자철도의 실시협약 체결 당시 예상되지 않았던 다른 철도가 연결되는 경우
2. 해당 민자철도의 운영 여건 변화로 이용자의 안전 및 편의 등 민자철도의 기능에 심각한 지장이 초래된 경우
3. 해당 민자철도가 「국가통합교통체계효율화법 시행령」 제36조 제1항에 따른 연계교통체계 영향권의 설정 범위에 포함된 경우
4. 관련 법령이 개정되거나 민자철도에 관한 정책이 변경된 경우
5. 그 밖에 제1호부터 제4호까지에 준하는 사유로 교통 여건이 현저히 변화된 경우

1회 기출예상 2회 기출예상 3회 기출예상 4회 기출예상 5회 기출예상 인성검사 면접가이드 철도법령

제11조(평가결과의 공표) ① 국토교통부장관이 법 제27조의 규정에 의하여 철도서비스의 품질평가 결과를 공표하는 경우에는 다음 각호의 사항을 포함하여야 한다.

1. 평가지표별 평가결과
2. 철도서비스의 품질 향상도
3. 철도사업자별 평가순위
4. 그 밖에 철도서비스에 대한 품질평가결과 국토교통부장관이 공표가 필요하다고 인정하는 사항

② 토교통부장관은 철도서비스의 품질평가결과가 우수한 철도사업자 및 그 소속 종사자에게 예산의 범위 안에서 포상 등 지원시책을 시행할 수 있다.

제12조(전용철도 등록사항의 경미한 변경 등) ① 법 제34조 제1항 단서에서 "대통령령으로 정하는 경미한 변경의 경우"란 다음 각호의 어느 하나에 해당하는 경우를 말한다.

1. 운행시간을 연장 또는 단축한 경우
2. 배차간격 또는 운행횟수를 단축 또는 연장한 경우
3. 10분의 1의 범위 안에서 철도차량 대수를 변경한 경우
4. 주사무소·철도차량기지를 제외한 운송관련 부대시설을 변경한 경우
5. 임원을 변경한 경우(법인에 한한다)
6. 6월의 범위 안에서 전용철도 건설기간을 조정한 경우

② 전용철도운영자는 법 제38조에 따라 전용철도 운영의 전부 또는 일부를 휴업 또는 폐업하는 경우 다음 각호의 조치를 하여야 한다.

1. 휴업 또는 폐업으로 인하여 철도운행 및 철도운행의 안전에 지장을 초래하지 아니하도록 하는 조치
2. 휴업 또는 폐업으로 인하여 자연재해·환경오염 등이 가중되지 아니하도록 하는 조치

제13조(점용허가의 신청 및 점용허가기간) ① 법 제42조 제1항의 규정에 의하여 국가가 소유·관리하는 철도시설의 점용허가를 받고자 하는 자는 국토교통부령이 정하는 점용허가신청서에 다음 각호의 서류를 첨부하여 국토교통부장관에게 제출하여야 한다. 이 경우 국토교통부장관은 「전자정부법」 제36조 제1항에 따른 행정정보의 공동이용을 통하여 법인 등기사항증명서(법인인 경우로 한정한다)를 확인하여야 한다.

1. 사업개요에 관한 서류
2. 시설물의 건설계획 및 사용계획에 관한 서류
3. 자금조달계획에 관한 서류
4. 수지전망에 관한 서류
5. 법인의 경우 정관
6. 설치하고자 하는 시설물의 설계도서(시방서·위치도·평면도 및 주단면도를 말한다)
7. 그 밖에 참고사항을 기재한 서류

② 국토교통부장관은 법 제42조 제1항의 규정에 의하여 국가가 소유·관리하는 철도시설에 대한 점용허가를 하고자 하는 때에는 다음 각호의 기간을 초과하여서는 아니된다. 다만, 건물 그 밖의 시설물을 설치하는 경우 그 공사에 소요되는 기간은 이를 산입하지 아니한다.

1. 철골조·철근콘크리트조·석조 또는 이와 유사한 견고한 건물의 축조를 목적으로 하는 경우에는 50년
2. 제1호 외의 건물의 축조를 목적으로 하는 경우에는 15년
3. 건물 외의 공작물의 축조를 목적으로 하는 경우에는 5년

③ 삭제 〈2023. 10. 10.〉

제14조(점용료) ① 법 제44조 제1항의 규정에 의한 점용료는 점용허가를 할 철도시설의 가액과 점용허가를 받아 행하는 사업의 매출액을 기준으로 하여 산출하되, 구체적인 점용료 산정기준에 대하여는 국토교통부장관이 정한다.

② 제1항의 규정에 의한 철도시설의 가액은 「국유재산법 시행령」 제42조를 준용하여 산출하되, 당해 철도시설의 가액은 산출 후 3년 이내에 한하여 적용한다.

③ 법 제44조 제2항에 따른 점용료의 감면은 다음 각호의 구분에 따른다.

1. 법 제44조 제2항 제1호 및 제2호에 해당하는 경우 : 전체 시설물 중 국가에 무상으로 양도하거나 제공하기 위한 시설물의 비율에 해당하는 점용료를 감면
2. 법 제44조 제2항 제3호에 해당하는 경우 : 해당 철도시설의 부지에 대하여 국토교통부령으로 정하는 기준에 따른 점용료를 감면
3. 법 제44조 제2항 제4호에 해당하는 경우 : 다음 각 목의 구분에 따른 점용료를 감면

가. 점용허가를 받은 시설의 전부를 사용하지 못한 경우 : 해당 기간의 점용료 전액을 감면

나. 점용허가를 받은 시설의 일부를 사용하지 못한 경우 : 전체 점용허가 면적에서 사용하지 못한 시설의 면적 비율에 따라 해당 기간 동안의 점용료를 감면

④ 점용료는 매년 1월 말까지 당해 연도 해당분을 선납하여야 한다. 다만, 국토교통부장관은 부득이한 사유로 선납이 곤란하다고 인정하는 경우에는 그 납부기한을 따로 정할 수 있다.

제15조(권리와 의무의 이전) ① 법 제42조의 규정에 의하여 점용허가를 받은 자가 법 제45조의 규정에 의하여 그 권리와 의무의 이전에 대하여 인가를 받고자 하는 때에는 국토교통부령이 정하는 신청서에 다음 각호의 서류를 첨부하여 권리와 의무를 이전하고자 하는 날 3월 전까지 국토교통부장관에게 제출하여야 한다.
1. 이전계약서 사본
2. 이전가격의 명세서
② 법 제45조의 규정에 의하여 국토교통부장관의 인가를 받아 철도시설의 점용허가로 인하여 발생한 권리와 의무를 이전한 경우 당해 권리와 의무를 이전받은 자의 점용허가기간은 권리와 의무를 이전한 자가 받은 점용허가기간의 잔여기간으로 한다.

제16조(원상회복의무) ① 법 제42조 제1항의 규정에 의하여 철도시설의 점용허가를 받은 자는 점용허가기간이 만료되거나 점용을 폐지한 날부터 3월 이내에 점용허가받은 철도시설을 원상으로 회복하여야 한다. 다만, 국토교통부장관은 불가피하다고 인정하는 경우에는 원상회복 기간을 연장할 수 있다.
② 점용허가를 받은 자가 그 점용허가기간의 만료 또는 점용의 폐지에도 불구하고 법 제46조 제1항 단서의 규정에 의하여 당해 철도시설의 전부 또는 일부에 대한 원상회복의무를 면제받고자 하는 경우에는 그 점용허가기간의 만료일 또는 점용폐지일 3월 전까지 그 사유를 기재한 신청서를 국토교통부장관에게 제출하여야 한다.
③ 국토교통부장관은 제2항의 규정에 의한 점용허가를 받은 자의 면제신청을 받은 경우 또는 직권으로 철도시설의 일부 또는 전부에 대한 원상회복의무를 면제하고자 하는 경우에는 원상회복의무를 면제하는 부분을 명시하여 점용허가를 받은 자에게 점용허가 기간의 만료일 또는 점용 폐지일까지 서면으로 통보하여야 한다.

제16조의2(민감정보 및 고유식별정보의 처리) 국토교통부장관은 다음 각호의 사무를 수행하기 위하여 불가피한 경우 「개인정보 보호법 시행령」 제18조 제2호에 따른 범죄경력자료에 해당하는 정보나 같은 영 제19조 제1호, 제2호 또는 제4호에 따른 주민등록번호, 여권번호 또는 외국인등록번호가 포함된 자료를 처리할 수 있다.
1. 법 제5조에 따른 면허에 관한 사무
2. 법 제14조에 따른 사업의 양도·양수 등에 관한 사무
3. 법 제16조에 따른 면허취소 등에 관한 사무
4. 법 제34조에 따른 전용철도 등록에 관한 사무
5. 법 제36조에 따른 전용철도 운영의 양도·양수 등에 관한 사무
6. 법 제37조에 따른 전용철도 운영의 상속에 관한 사무
7. 법 제40조에 따른 전용철도 등록의 취소에 관한 사무

제16조의3 삭제 〈2018. 12. 24.〉

제17조(과태료의 부과기준) 법 제51조 제1항부터 제4항까지의 규정에 따른 과태료의 부과기준은 별표 2와 같다.

1회 기출예상 2회 기출예상 3회 기출예상 4회 기출예상 5회 기출예상 인성검사 면접가이드 철도법령

Memo

미래를 창조하기에 꿈만큼 좋은 것은 없다.
오늘의 유토피아가 내일 현실이 될 수 있다.

There is nothing like dream to create the future.
Utopia today, flesh and blood tomorrow.

빅토르 위고 Victor Hugo

감독관
확인란

성명표기란

수험번호

수험생 유의사항

(주민등록 앞자리 생년제외) 월일

문번	답란	문번	답란	문번	답란	문번	답란
1	① ② ③ ④ ⑤	16	① ② ③ ④ ⑤	31	① ② ③ ④ ⑤	46	① ② ③ ④ ⑤
2	① ② ③ ④ ⑤	17	① ② ③ ④ ⑤	32	① ② ③ ④ ⑤	47	① ② ③ ④ ⑤
3	① ② ③ ④ ⑤	18	① ② ③ ④ ⑤	33	① ② ③ ④ ⑤	48	① ② ③ ④ ⑤
4	① ② ③ ④ ⑤	19	① ② ③ ④ ⑤	34	① ② ③ ④ ⑤	49	① ② ③ ④ ⑤
5	① ② ③ ④ ⑤	20	① ② ③ ④ ⑤	35	① ② ③ ④ ⑤	50	① ② ③ ④ ⑤
6	① ② ③ ④ ⑤	21	① ② ③ ④ ⑤	36	① ② ③ ④ ⑤	51	① ② ③ ④ ⑤
7	① ② ③ ④ ⑤	22	① ② ③ ④ ⑤	37	① ② ③ ④ ⑤	52	① ② ③ ④ ⑤
8	① ② ③ ④ ⑤	23	① ② ③ ④ ⑤	38	① ② ③ ④ ⑤	53	① ② ③ ④ ⑤
9	① ② ③ ④ ⑤	24	① ② ③ ④ ⑤	39	① ② ③ ④ ⑤	54	① ② ③ ④ ⑤
10	① ② ③ ④ ⑤	25	① ② ③ ④ ⑤	40	① ② ③ ④ ⑤	55	① ② ③ ④ ⑤
11	① ② ③ ④ ⑤	26	① ② ③ ④ ⑤	41	① ② ③ ④ ⑤	56	① ② ③ ④ ⑤
12	① ② ③ ④ ⑤	27	① ② ③ ④ ⑤	42	① ② ③ ④ ⑤	57	① ② ③ ④ ⑤
13	① ② ③ ④ ⑤	28	① ② ③ ④ ⑤	43	① ② ③ ④ ⑤	58	① ② ③ ④ ⑤
14	① ② ③ ④ ⑤	29	① ② ③ ④ ⑤	44	① ② ③ ④ ⑤	59	① ② ③ ④ ⑤
15	① ② ③ ④ ⑤	30	① ② ③ ④ ⑤	45	① ② ③ ④ ⑤	60	① ② ③ ④ ⑤

잘라서 활용하세요.

gosinet (주)고시넷

코레일[한국철도공사]

2회 기출예상문제

※ 검사문항 : 1~60

수험번호

성명표기란

(주민등록 앞자리 생년제외) 월일

수험생 유의사항

※ 답안은 반드시 컴퓨터용 사인펜으로 보기와 같이 바르게 표기해야 합니다.
〈보기〉 ① ② ③ ❹ ⑤

※ 성명표기란 위 칸에는 성명을 한글로 쓰고 아래 칸에는 성명을 정확하게 표기하십시오. (맨 왼쪽 칸부터 성과 이름은 붙여 씁니다)

※ 수험번호/월일 위 칸에는 아라비아 숫자로 쓰고 아래 칸에는 숫자와 일치하게 표기하십시오.

※ 월일은 반드시 본인 주민등록번호의 생년을 제외한 월 두 자리, 일 두 자리를 표기하십시오.
〈예〉 1994년 1월 12일 → 0112

문번	답란	문번	답란	문번	답란	문번	답란
1	① ② ③ ④ ⑤	16	① ② ③ ④ ⑤	31	① ② ③ ④ ⑤	46	① ② ③ ④ ⑤
2	① ② ③ ④ ⑤	17	① ② ③ ④ ⑤	32	① ② ③ ④ ⑤	47	① ② ③ ④ ⑤
3	① ② ③ ④ ⑤	18	① ② ③ ④ ⑤	33	① ② ③ ④ ⑤	48	① ② ③ ④ ⑤
4	① ② ③ ④ ⑤	19	① ② ③ ④ ⑤	34	① ② ③ ④ ⑤	49	① ② ③ ④ ⑤
5	① ② ③ ④ ⑤	20	① ② ③ ④ ⑤	35	① ② ③ ④ ⑤	50	① ② ③ ④ ⑤
6	① ② ③ ④ ⑤	21	① ② ③ ④ ⑤	36	① ② ③ ④ ⑤	51	① ② ③ ④ ⑤
7	① ② ③ ④ ⑤	22	① ② ③ ④ ⑤	37	① ② ③ ④ ⑤	52	① ② ③ ④ ⑤
8	① ② ③ ④ ⑤	23	① ② ③ ④ ⑤	38	① ② ③ ④ ⑤	53	① ② ③ ④ ⑤
9	① ② ③ ④ ⑤	24	① ② ③ ④ ⑤	39	① ② ③ ④ ⑤	54	① ② ③ ④ ⑤
10	① ② ③ ④ ⑤	25	① ② ③ ④ ⑤	40	① ② ③ ④ ⑤	55	① ② ③ ④ ⑤
11	① ② ③ ④ ⑤	26	① ② ③ ④ ⑤	41	① ② ③ ④ ⑤	56	① ② ③ ④ ⑤
12	① ② ③ ④ ⑤	27	① ② ③ ④ ⑤	42	① ② ③ ④ ⑤	57	① ② ③ ④ ⑤
13	① ② ③ ④ ⑤	28	① ② ③ ④ ⑤	43	① ② ③ ④ ⑤	58	① ② ③ ④ ⑤
14	① ② ③ ④ ⑤	29	① ② ③ ④ ⑤	44	① ② ③ ④ ⑤	59	① ② ③ ④ ⑤
15	① ② ③ ④ ⑤	30	① ② ③ ④ ⑤	45	① ② ③ ④ ⑤	60	① ② ③ ④ ⑤

문번	답란	문번	답란	문번	답란	문번	답란
1	① ② ③ ④ ⑤	16	① ② ③ ④ ⑤	31	① ② ③ ④ ⑤	46	① ② ③ ④ ⑤
2	① ② ③ ④ ⑤	17	① ② ③ ④ ⑤	32	① ② ③ ④ ⑤	47	① ② ③ ④ ⑤
3	① ② ③ ④ ⑤	18	① ② ③ ④ ⑤	33	① ② ③ ④ ⑤	48	① ② ③ ④ ⑤
4	① ② ③ ④ ⑤	19	① ② ③ ④ ⑤	34	① ② ③ ④ ⑤	49	① ② ③ ④ ⑤
5	① ② ③ ④ ⑤	20	① ② ③ ④ ⑤	35	① ② ③ ④ ⑤	50	① ② ③ ④ ⑤
6	① ② ③ ④ ⑤	21	① ② ③ ④ ⑤	36	① ② ③ ④ ⑤	51	① ② ③ ④ ⑤
7	① ② ③ ④ ⑤	22	① ② ③ ④ ⑤	37	① ② ③ ④ ⑤	52	① ② ③ ④ ⑤
8	① ② ③ ④ ⑤	23	① ② ③ ④ ⑤	38	① ② ③ ④ ⑤	53	① ② ③ ④ ⑤
9	① ② ③ ④ ⑤	24	① ② ③ ④ ⑤	39	① ② ③ ④ ⑤	54	① ② ③ ④ ⑤
10	① ② ③ ④ ⑤	25	① ② ③ ④ ⑤	40	① ② ③ ④ ⑤	55	① ② ③ ④ ⑤
11	① ② ③ ④ ⑤	26	① ② ③ ④ ⑤	41	① ② ③ ④ ⑤	56	① ② ③ ④ ⑤
12	① ② ③ ④ ⑤	27	① ② ③ ④ ⑤	42	① ② ③ ④ ⑤	57	① ② ③ ④ ⑤
13	① ② ③ ④ ⑤	28	① ② ③ ④ ⑤	43	① ② ③ ④ ⑤	58	① ② ③ ④ ⑤
14	① ② ③ ④ ⑤	29	① ② ③ ④ ⑤	44	① ② ③ ④ ⑤	59	① ② ③ ④ ⑤
15	① ② ③ ④ ⑤	30	① ② ③ ④ ⑤	45	① ② ③ ④ ⑤	60	① ② ③ ④ ⑤

코레일[한국철도공사]

4회 기출예상문제

※ 검사문항 : 1~60

감독관 확인란

성명표기란

수험번호

(주민등록 앞자리 생년제외) 월일

문번	답란	문번	답란	문번	답란	문번	답란
1	① ② ③ ④ ⑤	16	① ② ③ ④ ⑤	31	① ② ③ ④ ⑤	46	① ② ③ ④ ⑤
2	① ② ③ ④ ⑤	17	① ② ③ ④ ⑤	32	① ② ③ ④ ⑤	47	① ② ③ ④ ⑤
3	① ② ③ ④ ⑤	18	① ② ③ ④ ⑤	33	① ② ③ ④ ⑤	48	① ② ③ ④ ⑤
4	① ② ③ ④ ⑤	19	① ② ③ ④ ⑤	34	① ② ③ ④ ⑤	49	① ② ③ ④ ⑤
5	① ② ③ ④ ⑤	20	① ② ③ ④ ⑤	35	① ② ③ ④ ⑤	50	① ② ③ ④ ⑤
6	① ② ③ ④ ⑤	21	① ② ③ ④ ⑤	36	① ② ③ ④ ⑤	51	① ② ③ ④ ⑤
7	① ② ③ ④ ⑤	22	① ② ③ ④ ⑤	37	① ② ③ ④ ⑤	52	① ② ③ ④ ⑤
8	① ② ③ ④ ⑤	23	① ② ③ ④ ⑤	38	① ② ③ ④ ⑤	53	① ② ③ ④ ⑤
9	① ② ③ ④ ⑤	24	① ② ③ ④ ⑤	39	① ② ③ ④ ⑤	54	① ② ③ ④ ⑤
10	① ② ③ ④ ⑤	25	① ② ③ ④ ⑤	40	① ② ③ ④ ⑤	55	① ② ③ ④ ⑤
11	① ② ③ ④ ⑤	26	① ② ③ ④ ⑤	41	① ② ③ ④ ⑤	56	① ② ③ ④ ⑤
12	① ② ③ ④ ⑤	27	① ② ③ ④ ⑤	42	① ② ③ ④ ⑤	57	① ② ③ ④ ⑤
13	① ② ③ ④ ⑤	28	① ② ③ ④ ⑤	43	① ② ③ ④ ⑤	58	① ② ③ ④ ⑤
14	① ② ③ ④ ⑤	29	① ② ③ ④ ⑤	44	① ② ③ ④ ⑤	59	① ② ③ ④ ⑤
15	① ② ③ ④ ⑤	30	① ② ③ ④ ⑤	45	① ② ③ ④ ⑤	60	① ② ③ ④ ⑤

코레일[한국철도공사]

5회 기출예상문제

성명표기란

수험번호

수험생 유의사항

※ 답안은 반드시 컴퓨터용 사인펜으로 보기와 같이 바르게 표기해야 합니다.

〈보기〉 ① ② ③ ❹ ⑤

※ 성명표기란 위 칸에는 성명을 한글로 쓰고 아래 칸에는 성명을 정확하게 표기하십시오. (맨 왼쪽 칸부터 성과 이름은 붙여 씁니다)

※ 수험번호/월일 위 칸에는 아라비아 숫자로 쓰고 아래 칸에는 숫자와 일치하게 표기하십시오.

※ 월일은 반드시 본인 주민등록번호의 생년월일을 제외한 월 두 자리, 일 두 자리를 표기하십시오.

(예) 1994년 1월 12일 → 0112

※ 검사문항 : 1~60

문번	답란	문번	답란	문번	답란	문번	답란
1	① ② ③ ④ ⑤	16	① ② ③ ④ ⑤	31	① ② ③ ④ ⑤	46	① ② ③ ④ ⑤
2	① ② ③ ④ ⑤	17	① ② ③ ④ ⑤	32	① ② ③ ④ ⑤	47	① ② ③ ④ ⑤
3	① ② ③ ④ ⑤	18	① ② ③ ④ ⑤	33	① ② ③ ④ ⑤	48	① ② ③ ④ ⑤
4	① ② ③ ④ ⑤	19	① ② ③ ④ ⑤	34	① ② ③ ④ ⑤	49	① ② ③ ④ ⑤
5	① ② ③ ④ ⑤	20	① ② ③ ④ ⑤	35	① ② ③ ④ ⑤	50	① ② ③ ④ ⑤
6	① ② ③ ④ ⑤	21	① ② ③ ④ ⑤	36	① ② ③ ④ ⑤	51	① ② ③ ④ ⑤
7	① ② ③ ④ ⑤	22	① ② ③ ④ ⑤	37	① ② ③ ④ ⑤	52	① ② ③ ④ ⑤
8	① ② ③ ④ ⑤	23	① ② ③ ④ ⑤	38	① ② ③ ④ ⑤	53	① ② ③ ④ ⑤
9	① ② ③ ④ ⑤	24	① ② ③ ④ ⑤	39	① ② ③ ④ ⑤	54	① ② ③ ④ ⑤
10	① ② ③ ④ ⑤	25	① ② ③ ④ ⑤	40	① ② ③ ④ ⑤	55	① ② ③ ④ ⑤
11	① ② ③ ④ ⑤	26	① ② ③ ④ ⑤	41	① ② ③ ④ ⑤	56	① ② ③ ④ ⑤
12	① ② ③ ④ ⑤	27	① ② ③ ④ ⑤	42	① ② ③ ④ ⑤	57	① ② ③ ④ ⑤
13	① ② ③ ④ ⑤	28	① ② ③ ④ ⑤	43	① ② ③ ④ ⑤	58	① ② ③ ④ ⑤
14	① ② ③ ④ ⑤	29	① ② ③ ④ ⑤	44	① ② ③ ④ ⑤	59	① ② ③ ④ ⑤
15	① ② ③ ④ ⑤	30	① ② ③ ④ ⑤	45	① ② ③ ④ ⑤	60	① ② ③ ④ ⑤

코레일[한국철도공사]

기출예상문제_연습용

성명표기란

수험번호

[주민등록 앞자리 생년제외] 월일

수험생 유의사항

※ 답안은 반드시 컴퓨터용 사인펜으로 보기와 같이 바르게 표기해야 합니다.
〈보기〉 ① ② ③ ❹ ⑤

※ 성명표기란 위 칸에는 성명을 한글로 쓰고 아래 칸에는 성명을 정확하게 표기하십시오. (맨 왼쪽 칸부터 성과 이름은 붙여 씁니다)

※ 수험번호/월일 위 칸에는 아라비아 숫자로 쓰고 아래 칸에는 숫자와 일치하게 표기하십시오.

※ 월일은 반드시 본인 주민등록번호의 생년월일을 제외한 월 두 자리, 일 두 자리를 표기하십시오.
(예) 1994년 1월 12일 → 0112

문번	답란	문번	답란	문번	답란	문번	답란
1	① ② ③ ④ ⑤	16	① ② ③ ④ ⑤	31	① ② ③ ④ ⑤	46	① ② ③ ④ ⑤
2	① ② ③ ④ ⑤	17	① ② ③ ④ ⑤	32	① ② ③ ④ ⑤	47	① ② ③ ④ ⑤
3	① ② ③ ④ ⑤	18	① ② ③ ④ ⑤	33	① ② ③ ④ ⑤	48	① ② ③ ④ ⑤
4	① ② ③ ④ ⑤	19	① ② ③ ④ ⑤	34	① ② ③ ④ ⑤	49	① ② ③ ④ ⑤
5	① ② ③ ④ ⑤	20	① ② ③ ④ ⑤	35	① ② ③ ④ ⑤	50	① ② ③ ④ ⑤
6	① ② ③ ④ ⑤	21	① ② ③ ④ ⑤	36	① ② ③ ④ ⑤	51	① ② ③ ④ ⑤
7	① ② ③ ④ ⑤	22	① ② ③ ④ ⑤	37	① ② ③ ④ ⑤	52	① ② ③ ④ ⑤
8	① ② ③ ④ ⑤	23	① ② ③ ④ ⑤	38	① ② ③ ④ ⑤	53	① ② ③ ④ ⑤
9	① ② ③ ④ ⑤	24	① ② ③ ④ ⑤	39	① ② ③ ④ ⑤	54	① ② ③ ④ ⑤
10	① ② ③ ④ ⑤	25	① ② ③ ④ ⑤	40	① ② ③ ④ ⑤	55	① ② ③ ④ ⑤
11	① ② ③ ④ ⑤	26	① ② ③ ④ ⑤	41	① ② ③ ④ ⑤	56	① ② ③ ④ ⑤
12	① ② ③ ④ ⑤	27	① ② ③ ④ ⑤	42	① ② ③ ④ ⑤	57	① ② ③ ④ ⑤
13	① ② ③ ④ ⑤	28	① ② ③ ④ ⑤	43	① ② ③ ④ ⑤	58	① ② ③ ④ ⑤
14	① ② ③ ④ ⑤	29	① ② ③ ④ ⑤	44	① ② ③ ④ ⑤	59	① ② ③ ④ ⑤
15	① ② ③ ④ ⑤	30	① ② ③ ④ ⑤	45	① ② ③ ④ ⑤	60	① ② ③ ④ ⑤

대기업·금융

저마다의 일생에는,
특히 그 일생이 동터 오르는 여명기에는
모든 것을 결정짓는 한 순간이 있다.
그 순간을 다시 찾아내는 것은 어렵다.
그것은 다른 수많은 순간들의 퇴적 속에
깊이 묻혀있다.

- 장 그르니에, 섬 LES ILES

2024 하반기 | 한국철도공사 | NCS

고시넷
공기업

코레일 한국철도공사
고졸채용 NCS + 철도법
기출예상모의고사 5회

정답과 해설

고시넷
공기업

코레일 한국철도공사
고졸채용 NCS + 철도법
기출예상모의고사 5회

정답과 해설

gosinet
(주)고시넷

1회 기출예상문제

문제 20쪽

01	⑤	02	⑤	03	③	04	②	05	②
06	③	07	④	08	③	09	⑤	10	①
11	②	12	④	13	④	14	①	15	②
16	③	17	④	18	⑤	19	③	20	②
21	①	22	④	23	②	24	③	25	③
26	⑤	27	①	28	③	29	④	30	④
31	①	32	⑤	33	②	34	③	35	①
36	④	37	④	38	③	39	②	40	⑤
41	④	42	③	43	⑦	44	⑤	45	③
46	③	47	⑤	48	⑤	49	④	50	①
51	②	52	⑤	53	②	54	③	55	①
56	②	57	①	58	①	59	②	60	③

과목1 직업기초 [1 ~ 50]

01 문서이해능력 보고서 내용 이해하기

|정답| ⑤

|해설| 지문의 내용을 보면 4차 산업혁명을 맞이하여 미래에는 산업의 고도화가 이루어질 것이며, 이에 따라 새로운 교통수단이 개발되고 다양한 교통수단을 편리하게 이용할 수 있도록 통합 운영체계가 도입될 것으로 예상하고 있다. 따라서 '미래변화와 교통 트렌드의 전망 및 영향 분석'에 들어가는 것이 적절하다.

02 문서이해능력 핵심어 파악하기

|정답| ⑤

|해설| 제시된 글은 전체적으로 '교통안전사업'에 관한 내용이다. 네 번째 문단을 보면 교통안전사업을 시설개선, 교통단속, 교육홍보연구의 세 가지 범주로 나누고 사업별 예산 투자에 따른 사상종별 비용감소 효과를 분석하였다고 하였으므로 내용을 대표하는 핵심 키워드 네 개를 선정하면 '교통안전사업, 시설개선, 교통단속, 교육홍보연구'가 적절하다.

03 문서이해능력 빈칸에 들어갈 말 찾기

|정답| ③

|해설| 외연적인 관점에서 보면 '동물'과 같은 상위어가 지시하는 부류는 '개'와 같은 하위어가 지시하는 부류를 포함하고 있으며, 내포적인 관점에서 보면 '개'의 의미가 '동물'의 의미보다 더 풍부해 '개'가 '동물'의 의미를 포함한다고 하였다. 따라서 상위어는 의미의 외연이 넓고 내포가 좁은 반면, 하위어는 의미의 외연이 좁고 내포가 넓음을 알 수 있다.

04 문서이해능력 세부 내용 이해하기

|정답| ②

|해설| 전동차의 중·경정비 현황 견학은 초등학생 이상부터 가능하므로 유치원생은 견학을 갈 수 없다.

|오답풀이|

① 전동차 안전체험은 홍보장에서 비상사태 발생 시 홍보요령을 배우고, 체험장에서 훈련용 소화기로 직접 화재를 진화하는 내용이 포함되어 있다.

③ 전동차 안전체험의 단체 신청은 1회에 20명에서 60명까지 가능하므로 120명이 전동차 체험학습을 하기 위해서는 60명씩 총 2회에 걸쳐 진행할 수 있다.

④ 공사 지정 휴일에는 전동차 안전체험이 진행되지 않는다.

⑤ 전동차 안전체험은 온라인으로 신청할 수 있으며, 2호선 전동차 안전체험은 H 차량사업소에서 진행하므로 적절하다.

05 문서이해능력 필자의 의도 파악하기

|정답| ②

|해설| 글쓴이가 말하고자 하는 바는 상대방이 병원에 입원했을 때 병원비를 내줄 수 있을 만큼 친근하다면 반말을

쓰고 그 정도가 아니라면 존댓말을 쓰자는 것이다. 상대방에게 반말을 하면 무조건 병원비도 내줘야 한다고 주장한 것은 아니다.

06 문서이해능력 문맥상 의미 파악하기

| 정답 | ③

| 해설 | '새 시대'는 존댓말과 반말로 상대의 지위를 확인하는 한국어의 문제가 해결된 시대를 말한다. 글쓴이는 이 언어의 문제가 해결되면 (가) 어떤 내용을 제대로 실어 나를 수 있게 되고, (나) 세상을 바꿀 수도 있을 도전적인 아이디어들이 창출될 것이며, (다) 상호 존중 문화를 만들 수 있게 된다고 보고 있다.

07 문서이해능력 세부 내용 이해하기

| 정답 | ④

| 해설 | 직원 정 씨는 근로복지공단에서 업무상 질병(적응장애)에 따른 산업재해를 인정받았다.

| 오답풀이 |

① 김 씨는 자신의 양형이 과도하다며 이미 항고 및 상고하였지만, 법원은 상담 직원들이 입은 정신적 피해가 적지 않다는 이유로 이를 받아들이지 않았다.

② 김 씨는 6개월간 욕설 및 폭언을 일삼았다.

③ 공사는 고객 응대 직원에 대한 도를 넘어선 행위에 대해서는 앞으로도 무관용 원칙하에 엄정히 대처할 것이라고 하였다.

⑤ 김 씨가 고소된 근거는 업무방해죄와 공포심·불안감 유발 문언·음향 등의 반복 전송이다.

08 문서이해능력 적절한 답변하기

| 정답 | ③

| 해설 | 피해 직원의 변호사 선임을 위한 비용과 보상금의 지급에 대한 내용은 제시되어 있지 않다.

09 문서이해능력 문맥에 담긴 뜻 이해하기

| 정답 | ⑤

| 해설 | 시를 고치는 일을 옷감에 바느질을 하는 일에 비유하면서 바느질 자국이 도드라지지 않게 하라고 말하고 있다. 따라서 새로운 단어나 문장을 추가하는 것이 아니라, 고쳐 썼다는 것이 드러나지 않을 정도로 자연스럽게 퇴고해야 한다.

10 문서이해능력 세부 내용 이해하기

| 정답 | ①

| 해설 | 세 번째 문단에서 '복사 냉난방 패널 시스템의 분배기는 난방용뿐만 아니라 냉방용으로도 사용된다'고 하였다.

| 오답풀이 |

② 세 번째 문단을 보면 온도와 유량을 조절하고 냉온수 공급 상태를 확인하며 냉온수가 순환되는 성능을 개선하는 일을 수행하는 것은 분배기이다.

③ 두 번째 문단을 보면 실내에서 난방 시 열을 공급하고 냉방 시 열을 제거하는 열매체를 생산해 내는 기기는 열원이다.

④ 네 번째 문단을 보면 거주자가 머무르는 실내 공간과 직접적으로 열 교환을 하여 냉난방의 핵심 역할을 담당하고 있는 것은 패널이다.

⑤ 마지막 문단에서 냉방의 경우 실내 온도를 조절하는 것 이외에 너무 낮은 온도로 인해 바닥이나 벽, 천장에 이슬이 맺히지 않도록 제어해야 한다고 하였다.

11 문서작성능력 제목 파악하기

| 정답 | ②

| 해설 | 글쓴이는 중요 교통수단 중 하나인 도시철도의 사고 발생 시 파급효과가 어느 교통수단보다도 크기 때문에 사전에 미리 예측·판단하여 안전을 기반으로 한 도시철도 차량시스템 제작을 할 필요가 있다고 주장하며, 이에 대해 사전위험분석을 실시한 내용을 서술하고 있다. 따라서 모든 내용을 포괄하는 제목으로 '도시철도 차량시스템의 사전위험분석에 관한 연구'가 가장 적절하다.

| 오답풀이 |

⑤ 다섯 번째 문단에 사전위험분석의 결과가 제시되어 있으나, 글의 전체 내용을 포괄하는 제목으로는 적절하지 않다.

12 문서이해능력 세부 내용 이해하기

| 정답 | ④

| 해설 | 사전위험분석 연구의 한계에 대한 내용은 찾아볼 수 없다.

| 오답풀이 |

① 세 번째와 네 번째 문단에서 연구의 방법에 대해 나열하고 있으며, 다섯 번째 문단에서 사전위험분석의 결과를 도출하고 있다.

② 첫 번째와 두 번째 문단에서 도시철도 사고의 파급효과가 어느 교통수단보다도 크기 때문에 철도 차량 제작 시 안전에 대한 내용을 사전에 관리해야 한다면서 연구를 진행하게 된 배경과 필요성을 제기하고 있다.

③ 세 번째 문단에서 연구의 목적은 안전 기반 도시철도 차량 시스템의 설계 및 제작임을 알 수 있으며, 연구를 위한 단계별 분석 절차도 확인할 수 있다.

⑤ 마지막 문단에서 연구 활동에 대한 결론과 글쓴이의 의견을 언급하고 있다.

13 문서이해능력 세부 내용 이해하기

| 정답 | ④

| 해설 | 첫 번째 문단을 보면 구멍가게는 손님들에게 무관심한 편의점과는 달리 단순히 물건을 사고파는 장소가 아닌 주민들의 교류를 이끄는 허브 역할을 하며, 주인은 손님들을 예외 없이 맞이한다고 나와 있다.

| 오답풀이 |

① 첫 번째 문단을 보면 '편의점은 인간관계의 번거로움을 꺼려하는 도시인들에게 잘 어울리는 상업 공간'이라고 나와 있다.

② 두 번째 문단을 보면 편의점 천장에 붙어 있는 CCTV는 도난 방지 용도만이 아니며, 그 외에 고객의 연령대와 성별 등을 모니터링하려는 목적도 있다고 하였다.

③ 두 번째 문단을 보면 편의점 본사는 일부 지점에서 입력한 구매자들에 대한 정보와 CCTV로 녹화된 자료를 주기적으로 받아 이를 토대로 영업 전략을 세우는 데 활용한다고 나와 있다.

⑤ 두 번째 문단을 보면 편의점에는 본사의 영업 전략에 활용할 목적으로 계산기의 버튼, CCTV 등 소비자의 정보를 입수하기 위한 장치들이 설치되어 있다고 나와 있다.

14 문서작성능력 글의 흐름에 맞는 접속어 고르기

| 정답 | ①

| 해설 | (A)의 앞 문장을 보면 구멍가게의 주인은 손님을 예외 없이 맞이하고 있다는 내용이, 뒤 문장을 보면 손님은 무엇을 살지 확실히 정하고 들어가야 한다는 내용이 나와 있다. 앞 문장이 뒤 문장의 원인이 되고 있으므로 '따라서' 또는 '그러므로'가 들어가야 한다.

(B)의 앞부분에는 손님을 맞이하는 구멍가게에 대해 설명하고, 뒷부분에는 손님에게 무관심한 편의점에 대해 설명하고 있다. 앞뒤 내용이 상반되므로 '그러나', '그런데', '하지만'이 들어가야 한다.

(C)의 앞 문장을 보면 편의점의 점원은 손님에게 '무관심'한 배려를 건넨다는 내용이, 뒤 문장을 보면 손님은 특별히 살 물건이 없어도 부담 없이 매장을 둘러볼 수 있다는 내용이 나와 있다. 앞 문장이 뒤 문장의 원인이 되고 있으므로 '그래서' 또는 '그러므로'가 들어가야 한다.

(D)의 앞 문단을 보면 손님에 대해 무관심한 배려를 건네는 편의점의 특징에 대해 설명하고 있고, 뒤 문단을 보면 역설적으로 고객의 정보를 상세하게 입수하고 있는 편의점에 대해 설명하고 있다. 앞뒤 내용이 상반되므로 '그런데', '하지만'이 들어가야 한다.

따라서 (A) ~ (D)에 들어갈 접속어를 바르게 연결한 것은 ①이다.

15 문서이해능력 중심 내용 이해하기

| 정답 | ②

| 해설 | 지구온난화로 인한 가뭄 때문에 생활용수 부족 현상이 발생하고 있으며, 해수면 상승으로 인해 투발루인들이 아침 주식으로 먹는 식물이 죽고 있어 그들의 식생활마저 바뀌었다.

16 문서이해능력 글의 내용에 맞는 보충 자료 파악하기

| 정답 | ③

| 해설 | 기후변화는 과거부터 일어났던 자연스러운 현상이라고 말하는 ③은 제시된 글에서 말하는 지구온난화와 관련된 자료라고 볼 수 없다.

17 문서이해능력 글의 내용을 바탕으로 추론하기

| 정답 | ④

| 해설 | 두 번째 문단에 '철도 및 도시철도 역사는 ~ 역사를 이용하는 이용자들에게 편의성을 제공하기 위해 다양한 연구 및 기술개발이 수행되고 있으며 ~'라고 제시되어 있으므로 철도 및 도시철도 역사를 이용하는 사람들을 위한 편의성 제공 관련 연구가 거의 이루어지지 않고 있다는 것은 사실이 아니다.

| 오답풀이 |

① 첫 번째 문단에 '~ 사람 중심의 교통체계 구축, 국민의 삶의 질 향상 등의 정부 정책에 따라 ~'라고 제시되어 있으므로 적절하다.

② 두 번째 문단에 '도시철도 역사 내의 이동패턴, 이동시간 등은 교통카드 데이터만으로 분석하기에는 한계가 존재한다'라고 제시되어 있으므로 적절하다.

③ 첫 번째 문단에 '4차 산업혁명 시대에 교통은 모빌리티 4.0이라고 일컬으며, 대중교통 중심의 지속가능한 교통체계를 중심으로 이용자 맞춤형, 수요 대응형 서비스를 지향하고 있다'라고 제시되어 있으므로 적절하다.

⑤ 두 번째 문단에 '다양한 이용자 특성에 대한 대중교통 이동 패턴 조사 및 데이터 기반의 문제점 파악이 미비한 실정이다'라고 제시되어 있으므로 적절하다.

18 문서이해능력 글의 중심내용 이해하기

| 정답 | ⑤

| 해설 | (가) 교통카드 데이터와 열차 출발·도착 데이터를 활용한 도시철도 역사 서비스 수준 추정을 위한 연구 방법을 3단계로 나누어 구성하였음을 알 수 있으며,

이를 통해 각 단계에서 수행하는 일들을 제시하였으므로 '제3장 연구방법론 및 분석자료'와 관련되어 있다.

(나) '본 연구에서는 제안한 방법론의 신뢰성 및 활용가능성을 증가시키기 위해서는 다음과 같은 추가 연구가 필요하다'라고 하면서 지금까지 수행했던 연구 이외의 추가로 수행해야 하는 일을 제시하고 있으므로 '제5장 논의 및 결론'과 관련된다.

19 기초연산능력 부등식 활용하기

| 정답 | ③

| 해설 | 불만족한 고객을 x명이라 하면 만족한 고객은 $(100-x)$명이 되어 다음과 같은 부등식을 세울 수 있다.

$3(100-x)-4x \geq 80$

$300-3x-4x \geq 80$

$-7x \geq -220$

$\therefore x \leq 31.428 \cdots$

따라서 고객 만족도 점수가 80점 이상이 되려면 불만족한 고객을 최대 31명 이하로 관리해야 한다.

20 기초연산능력 주행 및 주유 기록 분석하기

| 정답 | ②

| 해설 | 차량 A와 차량 B의 주행 및 주유 기록을 정리하면 다음과 같다.

[차량 A]

• 기름을 50% 채우는 데 드는 비용 : 4만 원
  ➡ 기름을 가득 채우는 데 드는 비용 : 8만 원

• 350km를 달리는 데 필요한 기름 : 기름탱크의 60%
  ➡ 남은 250km를 달리는 데 필요한 기름 : 기름탱크의 $\dfrac{300}{7}$%

따라서 차량 A는 주유비로 총 $40,000(50\% \ 주유)+48,000(60\% \ 주유)+\dfrac{240,000}{7}\left(\dfrac{300}{7}\% \ 주유\right) \fallingdotseq 122,286(원)$을 지불했다.

[차량 B]

- 550km를 달렸을 때 기름이 10% 이하로 남음

  ➡ 100%는 최대 $\frac{5,500}{9}$ km 주행 가능

- 250km를 달리는 데 필요한 기름 : 30,000원어치

  ➡ 800km를 달리는 데 필요한 기름 : 96,000원어치

따라서 차량 B는 주유비로 총 96,000원을 지불했다.

㉠ 주유비로 차량 A는 약 122,286원, 차량 B는 96,000원을 지불했으므로 차량 B가 차량 A보다 적은 주유비를 지불했다.

㉣ 추가 주유 없이 차량 B의 최대 주행가능거리는 $\frac{5,500}{9}$ ≒ 611(km)이다.

|오답풀이|

㉡ 기름탱크를 가득 채우는 데 차량 A는 8만 원, 차량 B는 최대 $\frac{5,500}{9} \times \frac{30,000}{250}$ ≒ 73,333(원)이 든다. 따라서 기름탱크의 용량은 차량 A가 더 크다.

㉢ 차량 A는 600km를 달리는 데 기름탱크의 $\frac{720}{7}$ %만큼의 기름이 필요하므로 추가 주유가 필요하다.

21 기초통계능력 Z-값 이해하기

|정답| ①

|해설| Z-값은 점수가 평균에서 얼마나 떨어져 있는지를 표준화하여 나타낸 것으로, '$\frac{원점수 - 평균}{표준편차}$'으로 구할 수 있다.

|오답풀이|

② 재현의 전공 점수의 Z-값은 $\frac{90-87}{10}$ = 0.3이다.

③ 재현의 토익 점수의 Z-값은 $\frac{800-700}{20}$ = 5이다.

④ 재현의 토익 점수 Z-값이 전공 점수 Z-값보다 높으므로 토익 성적이 전공 성적보다 우수하다고 할 수 있다.

22 도표분석능력 자료의 수치 분석하기

|정답| ④

|해설| 각 기관별 전체 채용인원을 구하면 다음과 같다.

(단위 : 명)

구분	신입직		경력직		합계
	사무직	기술직	사무직	기술직	
A 기관	92	80	45	70	287
B 기관	77	124	131	166	498
C 기관	236	360	26	107	729
D 기관	302	529	89	73	993
E 기관	168	91	69	84	412

따라서 D 기관 전체 채용인원에서 경력직 채용인원의 비중은 $\frac{89+73}{993} \times 100$ ≒ 16.3(%)로 10%를 초과한다.

|오답풀이|

① B 기관 전체 채용인원은 498명으로 E 기관 전체 채용인원인 412명보다 498-412=86(명) 많다.

② 각 기관별 전체 채용인원에서 사무직 채용인원의 비중은 다음과 같다.

- A 기관 : $\frac{92+45}{287} \times 100$ ≒ 47.7(%)

- B 기관 : $\frac{77+131}{498} \times 100$ ≒ 41.8(%)

- C 기관 : $\frac{236+26}{729} \times 100$ ≒ 35.9(%)

- D 기관 : $\frac{302+89}{993} \times 100$ ≒ 39.4(%)

- E 기관 : $\frac{168+69}{412} \times 100$ ≒ 57.5(%)

따라서 E 기관이 가장 높다.

③ 5개 공공기관의 전체 채용인원 287+498+729+993 +412=2,919(명)에서 C 기관 채용인원의 비중은 $\frac{729}{2,919} \times 100$ ≒ 25(%)이다.

⑤ 각 기관별 전체 채용인원에서 신입직 채용인원의 비중은 다음과 같다.

- A 기관 : $\frac{92+80}{287} \times 100$ ≒ 59.9(%)

- B 기관 : $\dfrac{77+124}{498} \times 100 ≒ 40.4(\%)$

- C 기관 : $\dfrac{236+360}{729} \times 100 ≒ 81.8(\%)$

- D 기관 : $\dfrac{302+529}{993} \times 100 ≒ 83.7(\%)$

- E 기관 : $\dfrac{168+91}{412} \times 100 ≒ 62.9(\%)$

따라서 50% 미만인 공공기관은 B 기관뿐이다.

23　도표분석능력　자료의 수치 분석하기

| 정답 | ②

| 해설 | 이동편의시설 개량에 투자하는 금액은 20X8년과 20X9년에 전년 대비 증가한다.

| 오답풀이 |

① 노후기반시설 개량에 투자하는 금액은 520 → 575 → 660 → 715억 원으로 매년 증가한다. 계산을 하지 않아도 노후신호설비 개량, 노후통신설비 개량에 투자하는 금액이 각각 매년 증가하므로 전체 금액도 매년 증가함을 알 수 있다.

③ LTE 기반 철도 무선망 구축에 대한 총 투자금이 3,320억 원으로 가장 많다.

④ 승강장조명설비 LED 개량에는 20X6년, 20X7년에만 투자가 이루어진다.

⑤ 구조물원격관리시스템 구축에 투자하는 금액은 20X9년이 170억 원으로 가장 많다.

24　도표작성능력　표를 그래프로 변환하기

| 정답 | ③

| 해설 | ㉠ $\dfrac{80-60}{60} \times 100 ≒ 33(\%)$

㉡ $\dfrac{550-500}{500} \times 100 = 10(\%)$

25　도표작성능력　표를 그래프로 변환하기

| 정답 | ③

| 해설 | 20X9년의 개량투자계획 총 투자금에서 기반시설 성능개선에 투자하는 금액이 차지하는 비중은

$\dfrac{1,000+40+100}{3,000} \times 100 = 38(\%)$이다.

26　도표분석능력　그래프 해석하기

| 정답 | ⑤

| 해설 | 20X0년, 20X1년의 상품군별 매출액을 계산하면 다음과 같다.

(단위 : 억 원)

구분	20X0년	20X1년	20X0년 대비 20X1년 매출액 증감
의류	77×0.25 $=19.25$	94×0.23 $=21.62$	2.37
식품	77×0.22 $=16.94$	94×0.27 $=25.38$	8.44
가전	77×0.24 $=18.48$	94×0.23 $=21.62$	3.14
여행	77×0.26 $=20.02$	94×0.23 $=21.62$	1.6
기타	77×0.03 $=2.31$	94×0.04 $=3.76$	1.45

따라서 20X0년 대비 20X1년 매출액의 변화폭이 가장 큰 것은 식품군이다.

27　도표분석능력　자료의 수치 분석하기

| 정답 | ①

| 해설 | ㉢에 들어갈 값은 $433,657-141,856-156,275=135,526$이다. 즉, 20X9년에는 전년도에 비해 C 국에 대한 수입량이 감소하였다.

| 오답풀이 |

② ㉠에 들어갈 값은 120,221이므로 D 국의 수입량 합계는 271,105이고, E 국의 수입량 합계는 965,733이다. 따라서 최근 3년간 국가별 합계가 가장 작은 국가는 D국이다.

③ ㉣에 들어갈 값은 879,449이므로 3년간 석유 총수입량
은 매해 증가하였다.

④ ㉡에 들어갈 값은 354,736이고 E 국의 3개년 합계
965,733이다. 따라서 20X8년 총수입량 823,141이 더
작다.

⑤ 20X9년 A 국에 대한 석유 수입량은 20X7년과 비교하여
약 5.8배 증가하였다.

28 도표분석능력 자료의 수치 계산하기

| 정답 | ④

| 해설 | 표의 ㉠ ~ ㉣에 들어갈 값은 각각 ㉠ 120,221 ㉡
354,736 ㉢ 135,526 ㉣ 879,449이므로 ㉣에서 ㉠, ㉡,
㉢을 뺀 값은 879,449−120,221−354,736−135,526=
268,966이다.

29 도표분석능력 자료를 바탕으로 수치 계산하기

| 정답 | ④

| 해설 | 공장별 연간 생산비용을 구하면 다음과 같다.

- A 공장
  {(250×1,400)+(350×1,300)+(300×1,300)+(75
  ×1,600)}×3=3,945,000(원)
- B 공장
  (250+350+300+75)×1,400×3=4,095,000(원)
- C 공장
  {(250×1,400)+(350×1,200)+(300×1,200)+(75
  ×4,000)}×3=4,290,000(원)
- D 공장
  {(250×1,500)+(350×1,000)+(300×1,000)+(75
  ×1,800)}×3=3,480,000(원)
- E 공장
  {(250×1,400)+(350×1,100)+(300×1,100)+(75
  ×1,900)}×3=3,622,500(원)

따라서 D 공장이 선정된다.

30 도표분석능력 자료의 수치 분석하기

| 정답 | ④

| 해설 | ㉡ 각 연도별 종사자 수와 사업체 수 각각의 총합은
다음과 같다.

- 20X0년
  총 종사자 수 : 9,941,200명
  총사업체 수 : 1,224,800개
- 20X1년
  총 종사자 수 : 10,465,900명
  총사업체 수 : 1,248,700개
- 20X2년
  총 종사자 수 : 10,721,500명
  총사업체 수 : 1,293,500개

총 종사자 수가 가장 많은 해는 20X2년으로, 총사업체
수도 가장 많다.

㉣ 20X2년 사업체 수에서 차지하는 비중이 두 번째와 세
번째로 큰 산업은 I 산업과 C 산업으로, 전체 사업체 수
의 $\frac{358,700+280,200}{1,293,500}×100 ≒ 49.4(\%)$이다.

| 오답풀이 |

㉠ 사업체 1개당 평균 종사자 수와 순위는 다음과 같다.

산업분류	20X0년		20X1년		20X2년	
	사업체 1개당 평균 종사자 수	순위	사업체 1개당 평균 종사자 수	순위	사업체 1개당 평균 종사자 수	순위
A	32,300 ÷2,900 ≒11.1(명)	8	35,800 ÷3,000 ≒11.9(명)	7	36,200 ÷3,400 ≒10.6(명)	8
B	14,200 ÷1,100 ≒12.9(명)	5	14,300 ÷1,100 =13(명)	5	14,300 ÷1,000 =14.3(명)	4
C	3,772,600 ÷265,000 ≒14.2(명)	4	3,838,400 ÷278,700 ≒13.8(명)	4	3,861,900 ÷280,200 ≒13.8(명)	5
D	61,400 ÷1,400 ≒43.9(명)	1	63,900 ÷1,400 ≒45.6(명)	1	66,800 ÷1,600 ≒41.8(명)	1
E	75,600 ÷6,600 ≒11.5(명)	6	78,200 ÷6,800 =11.5(명)	8	79,300 ÷6,800 ≒11.7(명)	7

www.gosinet.co.kr **g osi net**

1회 기출예상

2회 기출예상

3회 기출예상

4회 기출예상

5회 기출예상

F	$1,055,000$ $\div 94,600$ $\fallingdotseq 11.2$(명)	7	$1,268,800$ $\div 99,100$ $\fallingdotseq 12.8$(명)	6	$1,342,500$ $\div 100,700$ $\fallingdotseq 13.3$(명)	6
G	$2,229,800$ $\div 433,800$ $\fallingdotseq 5.1$(명)	9	$2,368,400$ $\div 453,200$ $\fallingdotseq 5.2$(명)	9	$2,424,600$ $\div 465,100$ $\fallingdotseq 5.2$(명)	9
H	$707,400$ $\div 41,600$ $\fallingdotseq 17.0$(명)	2	$754,400$ $\div 40,900$ $\fallingdotseq 18.4$(명)	2	$766,800$ $\div 42,700$ $\fallingdotseq 18.0$(명)	2
I	$1,514,000$ $\div 346,600$ $\fallingdotseq 4.4$(명)	10	$1,530,800$ $\div 330,900$ $\fallingdotseq 4.6$(명)	10	$1,611,900$ $\div 358,700$ $\fallingdotseq 4.5$(명)	10
J	$478,900$ $\div 31,200$ $\fallingdotseq 15.3$(명)	3	$512,900$ $\div 33,600$ $\fallingdotseq 15.3$(명)	3	$517,200$ $\div 33,300$ $\fallingdotseq 15.5$(명)	3

따라서 사업체 1개당 평균 종사자 수의 순위는 매년 동일하지 않다.

ⓒ G 산업의 경우 20X0년 $\frac{433,800}{1,224,800} \times 100 \fallingdotseq 35.4$(%),

20X1년 $\frac{453,200}{1,248,700} \times 100 \fallingdotseq 36.3$(%),

20X2년 $\frac{465,100}{1,293,500} \times 100 \fallingdotseq 36.0$(%)로 전체의 35%

이상을 차지한다.

31 도표분석능력 자료를 바탕으로 수치 계산하기

| 정답 | ①

| 해설 | '전 산업'과 '숙박 및 음식점업'의 2023년 1월 근로자 1인당 월평균 임금총액이 각각 전년 동월 대비 15.6%와 15.1% 증가한 것을 의미하므로 2022년 1월의 근로자 1인당 월평균 임금총액은 다음과 같이 계산할 수 있다.

• 전 산업 : 2022년 1월의 전 산업 1인당 월평균 임금총액을 x라 할 때

    $x \times 1.156 = 4,118$

    $x = \frac{4,118}{1.156} \fallingdotseq 3,562$(천 원)이다.

• 숙박 및 음식점업 : 2022년 1월의 숙박 및 음식점업 1인당 월평균 임금총액을 y라 할 때

    $y \times 1.151 = 2,144$

    $y = \frac{2,144}{1.151} \fallingdotseq 1,863$(천 원)이다.

32 도표분석능력 자료의 수치 분석하기

| 정답 | ⑤

| 해설 | '전 산업'부터 순서대로 월평균 임금은 각각 27천 원, 127천 원, −41천 원, −530천 원 증가하였으나, 월평균 근로시간은 각각 11.9시간, 8.9시간, 7.2시간, 4.9시간의 증가를 보였다. 따라서 월평균 임금은 월평균 근로시간의 증가에 비례하여 증가하지 않았다.

| 오답풀이 |

① 제시된 3개 분야의 월평균 근로시간은 모두 '전 산업'의 증가분인 11.9시간보다 적게 증가하였다.

② '숙박 및 음식점업'의 월평균 임금 증가분은 127천 원으로 '전 산업'의 월평균 임금 증가분인 27천 원보다 많이 증가하였다.

③ 2023년 12월의 근로시간당 평균 임금은 '숙박 및 음식점업'이 $\frac{2,054}{169.2} \fallingdotseq 12.1$(천 원/시간)이며, '사업시설관리 및 사업지원 서비스업'이 $\frac{2,247}{167.3} \fallingdotseq 13.4$(천 원/시간)이다.

④ 2023년 12월과 2024년 1월의 근로시간당 평균 임금을 구하면 다음과 같다.

(단위 : 천 원/시간)

구분	2023년 12월	2024년 1월
전 산업	$\frac{3,997}{164.8} \fallingdotseq 24.3$	$\frac{4,024}{176.7} \fallingdotseq 22.8$
숙박 및 음식점업	$\frac{2,054}{169.2} \fallingdotseq 12.1$	$\frac{2,181}{178.1} \fallingdotseq 12.2$
사업시설관리 및 사업지원 서비스업	$\frac{2,247}{167.3} \fallingdotseq 13.4$	$\frac{2,206}{174.5} \fallingdotseq 12.6$
예술, 스포츠 및 여가관련 서비스업	$\frac{3,449}{158.3} \fallingdotseq 21.8$	$\frac{2,919}{163.2} \fallingdotseq 17.9$

따라서 숙박 및 음식점업만 증가하였다.

33 도표분석능력 자료의 수치 분석하기

| 정답 | ②

| 해설 | ㄷ. 프랑스의 인구가 6,500만 명이라면 사망자는 $65,000,000 \times \frac{9}{1,000} = 585,000$(명)이다.

|오답풀이|

ㄱ. 유럽 5개 국가에 대한 자료만 제시되어 있으므로 유럽에서 기대수명이 가장 낮은 국가가 그리스인지는 알 수 없다.

ㄴ. 독일은 영국보다 인구 만 명당 의사 수가 많지만 조사 망률이 더 높다.

34 도표분석능력 자료의 수치 분석하기

|정답| ③

|해설| 부서별 1월과 3월의 매출 차이는 다음과 같다.

• A 부서 : 67,922−65,516=2,406(천 원)
• B 부서 : 71,748−69,866=1,882(천 원)
• C 부서 : 71,882−68,501=3,381(천 원)
• D 부서 : 66,748−66,117=631(천 원)
• E 부서 : 71,967−67,429=4,538(천 원)

따라서 1월과 3월의 매출 차이가 가장 큰 부서는 E 부서이다.

|오답풀이|

① D 부서가 매출합계에서 차지하는 비중은 다음과 같다.

• 1월 : $\dfrac{66,748}{343,847} \times 100 ≒ 19.4(\%)$

• 2월 : $\dfrac{67,958}{343,671} \times 100 ≒ 19.8(\%)$

• 3월 : $\dfrac{66,117}{343,849} \times 100 ≒ 19.2(\%)$

따라서 매월 증가하지 않는다.

② C 부서와 D 부서의 매출 격차는 다음과 같다.

• 1월 : 71,882−66,748=5,134(천 원)
• 2월 : 70,217−67,958=2,259(천 원)
• 3월 : 68,501−66,117=2,384(천 원)

따라서 매월 줄어들고 있지 않다.

④ 매출합계가 가장 높은 달은 3월이고 가장 낮은 달은 2월이다.

⑤ 1~3월의 부서별 매출합계는 다음과 같다.

• A 부서 : 67,922+64,951+65,516=198,389(천 원)
• B 부서 : 69,866+71,888+71,748=213,502(천 원)
• C 부서 : 71,882+70,217+68,501=210,600(천 원)

• D 부서 : 66,748+67,958+66,117=200,823(천 원)
• E 부서 : 67,429+68,657+71,967=208,053(천 원)

따라서 B 부서가 가장 높다.

35 도표분석능력 자료의 수치 분석하기

|정답| ①

|해설| A와 B 모두 도매가격이 가장 낮은 날은 1월 4일이다.

|오답풀이|

② B의 도매가격이 가장 높은 날은 1월 6일, C의 도매가격이 가장 높은 날은 1월 7일이다.

③ A 20kg의 평균 도매가격은 (56,600+57,300+55,000+58,600+62,000+60,000)÷6=58,250(원)이고, C 40kg의 평균 도매가격은 (416,000+442,000+436,000+442,000+460,000+500,000)÷6≒449,333(원)이다.

④ B의 1월 4일 도매가격은 1kg당 $\dfrac{206,000}{35} ≒ 5,886$ (원), 1월 6일 도매가격은 1kg당 $\dfrac{228,000}{35} ≒ 6,514$ (원)이다.

⑤ A, B, C를 각 1kg씩 살 때의 비용을 계산하면 다음과 같다.

• 1월 2일 : (56,600÷20)+(207,000÷35)+(416,000÷40)≒19,144(원)
• 1월 3일 : (57,300÷20)+(213,000÷35)+(442,000÷40)≒20,001(원)
• 1월 4일 : (55,000÷20)+(206,000÷35)+(436,000÷40)≒19,536(원)
• 1월 5일 : (58,600÷20)+(225,000÷35)+(442,000÷40)≒20,409(원)
• 1월 6일 : (62,000÷20)+(228,000÷35)+(460,000÷40)≒21,114(원)
• 1월 7일 : (60,000÷20)+(220,000÷35)+(500,000÷40)≒21,786(원)

따라서 1월 2일의 비용이 가장 낮았을 것이다.

36 사고력 창의적 사고기법 알기

| 정답 | ④

| 해설 | 희망점 연결법이란 개선하고 싶은 실물을 두고 다양한 희망사항을 나열한 후 새로운 아이디어를 찾는 방식이다. 결점 연결법은 대상의 불편한 점이나 단점을 기반으로 새로운 아이디어를 창출하는 방법으로, 결점을 통해 개선점, 대책방안 등을 수립한다. 희망점 · 결점 연결법을 함께 진행하면 보다 효율적인 아이디어를 얻을 수 있다.

37 사고력 문제의 유형 파악하기

| 정답 | ④

| 해설 | ㄱ과 ㄷ은 설정형 문제로 '앞으로 어떻게 할 것인가'에 대한 문제이다. 미래지향적인 과제와 목표를 설정함에 따라 발생하는 문제를 말하고 있어 미래에 대응하는 경영전략 문제라고도 한다.

| 오답풀이 |

ㄴ. 최근 몇 년간 공항 이용객의 급격한 증가로 출국대기시간 연장 등 혼잡이 이미 발생하였으므로 직면한 상황을 해결하기 위해 고민하는 발생형 문제에 해당한다.

38 사고력 트리즈(TRIZ)의 원리 파악하기

| 정답 | ③

| 해설 | 제시된 사례는 불필요한 선을 제거하여 개선한 것으로 트리즈의 원리 중 추출(Taking out, Extracting)에 해당한다. 추출은 물체로부터 원하지 않는 부분이나 속성을 분리하거나 물체로부터 필요한 부분이나 속성만 분리하는 것을 말한다.
③은 상황 변화에 더 나은 성능을 얻기 위하여 고정된 것을 움직일 수 있도록 만드는 역동성 원리에 해당한다.

39 문제해결능력 문제해결을 위한 방법 이해하기

| 정답 | ②

| 해설 | 하드 어프로치에 의한 문제해결방법은 상이한 문화적 토양을 가지고 있는 구성원으로 가정하여 서로의 생각을 직설적으로 주장하고 논쟁이나 협상 등을 통해 의견을

조정해 가는 방법이다. 이때 중심적 역할을 하는것이 논리, 즉 사실과 원칙에 근거한 토론이며 제3자는 이것을 기반으로 구성원을 지도 · 설득하여 전원이 합의하는 일치점을 찾아내려고 한다. 그러나 이러한 방법은 합리적이긴 하지만 잘못하면 단순한 이해관계의 조정에 그쳐 창조적인 아이디어나 높은 만족감을 이끌어 내기 어려워질 수 있다는 단점을 가진다.

40 문제처리능력 문제해결절차 이해하기

| 정답 | ③

| 해설 | (다) 문제를 인식하는 단계에서 환경을 분석하는 방법으로 SWOT 분석이 사용된다.

(가) 문제를 도출하는 단계에서는 전체 문제를 개별화된 세부 문제로 쪼개어 분석하기 위하여 Logic Tree 방법이 사용된다.

(라) 파악된 핵심 문제를 분석하여 인과 관계를 찾아내는 과정은 원인 분석 단계에서 발생한다.

(마) 원인이 분석되면 그에 따른 해결안을 개발하게 되는데, 이때 문제 해결에 최적화된 해결 방안을 설정하게 되며 유사한 방안끼리 그룹핑을 하는 능력이 요구된다.

(나) 해결안을 실행에 옮길 때에는 보유한 자원의 활용 계획을 감안하여 수행하도록 한다.

41 문제처리능력 3C 분석 이해하기

| 정답 | ④

| 해설 | ㉣에서 SWOT 분석은 '나'와 '자사'를 기준으로 대내외적인 환경을 분석하는 방법이므로 3C 분석의 경쟁자를 대상으로 하지 않는다.

42 문제처리능력 남은 금액 계산하기

| 정답 | ④

| 해설 | 상품별 가격과 무게(g)당 가격을 구하면 다음과 같다.

브랜드	품목	가격	무게(g)당 가격
A	A001	$60 \times (1-0.1)$ $=54$(만 원)	$54 \div 36$ $=1.5$(만 원/g)
B	B002	$160 \times (1-0.15)$ $=136$(만 원)	$136 \div 68$ $=2$(만 원/g)
C	C003	$280 \times (1-0.1)$ $=252$(만 원)	$252 \div 252$ $=1$(만 원/g)
D	D004	$320 \times (1-0.25)$ $=240$(만 원)	$240 \div 300$ $=0.8$(만 원/g)
E	E005	$350 \times (1-0.2)$ $=280$(만 원)	$280 \div 560$ $=0.5$(만 원/g)

무게(g)당 가격이 저렴한 것부터 순서대로 구입하지만, D 브랜드의 가방은 구입하지 않는다고 했으므로 E 브랜드 – C 브랜드 – A 브랜드 – B 브랜드 순으로 구입하게 된다.

• E 브랜드 : 280만 원 사용, 320만 원 남음.
• C 브랜드 : 252만 원 사용, 68만 원 남음.
• A 브랜드 : 54만 원 사용, 14만 원 남음.

따라서 김유정 씨가 면세점에서 가방을 구입하고 남은 금액은 14만 원이다.

43 사고력 라운드 진출 팀 추론하기

| 정답 | ④

| 해설 | 네 팀의 총 경기 수와 승리한 경기 수로 승률을 계산하면 다음과 같다.

구분	타이거즈	라이온즈	자이언츠	이글스
총 경기 수	3	3	3	3
승리한 경기 수	1	1	1	3
승률	0.33	0.33	0.33	1

따라서 승률이 가장 높은 이글스는 반드시 다음 라운드에 진출한다. 나머지 세 개 팀의 승률은 동점이므로, 세 팀의 승점을 계산하면 다음과 같다.

구분	타이거즈	라이온즈	자이언츠
득점의 합	5	5	4
실점의 합	8	6	6
승점	-3	-1	-2

따라서 승점이 가장 높은 라이온즈가 다음 라운드에 진출한다.

44 문제처리능력 설문조사 내용 파악하기

| 정답 | ⑤

| 해설 | 언급한 두 문항인 '원하는 사내 복지제도는 무엇입니까?', '현재 가장 부족하다고 생각하는 사내 복지제도는 무엇입니까?'에서 두 번째로 수요가 많은 답변은 '휴가비 지원(53.0%, 22.4%)'이다.

45 문제처리능력 설문조사 내용 파악하기

| 정답 | ③

| 해설 | '원하는 사내 복지제도는 무엇입니까'는 복수응답이 가능하다고 언급되어 있으며, 선택률이 높은 여가활동지원(69.1%), 휴가비 지원(53.0%)만 보아도 100%가 넘으므로 일부 사원은 두 개 이상 응답했음을 알 수 있다.

| 오답풀이 |

① '사내 복지제도가 좋은 기업이라면 현재보다 연봉이 다소 적더라도 이직할 의향이 있다'고 밝힌 직원이 아닌 직원보다 많다.

② 사내 복지제도 중 가장 적은 선택을 받은 항목은 '사내 동호회 지원'이다.

④ 편의시설이 가장 부족한 복지제도라고 생각하는 사원은 26명(7.2%)으로 편의시설을 원하는 직원인 121명(33.4%) 보다 적다.

⑤ CEO의 의식 미흡을 선택한 사원이 200명(55.2%)으로 가장 많다.

46 사고력 조건을 바탕으로 추론하기

| 정답 | ③

| 해설 | $90 \times 0.2 + 70 \times 0.2 + 80 \times 0.2 + 60 \times 0.2 + 65 \times 0.2 = 73$(점)으로 ★등급이 부여되며 개정판에서 삭제되지 않는다.

| 오답풀이 |

① $90 \times 0.2 + 70 \times 0.2 + 70 \times 0.2 + 70 \times 0.2 + 95 \times 0.2 = 79$(점)으로 ★등급이 부여된다.

② $90 \times 0.2 + 95 \times 0.2 + 95 \times 0.2 + 95 \times 0.2 + 90 \times 0.2 =$ 93(점)으로 ★★★등급이 부여되며 상금 7,000만 원을 받는다.

④ $80 \times 0.3 + 65 \times 0.2 + 55 \times 0.2 + 60 \times 0.1 + 50 \times 0.2 =$ 64(점)으로 Zero등급이 부여되어 상금을 받을 수 없다.

⑤ $90 \times 0.1 + 95 \times 0.3 + 95 \times 0.3 + 95 \times 0.2 + 90 \times 0.1 =$ 94(점)으로 ★★★등급이 부여된다.

47 사고력 논증의 변화양상 파악하기

| 정답 | ⑤

| 해설 | ① ~ ④ 선택지의 내용은 모두 금손 전파사에서 한별이의 블루레이 플레이어 수리를 잘 해줄 것이라는 논증을 강화한다. 하지만 ⑤는 사용하던 수리 부품을 사용하지 못하므로 잘 수리해 줄 것이라는 논증을 약화시킨다.

48 사고력 조건을 바탕으로 추론하기

| 정답 | ③

| 해설 | (ㄱ)에 의해 B 장관 → D 장관 → E 장관 순서로 발언함을 알 수 있다. A 장관은 (ㄴ)에 의해 D 장관이 발언하기 전에 발언하며, (ㄹ)에 의해 가장 먼저 발언하지 않으므로 A 장관은 B 장관 다음으로 발언하게 된다. 또한 (ㄷ)에 의해 C 장관은 E 장관 바로 뒤인 가장 마지막에 발언하게 되므로, 발언 순서는 B 장관 → A 장관 → D 장관 → E 장관 → C 장관이 된다.

49 문제처리능력 규정 적용하기

| 정답 | ④

| 해설 | 0.05 ~ 0.1%의 혈중 알코올농도 범위에서 음주운전을 처음 한 경우에는 효력정지 3월 이상의 행정 처분이 내려지며, 동일 위반 2회 시에는 면허취소 처분이 내려진다.

50 문제처리능력 규정 적용하기

| 정답 | ①

| 해설 | (가) 1천만 원 이상의 물적 피해가 발생하였으며 중과실에 의한 경우이므로 효력정지 15일 이상의 행정 처분이 내려진다.

(나) 1천만 원 이상의 물적 피해가 발생하였으나 중과실이 아닌 불가항력적인 사태로 인한 경우이므로 별도의 감면 조치에 의해 효력정지 15일보다 가벼운 행정 처분이 내려지게 된다.

(다) 효력정지 3월 이상인 경우에 해당된다.

(라) 한쪽 엄지손가락을 잃은 경우 결격사유에 해당되어 운전면허가 취소된다.

따라서 행정 처분이 가벼운 순서는 (나)-(가)-(다)-(라)가 된다.

과목 2 철도관련법령 [51 ~ 60]

51

| 정답 | ②

| 해설 | "철도시설"에는 철도의 선로와 그 부대시설, 물류시설·환승시설 및 편의시설 등을 포함한 역시설 및 철도운영을 위한 건축물 및 건축설비가 포함된다(「철도산업발전기본법」 제3조 제2항 가목).

| 오답풀이 |

① 「철도산업발전기본법」 제3조 제1호

③ 「철도산업발전기본법」 제3조 제8호

④ 「철도산업발전기본법」 제3조 제10호

⑤ 「철도산업발전기본법」 제3조 제11호

52

| 정답 | ⑤

| 해설 | 국토교통부장관은 철도시설을 관리하고 그 철도시설을 사용하거나 이용하려는 자로부터 사용료를 징수할 수 있는 권리인 철도시설관리권을 설정할 수 있다(「철도산업

발전기본법」 제26조 제1항). 철도시설을 사용하기 위해서는 관리청의 허가를 받거나 철도시설관리자와의 시설사용계약을 체결하거나, 그 시설사용계약을 체결한 자로부터 승낙을 받아야 하며, 철도시설관리자는 이에 따라 철도시설을 사용하는 자로부터 사용료를 징수할 수 있다(「철도산업발전기본법」 제31조 제1항, 제2항).

53

| 정답 | ④

| 해설 | 철도산업위원회에 상정할 안건을 미리 검토하고 위원회가 위임할 안건을 심의하기 위하여 위원회에 분과위원회를 둔다(「철도산업발전기본법」 제6조 제4항). 철도산업위원회 실무위원회는 위원회의 심의 · 조정사항과 위원회에서 위임한 사항의 실무적인 검토를 수행하는 기관이다(「철도산업발전기본법 시행령」 제10조 제1항).

| 오답풀이 |

① 철도산업에 관한 기본계획 및 중요정책 등을 심의 · 조정하기 위해 국토교통부에 철도산업위원회를 둔다(「철도산업발전기본법」 제6조 제1항). 철도산업위원회의 위원장은 국토교통부장관이다(「철도산업발전기본법 시행령」 제6조 제1항).

② 「철도산업발전기본법」 제6조 제2항 제1호

③ 철도산업위원회는 위원장을 포함한 25인 이내의 위원으로 구성되고(「철도산업발전기본법」 제6조 제3항) 국가철도공단의 이사장, 한국철도공사의 사장은 철도산업위원회의 위원이 된다(「철도산업발전기본법 시행령」 제6조 제2항 제2호, 제3호).

⑤ 「철도산업발전기본법 시행령」 제9조

54

| 정답 | ③

| 해설 | 한국철도공사가 수행할 수 있는 관광사업(「한국철도공사법」 제9조 제1항 제8호)이란 「관광진흥법」 제3조에서 정하는 관광사업 중 카지노업을 제외한 관광사업으로서 철도운영과 관련된 사업을 의미한다(「한국철도공사법 시행령」 제7조의2 제4항).

| 오답풀이 |

① 「한국철도공사법」 제9조 제1항 제5호

② 「한국철도공사법」 제9조 제1항 제2호

④ 「한국철도공사법」 제9조 제1항 제3호, 제2항

⑤ 「한국철도공사법」 제9조 제1항 제1호

55

| 정답 | ①

| 해설 | 국가는 공사의 경영 안정 및 철도 차량 · 장비의 현대화 등을 위하여 재정 지원이 필요하다고 인정하면 예산의 범위에서 사업에 필요한 비용의 일부를 보조하거나 재정자금의 융자 또는 사채 인수를 할 수 있다(「한국철도공사법」 제12조).

| 오답풀이 |

② 한국철도공사가 발행하는 사채의 소멸시효는 원금은 5년, 이자는 2년이 지나면 완성된다(「한국철도공사법」 제11조 제4항).

③ 한국철도공사는 이사회의 의결을 거쳐 사채를 발행할 수 있다(「한국철도공사법」 제11조 제1항).

④ 국가는 한국철도공사가 발행하는 사채의 원리금 상환을 보증할 수 있다(「한국철도공사법」 제11조 제3항).

⑤ 한국철도공사는 예산이 확정되면 2개월 이내에 해당 연도에 발행할 사채의 목적 · 규모 · 용도 등이 포함된 사채발행 운용계획을 수립하여 이사회의 의결을 거쳐 국토교통부장관의 승인을 받아야 한다(「한국철도공사법」 제11조 제5항).

56

| 정답 | ②

| 해설 | 국가는 한국철도공사를 대상으로 대부하거나 사용 · 수익을 허가한 국유재산에 건물이나 그 밖의 영구시설물을 축조하게 할 수 있다(「한국철도공사법」 제14조 제2항).

| 오답풀이 |

① 「한국철도공사법」 제14조 제1항 제1호

③ 「한국철도공사법」 제15조 제1항

④, ⑤ 「한국철도공사법 시행령」 제20조 제1항

57

|정답| ①

|해설| 철도사업자는 여객운임·요금을 국토교통부장관에게 신고하여야 한다. 이를 변경하려는 경우에도 같다(「철도사업법」 제9조 제1항).

|오답풀이|

② 철도사업자는 여객 운임·요금을 정하거나 변경하는 경우에는 원가와 버스 등 다른 교통수단의 여객 운임·요금과의 형평성 등을 고려하여야 한다(「철도사업법」 제9조 제2항).

③ 철도사업자는 신고 또는 변경신고를 한 여객 운임·요금을 그 시행 1주일 전에 인터넷 홈페이지, 관계 역·영업소 및 사업소 등 일반인이 잘 볼 수 있는 곳에 게시하여야 한다(「철도사업법」 제9조 제5항).

④ 철도사업자는 재해복구를 위한 긴급지원, 여객 유치를 위한 기념행사, 그 밖에 철도사업의 경영상 필요하다고 인정되는 경우에는 일정한 기간과 대상을 정하여 신고한 여객 운임·요금을 감면할 수 있다(「철도사업법」 제9조의2 제1항).

⑤ 국토교통부장관은 여객 운임의 상한을 지정하기 위하여 철도산업위원회 또는 철도나 교통 관련 전문기관 및 전문가의 의견을 들을 수 있다(「철도사업법 시행령」 제4조 제2항).

58

|정답| ①

|해설| 전용철도란 다른 사람의 수요에 따른 영업을 목적으로 하지 않고 자신의 수요에 따라 특수 목적을 수행하기 위하여 설치하거나 운영하는 철도를 말한다(「철도사업법」 제2조 제5호). 전용철도를 운영하려는 자는 전용철도의 건설·운전·보안 및 운송에 관한 사항이 포함된 운영계획서를 첨부하여 국토교통부장관에게 등록을 하여야 한다(「철도사업법」 제34조 제1항).

59

|정답| ②

|해설| 우수철도서비스인증을 받은 철도사업자는 그 인증의 내용을 나타내는 표지인 우수서비스마크를 철도차량, 역 시설 또는 철도 용품 등에 붙이거나 인증 사실을 홍보할 수 있다(「철도사업법」 제28조 제2항).

|오답풀이|

① 「철도사업법」 제26조 제1항

③ 「철도사업법 시행령」 제11조 제2항

④ 「철도사업법」 제27조 제1항

⑤ 국토교통부장관은 효율적인 철도 서비스 품질평가 체제를 구축하기 위하여 필요한 경우에는 관계 전문기관 등에 철도서비스 품질에 대한 조사·평가·연구 등의 업무와 우수철도서비스인증에 필요한 심사업무를 위탁할 수 있다(「철도사업법」 제29조).

60

|정답| ③

|해설| 철도사업자는 여객 또는 화물 운송에 부수하여 우편물과 신문 등을 운송할 수 있다(「철도사업법」 제19조).

|오답풀이|

① 「철도사업법」 제22조 제1호

② 「철도사업법」 제24조 제2항

④ 「철도사업법」 제24조 제1항

⑤ 「철도사업법」 제10조 제2항

2회 기출예상문제　　문제 64쪽

01	②	02	③	03	③	04	④	05	①
06	⑤	07	④	08	③	09	④	10	①
11	②	12	①	13	①	14	③	15	③
16	⑤	17	②	18	③	19	④	20	④
21	③	22	③	23	③	24	①	25	①
26	①	27	②	28	⑤	29	⑤	30	①
31	④	32	②	33	③	34	⑤	35	③
36	①	37	②	38	⑤	39	④	40	⑤
41	④	42	④	43	⑤	44	⑤	45	④
46	⑤	47	③	48	④	49	①	50	③
51	⑤	52	②	53	⑤	54	⑤	55	⑤
56	②	57	①	58	④	59	③	60	⑤

과목 1 직업기초 [1 ~ 50]

01 문서이해능력 세부 내용 이해하기

| 정답 | ②

| 해설 | 전 연령대 평균 정책 인지도는 68.1%이므로 적절하지 않은 설명이다.

02 문서이해능력 토론 내용 이해하기

| 정답 | ③

| 해설 | 제시된 토론 논제의 성격은 어떤 정책의 실행이 바람직한지에 대해 주장하는 정책 논제로, 정책 논제를 주장할 때는 자신의 주장이 현재의 문제를 해결하거나 현재보다 더 나은 결과를 가져올 수 있다는 점을 입증해야 한다.

| 오답풀이 |

① 제시된 토론은 어떤 논제에 대해 찬성자와 반대자가 상대방에게 질문을 하여 상대방의 논지를 반박함으로써 승부를 가리는 반대신문식 방식을 사용하고 있다.

② 반대하는 입장은 질문자가 제시한 목록을 응답자에게 제공하고 그 목록 중에서 응답자가 답변을 선택하도록 하는 질문 유형인 폐쇄형 질문 방식을 사용하고 있다.

03 문서작성능력 글의 흐름에 맞는 어휘 사용하기

| 정답 | ③

| 해설 | ⓒ '존속되다'는 어떤 대상이 그대로 있거나 어떤 현상이 계속되게 된다는 뜻으로 문맥상 그 쓰임이 적절하지 않다. 재산이나 영토, 권리 따위가 특정 주체에 붙거나 딸리게 된다는 뜻의 '귀속되다'가 와야 한다.

ⓔ 이 원칙은 개인의 선택을 기초로 한다고 하였으므로 '시장 경제'의 운용 원칙이다.

ⓗ 금융 기관에 돈을 맡긴다는 의미의 '예치'가 오는 것이 더욱 적절하다.

04 의사표현능력 빈칸에 들어갈 말 찾기

| 정답 | ④

| 해설 | B가 키오스크 사용을 선호하는 민원인에 대해 말하고 있었는데 C는 '하지만'으로 대화를 시작하고 있으므로 B와는 반대되는 의견의 말을 해야 한다. 또한 D는 키오스크 이용에 대한 문제점을 말하고 있으며 이와 함께 '게다가'를 사용하여 C의 말에 부연설명을 하고 있으므로 이를 바탕으로 C의 대화를 추론하면 키오스크의 문제점에 관한 내용인 ④가 가장 적절하다.

05 문서이해능력 세부 내용 이해하기

| 정답 | ①

| 해설 | '시험 안내' 항목에서 면접시험의 평정요소로 의사표현능력과 성실성, 창의력 및 발전가능성의 세 가지가 제시되어 있으나, 각 평정요소별 가중치에 대한 내용은 제시되어 있지 않다.

| 오답풀이 |

② '당일 제출서류' 항목에서 면접 당일 원서접수 시 작성하였던 경력 전부에 대한 증빙자료를 시험장 이동 전 담당자에게 제출해야 한다고 제시되어 있다.

③ '당일 제출서류' 항목에서 원서접수 시 작성하였던 경력 중 폐업회사가 있는 경우 폐업자 정보 사실증명서를 제출해야 한다고 제시되어 있다.

④ '유의사항' 항목에서 면접대기실 및 시험장에 입실하기 위해 필요한 출입증을 발급받기 위해서는 신분증이 필요하다고 제시되어 있다.

⑤ '유의사항' 항목에서 시험장으로 이동하기 전 면접대기실에서 담당자에게 출석을 확인한다고 제시되어 있다.

06 문서이해능력 세부 내용 이해하기

| 정답 | ⑤

| 해설 | '최종 합격자 발표' 항목에서 합격자 명단은 개별 통지 없이 ○○부 홈페이지에 게재된다고 제시되어 있으므로 최종 합격자는 ○○부 홈페이지에서 확인할 수 있음을 알 수 있다.

| 오답풀이 |

① '장소' 항목에서 면접은 ○○부 Y 건물이 아닌 G 건물 로비에서 진행된다고 제시되어 있다.

② '당일 제출서류' 항목에서 경력에 대한 증빙자료는 시험장으로 이동하기 전 담당자게 제출해야 한다고 제시되어 있다.

③ '당일 제출서류' 항목에서 소득금액증명서는 세무서 이외에 무인민원발급기 혹은 인터넷에서도 발급받을 수 있다고 제시되어 있다.

④ '시험 안내' 항목에서 총 세 가지 평정요소에 대해 상·중·하로 평가한다고 제시되어 있다.

07 문서이해능력 세부 내용 이해하기

| 정답 | ④

| 해설 | 지하철역 공유오피스는 역세권 이상의 이동 편의와 초접근성을 지니고, 수많은 승객이 타고 내리는 지하철 공간의 특성상 이용자들이 부수적으로 광고효과까지 노릴 수 있을 것으로 전망된다.

| 오답풀이 |

① 개인고객 대상 라운지형 상품의 출시를 검토하고 있다고만 제시되어 있다.

② 4개 역사는 조성 공사 등 시험 준비를 거친 뒤 7월에 개점할 예정이다.

③ 제시된 4개 역사의 공유오피스는 국내 최초이다.

⑤ 공유오피스는 초기 비용부담인 보증금, 중개수수료, 인테리어 비용 등이 없이도 사무실을 개설할 수 있다는 장점을 지닌다.

08 문서작성능력 제목 파악하기

| 정답 | ③

| 해설 | 제시된 보도자료의 핵심내용은 ○○공사와 P사가 국내 최초 지하철역 내 공유오피스를 조성한다는 것이다. 따라서 ㉠에 들어갈 제목으로는 ③이 적절하다.

09 문서이해능력 핵심어 파악하기

| 정답 | ④

| 해설 | 제시된 글은 정부가 어린이 보호구역에서 일어나는 어린이 교통사고를 사전예방하기 위해 무인교통단속장비나 신호등 설치 등과 같은 안전시설 확충, 불법 노상 주차장 폐지, 제한속도 지키기 운동 등 다양한 교통안전 강화대책을 마련하고 있음을 말해주고 있다. 따라서 내용을 대표하는 핵심 키워드로 '어린이 보호구역, 어린이 교통사고 사전예방, 교통안전 강화대책'이 가장 적절하다.

10 문서이해능력 글의 내용을 바탕으로 추론하기

| 정답 | ①

| 해설 | CCTV 비관론자는 범죄전이효과가 나타난다고 보므로 감소한 범죄만큼 타 지역 범죄가 늘었다고 생각할 것이다.

| 오답풀이 |

② 이익확산이론은 잠재적 범죄자들이 다른 지역도 똑같이 CCTV가 설치되어 있을 것으로 오인하여 범행을 단념한다고 본다.

③ 경찰은 CCTV 설치 장소로 범죄 다발 지역을 선호하는 경향이 있다.

1회 기출예상
2회 기출예상
3회 기출예상
4회 기출예상
5회 기출예상

④ 방송사 카메라가 방송용 몰래카메라 콘텐츠를 찍지 않아도 CCTV로서 지위를 가진다.

⑤ 범죄전이효과에 따르면 범죄자들이 CCTV가 없는 곳으로 이동한다고 본다.

11 문서이해능력 **글의 내용에 맞는 사례 파악하기**

|정답| ②

|해설| 사례 1은 사회적 가치를 실현하기 위해 다양한 이해관계자들과 협력하고 미래세대까지 고려하여 사업이 이루어져야 한다는 내용이므로 타입 3에 해당한다.

사례 2는 일상 업무인 수도검침 작업을 통해 사회적 책임을 이행하는 내용이므로 타입 2에 해당한다.

마지막으로 사례 3은 한국철도공사법의 목적에 맞는 사례이며 철도공사의 고유사업을 정비하는 것이므로 타입 1에 해당한다.

12 문서이해능력 **세부 내용 이해하기**

|정답| ①

|해설| 세 번째 문단에서 사회적 가치의 실현 방법을 제시하였지만 공공기관이 사회적 가치를 실현하기 위해 다섯 가지 핵심 원칙을 준수해야 한다는 내용은 언급되지 않았다.

13 문서이해능력 **세부 내용 이해하기**

|정답| ①

|해설| 다섯 번째 문단에서 '하이브리드 촉매는 흡수된 빛 중 34.8%를 촉매 변환에 활용하는데, 이는 기존 촉매보다 3배 높은 광효율이다.'라고 하였으므로 '새로 만든 하이브리드 촉매는 기존 촉매보다 광효율이 15배 더 높다.'는 설명은 적절하지 않다.

14 문서작성능력 **피동 표현 파악하기**

|정답| ③

|해설| 주어가 남에 의해 동작을 하게 되는 것을 나타내는

표현을 '피동표현'이라고 하는데, ⓒ '밝히다'는 사동의 의미를 지닌 사동사로 사동표현에 해당한다.

15 문서작성능력 **글의 흐름에 맞는 어휘 고르기**

|정답| ③

|해설| 피상적(皮相的)은 본질적인 현상은 추구하지 않고 겉으로 드러나 보이는 현상에만 관계하는 것을 뜻하므로, ⓒ에 들어갈 말로 적절하지 않다. 국제기구와 협력하는 등의 거시적(巨視的) 업무는 물론 교육과정 운영 등의 실무적(實務的)인 교류 방안에도 뜻을 모은다고 하는 것이 적절하다.

|오답풀이|

② 정례화(定例化) : 규칙적이지 않던 일이 규칙적인 일로 됨. 또는 그렇게 함.

16 문서이해능력 **적절한 답변하기**

|정답| ⑤

|해설| 제시된 글은 각 학문들을 독자적으로 연구하고 발전시키는 것보다 다양한 학문들 사이의 상호관련성을 파악하고 연결하여 세상과 그 기원에 대해 연구하는 것이 초연결 사회의 흐름에 적합함을 이야기하고 있다. 이때 세상과 그 기원에 대한 연구는 전체 퍼즐 판으로, 그 연구를 위한 각 학문들은 개별 퍼즐 조각들로 비유하였다. 따라서 수천 개의 퍼즐 조각들을 활용하여 쉽고 재미있게 하나의 퍼즐 판을 완성하기 위하여 각 퍼즐 조각들 간의 연결 고리를 파악해야 한다는 답변이 가장 적절하다.

17 문서이해능력 **세부 내용 이해하기**

|정답| ②

|해설| 하이퍼루프는 초고속 진공튜브 캡슐열차를 의미하며 ⓜ에서 한국형 하이퍼루프인 하이퍼튜브는 저가형 항공기 속도의 절반 정도를 내는 것을 목표로 한다고 하였으므로, 고가형 항공기 속도의 절반 정도를 내는 것을 목표로 한다는 내용은 적절하지 않다.

|오답풀이|

① ⓛ에서 ☆☆철도기술연구원은 철도분야에서도 IoT

(사물인터넷), 인공지능, 빅데이터 첨단기술을 연구 개발해 적용하고 있다고 하였다.

③ ②에서 휴먼에러로 인한 대형사고는 반드시 막아야 한다고 강조하고 있다.

④ ⑤에서 이번 국제세미나는 철도 분야의 미래신기술 개발과 기존 철도기술의 혁신을 통해 혁신성장동력을 창출하고자 마련됐다고 언급하였다.

⑤ ②에 오프닝 세션에서는 하이퍼루프의 중요성에 대해 강조했다고 제시되어 있다.

18 문서작성능력 문맥에 맞지 않는 문단 삭제하기

|정답| ③

|해설| ⑤은 철도 사고 예방을 위한 검사방식의 예방적 수시점검에 관한 내용으로, 이는 4차 산업혁명의 철도기술혁신에 관한 내용과 거리가 멀다.

19 기초연산능력 면적 구하기

|정답| ④

|해설| • A 작물을 심은 면적 : $108 \times \dfrac{3}{10} = 32.4(m^2)$

• B 작물을 심은 면적 : $(108 - 32.4) \times \dfrac{4}{9} = 33.6(m^2)$

• C 작물을 심은 면적 : $\{108 - (32.4 + 33.6)\} \times \dfrac{4}{7}$
$= 24(m^2)$

따라서 어떤 작물도 심지 않은 정원의 면적은 $108 - (32.4 + 33.6 + 24) = 18(m^2)$이다.

20 기초통계능력 평균 구하기

|정답| ④

|해설| 신제품 A의 평균점수를 x점이라 하면 다음과 같은 식이 성립한다.

$$\dfrac{(x \times 30) + (70 \times 20) + (60 \times 30) + (65 \times 20)}{30 + 20 + 30 + 20} = 66$$

$(x \times 30) + (70 \times 20) + (60 \times 30) + (65 \times 20)$
$= 66 \times (30 + 20 + 30 + 20)$

$4,500 + 30x = 6,600$

$\therefore x = 70$

따라서 A 제품의 평균점수는 70점이다.

21 기초연산능력 납부세액 구하기

|정답| ③

|해설| 작년은 과세표준이 $4,000 \times 0.95 = 3,800$(만 원)이므로 납부세액은 $72 + (3,800 - 1,200) \times 0.15 = 462$(만 원)이고, 올해는 과세표준이 $4,000 \times 0.9 = 3,600$(만 원)이므로 납부세액은 $72 + (3,600 - 1,200) \times 0.15 = 432$(만 원)이다. 따라서 올해의 납부세액은 작년보다 30만 원이 감소한다.

> **보충 플러스+**
>
> 단순누진세율 : 과세표준을 여러 단계로 나누어 고단계일수록 고율의 세율을 적용하는 방법
> 초과누진세율 : 과세표준에 대하여 두 개 이상의 세율을 적용하여 세액을 계산하는 방법

22 기초연산능력 조건을 만족시키는 직원 수 구하기

|정답| ①

|해설| 인사팀에서 김치볶음밥을 선택한 직원의 수를 a명, 총무팀에서 돈가스를 선택한 직원의 수를 b명이라 하면, 인사팀은 김치볶음밥, 총무팀은 돈가스를 가장 선호한다고 했기 때문에 a와 b는 모두 12보다 큰 수이다.

(단위 : 명)

음식	자장면	김치볶음밥	돈가스	육개장	치킨	합계
인사팀	12	a $(a>12)$		6		41
총무팀	6		b $(b>12)$	12		40

만약 총무팀에서 김치볶음밥을 선택한 직원의 수가 $2a$라면, $2a > 24$이므로 팀원 수의 합이 40이라는 조건을 충족시키지 못한다. 마찬가지로 인사팀에서 돈가스를 선택한 직원의 수도 $2b$가 될 수 없다. 따라서 인사팀에서 돈가스를 선택한 직원의 수는 $\dfrac{b}{2}$, 총무팀에서 김치볶음밥을 선택한 직원의 수는 $\dfrac{a}{2}$이다. 이때 $\dfrac{a}{2}$와 $\dfrac{b}{2}$도 자연수여야 하므로

a와 b는 12보다 큰 짝수이다. 합계를 만족시키고, 치킨을 선택한 직원의 수가 0이 되지 않기 위해서는 $a=b=14$가 되어야 하며, 따라서 치킨을 선호하는 직원의 수는 인사팀 2명, 총무팀 1명으로 총 3명이다.

23 도표분석능력 자료의 수치 분석하기

| 정답 | ③

| 해설 | 2020년과 2023년을 비교했을 때 승용차의 수송비율이 약 3%p로 전체 여객운송수단 중 가장 큰 폭으로 상승하였다.

| 오답풀이 |

① 2022년은 버스 중 고속버스의 수송이 가장 적다.

② 2022년에는 택시의 수송인원이 전년에 비해 증가하였다.

④ 2023년에는 버스 전체의 수송인원이 전년에 비해 감소하였다.

⑤ 2023년 시외버스의 수송인원은 전년에 비해 감소하였으나, 전체 여객운송수단의 수송인원은 증가하였다. 즉 시외버스의 수송비율은 전년 대비 감소하였다.

24 도표분석능력 자료의 수치 분석하기

| 정답 | ①

| 해설 | 강남 지역 주택전세가격 상승률은 20X3년, 20X4년, 20X6년에 전국 평균보다 낮았다.

| 오답풀이 |

② 전국 평균 증감률이 매년 양수(+)를 나타내고 있으므로 전국의 주택전세가격은 전년 대비 꾸준히 상승하고 있다.

④ 조사기간 중 전국적으로 전년 대비 주택전세가격 상승률이 가장 컸던 해는 12.3%의 증가를 보인 20X3년이다.

⑤ 강북은 20X6년과 20X8년 주택전세가격이 전년 대비 각각 3.8%, 2.1% 증가했고, 강남은 동일 연도에 각각 3.3%, 1.8% 증가했으므로 상승률은 강북이 더 크다.

25 도표작성능력 그래프의 종류별 특징 파악하기

| 정답 | ①

| 해설 | 꺾은선그래프는 시간에 따른 자료의 추세를 나타낼 때 가장 효과적으로 사용할 수 있다. 수직좌표에 시계열 값, 수평좌표에는 시간인 자료점들을 찍고 연이은 시간의 점들을 선으로 연결하여 증감률 추이를 효과적으로 보여줄 수 있다.

26 도표분석능력 매출액 구하기

| 정답 | ①

| 해설 | 2023년 전체시장 매출액은 전년 대비 12% 증가하였으므로 11조 2,000억 원이고 시장점유율은 전년과 동일하다고 하였으므로 $\frac{9,500}{100,000} \times 100 = 9.5(\%)$이다. 따라서 2023년 ○○기업의 매출액은 112,000(억 원)×0.095= 10,640(억 원)이 된다.

27 도표분석능력 시장점유율 구하기

| 정답 | ②

| 해설 | 2018 ~ 2022년 ○○기업의 시장점유율을 구하면 다음과 같다.

구분	2018년	2019년	2020년	2021년	2022년
○○기업의 매출액 (억 원)	4,400	5,400	7,200	8,000	9,500
전체시장 매출액 (조 원)	5.5	6.5	7.0	8.5	10.0
시장점유율	8%	약 8.3%	약 10.3%	약 9.4%	9.5%

따라서 시장점유율이 가장 높은 해는 2020년, 가장 낮은 해는 2018년이다.

28 도표분석능력 자료의 수치 분석하기

| 정답 | ⑤

| 해설 | 대중교통을 이용하는 사원 중 환승 횟수가 한 번 이상인 사원은 전체 사원의 27+23+8=58(%)이다.

| 오답풀이 |

① 자가용을 이용하는 사원은 $60 \times 0.25 = 15$(명)이다.

② 버스를 이용하는 사원은 대중교통을 이용하는 사원 $60 \times 0.75 = 45$(명)의 31%인 $45 \times 0.31 ≒ 14$(명)이다.

③ 환승 횟수가 3번 이상인 사원은 $60 \times 0.08 ≒ 5$(명)이다.

④ 대중교통을 이용하는 사원 중 한 번도 환승을 하지 않는 사원은 $60 \times 0.42 ≒ 25$(명) 가운데 자가용 이용 사원 15명을 뺀 10명이다.

29 기초통계능력 평균과 분산 구하기

| 정답 | ⑤

| 해설 | 80점 초과 90점 이하의 사원 수를 x명, 90점 초과 100점 이하의 사원 수를 y명이라고 하면, 평균은

$$\frac{55 \times 3 + 65 \times 5 + 75 \times 9 + 85x + 95y}{30} = 77$$이므로

$17x + 19y = 229$(㉠)이다. 또, 전체 사원 수는 30명이므로 $x + y = 30 - 3 - 5 - 9 = 13$(㉡)이다.

㉠과 ㉡을 연립하면 $x = 9$, $y = 4$를 얻는다. 따라서 분산은

$$\frac{(55-77)^2 \times 3 + (65-77)^2 \times 5 + (75-77)^2 \times 9 + (85-77)^2 \times 9 + (95-77)^2 \times 4}{30}$$

$= 136$이다.

30 도표분석능력 자료의 수치 분석하기

| 정답 | ①

| 해설 | 서울에서 지하철을 탄 사람이 환승할 때 지하철노선 간 환승 또는 지하철→버스 환승인 경우가 가능하다. 수단 간 환승은 59.3%이므로 지하철→버스 환승의 비율은 최대 59.3%, 최소 0%로 볼 수 있다. 따라서 이 사람이 다시 서울에서 지하철을 탈 확률은 최소 $\frac{26.2}{26.2 + 59.3} \times 100$ ≒ 30.6(%)이다.

| 오답풀이 |

④ 전국에서 1회 환승 시 수단 간 환승의 비율이 52.8%이므로, 버스와 지하철을 모두 이용했을 확률 또한 52.8%이다.

⑤ 서울 내에서 1회 환승 시 버스노선 간 환승의 비율이 14.5%이므로, 2회 환승 시의 비율은 $0.145^2 ≒ 0.021$이다. 따라서 서울 내에서만 환승을 두 번 한 사람이 버스만 이용했을 확률 또한 약 2.1%이다.

31 도표분석능력 자료의 수치 분석하기

| 정답 | ④

| 해설 | L 지역의 총 건축물과 주거용 건축물의 수치는 제시되었으나, 상업용과 공업용에 대한 구체적인 자료는 제시되지 않았다.

| 오답풀이 |

① L 지역 건축물은 상업용, 주거용, 공업용, 문화·교육·사회용과 기타로 구성되어 있으며, 상업용이 4만 3,846동, 공업용이 1만 4,164동, 문화·교육·사회용이 6,378동, 기타가 1만 1,598동이다. 주거용이 144,587동이므로 가장 큰 비중을 차지함을 알 수 있다.

② L 지역의 건축물은 총 220,573동이다.

③ L 지역의 대표적인 원도심이라 할 수 있는 지역들은 노후건축물 비중이 높은 편이라고 하였으므로 먼저 도시재생을 실시할 필요가 있다.

32 도표분석능력 자료를 바탕으로 수치 계산하기

| 정답 | ②

| 해설 | ㉠ ~ ㉣에 들어갈 수치를 계산하면 다음과 같다.

㉠ : $\frac{23,442 + 48,724}{220,573} \times 100$ ≒ 33(%)

㉡ : $\frac{12,875,191 + 12,114,897}{189,019,253} \times 100$ ≒ 13(%)

㉢ : $\frac{17,220 + 37,972}{144,587} \times 100$ ≒ 38(%)

㉣ : $\frac{7,409,831 + 6,001,760}{95,435,474} \times 100$ ≒ 14(%)

따라서 빈칸에 들어갈 수치로 옳은 것은 ㉡이다.

33 도표분석능력 그래프 해석하기

| 정답 | ③

| 해설 | 제시된 그래프를 바탕으로 연도별 철도사고 수의 대략적인 값과 전년 대비 철도사고 변화율을 구하면 다음과 같다.

구분	철도사고 수(건)	전년 대비 변화율(%)
2011년	340	–
2012년	330	−2.9
2013년	310	−6.1
2014년	260	−16.1
2015년	230	−11.5
2016년	200	−13.0
2017년	180	−10.0
2018년	170	−5.6
2019년	140	−17.6
2020년	130	−7.1
2021년	100	−23.1

따라서 전년 대비 철도사고의 감소율이 가장 큰 해는 2021년이다.

34 도표분석능력 자료의 수치 분석하기

|정답| ⑤

|해설| 20X9년 총수입이 2조 7,065억 원이고 적용단가가 115원/인km라면 수요량은 27,065(억 원)÷115(원/인km) ≒235(억 인km)이다.

|오답풀이|

② 20X4년부터 20X8년까지 인건비는 6,219 → 7,380 → 7,544 → 7,827 → 8,732억 원으로 매년 증가하고 있다.

③ 20X8년 총괄원가에서 적정원가가 차지하는 비중은 $\frac{25,229}{28,798} \times 100 ≒ 87.6(\%)$로 87% 이상이다.

④ 기타 경비 1조 7,653억 원 중 선로사용비가 6,591억 원으로 가장 큰 비중을 차지한다.

35 도표작성능력 표를 그래프로 변환하기

|정답| ③

|해설| ㉠ : $\frac{23,629}{26,456} \times 100 ≒ 89.3(\%)$

㉡ : $\frac{4,484}{28,109} \times 100 ≒ 16.0(\%)$

36 문제처리능력 문제해결 과정 파악하기

|정답| ①

|해설| Issue 분석은 핵심 이슈 설정, 가설 설정, Output 이미지 결정의 절차를 수행하게 된다. 핵심 이슈는 현재 수행하고 있는 업무에 가장 크게 영향을 미치고 있는 문제로 설정한다. 설정된 후에는 해당 이슈에 대해 자신의 직관, 경험, 지식, 정보 등에 의존하여 일시적인 결론을 예측하는 가설을 설정한다. Issue 분석은 Data 분석, 원인 파악과 함께 문제해결 과정 중 핵심 문제에 대한 분석을 통해 근본 원인을 도출하는 원인 분석 단계에 해당한다.

37 문제처리능력 문제와 문제점 파악하기

|정답| ②

|해설| KTX 개통을 앞두고 진행한 개량 공사는 무궁화호와 화물열차의 추돌사고 문제의 문제점으로 보기 어렵다.

38 문제처리능력 SWOT 확인하기

|정답| ⑤

|해설| ○○공사의 SWOT 중 기업 내부환경요인에 해당하는 강점에는 '㉣ 안정하고 편리한 교통물류와의 융합기술 보유', '㉤ 물류분야와 승객 수송능력의 성장', '◎ 인공지능을 통한 정교한 다기능 고속열차 개발'이 포함된다.

|오답풀이|

㉦ 새로운 시장 가치분석으로 투자를 통한 자금 확보는 외부환경요인으로 기회에 해당한다.

39 문제처리능력 SWOT 활용하기

|정답| ③

|해설| ⓐ 투자자금을 확보하여 불확실한 해외시장 진출을 지원하고자 하는 ST 전략에 해당한다.

ⓒ 인공지능을 통한 다기능 고속열차를 통해 빠르게 성장하고 있는 주변국 경쟁 업체와의 성장세에 대응하여 경쟁력을 확보하고자 하는 ST 전략에 해당한다.

| 오답풀이 |

ⓑ 기존의 다른 기업과의 공동전략 구축은 제시된 ○○공사의 SWOT와 관련이 없는 전략 수립이다.

40 사고력 사고능력 이해하기

| 정답 | ⑤

| 해설 | 시네틱스(Synetics) 기법에 대한 설명으로, 서로 관련이 없어 보이는 것들을 조합하여 새로운 것을 도출해 내는 집단 아이디어 발상법이다.

| 오답풀이 |

① PMI 기법 : 여러 가지 아이디어를 평가하여 하나를 골라내는 방법으로, 각각의 아이디어에서 좋은 점, 나쁜 점, 흥미로운 점을 찾아 가장 알맞은 아이디어를 선택한다.

② 연꽃 기법 : 브레인스토밍, 마인드매핑과 같이 인간의 두뇌 활용을 극대화하는 사고 및 학습 기법의 일종으로, 활짝 핀 연꽃 모양으로 아이디어를 다양하게 발상해 나가는 데 도움을 주는 사고 기법이다.

③ 육색 사고 모자 기법 : 중립적, 감정적, 부정적, 낙관적, 창의적, 이성적 사고를 뜻하는 여섯 가지 색깔의 모자를 차례대로 바꾸어 쓰면서 모자 색깔이 뜻하는 유형대로 생각해 보는 방법이다.

④ 스캠퍼 기법 : 체크리스트 기법을 보완한 것으로, 사고의 출발점이나 문제해결의 착안점을 7가지 질문의 형태로 미리 정해 놓고 그에 따라 다각적인 사고를 전개하는 기법이다.

41 사고력 조건을 바탕으로 추론하기

| 정답 | ③

| 해설 | (나) 쇼핑몰의 책상 외 조건이 동일한 경우를 비교해서 (나) 쇼핑몰 책상의 가격을 구한다.

• (라) 쇼핑몰 컴퓨터+(바) 쇼핑몰 에어컨=82(만 원)

• (나) 쇼핑몰 책상+(라) 쇼핑몰 컴퓨터+(바) 쇼핑몰 에어컨=127(만 원)

따라서 (나) 쇼핑몰의 책상 가격은 127−82=45(만 원)이며, 10% 할인 전 가격은 45÷0.9=50(만 원)이다.

| 오답풀이 |

① • (가) 쇼핑몰 책상+(다) 쇼핑몰 컴퓨터+(마) 쇼핑몰 에어컨=76(만 원)

• (가) 쇼핑몰 책상+(라) 쇼핑몰 컴퓨터+(마) 쇼핑몰 에어컨=100(만 원)

따라서 컴퓨터는 (라) 쇼핑몰이 (다) 쇼핑몰보다 100−76=24(만 원) 더 비싸다.

② (다) 쇼핑몰의 컴퓨터가 30만 원이라면, (바) 쇼핑몰의 에어컨이 28만 원이 된다. 쇼핑몰별, 상품별 가격은 모두 다르므로 (마) 쇼핑몰의 에어컨 가격은 28만 원이 아니다.

④ (가) 쇼핑몰의 책상이 26만 원이라면, (다) 쇼핑몰 컴퓨터+(마) 쇼핑몰 에어컨=50(만 원)이다. (다) 쇼핑몰의 컴퓨터+(바) 쇼핑몰의 에어컨=58(만 원)이므로 에어컨은 (바) 쇼핑몰이 (마) 쇼핑몰보다 8만 원 비싸다.

⑤ (가) 쇼핑몰 책상+(라) 쇼핑몰 컴퓨터+(마) 쇼핑몰 에어컨=(가) 쇼핑몰 책상+40+20=100(만 원)이므로 (가) 쇼핑몰의 책상은 40만 원이다.

42 사고력 조건을 바탕으로 추론하기

| 정답 | ④

| 해설 | 달력에 현재까지 운동을 한 날을 표시하면 다음과 같다.

〈X월〉

일	월	화	수	목	금	토
						1
2	3 시작일	4 X	5 공휴일	6 ○	7	8
9	10 ○	11	12 ○	13	14 ○	15
16	17 ○	18	19 공휴일	20	21	22
23	24	25	26	27	28	29
30	31					

10회의 수강쿠폰을 해당 월에 모두 소진해야 하는데 등록일인 3일은 체험 수업으로 차감되지 않고 17일인 현재까지 총 다섯 번 수강하였다. 남은 기간에 5번을 더 수강해야 하며 공휴일과 주말, 모임이 있는 화요일, 회식이 있는 세 번째 금요일인 21일, 야근을 하는 31일을 제외하면 운동이 가능한 날은 20, 24, 26, 27, 28일이다.

43 사고력 라운드 로빈식 브레인스토밍 이해하기

| 정답 | ⑤

| 해설 | 브레인스토밍은 회의나 토론에서 짧은 시간 동안 많은 아이디어를 효과적으로 도출하는 도구로, 아이디어를 자유롭게 쏟아내는 방식이다.

44 사고력 조건을 바탕으로 추론하기

| 정답 | ⑤

| 해설 | 〈면접위원별 면접 결과〉를 정리하면 다음과 같다.

구분	다은	지현	선호
사장			
회장	상	사장보다 낮은 점수	사장과 같은 점수
이사	회장보다 낮은 점수	회장보다 낮은 점수	회장보다 낮은 점수
인사팀장		회장과 같은 점수	

지현에게 회장은 사장보다 낮은 점수를 주었고 이사는 회장보다 낮은 점수를 주었다고 했으므로, 사장은 '상', 회장은 '중', 이사는 '하'를 주었음을 알 수 있다.

선호에게 이사는 회장보다 낮은 점수를 주었고 회장은 사장과 같은 점수를 주었으므로 사장은 '상', '중' 중에 하나를 주었는데 사장은 세 사람에게 모두 다른 점수를 주었으므로 선호에게 '중', 다은에게 '하'를 주었다. 따라서 선호에게 회장은 '중', 이사는 '하'를 주었다.

구분	다은	지현	선호
사장	하	상	중
회장	상	중	중
이사	중 or 하	하	하
인사팀장		중	

이사와 인사팀장이 다은에게 준 점수가 같다면, 선호가 인사팀장에게 '상'을 받게 되어 세 사람은 상을 각각 하나씩 받게 된다.

| 오답풀이 |

① 다은이 이사와 인사팀장에게 '하'를 받는다면 자동탈락될 수도 있다.

② 사장은 다은에게 가장 낮은 점수를 주었다.

③ 지현에게 가장 낮은 점수를 면접위원은 이사다.

④ 회장이 선호에게 인사팀장보다 낮은 점수를 주었다면 인사팀장은 선호에게 '상'을 준 것이 되고 다은에게 '중'이나 '하'를 주게 된다. 따라서 다은은 자동합격이 아니다.

45 문제처리능력 자료 분석하기

| 정답 | ③

| 해설 | P 노선 D～C 역 구간의 영업시간이 Q 노선의 영업시간보다 4분 더 길다.

| 오답풀이 |

① Q 노선의 역간 평균 거리는 1km가 넘는(18.1÷16) 반면 O 노선은 1km가 넘지 않는다(32.5÷33).

② 노선의 개통 시기는 O-P-Q-R 노선의 순으로 빠르나 구간 길이와 역의 수 등 규모는 P 노선이 가장 크다.

④ 편도 시간이 제시된 것으로 보아 4개의 노선은 모두 순환선이 아니다.

⑤ Q 노선의 평일과 토요일의 운행횟수 차이는 310-296 =14(회)로 가장 적다.

46 사고력 뒷받침할 전제 추가하기

| 정답 | ③

| 해설 | 수민이가 캐스팅되지 않는다면 재이가 캐스팅이 되므로 재이가 주연으로 캐스팅된다는 캐스팅 담당자 H의 결

론을 뒷받침하기 위해서는 수민이가 캐스팅되지 않아야 한다. 따라서 'ⓒ 세은이가 주연으로 캐스팅되면 수민이는 주연으로 캐스팅되지 않는다'는 전제가 있어야 하며 이 전제를 뒷받침하는 'ⓛ 세은이가 주연으로 캐스팅된다'도 추가되어야 한다.

47 문제처리능력 시장성 분석 절차 이해하기

|정답| ①

|해설| 2단계는 '고객수요 예측' 단계이다. 이 단계에서는 시장규모 및 시장점유율 등을 추정하고 시장 세분화를 통한 목표시장 및 목표고객을 선정하여 목표고객의 구매력, 경제력, 잠재력 등을 분석한다. 따라서 ㉠에 해당하는 내용은 ㄱ, ㄴ이다.

|오답풀이|

ㄷ. 마케팅 및 홍보방안을 검토하는 것은 '판매전략 수립' 단계에 해당한다.

ㄹ. 아이템에 대한 평가 및 반응조사 등을 실시하는 것은 '시장조사 실시' 단계에 해당한다.

48 문제처리능력 수행해야 할 업무 파악하기

|정답| ④

|해설| ㄱ. 모집 인원이 충원되지 않은 충북, 대전, 경남의 경우만 재공모를 실시한다.

ㄷ. 심사위원 섭외는 대외홍보팀 내부 협의를 거쳐 진행한다고 나와 있다.

ㅁ. 지원자가 모집 인원보다 적을 경우 재공모는 심사위원회 개최 날짜인 20XX. 03. 27. 이후 진행한다고 나와 있다.

49 문제처리능력 출장비 규정 이해하기

|정답| ①

|해설| 철도운임이 적용되는 구간에 전철요금이 따로 책정되어 있는 때에는 철도운임에 갈음하여 전철요금을 지급한다는 규정에 의해 18,000원을 신청하여야 한다.

|오답풀이|

② 숙박비를 지출하지 않은 인원에 대해 1일 숙박당 20,000원을 지급 할 수 있다는 규정에 따라 출장자가 숙박비를 지불하지 않은 경우에도 일정 금액은 숙박비로 지급될 수 있다.

③ 차장인 경우 도착 다음날부터 15일까지는 40,000원의 일비가 적용되며, 16 ~ 30일까지는 36,000원, 31 ~ 35일까지는 32,000원의 일비가 적용된다. 따라서 총 일비는 $(40,000 \times 15) + (36,000 \times 15) + (32,000 \times 5) = 600,000 + 540,000 + 160,000 = 1,300,000$(원)이 된다.

④ 과장인 경우 숙박비 상한액이 40,000원이며, 부득이한 사유로 이를 초과할 경우 최대 상한액의 10분의 3을 추가로 지급받을 수 있으므로 12,000원을 추가 지급받을 경우 $60,000 - 52,000 = 8,000$(원)의 자비 부담액이 발생하게 된다.

⑤ 회사 차량을 이용할 경우 교통비가 지급되지 않으나 도로사용료와 유류대, 주차료는 귀임 후 정산 받을 수 있다고 규정되어 있다.

50 문제처리능력 지급액 계산하기

|정답| ③

|해설| 2박 3일의 일정이므로 세 명에게 지급될 일비는 3일분이 되며, 지사에서 차량이 지원되므로 세 명 모두에게 일비의 2분의 1만 지급하면 된다. 따라서 일비의 총 지급액은 다음과 같다.

• A 본부장 : $50,000 \times 3 \times 0.5 = 75,000$(원)

• B 부장 : $40,000 \times 3 \times 0.5 = 60,000$(원)

• C 대리 : $35,000 \times 3 \times 0.5 = 52,500$(원)

따라서 출장자들에게 지급되는 일비의 총액은 187,500원이다.

과목 **2** 철도관련법령 [51 ~ 60]

51

|정답| ⑤

|해설| ㉠ 「철도산업발전기본법」 제3조 제2호 가목

㉡ 「철도산업발전기본법」 제3조 제2호 나목

㉢ 「철도산업발전기본법」 제3조 제2호 바목

㉣ 「철도산업발전기본법 시행령」 제2조 제2호

52

|정답| ②

|해설| 철도산업연수전문기관은 매년 전문인력수요조사를 실시하고 그 결과와 전문인력의 수급에 관한 의견을 국토교통부장관에게 제출할 수 있다(「철도산업발전기본법」 제9조 제3항).

|오답풀이|

① 「철도산업발전기본법」 제9조 제2항

③ 「철도산업발전기본법」 제10조 제3항

④ 「철도산업발전기본법」 제10조 제2항

⑤ 「철도산업발전기본법」 제10조 제1항

53

|정답| ⑤

|해설| 공익서비스 제공에 따른 보상계약의 체결에서 철도산업위원회는 보상계약의 협의가 성립되지 않을 때 원인제공자 혹은 철도운영자의 신청에 의해 이를 조정할 수 있다(「철도산업발전기본법」 제33조 제5항).

|오답풀이|

① 철도운영자가 국가의 특수목적사업을 수행함으로써 발생하는 공익서비스비용은 국가 또는 해당 철도서비스를 직접 요구한 자가 부담하여야 하며(「철도산업발전기본법」 제32조 제2항 제3호) 철도운영자와 해당 비용의 보상에 관한 계약을 체결하여야 한다(「철도산업발전기본법」 제33조 제1항).

② 「철도산업발전기본법 시행령」 제40조 제1항

③ 「철도산업발전기본법 시행령」 제40조 제2항

④ 「철도산업발전기본법」 제33조 제4항

54

|정답| ③

|해설| 역세권 개발사업은 철도역과 인근의 철도시설 및 그 주변지역 중 국토교통부장관이 필요하다고 지정된 지역인 역세권개발구역 내에서 철도시설 및 주거·교육·보건·복지·관광·문화·상업·체육 등의 기능을 가지는 단지조정 및 시설설치를 위해 시행하는 사업을 의미한다. 한국철도공사는 철도사업과 관련하여 일반업무시설, 판매시설, 주차장, 여객자동차터미널 및 화물터미널 등 철도 이용자에게 편의를 제공하기 위한 역세권 개발사업을 할 수 있고 정부는 필요한 경우 행정적·재정적 지원을 할 수 있다(「한국철도공사법」 제13조).

|오답풀이|

④ 역 시설 개발 및 운영사업은 철도의 선로, 역사와 같은 건물 내에 철도이용객의 편의를 증진하기 위해 설치하는 근린생활시설, 문화 및 집회시설, 판매시설, 운수시설 등의 개발 및 운영사업을 의미한다.

55

|정답| ⑤

|해설| 한국철도공사는 국유재산의 전대를 하려면 미리 국토교통부장관의 승인을 받아야 한다. 이를 변경하려는 경우에도 또한 같다(「한국철도공사법」 제15조 제2항).

|오답풀이|

② 한국철도공사로부터 국유재산의 전대를 받은 자는 이를 다른 사람에게 대부하거나 사용·수익하게 하지 못한다(「한국철도공사법」 제15조 제3항).

③ 한국철도공사로부터 국유재산의 전대를 받은 자는 해당 재산에 건물이나 그 밖의 영구시설물을 축조하지 못한다. 다만, 국토교통부장관이 행정 목적 또는 공사의 사업 수행에 필요하다고 인정하는 시설물 축조는 그러하지 아니하다(「한국철도공사법」 제15조 제4항).

④ 한국철도공사는 사업을 효율적으로 수행하기 위하여 필요하면 국유재산을 전대할 수 있다(「한국철도공사법」 제15조 제1항).

56

|정답| ②

|해설| 한국철도공사의 임직원이거나 임직원이었던 사람이 그 직무상 알게 된 비밀을 누설하거나 도용하면 2년 이하의 징역 또는 2천만 원 이하의 벌금에 처한다(「한국철도공사법」 제19조).

57

|정답| ①

|해설| 철도사업 또는 철도 관계 법령을 위반하여 금고 이상의 실형을 선고받고 그 집행이 끝나거나 면제된 날로부터 2년이 지나지 않은 사람을 임원으로 하는 법인은 철도사업의 면허를 받을 수 없다(「철도사업법」 제7조 제1호 다목). 여기서 말하는 '철도 관계 법령'이란 「철도산업발전기본법」, 「철도안전법」, 「도시철도법」, 「국가철도공단법」, 「한국철도공사법」을 의미한다(「철도사업법 시행령」 제2조).

58

|정답| ④

|해설| 국토교통부장관은 민자철도에 대한 감독 업무를 효율적으로 수행하기 위하여 정부출연연구기관이나 공공기관을 민자철도 관리지원센터로 지정할 수 있다(「철도사업법」 제25조의5 제1항).

|오답풀이|

① 「철도사업법」 제25조 제3항

② 「철도사업법」 제25조 제4항, 제5항

③ 「철도사업법」 제25조의2 제1항 제1호

⑤ 「철도사업법」 제25조의6 제1항

59

|정답| ③

|해설| 점용허가를 받은 날로부터 1년 이내에 해당 점용허가의 목적이 된 공사에 착수하지 아니한 경우(정당한 사유가 있는 경우에는 1년의 범위에서 연장 가능)는 점용허가의 취소사유에 해당한다(「철도사업법」 제42조의2 제1항 제3호).

|오답풀이|

① 「철도사업법」 제44조 제2항 제3호

② 「철도사업법」 제44조 제2항 제1호

④ 「철도사업법」 제44조 제2항 제5호

⑤ 「철도사업법」 제44조 제2항 제4호

60

|정답| ⑤

|해설| 철도사업의 휴업기간 중이라도 휴업 사유가 소멸한 경우에는 국토교통부장관에 신고하고 사업을 재개할 수 있다(「철도사업법」 제15조 제3항).

|오답풀이|

① 철도사업자가 그 사업의 전부 또는 일부를 휴업 또는 폐업하려는 경우에는 국토교통부장관의 허가를 받아야 한다. 다만, 선로 또는 교량의 파괴, 철도시설의 개량, 그 밖의 정당한 사유로 휴업하려는 경우에는 국토교통부장관에게 신고하여야 한다(「철도사업법」 제15조 제1항).

② 철도사업의 휴업기간은 6개월을 넘을 수 없다. 다만 선로 또는 교량의 파괴, 철도시설의 개량, 그 밖의 정당한 사유로 인한 휴업의 경우에는 예외로 한다(「철도사업법」 제15조 제2항).

③ 「철도사업법」 제15조 제4항

④ 「철도사업법 시행령」 제7조

3회 기출예상문제 — 문제 106쪽

01	⑤	02	④	03	②	04	①	05	③
06	②	07	⑤	08	⑤	09	⑤	10	③
11	①	12	③	13	③	14	②	15	④
16	②	17	①	18	③	19	④	20	②
21	②	22	④	23	⑤	24	①	25	③
26	④	27	④	28	④	29	④	30	③
31	⑤	32	④	33	④	34	④	35	②
36	⑤	37	④	38	⑤	39	④	40	④
41	④	42	④	43	④	44	④	45	②
46	⑤	47	④	48	④	49	⑤	50	④
51	⑤	52	④	53	②	54	④	55	①
56	③	57	④	58	⑤	59	④	60	⑤

과목1 직업기초 [1~50]

01 문서작성능력 | 어법에 맞게 문장

| 정답 | ⑤

| 해설 | 목적어인 '공공언어 요건'이 있기에 '충족해야 한다'로 문장 성분 간 호응이 이루어질 수 있다. '충족하다'가 동사로 쓰일 때는 목적어를 필요로 한다.

02 문서작성능력 | 유의어 파악하기

| 정답 | ④

| 해설 | '회상하다'는 지난 일을 돌이켜 생각하거나 과거의 억울한 일을 떠올리는 것이므로 ㉠과 바꾸어 쓰기에 가장 적절하다.

| 오답풀이 |

① 공상하다 : 현실적이지 못한 생각을 하다.

② 묵상하다 : 눈을 감고 말없이 마음속으로 생각하다.

③ 상상하다 : 실제로 경험해 보지 않은 현상이나 사물에 대하여 마음속으로 그려 보다.

⑤ 연상하다 : 하나의 관념이 다른 관념을 불러일으키다.

03 문서작성능력 | 맞춤법에 어긋난 부분 찾기

| 정답 | ②

| 해설 | ㉠ 심난 → 심란 : '심난하다'는 형편이나 처지 등이 매우 어렵다는 뜻이고, '심란하다'는 마음이 어수선하다는 뜻이므로 '마음이 심란하다'고 하여야 한다.

㉢ 금새 → 금세

04 문서작성능력 | 문맥에 알맞은 단어 찾기

| 정답 | ①

| 해설 | '여망(輿望)'은 '많은 사람들이 간절히 기대하고 바람. 또는 기대나 바람'을 의미하는 것이며, '중망(衆望)'은 '여러 사람에게서 받는 신망'으로 '그녀는 언론인으로 중망을 받고 있다.'에서와 같이 주로 사람에게 쓰이는 단어이다. 따라서 ㉠에 '중망(衆望)'이 들어가는 것은 적절하지 않다.

| 오답풀이 |

② 형국 : 어떤 일이 벌어진 형편이나 국면
국면 : 어떤 일이 벌어진 장면이나 형편

③ 주무 : 사무를 주장하여 맡음.
직할 : 중간에 다른 기구나 조직을 통하지 아니하고 직접 관할함.

④ 이행, 실행 : 실제로 행함.

⑤ 방안 : 일을 처리하거나 해결하여 나갈 방법이나 계획
방책 : 방법과 꾀를 아울러 이르는 말

05 문서작성능력 | 글의 흐름에 맞는 어휘 고르기

| 정답 | ③

| 해설 | '부수적(附隨的)'은 주된 것이나 기본적인 것에 붙어서 따르는 것으로, 제시된 글에서 고객의 위약금이 늘어나는 것 자체가 주된 피해이기에 적절하지 않다.

| 오답풀이 |

㉠ 소지(素地) : 문제가 되거나 부정적인 일 따위를 생기게 하는 원인, 그렇게 될 가능성

㉡ 운영(運營) : 어떤 대상을 관리하고 운용하여 나감.

㉣ 개발(開發) : 지식이나 재능 따위를 발달하게 함.

㉤ 허용(許容) : 허락하여 너그럽게 받아들임.

06 문서작성능력 글의 흐름에 맞는 어휘 고르기

|정답| ②

|해설| ㉠ '인식'은 자극을 받아들이고 저장, 인출하는 정신 과정을 말하며 '각인'은 머릿속에 새겨 넣듯 깊이 기억됨을 말한다. 문맥상 '인식'이 들어가는 것이 적절하다.

㉡ '경선'은 둘 이상의 후보가 경쟁하는 선거를 말한다. 선거는 이루어지지 않았으므로 '경쟁'이 적절하다.

㉢ '현행'은 '현재 행해지고 있는'이라는 의미로 뒤에 행동이 나와야 하는데 여권은 행동이 아니므로 '현재'가 적절하다.

㉣ '개선'은 잘못된 것이나 부족한 것, 나쁜 것 따위를 고치는 것이며 '개수'는 고쳐서 바로잡거나 다시 만듦을 의미한다. '개선'은 기존의 것이 부정적인 경우에 쓰이는데 여권 디자인의 경우 기존 여권의 문제점 때문에 새 여권 디자인을 한 것이 아니므로 '개수'가 적절하다.

㉤ '병기'는 함께 나란히 적음, '표기'는 표가 되게 기록함을 의미한다. 자료를 설명하기 위하여 옆에 나란히 적은 것이므로 '병기'가 적절하다.

07 문서이해능력 세부 내용 이해하기

|정답| ⑤

|해설| ⓐ '기소불욕 물시어인'이란 자기가 원하지 않는 일을 남에게 시키지 말라는 뜻이고 ⓗ '황금률'은 그러므로 무엇이든 남에게 대접을 받고자 하는 대로 너희도 남을 대접하라는 것이다. 입장을 바꾸어 남을 배려하라는 의미가 서로 비슷하다.

08 문서이해능력 공고문 확인하기

|정답| ⑤

|해설| C : 제7조에 따르면 서비스 초기화면에 변경 내용 등을 게시해야 하므로 휴면상태인 포털 이용자에게도 해당 서비스 초기화면에 변경 내용이 제공되어야 한다.

D : 변경 사유뿐만 아니라 변경될 서비스의 내용 및 제공 일자까지 게시하도록 하였고, 변경 내용의 게시 위치 역시 단어장 서비스 메인페이지에서 서비스의 초기화면으로 변경하였다.

|오답풀이|

A : 문장이 간결하게 바뀐 것이 아니라 서비스 변경과 관련된 사항의 내용을 추가하고 게시 위치를 변경했다.

B : 휴면상태로의 전환이 이용자의 권리를 보호한다고 보기는 힘들다.

09 문서작성능력 글의 흐름에 맞게 문단 배열하기

|정답| ⑤

|해설| 먼저 (나)에서 4차 산업혁명 속에서 문화예술의 발전을 주장하며 글을 시작한다. 다음으로 (가)에서는 문화콘텐츠의 정의를 언급하고 자율주행자동차의 예를 들어 (나)의 주장의 근거를 제시한다. 이후 (라)에서는 4차 산업혁명이 콘텐츠 혁명이 될 것이라는 주장을 하며 그 근거를 제시한다. 그리고 (다)에서는 창의적인 도시의 3요소를 제시하고 그중 하나인 창의인재로서 창조계급을 소개한다. 마지막으로 (마)에서는 창조계급 육성을 위한 방안을 언급하고 그 중요성을 강조하며 마무리한다. 따라서 (나)-(가)-(라)-(다)-(마) 순이 적절하다.

10 문서이해능력 글의 중심내용 파악하기

|정답| ③

|해설| (다) 창의적인 도시의 3요소(3T)로 기술, 관용, 인재가 글에 제시되었다. 이때 인재가 창조계급을 의미하는데, 창의적인 도시가 3요소의 결과로 발생하는 것이지 창의적인 도시건설이 창조계급 탄생의 수단이 되는 것은 아니다.

|오답풀이|

(가) 문화 콘텐츠의 창의, 융합적 특성 때문에 수요가 증가할 전망이다.

(나) 4차 산업혁명의 특징은 혁신적 변화와 창의 융합이고, 문화예술은 자동화의 위험이 적은 인간적 영역이므로 4차 산업혁명 이후에도 많은 기회와 가능성이 있다.

(라) 본질은 콘텐츠 창작자이다.

(마) 전주기적 양성 시스템의 구축 필요성이 나와 있다.

11 문서이해능력 **필자의 의도 파악하기**

|정답| ①

|해설| 필자는 글의 도입부에서 '과학이 무신론이고 윤리와 거리가 멀다는 견해'로 인한 반감의 원인이 타당한 것인지 살펴보고자 함을 명시하고 있다. 이후 매 문단에서 과학과 신학이 대립되는 개념이 아님을 반박과 재반박을 통해 설명한다. 따라서 필자는 글을 통해 궁극적으로 과학이 종교와 양립할 수 없다는 의견이 타당하지 않다는 것을 논증하고자 한다고 볼 수 있다.

12 문서이해능력 **글의 내용을 바탕으로 추론하기**

|정답| ③

|해설| 오르테가 이 가세트가 논의한 '문화인'은 과학에 대한 반감을 지니고 있기에 과학을 멀리하고 신뢰하지 않을 것이다. 따라서 과학의 엄밀성을 신봉한다는 내용은 적절하지 않다.

13 문서이해능력 **세부 내용 이해하기**

|정답| ③

|해설| 20 ~ 30대의 설문조사 결과만 주어져 있으며 그중 43.3%만이 독학으로 과반수를 넘지 못한다.

|오답풀이|

① 첫 번째 문단에서 20 ~ 30대는 어학, 경제·경영학, 중년층은 트렌드, 조직관리를 위한 인문학 등을 공부한다고 나와 있다.

② 첫 번째 문단에서 직장인들이 하는 공부는 크게 업무 역량 강화를 위한 공부와 자기계발 및 개인적인 목표를 위한 공부로 나눌 수 있다고 하였으며, 첫 번째 문단에서는 업무 전문성을 높이기 위한 공부에 대해 말하고 두 번째 문단에서는 자기계발과 개인적인 목표를 위한 공부에 대해 제시하고 있다.

④ 실직이나 은퇴 후를 대비한 자격증 공부를 우선시한다.

⑤ 집, 백화점 문화센터 등 다양하다.

14 문서작성능력 **글의 서술방식 파악하기**

|정답| ②

|해설| 샐러던트의 공부 방향에 관한 정보를 제시한 후 효과적이고 성공적인 공부를 위한 두 가지 방안을 제시하고, 더 나아가 괴테의 말을 인용하여 공부의 필요성을 역설하고 있다. 그러나 필자가 미래지향적인 방향을 제시하고 있다고 보기는 어렵다.

15 문서이해능력 **문맥상 의미 파악하기**

|정답| ④

|해설| 필자는 우리 사회의 지배적 문화가 된 '행복과 재미에 대해 느끼는 죄의식'으로부터 벗어나야 한다고 주장한다. ㉠의 '놀면 불안해지는 병' 등이 이러한 죄의식에 해당한다. 이에 따라 본문의 죄의식과 가장 가까운 '재미와 행복이 궁극적 가치가 아니라는 인식'이 답이라고 할 수 있다.

|오답풀이|

⑤ '한국 사회의 왜곡된 여가 문화'는 이러한 이중적 태도로 인해 진정한 재미와 행복을 누리지 못하게 된 결과물이다.

16 문서이해능력 **세부 내용 이해하기**

|정답| ②

|해설| 여섯 번째 문단에서 한국사회의 진정한 위기는 정치·경제적 요인에 의한 것이 아니라고 언급하고 있다. 또한 첫 문단에서 한국사회의 근본적인 문제는 왜곡된 여가 문화라고 언급하고 있다.

|오답풀이|

① 두 번째 문단에 근면 성실은 21세기에도 필수불가결한 덕목이며, 단지 그것만으로는 살아남을 수 없을 뿐이라고 하였다.

③ 자유·민주·평등은 수단적 가치로 본질적 가치인 재미, 행복 없이도 획득이 가능하다.

④ 경제학자들은 사람들이 낙관적인 전망하에서 실제 경제가 나빠진 것을 참지 않는 것을 알기에 항상 비관적인 전망을 먼저 제시하는 경향이 있다.

⑤ 자기 비우기는 우리를 더욱 좌절하게 만들고 더욱 통속적인 재미에 빠지게 만든다.

17 문서작성능력 제목 파악하기

| 정답 | ①

| 해설 | 첫 번째 문단에서 잊힐 권리에 대한 개념을 제시하고 현재 사회적으로 이슈가 된 상황임을 언급하고 있다. 두 번째 문단과 세 번째 문단에서는 개인정보 보호의 시각에서, 네 번째 문단에서는 알 권리의 시각에서 잊힐 권리에 접근한다. 마지막 문단에서는 최근 개인정보 보호 강화 추세가 경제, 산업에 미치는 영향을 제시하고 있다. 따라서 '잊힐 권리를 바라보는 시각과 사회적 파급효과'가 제목으로 적절하다.

18 문서작성능력 이어질 내용 파악하기

| 정답 | ③

| 해설 | 마지막 문단에서는 개인정보 보호 강화의 부정적 영향으로 고정비용, 가변비용 등이 발생한다는 점이 지적되고 있다. 이런 비용들을 드러나는 비용이라고 할 수 있으므로 이어지는 문장은 드러나지 않는 비용을 추가하는 것이 더 적절하다.

19 기초연산능력 방정식 활용하기

| 정답 | ④

| 해설 | 45인승 버스 x대, 25인승 버스 y대를 대절하였다고 하면 다음과 같은 식이 성립한다.

$44x + 24y = 268$ ············ ㉠

$45x + 30y = 285$ ············ ㉡

㉠÷4 − ㉡÷5를 하면 $2x = 10$이 되어 $x = 5$, $y = 2$가 된다. 따라서 렌트한 45인승 버스는 5대이다.

20 기초통계능력 확률 계산하기

| 정답 | ②

| 해설 | 김 대리가 하루라도 휴일에 당직근무를 할 확률은 '1 −휴일이 아닌 날 중 두 번 당직근무를 할 확률'로 구한다.

주말과 추석연휴를 합친 9월의 휴일은 총 11일이므로 $\frac{a}{b} =$

$1 - \frac{_{19}C_2}{_{30}C_2} = 1 - \frac{57}{145} = \frac{88}{145}$이다.

따라서 $b - a = 145 - 88 = 57$이다.

21 기초연산능력 약수 활용하기

| 정답 | ②

| 해설 | 두 사원의 주당 운동 볼륨이 동일하다고 하였으므로 식을 세우면 다음과 같다.

$96 \times 10 \times 5 \times 2 = 80 \times$ (B의 반복횟수) × (B의 세트 수) × 2

$60 =$ (B의 반복횟수) × (B의 세트 수)

따라서 반복횟수와 세트 수는 60의 약수여야 하며 선택지 중 60의 약수가 아닌 것은 9이다.

22 기초연산능력 최소 속력 구하기

| 정답 | ⑤

| 해설 | 60km/h의 속도로 15분$\left(\frac{1}{4}$시간$\right)$ 이동한 거리는 $60 \times \frac{1}{4} = 15$(km)이다. 이 거리가 집에서 회사까지 거리의 절반이므로 총 거리는 30km임을 알 수 있다.

택시를 8시 20분에 타고 15(km)÷75(km/h)$= \frac{1}{5}$(h)이 걸려 돌아갔으므로 집까지 12분$\left(\frac{1}{5}h\right)$이 소요되어 8시 32분에 도착하였다. 서류를 챙겨서 나오는 데 3분 걸렸으므로 승용차로 출발한 시간은 8시 35분이다. 따라서 25분 안에 30km 떨어진 회사까지 도착해야 하므로 최소 $30 \div \frac{25}{60} =$ 72(km/h)로 운전해야 한다.

23 기초연산능력 방정식 활용하기

| 정답 | ⑤

| 해설 | 2차 면접에서 합격한 지원자 50명의 남녀 성비가 3 : 7이므로 2차 면접 합격자 중 남성은 15명, 여성은 35명이다. 주어진 조건에 따라 1차 면접 합격 후 2차 면접에서 불합격한 남성 지원자의 수를 $21x$명, 여성 지원자의 수를

$23x$명이라고 가정하면 1차 면접에서 합격한 전체 지원자 중 남성은 $(21x+15)$명, 여성은 $(23x+35)$명이다. 1차 면접에서 합격한 지원자의 남녀 성비는 4 : 5이므로 비례식을 세우면 $21x+15 : 23x+35=4 : 5$이다. $x=5$이므로 1차 면접에서 합격한 전체 지원자의 수는 $(21x+15)+(23x+35)=44x+50=270$(명)이다.

24 기초통계능력 경우의 수 구하기

| 정답 | ①

| 해설 | 5일간 전반야, 후반야 각각 1명씩 총 10번이므로 5명이 2회차씩 근무해야 한다. B와 C는 전반야에만 근무가 가능하고, D와 E는 후반야에만 근무가 가능하므로 전반야의 근무자는 A, B, C, 후반야의 근무자는 A, D, E이다. A가 전반야와 후반야를 연달아 근무할 수 없으므로 A가 전반야 5일 중 하루를 선택하면, 후반야를 선택할 수 있는 날은 4일이 된다. B, C, D, E는 모두 A가 선택한 날을 제외한 4일 중 2일을 택해야 한다. 따라서 가능한 모든 경우의 수는 $5 \times 4 \times {}_4C_2 \times {}_4C_2 = 5 \times 4 \times \dfrac{4!}{2!2!} \times \dfrac{4!}{2!2!} = 720$(가지)이다.

25 기초연산능력 수의 규칙 찾기

| 정답 | ③

| 해설 | 문자를 알파벳 순서에 따라 몇 번째 문자인지로 판단하여 계산하면 앞의 두 칸의 합은 그 다음 칸에 들어갈 숫자 또는 문자를 결정함을 알 수 있다. A는 1, C는 3, H는 8에 해당하므로 $1+1(A)=2$, $1(A)+2=3(C)$, $2+3(C)=5$, $3(C)+5=8(H)$, $5+8(H)=13$과 같은 규칙이 추론된다. 또한 숫자와 문자가 번갈아 나타나므로 $8(H)+13=21$, 즉 21번째 알파벳인 U가 '?'에 들어간다.

26 도표분석능력 그래프 해석하기

| 정답 | ④

| 해설 | 2018년 이후 국가예산의 증가율은 계속 양수이므로 지속적으로 국가예산이 증가하였음을 알 수 있다. 따라서 국가예산이 가장 적은 해는 2018년이다.

| 오답풀이 |

① 2021년 국가예산의 증가율은 2.9%이므로 전년보다 증가하였다.

② 2019년 국가예산은 전년 대비 증가율이 4.0%이므로 전년보다 증가하였다. 따라서 2018년 국가예산은 2019년 국가예산보다 적다.

③ 2023년 국가예산=2022년 국가예산×1.071이므로 2022년 국가예산=2023년 국가예산÷1.071이다. 따라서 2022년 국가예산은 2023년 국가예산의 $\dfrac{1}{1.071} \times 100 ≒ 93.4(\%)$이다.

⑤ 2018년 이후 국가예산의 증가율은 계속 양수이므로 지속적으로 국가예산이 증가하였다.

27 도표분석능력 자료의 수치 분석하기

| 정답 | ④

| 해설 | 20X2년 4/4분기 말 판매신용은 직전분기 말인 3/4분기 말 대비 $\dfrac{80.8-78.0}{78.0} \times 100 ≒ 3.6(\%)$ 증가하였다.

| 오답풀이 |

① 20X3년 1/4분기 말 가계신용은 1,490.2조 원이다.

② 20X3년 3/4분기 말 가계대출은 20X3년 2/4분기 말에 비해 $1,427.7-1,409.2=18.5$(조 원) 증가하였다.

③ 20X1년 3/4분기 말 가계신용은 $1,419.3 \div 1.081 ≒ 1,313$(조 원)이다.

28 도표분석능력 자료의 수치 분석하기

| 정답 | ④

| 해설 | 20X8년 5월과 7월의 톤당 주석 가격을 계산하면 다음과 같다.

• 5월 : $20,900 \times 1,077 = 22,509,300$(원)
• 7월 : $19,700 \times 1,124 = 22,142,800$(원)

따라서 7월에 주석을 수입할 때 더 비용절감 효과를 얻는다 (다른 풀이 : 주석의 톤당 국제가격 하락률이 환율 상승률보다 크므로 수입가격은 7월이 더 저렴하다).

| 오답풀이 |

① 20X8년 6월 니켈 가격은 전월보다 $\dfrac{15,111-14,356}{14,356}$ $\times 100 ≒ 5.26(\%)$ 상승하였다.

② 조사기간 동안 톤당 국제가격은 전기 동이 납의 약 3배이다. 동일한 기간 동안 환율은 같으므로 국제가격만 확인하면 된다.

③ $2,291 \times 1,077 - 2,246 \times 1,069 = 66,433(원)$ 차이가 난다.

⑤ 20X8년 7, 8월에 아연을 30t씩 수입한 금액은 $(2,659 + 2,511) \times 30 = 155,100(달러)$이다.

29 도표분석능력 자료를 바탕으로 수치 계산하기

| 정답 | ④

| 해설 | 20X1년 11월 A사의 국내여객을 a라 할 때

'탑승률(%)$=\dfrac{\text{국내여객}}{\text{공급석}} \times 100$'이므로 $\dfrac{a}{250} \times 100 = 70$에서 $a = 175$이다.

'국내여객 전년 동월 대비 증감량=20X2년 11월 국내여객 $-$20X1년 11월 국내여객'이므로 $175 + 105 = 280$, 따라서 20X2년 11월 국내여객 수는 280천 명이다(다른 풀이 : A ~ E사의 20X2년 11월 국내여객의 합이 1,480천 명이므로 이를 이용하여 A사의 국내여객 수를 구할 수도 있다).

〈자료 2〉에서 20X2년 11월 A사 탑승률의 전년 동월 대비 증가율이 25%임을 통해 A사 탑승률이 $70 \times 1.25 = 87.5(\%)$임을 알 수 있으며, 이에 따라 20X2년 11월 A사의 공급석은 '$\dfrac{\text{국내여객}}{\text{탑승률}} \times 100$'이므로 $\dfrac{280,000}{87.5} \times 100 = 320,000(석)$임을 알 수 있다.

30 도표분석능력 자료의 수치 분석하기

| 정답 | ③

| 해설 | 울산의 20X0년 대비 20X5년 인구 증가율은 10% 미만이나 주택 증가율은 $\dfrac{453-387.2}{387.2} \times 100 ≒ 17(\%)$이므로 주택 증가율이 인구 증가율보다 더 높다. 이는 소수점까지 계산하지 않고 어림잡아 20X0년 주택 수인 387.2에 약 10%인 38을 더해도 20X5년 주택 수인 453보다 적다는 것을 통해 빠르게 판단할 수 있다.

| 오답풀이 |

① 부산이 397.2호/천 명으로 주어진 자료에서 가장 높다.

② $\dfrac{9,017-8,173.2}{8,173.2} \times 100 ≒ 10.3(\%)$ 증가했다.

④ 전국 계 항목의 인구수와 주택 수가 모두 증가하였다.

⑤ 수도권은 서울, 인천, 경기를 합한 것이므로 수도권 인구인 23,836천 명에서 서울 인구수 9,794천 명, 인천 인구수 2,663천 명을 빼면 11,379천 명이다.

31 도표분석능력 자료 분석하기

| 정답 | ⑤

| 해설 | 면접평가, 직무수행능력은 점수가 5의 배수이므로 총 점수 74점에서 필기평가 30점을 제외한 44점 중 일의 자리 4점은 체력검정의 점수에서 기인한다. 체력검정의 최소점이 11점이므로 가능한 점수는 14점, 19점이고 체력검정에서 두 종목 이상 실수를 하여 이를 만회하고자 하므로 14점임을 추론할 수 있다. 체력검정이 14점일 때, 면접 20점과 직무수행능력 10점 또는 면접 25점과 직무수행능력 5점의 조합이 가능하다. 따라서 체력검정 점수가 면접 점수보다 6점 이상 낮다.

| 오답풀이 |

① 80문항에 총 40점이므로 한 문항당 0.5점이다.

② 필기평가 점수는 30점이고, 합격을 위한 체력검정의 최소점은 11점, 직무수행능력의 최소점은 5점이다. 따라서 면접점수는 최대 $74-(30+11+5)=28(점)$이다.

③ 총 7개 등급이므로 등급 간 점수 간격은 $\dfrac{30}{6}=5(점)$이다.

④ 모든 종목에 응시하되, 다섯 종목 모두 2점이면 안 되므로 한 종목만 3점을 맞은 경우인 11점이 최소점이다.

32 도표분석능력 자료의 수치 분석하기

| 정답 | ②

| 해설 | 출판 항목이 애니메이션 항목의 $20.8 \div 0.7 ≒ 29.7$ (배)이다.

| 오답풀이 |

① 출판의 매출액이 항상 가장 많다.

③ '전년 대비 증감률 $=\dfrac{\text{당해 연도} - \text{전년도}}{\text{전년도}} \times 100$'이므로 비교년은 당해 연도이고 기준년은 전년도이다.

④ 게임산업의 매출액은 10.8조 원이고 세 산업의 합계 매출액은 $1 + 0.7 + 11.1 = 12.8$(조 원)이므로 세 산업의 합계 매출액이 더 크다.

⑤ 전체는 4.3% 증가했으나 콘텐츠 솔루션 산업은 5% 증가했다.

33 도표분석능력 자료의 수치 분석하기

|정답| ⑤

|해설| 작품제작 비용을 세분화하여 절감 가능한 항목을 찾는 방안보다 제작비용 구조를 조정하거나 외부에서 다른 요인을 찾는 것이 좋은 방안이다.

|오답풀이|

④ 만화와 캐릭터산업의 세부 항목 간의 차이가 뚜렷하므로(예) 캐릭터산업의 연구개발 비용은 만화의 6배) 두 산업을 비교하는 것이 제작비용 구조가 매출액에 미치는 영향을 알아보는 데 효과적이다.

34 도표분석능력 자료의 수치 분석하기

|정답| ④

|해설| 중학교 졸업자 수는 $1,830 \times 0.28 = 512.4$(만 명), 중학교 입학자 수는 $1,730 \times 0.25 = 432.5$(만 명)이다. 따라서 중학교 졸업자 수가 입학자 수보다 많다. 이때 수를 계산할 필요 없이 1,830과 0.28, 1,730과 0.25를 각각 비교하면 1,830과 0.28이 크므로 졸업자 수가 많다고 추론할 수도 있다.

|오답풀이|

① 초등학교 학생 수는 $6,600 \times 0.4 = 2,640$(만 명)이고, 학급 수는 $250 \times 0.4 = 100$(만 개)이다. 따라서 학급당 학생 수는 $2,640 \div 100 = 26.4$, 약 26명이다.

② 교원 1명당 학생 수는 중학교가 가장 많다.
- 유치원 : $(6,600 \times 0.1) \div (460 \times 0.1) = 14.3$(명)
- 초등학교 : $(6,600 \times 0.4) \div (460 \times 0.4) = 14.3$(명)
- 중학교 : $(6,600 \times 0.24) \div (460 \times 0.2) = 17.2$(명)
- 고등학교 : $(6,600 \times 0.26) \div (460 \times 0.3) = 12.4$(명)

③ 〈자료 1〉을 보면 입학자 수와 졸업자 수의 경우 고등학교의 비율이 가장 높다.

⑤ 전체 고등학교 학생 수는 $6,600 \times 0.26 = 1,716$(만 명), 고등학교 졸업자 수는 $1,830 \times 0.32 = 585.6$(만 명)이다. 따라서 전체 고등학교 학생 중 졸업자의 비율은 $\dfrac{585.6}{1,716} \times 100 = 34.1$(%)이다.

35 도표분석능력 자료의 수치 분석하기

|정답| ②

|해설| ⓒ 1인 가구와 4인 가구의 합이 50%이므로 2 ~ 3인 가구는 50% 이하일 것이다.

|오답풀이|

㉠ 최소 평균 가구원 수를 구하기 위해서는 그래프에 제시되지 않은 나머지 가구를 모두 2인 가구로 전제하여 계산해야 한다($100 - 26 - 22 = 52$). 따라서 2012년 평균 가구원 수는 최소 $1 \times 0.26 + 4 \times 0.22 + 2 \times 0.52 = 2.18$(명)이다.

ⓛ 1995년에 3.42명으로 1990년에 비해 증가하였다.

㉣ $\dfrac{12.9 - 9.1}{9.1} \times 100 = 42$(%) 증가하였다.

36 사고력 거짓을 말하는 사람 구분하기

|정답| ⑤

|해설| 사원 A가 진실을 말하는 경우와 거짓을 말하는 경우로 나누어 생각해 보면 다음과 같다.

ⅰ) A가 진실을 말하는 경우

구분	A	B	C	D	E
진실 · 거짓	진실	진실	거짓	진실	거짓
참석 여부	○	○	○	○	×

ⅱ) A가 거짓을 말하는 경우

구분	A	B	C	D	E
진실 · 거짓	거짓	거짓	진실	거짓	거짓
참석 여부	×	–	–	–	–

3명은 진실을 말하고 있고 2명은 거짓을 말하고 있다고 했으므로 이 조건을 충족하는 것은 '경우 ⅰ)'이다. 따라서

회의에 참석하지도 않았으며 거짓을 말하고 있는 사람은 E이다.

37 사고력 조건을 바탕으로 추론하기

|정답| ⑤

|해설| 모든 사원은 최소 2개 지점, 최대 4개 지점을 방문할 수 있으므로 A, B, C는 각각 3개, 4개, 2개의 지점을 방문했다.

A에 대한 정보를 기준으로 다른 조건을 정리하면 다음과 같다.

구분	강남	명동	신촌	분당	일산
A	○	○	×	×	○
B	×	○	○	○	○
C	○	○	×	×	×

따라서 ⑤는 적절한 추론이다.

38 사고력 조건을 바탕으로 추론하기

|정답| ⑤

|해설| 첫 번째 조건에 따라 여자 박 씨가 1번 자리에 배치될 경우와 남자 이 씨가 1번 자리에 배치될 경우로 나누어 생각해 보면 다음과 같다.

ⅰ) 여자 박 씨가 끝 자리에 배치될 경우

세 번째 조건에 따라 남자 이 씨는 4번 자리에 앉음을 알 수 있다. 두 번째 조건에 따라 여자 이 씨는 2번 또는 6번에 앉을 수 있는데, 네 번째 조건에 따라 6번 자리에는 남자만 앉을 수 있으므로 여자 이 씨는 2번에 앉고 남자 김 씨는 3번에 앉게 된다. 여자 김 씨와 남자 박 씨만 남은 상황에서, 네 번째 조건에 따라 남자 박 씨가 6번에 앉아야 하므로 여자 김 씨는 5번에 앉게 된다. 이 경우와 같은 배치를 대칭한 경우를 정리하면 다음과 같다.

1번	2번	3번	4번	5번	6번
여자 박 씨	여자 이 씨	남자 김 씨	남자 이 씨	여자 김 씨	남자 박 씨
남자 박 씨	여자 김 씨	남자 이 씨	남자 김 씨	여자 이 씨	여자 박 씨

ⅱ) 남자 이 씨가 끝 자리에 배치될 경우

세 번째 조건에 따라 여자 박 씨는 4번 자리에 앉음을 알 수 있다. 두 번째 조건에 따라 여자 이 씨는 3번, 남자 김 씨는 2번에 앉게 된다. 네 번째 조건에 따라 6번 자리에는 여자 김 씨가 앉게 되므로 남자 박 씨는 5번에 앉음을 알 수 있다. 이 경우와 같은 배치를 대칭한 경우를 정리하면 다음과 같다.

1번	2번	3번	4번	5번	6번
남자 이 씨	남자 김 씨	여자 이 씨	여자 박 씨	남자 박 씨	여자 김 씨
여자 김 씨	남자 박 씨	여자 박 씨	여자 이 씨	남자 김 씨	남자 이 씨

그러나 남매들은 서로 옆에 앉지 않는다고 하였는데, 이 경우 여자 박 씨와 남자 박 씨가 옆에 앉게 되므로 조건에 모순된다. 따라서 여자 박 씨가 1번 자리에 배치될 경우만 성립하게 되며 이때 항상 참인 문장을 고르면 ㉠, ㉡, ㉢, ㉣이 된다.

39 사고력 조건을 바탕으로 추론하기

|정답| ④

|해설| 기획실, 홍보부, 인사부의 지망 순서를 배열하는 경우의 수는 원래 총 3!=6(가지)이나 첫 번째 조건에서 인사부가 3지망인 경우를 제외해야 하므로, 경우의 수는 총 4가지가 된다(기획-인사-홍보, 인사-기획-홍보, 홍보-인사-기획, 인사-홍보-기획). 두 번째 조건인 '홍보-인사-기획'으로 지망한 사원은 2명이다. 네 번째 조건인 '기획-인사-홍보'로 지망한 사원은 3명이다. 세 번째 조건을 바탕으로 '인사-기획-홍보'인 사원이 '인사-홍보-기획'인 사원보다 2명 더 많다는 것을 알 수 있다. 즉, '인사-기획-홍보'가 3명, '인사-홍보-기획'이 1명이라는 것을 알 수 있다. 따라서 ④는 옳지 않은 설명이다.

40 사고력 반드시 참인 것 찾기

|정답| ④

|해설| ㉢의 조건에 따라 101동에 설치하는 경우와 103동에 설치하는 경우로 나누어 생각하면 다음과 같다.

ⅰ) 101동에 설치하는 경우

㉣에 따라 104동에는 충전소를 설치하지 않음과 ㉠의 대우에 따라 102동에도 설치하지 않는다. 또한 ㉡의 대우에 따라 105동에는 설치한다. 이를 정리하면 다음과 같다.

구분	101동	102동	103동	104동	105동
설치 여부	○	×	×	×	○

ⅱ) 101동에 설치하지 않는 경우

　ⓜ에 따라 104동에는 충전소를 설치하고 ⓔ에 따라 102동에도 충전소를 설치함을 알 수 있다. 또한 105동의 설치 여부는 정확히 알 수 없다. 이를 정리하면 다음과 같다.

구분	101동	102동	103동	104동	105동
설치 여부	×	○	○	○	－

따라서 만약 104동에 설치할 수 없다는 조건이 추가되면, ⓜ에 따라 103동에도 설치할 수 없고 이 경우 ⓛ의 대우에 따라 105동에 설치하게 된다. 또한 ㉠의 대우에 따라 102동에도 설치할 수 없으므로, 두 경우 모두 충전소는 101동과 105동에만 설치할 수 있게 된다.

41 사고력 조건을 바탕으로 추론하기

|정답| ②

|해설| 세 번째 조건에 따라 조수석에 앉은 사람은 과장이며, 여섯 번째 조건에 따라 뒷좌석의 왼쪽에는 사원, 오른쪽에는 대리가 앉아 있음을 알 수 있다. 여섯 번째 조건에 의해 사원은 기획팀원이며 다섯 번째 조건에 따라 과장은 디자인팀, 대리는 연구팀이라는 것을 알 수 있다. 또한 일곱 번째 조건에 따라 연구팀 대리는 회색 재킷, 세 번째 조건에 따라 디자인팀 과장은 청색 재킷 그리고 기획팀 사원은 검정색 재킷을 입었음을 알 수 있다. 마지막으로 네 번째 조건에 따라 디자인팀 과장은 A, 기획팀 사원은 C, 연구팀 대리는 B임을 알 수 있다. 이를 정리하면 다음과 같다.

운전석	과장, 디자인팀, 청색 재킷, A
사원, 기획팀, 검정색 재킷, C	대리, 연구팀, 회색 재킷, B

따라서 ②는 적절한 추론이다.

42 사고력 논리적 오류 이해하기

|정답| ②

|해설| 피장파장의 오류는 주장을 제시하는 사람의 비일관성이나 도덕성의 문제 등을 이유로 제시된 주장이 잘못된 것이라고 판단하는 오류이므로, 제시된 대화에서는 등장하지 않는다.

43 문제처리능력 조건에 따른 합격자 구하기

|정답| ④

|해설| 3년 이상의 경력 사원과 3년 미만의 경력 사원으로 나누어 총점을 구하면 다음과 같다.

ⅰ) 3년 이상의 경력 사원

구분	직무적합도	면접결과	부가점	총점
A	70점	33+22+22=77(점)	3점	150점
B	－	과락	－	－
D	75점	33+33+11=77(점)	3점	155점
E	과락		－	－

따라서 D가 선발된다.

ⅱ) 3년 미만의 경력 사원

구분	직무적합도	면접결과	부가점	총점
C	90점	33+22+11=66(점)	0점	156점
F	85점	22+22+22=66(점)	3+2=5(점)	156점
G	90점	33+11+11=55(점)	6점	151점

따라서 직무적합도 점수가 더 높은 C가 선발된다.

이를 토대로 할 때 만약 A가 직무적합도 테스트에서 5점을 더 받았더라면 D와 동점이 되는 것은 사실이지만, 경력이 더 짧으므로 탈락하게 된다. 따라서 ④는 적절하지 않은 내용이다.

44 문제처리능력 조건에 따른 합격자 구하기

|정답| ⑤

|해설| 새로운 지원자들의 총점을 정리하면 다음과 같다.

구분	직무적합도	면접결과	부가점	총점
H	－	과락	－	－
I	100점	22+11+11=44(점)	5+5=10(점)	154점
J	95점	22+22+11=55(점)	5점	155점
K	75점	33+33+11=77(점)	0점	152점
L	90점	33+22+11=66(점)	0점	156점

L은 C와 동점이지만 경력이 더 많기 때문에 C 대신 L이 선발된다.

36 파트1 코레일 | 한국철도공사_보훈·고졸 정답과 해설

45 │문제처리능력│ 공고문 이해하기

│정답│ ②

│해설│ 1-(라)에 따르면 지문인식 신원확인 견적이 곤란한 자에 한해 개인인증서와 사업자인증서에 의한 전자견적 제출이 가능하다고 했으므로 D의 발언은 적절하지 않다.

│오답풀이│

A : 1-(가)에 따르면 "금속구조물 창호공사업" 등록업체이면서 ○○지역 내에 소재하고 있는 업체이어야 하므로 적절하다.

B : 2-(가)에 따르면 별도의 견적참가 신청을 하지 않아도 된다고 하였으므로 적절하다.

C : 1-(나)에 따르면 제출 마감일 전일인 2월 7일까지 전자입찰 이용자 등록을 하면 되므로 적절하다.

46 │문제처리능력│ 민원에 대해 응답하기

│정답│ ⑤

│해설│ 주어진 공고문으로는 통보일에 대해서 알 수 없다.

│오답풀이│

① 금96,965,000원이다.

② 2-(다)에 따르면 한번 제출한 견적서는 취소하거나 수정할 수 없고, 중요부분에 오류가 있을 경우 「전자조달의 이용 및 촉진에 관한 법률 규칙」 제4조의 규정에 의거 취소의사를 표시할 수 있다.

③ 1-(라)에 따르면 예외적으로 개인인증서와 사업자인증서에 의한 전자견적 제출이 가능하다.

④ 2-(나)에 따르면 입찰보증금은 납부하지 않는다.

47 │문제처리능력│ 규칙 이해하기

│정답│ ⑤

│해설│ 제23조의 1에 따라 퇴근 시가 아니라 즉시 지각계를 제출해야 한다.

48 │문제처리능력│ 연장근로 수당 계산하기

│정답│ ④

│해설│ 김새롬 사원의 시급은 $\frac{94,560}{8}=11,820$(원)이다.

시간 외 근로수당은 통상임금에 50%를 가산하며 지난주 연장근로 시간은 5시간이므로, 지난주 연장근로 수당은 $11,820 \times 1.5 \times 5 = 88,650$(원)이다.

49 │문제처리능력│ 개선 방안 도출하기

│정답│ ②

│해설│ 네 번째 문단에서 '이 문제는 경전철 사업을 추진하는 지방자치단체가 외국 시스템을 도입하는 등 임의적인 특정차량시스템을 선정함으로써 향후 운영 시 기술지원, 부품조달의 어려움으로 ~ 큰 문제가 될 가능성이 있다.'고 하였으므로 사업운영에 관한 문제점을 해결하기 위해 외국 시스템을 도입하자는 내용은 문제점의 개선방향으로 적절하지 않다.

│오답풀이│

① 세 번째 문단에 따르면 추진여부를 결정하는 교통수요 및 추정수입이 과다산정 되었다.

③ 두 번째 문단에 따르면 지방자치단체가 주관하여 시행하나 역량이 부족하다.

④ 네 번째 문단에 따르면 다양한 경전철 시스템 중에서 무엇을 선정할 것인지 가이드라인이 없다.

⑤ 두 번째 문단에 따르면 해당구역 내에서만 사업계획을 수립하게 되어, 상위계획 및 인근 지역과의 연계에 대한 고려가 부족하다.

50 │문제처리능력│ 기대비용에 따른 제품 결정하기

│정답│ ②

│해설│ ⊙ B사 제품이 문제를 일으키지 않을 경우 (9×0.6) 억 원의 비용이 발생하고, 문제를 일으킬 경우 1억 원이 추가로 발생한 후 A사 제품을 구입해야 한다. 따라서 시뮬레이션 검사를 하지 않을 경우의 B사 제품의 기대비용은 (9×0.6)+(1+11)×0.4=10.2이다.

㉣ 1억의 추가비용에 A사 제품의 구입비용 11억으로 총 12억이 발생한다.

│오답풀이│

㉡ 시뮬레이션 검사를 할 경우 합격일 확률은 0.6(=B사

제품이 문제없이 작동할 확률)과 같고, 불합격일 확률은 0.4(=B사 제품이 문제를 일으킬 확률)가 된다. 문제를 일으킬 것이 예상된다면 처음부터 A사 제품을 선택하면 된다. 따라서 시뮬레이션 검사를 할 경우의 기대비용은 $(9 \times 0.6) + (11 \times 0.4) = 9.8$이고, 시뮬레이션 검사로 절감할 수 있는 비용은 $10.2 - 9.8 = 0.4$이므로 지불의사의 최대값은 0.4억 원이다.

ⓒ 시뮬레이션 검사를 하지 않고 A사 제품을 구입하면 기대비용은 11억 원이다. B사 제품을 구입했을 때 기대비용인 10.2보다 기대비용이 크므로 A사를 선택하지 않는다.

| 과목 2 |
철도관련법령 [51 ~ 60]

51

| 정답 | ⑤

| 해설 | 선로 및 철도차량을 보수 · 정비하기 위한 선로보수기지, 차량정비기지 및 차량유치시설뿐만 아니라 이를 건설하기 위한 부지 역시 철도시설에 포함된다(「철도산업발전기본법」 제3조 제2호 나목).

| 오답풀이 |

①, ② 철도차량은 선로를 운행할 목적으로 제작된 동력차 · 객차 · 화차 및 특수차를 말한다(「철도산업발전기본법」 제3조 제4호).

③ 철도운영에는 철도차량의 정비 및 열차의 운행관리를 포함한다(「철도산업발전기본법」 제3조 제3호 나목).

52

| 정답 | ③

| 해설 | 국토교통부장관은 철도산업의 육성과 발전을 촉진하기 위하여 5년 단위로 철도산업발전기본계획을 수립하여 시행하여야 한다(「철도산업발전기본법」 제5조 제1항).

53

| 정답 | ②

| 해설 | 국토교통부장관은 철도시설유지보수의 시행업무를 한국철도공사에 위탁한다(「철도산업발전기본법」 제38조).

54

| 정답 | ④

| 해설 | 한국철도공사의 사업 범위를 정하고 있는 「한국철도공사법」 제9조에는 남북 연결 철도망 및 동북아 철도망의 건설은 포함하고 있지 않다. 해당 사업은 국가철도공단의 사업임을 「국가철도공단법」 제7조에서 이를 직접 명시하고 있다.

| 오답풀이 |

① 「한국철도공사법 시행령」 제7조의2 제4항

② 「한국철도공사법 시행령」 제7조의2 제3항 제2호

③ 「한국철도공사법 시행령」 제7조의2 제3항 제3호 가목

⑤ 「한국철도공사법」 제9조 제1항 제4호

55

| 정답 | ①

| 해설 | 한국철도공사의 채권은 무기명식으로 한다. 다만, 응모자 또는 소지인의 청구에 의하여 기명식으로 할 수 있다(「한국철도공사법 시행령」 제16조).

| 오답풀이 |

② 「한국철도공사법 시행령」 제17조 제2항 제1호

③ 「한국철도공사법」 제11조 제4항

④ 「한국철도공사법 시행령」 제17조 제3항

⑤ 기명식채권의 소유자에 대한 통지 또는 최고는 사채원부에 기재된 주소로 하여야 한다. 다만, 따로 주소를 공사에 통지한 경우에는 그 주소로 하여야 한다(「한국철도공사법 시행령」 제19조 제2항).

56

| 정답 | ③

| 해설 | 철도사업을 수행할 법인의 임원 중 한 명이 파산선고를 받고 복권되지 않은 경우 해당 법인은 철도사업의 면허를 받을 수 없다(「철도사업법」 제7조 제1호 나목). 다만 그 이후 파산선고를 받은 임원이 탈퇴한 이후의 법인은 해당 결격사유가 해소되므로 해당 법인은 철도사업의 면허를 받을 수 있게 된다.

| 오답풀이 |

① 법인의 임원 중 한 명이 피성년후견인 혹은 피한정후견인인 경우에는 철도사업의 면허를 받을 수 없다(「철도사업법」 제7조 제1호 가목).

② 「철도사업법」 혹은 철도 관계 법령을 위반하여 금고 이상의 실형을 선고받고 그 집행이 끝나거나 면제된 날로부터 2년이 지나지 아니한 사람이 임원으로 포함하고 있는 법인은 철도사업의 면허를 받을 수 없다(「철도사업법」 제7조 제1호 다목).

④ 「철도사업법」 혹은 철도 관계 법령을 위반하고 금고 이상의 형의 집행유예를 선고받고 그 유예 기간 중에 있는 사람을 임원으로 포함하고 있는 법인은 철도사업의 면허를 받을 수 없다(「철도사업법」 제7조 제1호 라목). 이때 「철도산업발전기본법」은 여기서 말하는 철도 관계 법령에 포함된다(「철도사업법 시행령」 제2조 제1호).

⑤ 법인의 임원이 피성년후견인 또는 피한정후견인이 되거나 파산선고를 받아 철도사업의 면허가 취소된 경우 이외의 사유로 철도사업의 면허가 취소된 후 그 취소일로부터 2년이 지나지 않은 법인은 철도사업의 면허를 받을 수 없다(「철도사업법」 제7조 제2호).

57

| 정답 | ④

| 해설 | 국토교통부장관은 철도차량을 국토교통부령으로 정하는 운행속도에 따라 고속철도차량, 준고속철도차량, 일반철도차량으로 분류할 수 있다(「철도사업법」 제4조의2).

58

| 정답 | ⑤

| 해설 | 철도사업자는 여객 운임·요금을 감면하는 경우에는 그 시행 3일 이전에 감면 사항을 인터넷 홈페이지, 관계 역·영업소 및 사업소 등 일반인이 잘 볼 수 있는 곳에 게시하여야 한다(「철도사업법」 제9조의2 제2항).

| 오답풀이 |

① 철도사업자는 여객에 대한 운임·요금을 변경하려는 경우에는 이를 국토교통부장관에게 신고하여야 하나(「철도사업법」 제9조 제1항) 여객 요금을 감면하는 경우에는 이에 대한 신고의무를 명시하고 있지 않다.

② 철도사업자는 재해복구를 위한 긴급지원, 여객 유치를 위한 기념행사, 그 밖에 철도사업의 경영상 필요하다고 인정한 경우에는 여객 운임·요금을 감면할 수 있다(「철도사업법 제9조의2 제1항).

③ 철도사업자는 여객 운임·요금을 감면함에 있어서 긴급한 경우에는 이를 미리 게시하지 아니할 수 있다(「철도사업법」 제9조의2 제2항).

④ 철도사업자는 여객 운임표, 여객 요금표, 감면 사항 및 철도사업약관을 인터넷 홈페이지에 게시하고 관계 역·영업소 및 사업소 등에 갖추어 두어야 하며, 이용자가 요구하는 경우에는 제시하여야 한다(「철도사업법」 제20조 제3항).

59

| 정답 | ④

| 해설 | 문제에서 제시된 광역철도 여객운송약관은 「철도사업법」에서 규정하는 철도사업약관에 해당한다. 국토교통부장관은 원활한 철도운송, 서비스의 개선 및 운송의 안전과 그 밖의 공공복리의 증진에 필요하다고 인정하는 경우에는 철도사업자인 한국철도공사에게 철도사업약관의 변경을 명할 수 있다(「철도사업법」 제21조 제4호).

| 오답풀이 |

① 철도사업자는 철도사업약관을 정하여 국토교통부장관에게 신고하여야 한다. 이를 변경하려는 경우에도 같다(「철도사업법」 제11조 제1항).

② 철도사업자는 부가 운임을 징수하려는 경우에는 사전에 부가 운임의 징수 대상 행위, 열차의 종류 및 운행 구간 등에 따른 부가 운임 산정기준을 정하고 이를 철도사업약관에 포함하여 국토교통부장관에 신고하여야 한다(「철도사업법」 제10조 제3항).

③ 철도사업자는 여객 운임표, 여객 요금표, 감면 사항 및 철도사업약관을 인터넷 홈페이지에 게시하고 관계 역 · 영업소 및 사업소 등에 갖추어 두어야 한다(「철도사업법」 제20조 제3항).

⑤ 철도사업약관을 신고하지 아니하거나 신고한 철도사업약관을 이행하지 아니한 자에 대하여 1천만 원 이하의 과태료를 부과한다(「철도사업법」 제51조 제1항 제2호). 이때의 과태료는 국토교통부장관이 부과 · 징수한다(「철도사업법」 제51조 제5항).

60

| 정답 | ⑤

| 해설 | 국가에 무상으로 양도하거나 제공하기 위한 시설물을 설치하기 위한 경우로서 공사기간 중 점용허가를 받거나 임시 시설물을 설치하기 위해 점용허가를 받은 경우에는 점용료의 감면 대상이 될 수 있다(「철도사업법」 제44조 제2항 제2호). 이때는 해당 시설물의 비율만큼의 점용료를 감면할 수 있다(「철도사업법 시행령」 제14조 제3항 제1호).

| 오답풀이 |

① 「철도사업법」 제42조의2 제1항 제4호

② 「철도사업법 시행령」 제14조 제1항

③ 「철도사업법 시행령」 제14조 제2항

④ 「철도사업법 시행령」 제14조 제4항

4회 기출예상문제

문제 152쪽

01	⑤	02	⑤	03	④	04	③	05	③
06	⑤	07	①	08	⑤	09	④	10	⑤
11	④	12	②	13	①	14	①	15	②
16	④	17	③	18	①	19	⑤	20	④
21	④	22	④	23	③	24	①	25	③
26	③	27	④	28	③	29	④	30	④
31	④	32	②	33	④	34	②	35	④
36	⑤	37	①	38	⑤	39	④	40	④
41	②	42	⑤	43	④	44	②	45	④
46	⑤	47	③	48	⑤	49	②	50	④
51	①	52	④	53	②	54	⑤	55	③
56	①	57	①	58	②	59	⑤	60	④

과목 1 직업기초 [1 ~ 50]

01 문서작성능력 글의 흐름에 맞는 어휘 고르기

| 정답 | ⑤

| 해설 | • 장사진 : 많은 사람이 줄을 지어 길게 늘어선 모양

• 쟁탈전 : 사물이나 권리 따위를 서로 다투어 빼앗는 싸움

• 진풍경 : 구경거리가 될 만한 보기 드문 광경

• 배수진 : 어떤 일을 성취하기 위하여 더 이상 물러설 수 없음을 비유적으로 이르는 말

| 오답풀이 |

• 호화진 : 사치스럽고 화려한 진영

• 마방진 : 자연수를 정사각형 모양으로 나열하여 가로, 세로, 대각선으로 배열된 각각 수의 합이 모두 다르면서 연속된 값을 이루도록 만든 것

• 각축전 : 서로 이기려고 다투어 덤비는 싸움

02 문서작성능력 단어의 문맥적 의미 파악하기

| 정답 | ⑤

| 해설 | 주어진 글의 ㉠은 '금지되거나 제한된 것을 할 수 있도록 터놓다'는 의미로 사용되었으며, 이와 비슷한 의미로 쓰인 것은 ⑤이다.

| 오답풀이 |
① 피로나 독기 따위를 없어지게 하다.
② 마음에 맺혀 있는 것을 해결하여 없애거나 품고 있는 것을 이루다.
③ 복잡한 문제 따위를 해결하다.
④ 사람을 동원하다.

03 문서작성능력 문맥상 의미 파악하기

| 정답 | ④

| 해설 | 비약의 사전적 의미 중 '급격히 발전하거나 향상됨.'의 의미로 사용되었다.
• 비약(飛躍) : 1. 높이 뛰어오름. 2. 급격히 발전하거나 향상됨. 3. 순서를 밟지 않고 나아감.

04 문서작성능력 유의어 파악하기

| 정답 | ③

| 해설 | '범인(凡人)'은 평범한 사람을 뜻하며 같은 뜻으로 쓰는 어휘는 '용인(庸人)'이 적절하다. '용(庸)'자에 사람인(人)변이 추가된 '용인(傭人)'은 고용인이므로 적절하지 않다.

| 오답풀이 |
① 모순(矛盾) : 두 사실이 이치상 어긋나서 서로 맞지 않음.
② 변설(辯舌) : 말을 잘하는 재주
④ 굴착(掘鑿) : 땅이나 암석 따위를 파고 뚫음.
⑤ 지천(至賤) : 매우 흔함.

05 문서작성능력 어법에 맞게 문장 쓰기

| 정답 | ③

| 해설 | 동사 '한하다'에 의해 '한에서 → 한해서'로 고쳐 써야 한다.

06 문서작성능력 맞춤법에 어긋난 부분 찾기

| 정답 | ⑤

| 해설 | ㉡ 두음법칙에 의하여 첫소리 'ㄹ'은 'ㄴ'으로 변환되므로 '논하기보다'가 옳다.
㉢ 어미 '-ㄴ지'로 쓰인 경우이므로 '연결되는지'가 옳다. 의존명사 '지'인 경우에는 띄어쓴다.
㉣ 생각 따위를 마음에 품다는 의미의 '갖는다'가 옳다.

07 문서이해능력 세부 내용 이해하기

| 정답 | ①

| 해설 | 도입부에서 21세기 들어 국가 간 전쟁, 개인 간 폭력과 상호 증오가 난무한다고 언급하고 있으나, 이를 숙명적으로 받아들여야 한다는 내용은 없다.

| 오답풀이 |
② 첫 번째 문단에서 용서는 잔혹한 폭력의 시대를 살아가는 인간이 생존하기 위해 필수적인 것일지 모른다고 언급하고 있다.
③ 첫 번째 문단의 마지막 문장에서 용서에는 두 사람 간 용서뿐 아니라 자기용서, 형이상학적 용서, 정치적 용서, 종교적 용서 등 다양한 형태의 용서가 있다고 설명한다.
④ 두 번째 문단에서 완전한 용서는 최선의 바람직한 용서라고 설명한다.
⑤ 두 번째 문단의 마지막 문장과 세 번째 문단의 내용을 통해 알 수 있다.

08 문서이해능력 글의 내용을 바탕으로 추론하기

| 정답 | ⑤

| 해설 | 매각대금은 매각이 아닌 공고일로부터 1년 뒤 구청에 귀속된다.

| 오답풀이 |
① 해당 공고문은 4월 1차 공고문이기 때문에 공고는 한 달에 1번 이상일 수도 있음을 유추할 수 있다.
② [붙임] 목록에서 확인할 수 있다.
③ 처분대상인 장기방치 자전거는 '우리 구 공공장소에 10일 이상 무단방치된 자전거'임이 명시되어 있다.
④ '6. 자전거 반환방법' 항목에 나와 있다.

09 문서이해능력 세부 내용 이해하기

| 정답 | ④

| 해설 | ④는 바비튜레이트계 약물에 대한 설명이다. 졸피뎀은 비벤조디아제핀계 약물로 네 번째 문단에서 "몇 번 먹는다고 해서 그 약 없인 잠을 이룰 수 없다거나 하는 문제가 쉽게 생기지 않는다"고 제시한 것으로 보아 치사량이 작다고 보기 어렵다. 또한 졸피뎀의 해독약이 없다는 내용은 제시되어 있지 않다.

| 오답풀이 |

① 네 번째 문단 마지막 줄에서 확인할 수 있다.

② 첫 번째 문단 다섯 번째 줄부터 제시된 내용이다.

③ 각 문단에서 각 약물의 부작용을 소개하고 있고, 마지막 문단의 논지로서 부작용에 대한 주의사항을 제시하고 있다.

⑤ 네 번째 문단에서 "비벤조디아제핀계 약물은 의존성이 낮다"고 설명하고 있으며, 이를 통해 중독 위험이 낮다는 것을 추론할 수 있다.

10 문서이해능력 세부 내용 이해하기

| 정답 | ⑤

| 해설 | 두 번째 문단에서 수면유도제가 지속되는 시간은 두세 시간 정도이며 수면유도제는 의식을 흐릿하게 만드는 것이 아니라 뇌와 몸을 잠들게 만든다고 설명한다.

| 오답풀이 |

① 두 번째 문단에서 단순히 의식을 흐릿하게 만드는 것이 아니라 정말로 뇌와 몸을 잠든 상태로 변화시킨다고 말한다.

② 두 번째 문단을 통해 수면제는 전문의약품이며, 세 번째 문단을 통해 마취보조제로도 사용됨을 알 수 있다.

③ 마지막 문단을 통해 확인할 수 있다.

④ 두 번째 문단을 통해 확인할 수 있다.

11 문서작성능력 글의 흐름에 맞게 문단 배열하기

| 정답 | ④

| 해설 | (라) 문단에서 4차 산업혁명의 핵심 기술로는 사물인터넷, 인공지능, 빅 데이터, 초연결 기술 등이 있다고 나열

한 후 이를 홀로그램과 접목하여 순차적으로 설명하고 있는 글이다. 따라서 우선 (라) 문단에서 홀로그램 기술을 설명한 후, (다) 문단에서 홀로그램 기술과 사물인터넷의 연결을 설명하는 것이 자연스럽다. 이후 (마) 문단에서 인공지능 기술과 홀로그램 기술을 접목시키는 것에 대해 설명하고, (나) 문단에서 빅 데이터를 활용해 예술가의 작품을 새로운 방식으로 이해하는 방법을 제시한다. 마지막으로 (가) 문단에서 홀로그램 기술융합에 이어 사회융합까지 이끌어내어 초연결사회로의 확장을 기대하는 것으로 마무리한다.

따라서 (라)-(다)-(마)-(나)-(가) 순이 적절하다.

12 문서이해능력 빈칸에 들어갈 말 찾기

| 정답 | ②

| 해설 | (라)에서 3차원 공간에서 표시되는 콘텐츠에 관한 내용을 다루고 있지만, 이러한 수준의 홀로그램 서비스는 아직 먼 미래의 일이라는 점을 제시하고 있다. 또한 공유되는 정보가 다차원적인지도 알 수 없다.

13 문서이해능력 필자의 의도 파악하기

| 정답 | ①

| 해설 | 4차 산업혁명 속에서 산업 및 일자리 변화에 따른 교육과 훈련에 투입되는 비용을 줄이기 위해 노동시장의 변화를 분석하고 향후 근로자에게 요구되는 기능에 대한 고찰이 중요함을 말하고 있다.

14 문서작성능력 글의 흐름에 맞게 문단 구분하기

| 정답 | ①

| 해설 | ㉠ 이전의 내용은 기술진보가 일자리를 대체 또는 보완하는지에 관한 내용이다. 특히 4차 산업혁명이 일자리를 소멸시키는지에 대한 두려움이 커지고 있다는 현실을 보여준다. ㉠ 이후의 내용에는 4차 산업혁명 이후 노동시장 변화에 대한 구체적 연구의 진행, 한계, 의의 등이 나타나 있다.

15 문서이해능력 세부 내용 이해하기

|정답| ②

|해설| (나)에 따르면 안토시아닌이라 불리는 색소는 pH에 따라 색이 달라지는 분자이며, 은행잎이 아니라 안토시아닌이 함유된 단풍잎의 색깔이 달라지게 된다.

|오답풀이|

① (나)에 제시되어 있다.

③ (가)에 따르면 은행잎은 크산토필 색소가 드러나야 노란색이 되므로 은행잎은 원래 노란색 색소를 지니고 있음을 알 수 있으며, 여름에는 엽록소의 생성이 활발해져 초록색이 두드러짐을 알 수 있다.

④ (다)에 제시되어 있다.

⑤ (마)에 제시되어 있다.

16 문서이해능력 글의 중심내용 파악하기

|정답| ④

|해설| 은행을 다룰 때 주의해야 할 점은 (라)가 아닌 (다)의 마지막 문장에 제시되어 있다.

17 문서이해능력 필자의 의도 파악하기

|정답| ③

|해설| 다문화 가정의 의료, 보건서비스 이용에 있어서 거리, 의사소통, 진료비용, 정보 접근성 등의 장애요인이 있음을 보고하고 있다. 이를 통해 향후 정책방안에 기초자료로 활용될 수 있기를 원하는 필자의 의도가 담겨 있다.

18 문서이해능력 세부 내용 이해하기

|정답| ①

|해설| 다문화 가정의 사회 적응을 통한 민족 통합에 관한 내용은 찾을 수 없다.

|오답풀이|

② 다문화 가정의 의료, 보건서비스 이용 실태 연구와 다문화가족 실태조사 등의 결과가 제시되어 있다.

③ 첫 번째 문단에서 '언어와 문화 차이로 인해 서비스 이용에 불편을 경험하고 있으며 특히 필수적 삶의 요소인 의료, 보건서비스 이용에 어려움을 느끼고 있는 것으로 보고되고 있다'고 제시되어 있다.

④ 첫 번째 문단에서 '국가 차원에서는 이들의 사회 융합 및 적응을 도모하기 위해 다문화 가정의 특성과 요구사항을 반영한 정책을 지속적으로 시행하고 있다'고 제시하고 있으므로 다문화 가정의 삶의 질 개선을 위한 정책이 시행되고 있다는 점을 추론할 수 있다.

⑤ 두 번째 문단에서 '주로 사회취약계층인 다문화 가정 여성이 한국사회에 유연하게 적응하게 하기 위해서는 이들이 건강서비스 이용 시 겪는 어려움을 심도 있게 살펴볼 필요가 있다'고 설명하는데, 이 부분에서 결혼 이주민인 다문화 가정 여성이 주로 사회취약계층이라는 점을 알 수 있다.

19 기초통계능력 경우의 수 구하기

|정답| ⑤

|해설| 커튼은 유리에만 달 수 있고 콘크리트 벽에는 그림만 걸 수 있으므로 커튼과 그림의 경우의 수는 분리해서 생각한다. 즉, 가능한 인테리어 경우의 수는 커튼 인테리어 경우의 수와 그림 인테리어 경우의 수를 곱하여 구한다. 커튼을 달 수 있는 장소는 유리면으로 1곳이고 커튼은 3종이므로 경우의 수는 3가지이다. 그림을 걸 수 있는 경우는 $7 \times 6 \times 5 = 210$(가지)이다. 따라서 가능한 인테리어는 모두 $3 \times 210 = 630$(가지)이다.

20 기초연산능력 총 이익률 구하기

|정답| ④

|해설| 총매출액은 $(3,000 \times 24) + (4,000 \times 40) = 232,000$(원)이고, 총매출원가는 $(900 \times 24) + (1,200 \times 40) = 69,600$(원)이다. 매출총이익은 $232,000 - 69,600 = 162,400$(원)이므로 총이익률은 $\dfrac{162,400}{232,000} \times 100 = 70$(%)이다.

21 기초통계능력 | 조건부확률 계산하기

| 정답 | ④

| 해설 | 신입사원 중 여성의 집합을 A, 신입사원 중 경력자의 집합을 B라 하고 20XX년 신입사원에 대한 정보를 정리하면 다음과 같다.

- P(A)=0.6
- P(A∩B)=0.2
- P(A∪B)=0.8

P(B)=P(A∪B)−P(A)+P(A∩B)이므로 P(B)=0.4가 된다. 따라서 $P(A \mid B) = \dfrac{P(A \cap B)}{P(B)} = \dfrac{0.2}{0.4} = 0.5$로 50%이다.

22 기초연산능력 | 최소공배수 활용하기

| 정답 | ④

| 해설 | 4월 10일 이후 세 가지 화초에 동시에 물을 주는 날은 6, 8, 9의 최소공배수인 72일이 지난 후이다. 4월은 30일, 5월은 31일이므로 20(4월)+31(5월)+x(6월)=72(일)의 조건을 충족해야 한다. 따라서 $x=21$이므로 세 가지 화초에 동시에 물을 주는 날짜는 6월 21일이다.

23 기초연산능력 | 환율 적용하기

| 정답 | ③

| 해설 | 숙박비 (285+306)×1,060=626,460(원), 왕복 항공권 1,659,000원, 기타경비 1,100×1,080=1,188,000(원)으로 총 3,473,460원이다.

24 기초연산능력 | 일률 활용하기

| 정답 | ①

| 해설 | 전체 보고서의 양을 8과 14의 최소공배수인 56이라고 가정하면 박 사원은 하루에 7만큼의 보고서를 작성하고, 김 사원은 하루에 4만큼의 보고서를 작성한다. 처음 이틀과 마지막 이틀 동안 4×(7+4)=44만큼의 보고서가 작성되었으므로 56−44=12만큼을 김 사원 혼자 작성해야 한다. 따라서 김 사원이 혼자 보고서를 작성하는 날은 12÷4=3(일)이다.

25 기초연산능력 | 시차 계산하기

| 정답 | ③

| 해설 | 헝가리 공장 현지 담당자가 화상회의를 할 수 있는 시간은 오전 10시부터 오후 5시까지, 즉 서울 기준으로 오후 5시부터 12시까지다. 김 과장의 업무시간은 오후 6시까지이므로 화상회의가 가능한 시간은 서울 기준 오후 5시부터 6시까지, 즉 헝가리 기준으로는 오전 10시부터 11시까지다.

26 도표분석능력 | 자료의 수치 분석하기

| 정답 | ③

| 해설 | 버스 판매량은 매년 6위를 기록하며 판매량 순위에 변동이 없다.

| 오답풀이 |

① 20X8년까지 계속 증가하다가 20X9년에 감소하였다.

② 20X6년의 버스 판매량은 트럭의 약 21%이다.

④ 판매량 변동이 가장 큰 자동차 종류는 스포츠유틸리티 차량이다.

⑤ 20X9년에는 $\dfrac{54-58}{58} \times 100 ≒ -6.9$(%)로, 10% 미만 감소하였다.

27 도표분석능력 | 자료를 바탕으로 수치 계산하기

| 정답 | ④

| 해설 | 전체 조사대상자 중 몇 퍼센트인지 묻고 있으므로 0.654×0.53=0.34662, 약 34.7%가 들어가야 한다. 〈자료 2〉의 국민연금 비율인 53%는 노후를 준비하고 있는 사람들 중에서 차지하는 비율임에 주의해야 한다.

28 도표분석능력 | 그래프 해석하기

| 정답 | ③

| 해설 | 5만 달러를 10월의 환율을 적용해 원화로 환산하면 50,000×1,139.6=56,980,000(원)이다. 따라서 5,500만 원보다 많은 금액을 송금했다.

| 오답풀이 |

① 한국 수입업자가 환율에서 이득을 보기 위해서는 환율이 더 낮아야 한다. 수입품에 대한 지불대금이 달러이고, 환율은 달러의 상대적 가치를 의미하기 때문이다. 즉, 환율이 낮을수록 동일한 양의 수입품을 더욱 저렴하게 구매할 수 있는 것이다. 따라서 10월보다 환율이 낮은 3월에 상대적인 이득이 발생한다.

② $(500,000 \div 1,063.5) - (500,000 \div 1,082.8) \fallingdotseq 8.38$(달러)이다. 따라서 5달러 이상의 환차익이 발생한다.

④ $3,000,000,000 \div 1,109.3 \fallingdotseq 2,704,408$(달러)이므로 약 270만 달러에 해당한다.

⑤ 10월의 환율이 1,139.6원/달러로 가장 높고, 전월 대비 변동이 가장 크게 나타난 달은 그래프의 기울기가 가장 가파른 6월이다.

29 도표분석능력 그래프 해석하기

| 정답 | ④

| 해설 | 니켈은 러시아가 17%, 캐나다가 16%, 호주가 11%를 보유하고 있다. 나머지 56%는 8개국을 제외한 국가가 보유하고 있는데, 제시되지 않은 국가는 제시된 국가보다 적게 보유한다. 따라서 11% 미만을 보유해야 하므로 6개 이상의 국가에서 니켈을 보유하고 있다.

| 오답풀이 |

① 남아공의 백금속 부존량은 러시아의 $\frac{57}{28} \fallingdotseq 2.04$(배)이다.

② 부존량 비율 50%를 넘는 희소금속이 있는 국가는 중국, 남아공, 호주 3개국이다. 제시된 국가가 아닌 경우 제시된 국가보다 각각의 희소금속을 적게 보유하므로 3개국뿐이다.

③ 남아공, 호주, 캐나다 3개국이다.

⑤ 리튬과 인듐은 서로 다른 희소금속 종류이므로 비율만으로 양을 비교할 수 없다.

30 도표분석능력 그래프 해석하기

| 정답 | ④

| 해설 | ⓛ 남자 수 : 여자 수= $a : b$ 라고 하면 $42.3a +$ $41.3b = 41.7(a+b)$가 되며, 이를 정리하면 $3a = 2b$, 즉 $a : b = 2 : 3$이다. 따라서 여자는 $\frac{3}{5}$, 즉 60%를 차지한다.

ⓔ 가족기업 수 : 일반기업 수= $c : d$ 라고 하면 $39.5c + 43.5d = 41.7(c+d)$가 되며, 이를 정리하면 $9d = 11c$, 즉 $c : d = 9 : 11$이다. 따라서 조사대상 중 가족기업의 비중은 $\frac{9}{20}$이므로 그 숫자는 $700 \times \frac{9}{20} = 315$(명)이다.

| 오답풀이 |

ⓐ 남자의 수는 $700 \times \frac{2}{5} = 280$(명)이다.

ⓒ 일반기업을 경영하는 사람은 $700 \times \frac{11}{20} = 385$(명)이다.

31 도표분석능력 자료의 수치 분석하기

| 정답 | ④

| 해설 | 일반제재업에 공급되는 양은 $4,000,000 \times 0.8 + 630,000 = 3,830,000$(m²)로 전체 원목 공급량의 절반인 4,500,000m² 미만이다.

| 오답풀이 |

① 수입원목 중에서 방부처리업에 공급되는 양은 $4,000,000 \times 0.045 = 180,000$(m²)이다.

② 국산원목 중에서 방부처리업에 공급되는 양은 $\frac{5,000}{5,000,000} \times 100 = 0.1$(%)를 차지한다.

③ 수입원목과 국산원목의 특별목분제조업 공급량은 다음과 같다.

- 수입원목 : $4,000,000 \times 0.005 = 20,000$(m²)
- 국산원목 : 250,000m²

따라서 전체 특별목분제조업 공급량 중에서 수입원목의 비율은 $\frac{20,000}{20,000 + 250,000} \times 100 \fallingdotseq 7.4$(%)로 10% 미만이다.

⑤ 〈자료 2〉의 단위가 천 m²로 되어있음에 유의한다. 일반제재업 수입원목 공급량은 320만 m²로 일반제재업 국산원목 공급량인 63만 m²보다 많고 방부처리업 수입원목 공급량은 18만 m²로 방부처리업 국산원목 공급량인 0.5만 m²보다 많다.

32 도표분석능력 자료의 수치 분석하기

| 정답 | ②

| 해설 | 모든 주택형태에서 도시가스 에너지가 가장 많이 소비되고 있다.

| 오답풀이 |

① 단독주택 전체 에너지 소비량의 30%는 7,354×0.3= 2,206.2(천 TOE)로 단독주택에서 소비한 전력 에너지량인 2,118보다 많다.

③ 가구 수는 나와 있지 않으므로 가구당 에너지 소비량은 알 수 없다.

④ 모든 주택형태에서 소비되는 에너지 유형은 석유, 도시가스, 전력으로 3가지이다.

⑤ 단독주택은 열에너지를 소비하지 않는다.

33 도표분석능력 자료를 바탕으로 수치 계산하기

| 정답 | ④

| 해설 | 아파트 전체 에너지 소비량 중 도시가스 에너지 소비량이 차지하는 비율은 $\frac{5,609.3}{10,125} \times 100 ≒ 55.4$ (%)이다.

34 도표분석능력 자료의 수치 분석하기

| 정답 | ②

| 해설 | 20X5년 한국 섬유산업 수출액은 전년 대비 15,802 −15,696=106(백만 달러) 감소하였다.

| 오답풀이 |

③ 20X8년 한국 섬유산업 수입액은 20X5년 대비 14,305 −11,730=2,575(백만 달러) 증가했다.

④ 20X9년 이탈리아의 섬유 수출액은 33,400백만 달러로 한국 섬유 수출액인 13,607백만 달러의 약 2.45배이다. 따라서 한국의 섬유 수출액보다 약 145% 더 많다.

⑤ 20X6년 한국의 섬유 수출액은 16,072백만 달러로 20X9년 프랑스의 섬유 수출액인 15,000백만 달러보다 더 많다.

35 도표작성능력 자료를 그래프로 변환하기

| 정답 | ③

| 해설 | ㉣ $\frac{2,629}{7,263} \times 100 ≒ 36.2(\%)$

| 오답풀이 |

㉠ 20X6년 : $\frac{13,281 - 11,730}{11,730} \times 100 ≒ 13.2(\%)$

20X7년 : $\frac{14,356 - 13,281}{13,281} \times 100 ≒ 8.1(\%)$

㉡ $\frac{260}{7,263} \times 100 ≒ 3.6(\%)$

㉢ 20X8년 : $\frac{14,490}{14,305} \times 100 ≒ 101.3(\%)$

20X9년 : $\frac{13,607}{14,507} \times 100 ≒ 93.8(\%)$

36 사고력 반드시 참인 것 찾기

| 정답 | ⑤

| 해설 | D가 진실을 말하고 있다면 C의 말은 거짓이 된다. 그렇다면 B의 말도 거짓이 되어 한 명이 거짓을 말했다는 조건에 위배된다. 따라서 D의 말은 거짓이며 A, B, C, E의 진술을 정리하면 지점별 사원은 다음과 같다.

강남	목동	반포	잠실	판교
D	C	?	A	?

따라서 A는 잠실점에 발령을 받았다.

37 사고력 반드시 참인 것 찾기

| 정답 | ①

| 해설 | 1, 2, 3학년을 첫 번째부터 여섯 번째 줄에 배치해야 한다. 세 번째 정보를 통해 첫 번째 줄과 다섯 번째 줄은 항상 3학년 자리로 고정된다. 다섯 번째 정보를 통해 3학년 줄은 세 줄이고 1학년, 2학년 줄의 수는 각각 한 줄 또는 두 줄임을 추론할 수 있다. 네 번째 정보에 따라 같은 학년끼리는 연속하여 배치될 수 없고 첫 번째 줄과 다섯 번째 줄은 3학년 자리이므로 세 번째 줄도 3학년 자리가 된다. 따라서 ㉠은 항상 참이다.

| 오답풀이 |

ⓛ 2학년과 1학년 줄의 수는 경우에 따라 각각 한 줄 또는 두 줄이 될 수 있다.

ⓒ 두 번째 줄이 1학년 줄이면, 네 번째 줄에 2학년이 배치될 때 여섯 번째 줄에 1학년이 배치될 수 있다.

---

38 사고력 조건을 바탕으로 추론하기

| 정답 | ⑤

| 해설 | 첫 번째와 네 번째 정보에 의해 B는 가장 왼쪽에 앉으며, 두 번째 정보에 의해 C가 왼쪽에서 두 번째 자리에 앉는다. 다섯 번째 정보에 따르면 E가 가장 오른쪽 자리에 앉지 않으며, 세 번째 정보에 따라 D는 A의 왼쪽에 앉으므로 D-E-A 혹은 E-D-A가 가능하다. 그러므로 앉은 위치는 B-C-E-D-A 또는 B-C-D-E-A이다. 따라서 A는 항상 가장 오른쪽 자리에 앉는다.

---

39 사고력 명제의 진위 추론하기

| 정답 | ④

| 해설 | 〈명제〉에 주어진 순서대로 p : 음악을 감상한다, q : 졸리다, r : 책을 읽는다, s : 자전거를 탄다, t : 커피를 마신다로 정의하면 〈명제〉의 문장과 그 대우들은 다음과 같이 나타낼 수 있다.

- $p \rightarrow \sim q$ ⇒ $q \rightarrow \sim p$
- $\sim q \rightarrow r$ ⇒ $\sim r \rightarrow q$
- $s \rightarrow \sim t$ ⇒ $t \rightarrow \sim s$
- $\sim t \rightarrow \sim r$ ⇒ $r \rightarrow t$
- $t \rightarrow \sim q$ ⇒ $q \rightarrow \sim t$

㉠ $s \rightarrow \sim p$: $s \rightarrow \sim t \rightarrow \sim r \rightarrow q \rightarrow \sim p$로 도출된다.

㉡ $\sim t \rightarrow q$: $\sim t \rightarrow \sim r \rightarrow q$로 도출된다.

㉢ $t \rightarrow \sim p$: 도출할 수 없다.

㉣ $r \rightarrow \sim q$: $r \rightarrow t \rightarrow \sim q$로 도출된다.

㉤ $q \rightarrow s$: 도출할 수 없다.

---

40 사고력 조건을 바탕으로 추론하기

| 정답 | ④

| 해설 | 세 번째와 여섯 번째 조건에서 A의 강의 시간은 2시간, 다섯 번째 조건으로 B는 1시간 30분, 부장은 1시간이라는 것을 알 수 있다.

네 번째와 여덟 번째 조건으로 부장의 강의 내용이 '인사제도 교육'이라는 것을 알 수 있으며 일곱 번째 조건에 의해 상대적으로 강의 시간이 짧은 '회사 및 사업 현황 소개'는 B가 강의하는 1시간 30분짜리 강의이며, A는 '업무스킬 향상 교육'을 한다는 것을 알 수 있다.

A	B	C
과장	과장	부장
업무스킬 향상	회사 및 사업 현황 소개	인사제도 교육
2시간	1시간 30분	1시간

---

41 사고력 논리적 오류 이해하기

| 정답 | ②

| 해설 | 〈상황〉과 ②에서 볼 수 있는 오류는 잘못된 유추의 오류이다. 한 대상의 특성을 이와 비슷한 특징을 가진 다른 대상에 부적절하게 적용하는 경우에 발생하는 오류이다.

| 오답풀이 |

① 결론을 전제로 사용하는 순환논증의 오류이다.

③ 애매어의 오류(다른 의미로 사용될 수 있는 단어를 혼용하는 오류)이다.

④ 무지의 오류이다.

⑤ 전체의 속성을 부분도 가진다고 생각하는 분할의 오류이다.

---

42 사고력 반드시 참인 것 찾기

| 정답 | ⑤

| 해설 | ㉢과 ㉣ 모두 강북 A/S센터의 수리 가능 여부를 진술하지 않기 때문에 옳은 진술이다.

| 오답풀이 |

①, ②, ③, ④ ㉡에서 강북, 강서, 강남 3곳의 A/S센터 모두 수리가 불가능하다는 것을 알 수 있다.

43 문제처리능력 자료를 바탕으로 계획 세우기

|정답| ⑤

|해설| ㉠ 하루에 참여할 수 있는 고객의 수는 최대 30명이므로 C가 신청자 수가 가장 많다고 하더라도 참여할 수 있는 고객은 다른 차량과 같이 최대 30명이다. 따라서 C가 필요한 차량의 수가 가장 많은 모델이 아니다.

㉢, ㉣ 한 대당 하루 최대 시승 가능 인원수는 15명이기에 최소한 2대 이상은 준비해야 한다. 만약 2대를 준비하는 경우 참여 고객 수는 최대 30명이므로 1대당 각각 최대 15명이 시승할 수 있다. 고객 모두가 최대 30분을 시승한다 하더라도 그에 소요되는 시간은 450분(=15명×30분)이다. 시승행사 시간은 10:00부터 17:50까지 총 470분이다. 따라서 시승에 참여하는 고객이 최대 시승 시간을 채우지 못하고 내리는 경우는 없다. 또한 하루에 참여할 수 있는 고객은 최대 30명으로 2대의 차량으로 충분하다.

|오답풀이|

㉡ 시승 차량에 동승하는 강사에 대한 정보는 인사팀으로 문의 가능하다.

44 문제처리능력 강사 일정 파악하기

|정답| ②

|해설| 12일에 김○○ 강사가 반드시 일해야 하고, 나머지 요일에는 최소 2명씩 자유롭게 일하면 된다. 김○○ 강사를 제외한 인력이 매일 2명 이상 존재하므로 무조건 연속 2일 동안 시승행사에 참석할 필요는 없다.

|오답풀이|

① A 모델 시승은 하이브리드 운전 경험이 있는 김○○, 박○○ 두 강사가 맡아야 한다.

③, ⑤ A 모델 12일, B 모델 15일, C 모델 16일, D 모델 13일, E 모델 14일에 진행하는 것이 적절하다.

④ 13일에 B 모델 시승 신청한 고객은 34명으로 최대 30명까지 시승이 가능하다. 고객 1명당 최소 10분에서 최대 30분까지 시승할 수 있으므로 한 대당 시승 가능한 고객의 수는 최대 15명이다. 따라서 두 강사가 15명씩 태울 경우 30명 시승을 완료할 수 있어 일정이 가능한 강사 중 한 명은 참석하지 않아도 된다.

45 문제처리능력 입주자 조건 파악하기

|정답| ④

|해설| 잔여공급 대상자에 우선공급 낙첨자가 포함되므로 만 3세 미만의 자녀를 둔 한부모가족인 낙첨자라면 잔여공급 대상자가 될 수 있다.

|오답풀이|

① 우선공급과 잔여공급의 선정 기준 모두 신혼부부, 한부모가족 등을 포함하고 있다는 점에서 결혼했던 적이 있어도 신청을 할 수 있다는 것을 추론할 수 있다.

② 우선공급과 잔여공급 모두 해당 지역에 거주하지 않은 경우 0점을 부여할 뿐, 신청 자체가 금지된 것은 아니다.

③ 혼인기간이 2년 이내인 신혼부부가 우선공급의 대상일 뿐, 혼인기간이 2년을 초과한 신혼부부의 입주 신청이 금지된 것은 아니다. 혼인기간 2년 초과 7년 이내인 신혼부부도 잔여공급 대상이 된다는 점에서도 입주 신청 자격이 있음을 추론할 수 있다.

⑤ 총자산은 토지, 건물, 자동차, 금융자산의 합에서 부채를 공제해 도출한다.

46 문제처리능력 자료를 바탕으로 가정 계산하기

|정답| ⑤

|해설| 강하늘 씨는 우선공급 대상에 해당하지 않기 때문에 잔여공급 기준을 바탕으로 가점을 계산한다. 미성년 자녀 수는 2명(태아, 만 3세의 딸)으로 2점, 무주택기간은 2년 이상(결혼 42개월 차로 만 30세 이전에 혼인하였기에 혼인기간을 무주택기간으로 산출)으로 3점, 해당 지역 연속 거주기간은 19개월로 2점, 주택약종합저축 납입인정 횟수는 60회로 3점의 가점을 얻는다. 따라서 총 가점은 10점이다.

47 문제처리능력 내용 검토하기

|정답| ③

|해설| 청탁금지법 위반행위에 대한 적발을 강화하여 단속 횟수를 증가시키는 것이지 처벌을 강화하는 내용은 없다. 또한 공직복무 관리계획으로 정부 내부의 추진과제를 세부

적으로 정하는 것이어야 하는데, 입법청원은 국민에 의한 외부적 추진과제이므로 적절하지 않다.

48 문제처리능력 수행 업무 파악하기

| 정답 | ②

| 해설 | ⓛ 주요 업무 항목에 따르면 청탁방지담당관은 소속 직원을 대상으로 연 1회 이상 청탁금지 관련 교육을 시행한다.

ⓒ 주요 업무 항목에 따르면 청탁방지담당관은 소속 직원을 대상으로 연 1회 의상 청탁금지 관련 교육을 진행한다. 교육 사항에는 청탁금지법 저촉 사례가 포함될 것임을 추론할 수 있다.

오답풀이

ⓐ 청탁금지법 위반행위에 대한 신고접수는 박수용 대리의 업무이다.

ⓔ 상담실 운영 항목에 따르면 상담실 관리 담당은 별도로 정한다. 김새벽 대리가 상담실 관리 담당인지는 구체적으로 드러나지 않는다.

49 문제처리능력 자료 읽고 추론하기

| 정답 | ②

| 해설 | 스마트오피스에서 근로자는 장소에 대한 자율권을 부여받는다. 따라서 필요에 따라 좌석을 예약하여 여러 자리를 옮겨 다닐 수 있다.

| 오답풀이 |

① 대안적인 업무공간 전략은 사무실 외의 공간을 이용하는 것이며 근무자들의 자발적인 참여가 요구된다.

③ 비용절감은 사무실 외 공간을 이용하는 스마트워크에 해당하며, 이는 원격관리가 어렵고 근무자 간 또는 사무실 간 커뮤니케이션이 어렵다는 단점이 있기 때문에 비용절감만으로 적극적인 도입이 필요하다고 추론하는 것은 적절하지 않다.

④ 결근율·지각·이직률 감소, 생산성 증가 등을 통해 장기적으로 이윤 증가도 기대할 수 있다. 또한 네 번째 문단을 통해 스마트워크는 기업의 이익을 가져올 수 있는 방법임을 알 수 있다.

⑤ 스마트오피스에서는 개인고정 업무공간이 축소되고 협업공간이 중시됨을 알 수 있으나 직원들 간 일상적 의사소통용 공간에 대해서는 언급이 없다.

50 문제처리능력 스마트워크 업무공간 이해하기

| 정답 | ⑤

| 해설 | 개인 집중 업무공간은 업무특성에 따라 적절한 고정 좌석으로 구성하여 업무의 집중도를 높이고 효율적인 업무 수행을 할 수 있다. 따라서 타 직원과 교감하는 업무를 수행하지 않을 때를 위한 자리이며, 고정좌석으로 배치해야 하므로 좌석 이용 시간을 제한하면 안 된다.

과목 2 철도관련법령 [51 ~ 60]

51

| 정답 | ①

| 해설 | 공익서비스는 철도운영자가 영리목적의 영업활동과 관계없이 국가 또는 지방자치단체의 정책이나 공공목적 등을 위하여 제공하는 철도서비스를 의미한다(「철도산업발전기본법」 제3조 제11호).

| 오답풀이 |

② 「철도산업발전기본법」 제32조 제2항 제1호

③ 국토교통부장관은 국가부담비용지급신청서를 제출받은 때에는 이를 검토하여 매 반기마다 반기초에 국가부담비용을 지급하여야 한다(「철도산업발전기본법 시행령」 제41조 제2항). 여기서의 국가부담비용이란 국가가 공익서비스비용을 부담해야 하는 경우의 그 비용을 의미한다.

④ 「철도산업발전기본법」 제33조 제3항

⑤ 「철도산업발전기본법」 제34조 제1항 제3호

52

| 정답 | ④

| 해설 | 국가 및 지방자치단체는 철도산업의 육성 · 발전을 촉진하기 위하여 철도산업에 대한 재정 · 금융 · 세제 · 행정 상의 지원을 할 수 있다(「철도산업발전기본법」 제8조).

| 오답풀이 |

① 「철도산업발전기본법」 제14조 제1항

② 「철도산업발전기본법」 제4조 제1항

③ 국가는 철도시설 투자를 추진하는 경우 사회적 · 환경적 편익을 고려하여야 한다(「철도산업발전기본법」 제7조 제1항).

⑤ 「철도산업발전기본법」 제10조 제2항

53

| 정답 | ②

| 해설 | 한국철도협회는 철도사업에 관련된 기업, 기관 및 단체와 이에 관한 업무에 종사하는 자가 철도산업의 건전 한 발전과 해외 진출을 도모하기 위하여 설립한 법인이다(「철도산업발전기본법」 제13조의2 제1항).

| 오답풀이 |

① 한국철도협회는 국토교통부장관의 인가를 받아 주된 사 무소의 소재지에 설립등기를 함으로써 성립한다(「철도 산업발전기본법」 제13조의2 제3항).

③ 「철도산업발전기본법」 제13조의2 제4항 제4호

④ 「철도산업발전기본법」 제13조의2 제6항

⑤ 국가, 지방자치단체 및 철도 분야 공공기관은 협회에 위탁한 업무의 수행에 필요한 비용의 전부 또는 일부를 예산의 범위에서 지원할 수 있다(「철도산업발전기본법」 제13조의2 제5항).

54

| 정답 | ⑤

| 해설 | 한국철도공사는 국외에서 법률에 규정된 사업을 수 행할 수 있다(「한국철도공사법」 제9조 제2항).

| 오답풀이 |

① 「한국철도공사법」 제9조 제1항 제4호

② 「한국철도공사법」 제12조

③ 「한국철도공사법」 제16조 제1호

④ 「한국철도공사법」 제18조

55

| 정답 | ③

| 해설 | 한국철도공사가 사업을 수행하기 위해 국유재산을 무상으로 대부할 경우 그 대상이 될 수 있는 사업은 「한국 철도공사법」 제9조 제1항 제1호부터 제4호까지의 사업과 역시설의 개발 및 운영사업에 한한다(「한국철도공사법」 제 14조 제1항). 역세권 및 공사의 재산을 활용한 개발 · 운영 사업(「한국철도공사법」 제9조 제1항 제5호)은 국유재산을 무상으로 대부할 수 있는 한국철도공사의 사업 대상에 포 함되지 않는다.

56

| 정답 | ①

| 해설 | ㉠ 사업용철도란 철도사업을 목적으로 설치하거나 운영하는 철도를 말한다(「철도사업법」 제2조 제4호).

㉡ 전용철도란 다른 사람의 수요에 따른 영업을 목적으로 하지 않고 자신의 수요에 따라 특수 목적을 수행하기 위 하여 설치하거나 운영하는 철도를 말한다(「철도사업법」 제2조 제5호).

㉢ 철도사업자란 「한국철도공사법」에 따라 설립된 한국철 도공사 및 「철도사업법」 제5조에 따라 철도사업면허를 받은 자를 말한다(「철도사업법」 제2조 제8호).

57

| 정답 | ①

| 해설 | 사업용철도노선의 노선번호, 노선명, 기점, 종점, 중요 경과지 등에 대한 사항을 지정 · 고시하는 주체는 국 토교통부장관이다(「철도사업법」 제4조 제1항).

| 오답풀이 |

② 사업용철도노선은 운행지역과 운행거리에 따라 간선철 도와 지선철도로 구분한다(「철도사업법」 제4조 제2항 제1호)

③ 사업용철도노선은 운행속도에 따라 고속철도노선, 준고속철도노선, 일반철도노선으로 구분한다(「철도사업법」제4조 제2항 제2호).

④ 철도사업을 경영하려는 자는 사업용철도노선을 정하여 국토교통부장관의 면허를 받아야 한다(「철도사업법」제5조 제1항).

⑤ 철도사업자는 사업용철도를 도시철도운영자가 운영하는 도시철도와 연결하여 운행하려는 때에는 여객 운임·요금의 신고 또는 변경신고를 하기 전에 여객 운임·요금 및 그 변경시기에 관하여 미리 당해 도시철도운영자와 협의하여야 한다(「철도사업법 시행령」제3조 제2항).

58

| 정답 | ②

| 해설 | ㉠ 철도사업자는 열차를 이용하는 여객이 정당한 운임·요금을 지급하지 아니하고 열차를 이용한 경우에는 승차 구간에 해당하는 운임 외에 그의 30배의 범위에서 부가 운임을 징수할 수 있다(「철도사업법」제10조 제1항).

㉡ 철도사업자는 송하인이 운송장에 적은 화물의 품명·중량·용적 또는 개수에 따라 계산한 운임이 정당한 사유 없이 정상 운임보다 적은 경우 송하인에게 그 부족 운임 외에 그 부족 운임의 5배의 범위에서 부가 운임을 징수할 수 있다(「철도사업법」제10조 제2항).

59

| 정답 | ⑤

| 해설 | 전용철도운영자가 사망한 경우, 「철도사업법」제35조에서 정하는 전용철도의 결격사유에 해당하는 상속인이 피상속인이 사망한 날로부터 3개월 이내에 그 전용철도의 운영을 다른 사람에게 양도한 경우, 피상속인의 사망일로부터 양도일까지의 기간에 있어서 피상속인의 전용철도 등록은 상속인의 등록으로 본다(「철도사업법」제37조 제4항).

| 오답풀이 |

① 「철도사업법」제34조 제1항

② 「철도사업법」제35조 제2호

③ 전용철도의 운영을 양도·양수하려는 자는 국토교통부장관에게 신고하여야 한다(「철도사업법」제36조 제1항).

④ 「철도사업법」제37조 제1항

60

| 정답 | ④

| 해설 | 국토교통부장관이 철도사업자의 사업 경영의 불확실 또는 자산 상태의 현저한 불량을 이유로 면허를 취소하거나, 사업의 전부 또는 일부 정지, 사업계획의 변경을 명할 수 있다(「철도사업법」제16조 제1항 제2호). 다만 국토교통부장관이 이를 이유로 철도사업자의 면허를 취소하기 위해서는 청문을 요구하나(「철도사업법」제16조 제3항) 면허 취소가 아닌 철도사업의 변경을 명하는 것에는 청문을 요구하지 않는다.

| 오답풀이 |

① 철도사업자는 사업계획을 변경하려는 경우에는 국토교통부장관에게 신고하여야 한다. 다만 중요 사항을 변경하려는 경우에는 국토교통부장관의 인가를 받아야 한다(「철도사업법」제12조 제1항). 이때 여객열차의 운행구간 변경은 여기서 말하는 중요 사항의 변경에 해당한다(「철도사업법 시행령」제5조 제2호).

② 「철도사업법」제12조 제2항 제3호

③ 「철도사업법」제16조 제1항 제3호

⑤ 「철도사업법」제51조 제1항 제3호

1회 기출예상 2회 기출예상 3회 기출예상 4회 기출예상 5회 기출예상

5회 기출예상문제

문제 196쪽

01	③	02	④	03	②	04	②	05	③
06	④	07	②	08	⑤	09	①	10	②
11	⑤	12	③	13	②	14	④	15	⑤
16	②	17	②	18	②	19	②	20	②
21	③	22	②	23	②	24	②	25	③
26	②	27	①	28	②	29	③	30	⑤
31	③	32	⑤	33	④	34	③	35	①
36	⑤	37	⑤	38	⑤	39	④	40	⑤
41	②	42	④	43	①	44	④	45	③
46	④	47	③	48	⑤	49	⑤	50	③
51	①	52	②	53	③	54	⑤	55	④
56	⑤	57	①	58	④	59	①	60	①

과목 1 직업기초 [1 ~ 50]

01 문서작성능력 유의어 파악하기

|정답| ③

|해설| ⊙의 '띠다'는 감정이나 기운 따위를 나타낸다는 의미로 사용되었다. 따라서 ③의 쓰임과 동일하다.

|오답풀이|

① '빛깔이나 색채 따위를 가지다'라는 의미이다.
② '용무나 직책, 사명 따위를 지니다'라는 의미이다.
④ '물건을 몸에 지니다'라는 의미이다.
⑤ '띠나 끈 따위를 두르다'라는 의미이다.

02 문서작성능력 어법에 맞게 문장 쓰기

|정답| ④

|해설| '-하므로'는 '-하기 때문에'라는 뜻이고 '-함으로'는 '-하는 것으로써'라는 의미이다. 혼잡함은 계단을 이용해야 하는 이유가 되므로 '-하므로'를 쓰는 것이 적절하다.

|오답풀이|

① 감독이 작품에서 방황하는 현대 젊은이들의 모습을 부각하여 표현한 것이지 감독이 피사동주로 하여금 젊은이들의 모습을 부각하라고 시킨 것이 아니기 때문에 사동이 쓰이면 안 된다. 따라서 '부각하여'가 적절하다.

② 안건을 결재하여 허가한다는 뜻으로 '제가'가 아닌 '재가(裁可)'가 옳은 표현이다.

③ '여간'은 주로 부정의 의미를 나타내는 말과 함께 쓰여 그 상태가 보통으로 보아 넘길 만한 것임을 나타낸다.

⑤ '칠칠하다'는 '성질이나 일처리가 반듯하고 야무지다'라는 뜻으로 '칠칠맞다'는 '칠칠하다'를 속되게 이르는 말이다. 이를 부정할 때는 주로 '못하다', '않다'와 함께 쓰인다.

03 문서작성능력 단어의 관계 파악하기

|정답| ②

|해설| '맹점'은 미처 생각이 미치지 못한 모순되는 점이나 틈이라는 의미이고, '무결'은 결함이나 흠이 없다는 의미이므로 두 단어는 서로 반의어 관계이다. 이미 결정되어 있다는 의미의 '기정'과 아직 정하지 못했다는 의미의 '미정' 사이의 관계도 반의어 관계로 같다.

|오답풀이|

① '방언'은 한 언어에서 사용 지역 또는 사회 계층에 따라 분화된 말의 체계로 더 포괄적인 단어인 '언어'에 포함되어 있으므로 두 단어는 상의어와 하의어 관계이다.

③ '야생화'는 '생물'에 포함되어 있으므로 두 단어는 상의어와 하의어 관계이다.

④ '모순'은 어떤 사실의 앞뒤, 또는 두 사실이 이치상 어긋나서 서로 맞지 않는다는 의미이고, '당착'은 말이나 행동 따위의 앞뒤가 맞지 않는다는 의미이므로, 두 단어는 유의어 관계이다.

⑤ '마찰'은 이해나 의견이 서로 다른 사람이나 집단이 충돌한다는 의미이고, '알력'은 서로 의견이 맞지 아니하여 사이가 안 좋거나 충돌한다는 의미이므로, 두 단어는 유의어 관계이다.

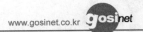

04 문서이해능력 글의 흐름에 맞는 어휘 고르기

| 정답 | ②

| 해설 | • 편재(偏在) : 한 곳에 치우쳐 있음.
• 산재(散在) : 여기저기 흩어져 있음.
• 혼재(混在) : 뒤섞이어 있음.

05 문서작성능력 글의 흐름에 맞는 어휘 고르기

| 정답 | ③

| 해설 | '편성'은 엮어 모아서 책, 신문, 영화 따위를 만들거나, 예산, 조직, 대오 따위를 짜서 이룬다는 의미로, '그 학교는 성적에 따라 반 편성을 한다' 등의 문장에서 활용 가능하다. ⓒ의 문장에서는 무엇을 만들어서 이룬다는 의미인 '조성'이 더 적절하다.

06 문서작성능력 글의 흐름에 맞게 문단 배열하기

| 정답 | ④

| 해설 | 시간 순으로 글을 전개하므로 먼저 일제강점기에 대한 설명인 (라)로 시작하고, 이어 1980 ~ 90년대에 대한 설명인 (가)로 이어진 후, 최근 경향을 언급하는 (나)와 (다)로 이어지는 흐름이 자연스럽다. 이때 (다)가 서두에서 '그러나 무엇보다도'로 앞선 내용을 보완하는 형식으로 시작하고 있으므로, 먼저 (나)가 서술된 이후 이와 연결되는 (다)를 배치하는 것이 적절하다. 따라서 (라) - (가) - (나) - (다) 순이 적절하다.

07 문서작성능력 어법에 맞게 문장 쓰기

| 정답 | ②

| 해설 | (나)에서 말하고자 하는 것은 잡지에 광고를 게재하면 매월 발간되는 잡지에서 광고를 계속 볼 수 있다는 의미이다. 그런데 '매월 발간되는 이 잡지를 계속 보신다는 뜻입니다'에서 계속 볼 수 있다는 것은 '잡지'가 되므로 '매월 발간되는 이 잡지에서 게재한 광고를 계속 보실 수 있다는 뜻입니다'로 수정하여야 한다.

(라)에서 광고 매출의 일정 부분을 도움이 필요한 분들을 위해 쓰고 있다고 하였으므로, 주어가 ○○출판사가 되어야 한다. 따라서 '특히 ○○출판사는 잡지 광고 매출의 일정 부분을 소외 계층, 장애인 단체 등 도움이 필요한 분들을 위해 쓰고 있습니다'로 수정해야 한다.

08 문서이해능력 글의 중심내용 이해하기

| 정답 | ⑤

| 해설 | '스튜어드십 코드'를 원만하게 도입하기 위해서는 제도적인 개선과 국민연금의 참여가 필요하다고 언급하였으나, 그 구체적 방안을 제시하고 있는 것은 아니다.

09 문서이해능력 제목 파악하기

| 정답 | ①

| 해설 | 제시된 글에서는 호주의 카셰어링 비즈니스 시장이 급성장하고 있다고 하였으며 이에 대해 성장 배경을 설명한 후 향후 전망까지 제시하고 있다. 따라서 제목으로는 ①이 적절하다.

| 오답풀이 |

② 미래 산업의 향방까지 제시하고 있지는 않다.

③ 호주가 다민족 국가, 이민자의 나라라는 점은 호주 카셰어링 비즈니스 시장의 성장 배경 중 하나로 전체를 아우르는 제목으로는 다소 부적절하다.

④ 카셰어링 비즈니스는 공유경제의 하위 개념이나, 글은 공유경제보다는 카셰어링 비즈니스를 다루고 있다.

⑤ 4차 산업혁명에 관한 내용은 언급되어 있지 않다.

10 문서작성능력 글의 서술방식 파악하기

| 정답 | ②

| 해설 | 호주에서 카셰어링 비즈니스가 급성장한 현상을 설명하고 이 현상의 원인을 도심으로의 인구 유입, 높은 물가, IT 환경 발달 등의 구체적인 근거를 들어 분석하고 있으므로, 논지 전개 방식은 ②가 가장 적절하다.

11 문서작성능력 글의 서술방식 파악하기

| 정답 | ⑤

| 해설 | 첫 번째와 두 번째 문단에서 시간의 기준점이 통일되지 않아서 발생하는 문제점들을 언급하며 표준시의 필요성을 설명하였고 세 번째와 네 번째 문단에서 표준시의 도입과정을 설명하였다. 다섯 번째 문단에서 세계의 모든 인구가 하나의 표준시에 맞춰 일상을 살고 국가마다 다른 철도와 선박, 항공 시간을 체계적으로 정리할 수 있게 되어 지구 곳곳에 파편처럼 흩어져 살아가던 인류가 하나의 세계로 통합될 수 있었다는 것을 언급하며 그 의의를 설명하고 있다. 따라서 전개 방식으로 ⑤가 가장 적절하다.

12 문서이해능력 세부 내용 이해하기

| 정답 | ③

| 해설 | 기차의 발명은 공간을 빠르고 편리하게 이동할 수 있게 만들어 지역마다 다른 시간의 충돌을 야기했고 이 때문에 세계 표준시 도입의 필요성이 대두되었다. 영국과 프랑스 사이의 갈등은 표준시 제정 논의 과정에서 나타난 것이다.

| 오답풀이 |

① 현재 사용하는 협정세계시는 1884년에 제정된 그리니치 표준시와 1초보다 작은 차이를 보인다.
② 그리니치 표준시가 채택된 이유는 이미 30년 이상 영국의 그리니치 표준시를 기준 삼아 기차 시간표를 사용해 왔고 미국의 철도 회사도 이를 따르고 있었기 때문이다.
④ 표준시는 영국의 그리니치 자오선을 기준으로 제정되었다.
⑤ 고종의 대한제국 시기에 도입된 표준시(UTC+08 : 30)는 오늘날 한국의 표준시(UTC+09 : 00)보다 30분가량 빨랐다.

13 문서작성능력 빈칸에 들어갈 말 찾기

| 정답 | ②

| 해설 | ㉠에는 부적격자를 미연에 걸러내기 위한 정보가 관리되고 이를 검증, 반영하는 절차를 보강하는 방안을 제시하여야 하는데, ㉠ 뒤에 이어지는 문장에서 세 차례의 교통

사고가 '인명사고가 없었다는 이유'로 경찰에 보고되지 않고 보험사에서만 처리됐다는 점이 문제라고 언급하였다. 따라서 교통사고 내역에 대한 정보가 의무적으로 경찰에게 보고되도록 하는 시스템을 갖추어야 한다는 내용의 문장이 들어가는 것이 가장 적절하다.

14 문서이해능력 글의 내용을 바탕으로 추론하기

| 정답 | ④

| 해설 | 네 번째 문단에서 뇌전증을 비롯한 정신질환자의 경우 6개월 이상 병원에 입원한 경우 수시적성검사 대상자로 분류된다고 하였다.

| 오답풀이 |

① 네 번째 문단에서 보건복지부나 지자체, 병무청 등의 기관은 운전면허 결격사유 해당자 정보를 도로교통공단에 보내 수시적성검사를 하지만 대상자는 극히 제한적이며 뇌전증을 비롯한 정신질환자의 경우 6개월 이상 병원에 입원한 경우에만 수시적성검사 대상자로 분류된다고 하였다.
② 세 번째 문단에서 2종 면허 운전자는 신체검사를 받지 않고 면허를 갱신하고 있다고 하였다.
③ 두 번째 문단에서 운전면허 취득 시 1장짜리 질병 신고서를 작성해야 함과 동시에, 시력과 색맹, 청력, 팔·다리 운동 등의 신체검사를 실시한다고 하였다.
⑤ 세 번째 문단에서 1종 면허소지자 대상으로 시력검사를 실시하고 있다고 하였으나 청력검사는 1종 대형, 특수 면허 소지자에 한정된다고 하였다.

15 문서이해능력 제목 파악하기

| 정답 | ⑤

| 해설 | 마지막 문단에서 갈등은 본질적으로 '나쁜' 것은 아니며, 사실 갈등이 좋은지 나쁜지는 전적으로 그것을 어떻게 다루느냐에 달려 있다고 언급하고 있다. 그리고 글 전반적으로 갈등의 부정적인 측면을 긍정적으로 바라보는 관점을 다루고 있으므로 제목으로 적절한 것은 ⑤이다.

| 오답풀이 |

① 인간관계에서 발생하는 여러 가지 갈등의 유형을 나열하고 있지는 않다.

② 갈등 해결을 위한 바람직한 의사소통 방법을 제시하고 있지는 않다.

③ 마지막 문단에서 '갈등은 친한 관계뿐만 아니라 직장, 동네, 가족, 클럽 혹은 다른 조직에서도 긍정적인 역할을 할 수 있다'고 하였으므로 적절하지 않다.

④ 갈등은 발생하였을 때 지혜롭게 해결하면 관계를 발전시킬 수 있다고 하였으나 관계 발전을 위해 갈등을 활용하라는 의미는 담고 있지 않다.

16 문서작성능력 빈칸에 들어갈 말 찾기

| 정답 | ②

| 해설 | ㉠에는 집단사고(Groupthink)에 대한 내용이 들어가야 한다. 집단사고란 강한 응집력을 보이는 집단에서 의사결정을 할 때 만장일치에 도달하려는 분위기로 인해 다른 대안들에 대한 평가를 억압하는 경우에 나타나는 사고 방식이므로 ②가 가장 적절하다.

17 문서이해능력 세부 내용 이해하기

| 정답 | ②

| 해설 | 세 번째 문단에서 장소는 나의 장소, 너의 장소, 거리, 동네, 시내, 시·군, 지역, 국가와 대륙 등으로 공간적 정체화가 가능한 모든 수준에서 나타난다고 하였는데, 이는 장소는 다양한 곳에서 나타날 수 있다는 것을 의미하므로 연속성은 장소의 특성으로 적절하지 않다.

18 문서이해능력 세부 내용 이해하기

| 정답 | ③

| 해설 | 네 번째 문단에서 '장소는 고유한 입지, 경관, 공동

체에 의하여 정의되기보다는, 특정 환경에 대한 경험과 의도에 초점을 두는 방식으로 정의된다'라고 하였으므로, 개인의 경험과 밀접하게 관련되어 있다고 할 수 있다.

| 오답풀이 |

① 네 번째 문단에서 '장소는 고유한 입지, 경관, 공동체에 의하여 정의되기보다는 특정 환경에 대한 경험과 의도에 초점을 두는 방식으로 정의된다'라고 하였으므로 주관적인 지표로 정의를 내린다.

② 두 번째 문단에서 '공간과 장소 간의 관계를 명확히 하고, 그에 따라 장소를 개념적, 경험적 맥락에서 분리시키지 않는 일이 중요하다'라고 하였다. 따라서 장소와 공간을 독립적으로 이해해야 한다는 설명은 부적절하다.

④ 세 번째 문단에서 '장소는 나의 장소, 너의 장소, 거리, 동네, 시내, 시·군, 지역, 국가와 대륙 등 공간적 정체화가 가능한 모든 수준에서 나타난다. 하지만 장소가 반드시 이렇게 깔끔하게 위계적으로 분류되는 것은 아니다. 모든 장소는 서로 겹치고, 서로 섞이며 다양하게 해석될 수 있다'라고 하였다. 따라서 거리, 동네, 시내, 시·군, 지역, 국가와 대륙으로 분류된 장소라도 서로 겹치고 섞이며 다양하게 해석될 여지가 있다고 보는 것이 적절하다.

⑤ 네 번째 문단에서 장소는 '개인과 공동체 정체성의 중요한 원천이며, 때로는 사람들이 정서적·심리적으로 깊은 유대를 느끼는 인간 실존의 심오한 중심이 된다'라고 하였으나, 이것이 공간과 장소의 차이점은 아니다.

19 기초통계능력 평균 구하기

| 정답 | ②

| 해설 | 각 연령대에서의 점수의 합은 다음과 같다.

• 10대 : $7.0 \times 60 = 420$(점)

• 20대 : $7.6 \times 64 = 486.4$(점)

• 30대 : $8.2 \times 40 = 328$(점)

따라서 응답자 전체의 만족도 평균 점수는

$$\frac{420 + 486.4 + 328}{60 + 64 + 40} = \frac{1,234.4}{164} ≒ 7.5(점)이다.$$

20 기초연산능력 불량률 구하기

|정답| ②

|해설| 2번 라인은 $5,000 \times 1.1 = 5,500$(개), 3번 라인은 $5,500 - 500 = 5,000$(개)의 제품을 하루 동안 생산한다. 각 라인의 불량률을 곱하여 불량품의 개수를 계산하면 1번 라인부터 각각 $5,000 \times \dfrac{0.8}{100} = 40$(개), $5,500 \times \dfrac{1}{100} = 55$(개), $5,000 \times \dfrac{0.5}{100} = 25$(개)이다.

따라서 하루 생산량 전체의 불량률은

$$\dfrac{40 + 55 + 25}{5,000 + 5,500 + 5,000} \times 100 ≒ 0.77(\%)이다.$$

21 기초통계능력 경우의 수 구하기

|정답| ③

|해설| 세 부서를 P, Q, R 부서라고 할 때, 같은 부서의 직원끼리 이웃하게 앉으므로 원형 테이블에 각 부서가 배치되는 경우는 시계방향으로 P, Q, R 또는 P, R, Q의 두 가지이다. 같은 부서의 직원끼리 자리를 바꿀 수 있으므로 전체 경우의 수는 (세 부서를 배치하는 경우의 수)×(같은 부서 직원끼리 자리를 바꾸는 경우의 수)^3 = $2 \times 2^3 = 16$(가지)이다.

22 기초연산능력 방정식 활용하기

|정답| ③

|해설| 사원의 수를 x명, 각 사원의 월급을 y만 원이라 하면 다음과 같은 식을 세울 수 있다.

$(x + 10)(y - 100) = 0.8xy$ ················· ㉠

$(x - 20)y = 0.6xy$ ··························· ㉡

㉠을 정리하면,

$xy - 100x + 10y - 1,000 = 0.8xy$

$0.2xy = 100x - 10y + 1,000$

$xy = 500x - 50y + 5,000$ ············· ㉢

㉡을 정리하면,

$x - 20 = 0.6x$

$0.4x = 20$

$x = 50$ ······································· ㉣

㉢, ㉣에 의해 $50y = 25,000 - 50y + 5,000$

$100y = 30,000$

∴ $y = 300$

따라서 사원의 수는 50명, 각 사원의 월급은 300만 원이 되어 전 사원들에게 지급되고 있는 월급의 총액은 $50 \times 300 = 15,000$(만 원)이 된다.

23 기초연산능력 최대 인원 구하기

|정답| ③

|해설| 객실의 개수를 x개, 직원의 수를 y명이라고 하면 식은 다음과 같다.

$y = 4x + 12 = 6(x - 3) + r$ ($1 \le r < 6$, r은 자연수)

x에 관한 두 식을 정리하면 $2x = 30 - r$이다.

$1 \le r < 6$이므로 $24 < 2x = 30 - r \le 29$, $12 < x \le 14.5$이다. x는 자연수이고 x가 최대일 때 y도 최대이므로, x가 14일 때 y는 $4 \times 14 + 12 = 68$로 최대이다. 따라서 워크숍에 참석한 직원들은 최대 68명이다.

24 도표분석능력 자료의 수치 분석하기

|정답| ②

|해설| 20X5년의 평균 시급은 20X1년의 $\dfrac{9,100}{6,210} ≒ 1.47$(배)이다.

|오답풀이|

① 20X3년, 20X5년에는 월 평균 소득이 감소하였다.

③ 20X3년 주간 평균 근로시간은 22시간이므로 월 평균 근로시간은 $22 \times 4 = 88$(시간) 정도이다.

④ 20X3년에서 20X4년 사이에 월 평균 소득은 증가했지만 평균 시급은 감소하였다.

⑤ 20X3년에는 평균 시급이 7,100원이지만 20X4년에는 6,900원으로 감소하였으므로, 꾸준히 증가하지 않았다.

25 도표분석능력 자료의 수치 분석하기

|정답| ③

|해설| 8월의 유입인원은 $6,720 - 3,103 = 3,617$(천 명)으로 361만 7천 명이다. 9월의 유입인원은 348만 명으로 8월에 비해 13만 7천 명이 줄어들었다.

|오답풀이|

① 1분기부터 각 분기별 수송인원은 1,767만 3천 명, 1,913만 1천 명, 1,948만 4천 명, 2,050만 2천 명으로 점차 증가한다.

② 2분기의 총 유입인원은 987만 명이다.

④ 12월의 수송인원은 $3,010 + 3,900 = 6,910$(천 명)으로 691만 명이다. 유입인원과 수송인원이 가장 많은 달은 모두 12월이다.

⑤ 2월의 승차인원은 $5,520 - 2,817 = 2,703$(천 명)으로 가장 적다. 승차인원이 가장 많은 달은 7월로 316만 4천 명이다. 두 인원의 차는 46만 1천 명이다.

26 도표분석능력 자료의 수치 분석하기

|정답| ③

|해설| 기타에 해당하는 국적은 16개로 1개 국적당 평균 결혼이민자 수는 87.5명이다. 결혼이민자 수는 자연수이므로 87명 이하인 국적과 88명 이상인 국적이 하나 이상 존재해야 한다.

|오답풀이|

① 20X2년 대비 20X7년 결혼이민자 수는
$$\frac{14,000 - 9,544}{9,544} \times 100 = 47(\%)$$ 증가하였다.

② 20X0년 대비 20X1년의 결혼이민자 수 증가율은
$$\frac{8,399 - 5,600}{5,600} \times 100 = 50(\%)이다.$$

④ 20X7년 필리핀 국적의 결혼이민자 수는 해당 연도 전체 결혼이민자의 $\frac{1,260}{14,000} \times 100 = 9(\%)이다.$

⑤ 20X7년 중국(한국계)과 중국 국적의 결혼이민자 수의 합은 6,160명으로 전년도 전체 결혼이민자 수 대비 $\frac{6,160}{13,400} \times 100 = 46(\%)$를 차지한다.

27 도표분석능력 자료를 바탕으로 수치 계산하기

|정답| ①

|해설| 평일 하루 평균 매출을 x라고 하면 주말 하루 평균 매출은 $2.25x$이며 지난주 전체 매출은 $5x + 2 \times 2.25x = 9.5x$이다. $15 \sim 21$시 구간에서 지난주 매출은 $9.5x \times 0.31 = 2.9x$이고 주말 이틀간의 매출은 $2 \times 2.25x \times (0.17 + 0.16) = 1.5x$이다. 따라서 해당 구간에서 평일 전체 매출은 $2.9x - 1.5x = 1.4x$이고 이는 평일 전체 시간대 매출 대비 $\frac{1.4x}{5x} \times 100 = 28(\%)$를 차지한다.

28 도표분석능력 자료의 수치 분석하기

|정답| ③

|해설| 20X3 ~ 20X6년 순이동자수가 음수이므로 전출 인구가 전입 인구보다 더 많다.

|오답풀이|

⑤ 전년 대비 20X7년 국내 이동자수는 약 3% 감소하였다 $\left(\frac{7,154 - 7,378}{7,378} \times 100 = -3(\%)\right)$.

29 도표분석능력 자료를 바탕으로 수치 계산하기

|정답| ③

|해설| 20X6년 주민등록 연앙인구를 x명이라고 하면 $\frac{7,378,000}{x} = 0.14$이다.

따라서 $x = 52,700,000$(명)이다.

30 도표분석능력 자료의 수치 분석하기

|정답| ⑤

|해설| 필수시간의 합은 2006년부터 각각 544, 564, 573, 613분으로 점차 증가하며, 근로시간은 206, 187, 183, 180분으로 점차 감소한다.

| 오답풀이 |

① 2021년 여가활동은 2006년에 비해 약 19% 증가하였다.

②, ③ 근로시간은 지속적으로 감소하였으나 가정관리와 학습시간은 감소하다가 증가하였다.

④ 5년 전 대비 식사시간의 증가율은 2011년에서 가장 크다.

31 도표분석능력 자료의 수치 분석하기

| 정답 | ③

| 해설 | 학습을 하지 않는 사람의 수가 학습을 하는 사람의 수보다 10배 이상 많으려면 전체 인원은 학습을 하는 사람의 11배 이상이 되어야 한다. 따라서 〈자료 2〉에서 학습을 하는 사람의 평균 시간은 〈자료 1〉에서 전체 인원의 평균 시간의 $\frac{1}{11}$ 이하여야 하지만 자료상에서는 그렇지 않다.

32 도표분석능력 자료의 수치 분석하기

| 정답 | ⑤

| 해설 | ㉠ 2020년 한국의 자동차 생산량은 세계 총 생산량의 $\frac{4,115}{98,909} \times 100 ≒ 4(\%)$이다.

㉡ 자동차 내수량이 가장 많았던 해는 2019년으로 전년 대비 11,000대가 증가하였다.

㉢ 모든 해에서 무역수지의 값은 양수이며 2016년에 635억 불로 가장 크다.

33 도표분석능력 자료를 바탕으로 수치 계산하기

| 정답 | ④

| 해설 | 한국의 2020년 자동차 생산량은 전년 대비 3% 감소했다$\left(\frac{4,115-4,229}{4,229} \times 100 ≒ -3(\%)\right)$. 이는 일본의 전년 대비 2020년의 증가율과 동일하므로 일본의 2019년 자동차 생산량은 $\frac{9,684}{1.03} ≒ 9,402$(천 대)이다.

34 도표분석능력 자료의 수치 분석하기

| 정답 | ③

| 해설 | 취업률은 '고용률÷경제활동참가율'로 계산하며, 실업률은 '1−취업률'로 계산할 수 있다. 20X3년부터 고령자 실업률을 계산하면 다음과 같다.

구분	20X3년	20X4년	20X5년	20X6년	20X7년
고령자 실업률	2.13%	2.37%	2.80%	2.79%	2.32%

따라서 고령자 실업률은 20X3년부터 20X5년까지 증가하다 그 이후로 감소한다.

| 오답풀이 |

① 고령자 수입은 매년 증가하지 않는다.

② 20X7년 고령자 고용률은 전년보다 1.3%p 증가했다.

④ 제시된 나라 중 OECD 평균보다 고령자 고용률이 낮은 나라는 프랑스뿐이다.

⑤ 스웨덴의 고령자 고용률은 일본에 비해 4.2%p 높다.

35 도표분석능력 자료를 바탕으로 수치 계산하기

| 정답 | ①

| 해설 | 20X7년 고령생산가능인구는 $43,931 \times \frac{16.8}{100} ≒ 7,380$(천 명)이다. 이는 전년도 고령생산가능인구인 $43,606 \times \frac{16.3}{100} ≒ 7,108$(천 명)보다 $\frac{7,380-7,108}{7,108} \times 100 ≒ 4(\%)$ 증가한 값이다.

36 사고력 조건을 바탕으로 추론하기

| 정답 | ③

| 해설 | D는 반드시 파견되며(첫 번째 조건), D가 파견되면 E도 같이 파견되므로 E 또한 파견된다(두 번째 조건). 또, A가 파견되면 D는 파견될 수 없고(네 번째 조건) 이 명제의 대우도 참이므로, D가 파견되면 A는 파견될 수 없다. 따라서 A는 파견되지 않는다. 그리고 E가 파견되면 A 또는 C가 파견되는데(다섯 번째 조건), A는 파견되지 않으므로

C가 파견된다. 마지막으로 C가 파견되면 B가 파견될 수 없으므로(세 번째 조건) B는 파견되지 않는다. 따라서 파견될 수 있는 직원은 C, D, E이다.

37 사고력 반드시 참인 것 찾기

|정답| ⑤

|해설| 조건에 의하면 장미의 수는 '붉은색<하늘색<하얀색<노란색' 순이다. 이 조건과 장미의 합이 12송이라는 사실을 이용하여 문제를 풀면 다음과 같다.

㉠ 노란 장미가 4송이 이하면 전체 장미는 4+3+2+1=10(송이) 이하이다. 따라서 노란 장미를 받은 사람은 5명 이상이다.

㉡ 붉은 장미가 1송이이면 하늘색 장미는 2송이 이상이고, 하얀 장미는 3송이 이상이다. 따라서 하얀 장미는 4송이가 아닐 수도 있다.

㉢ 노란 장미가 6송이이면 나머지 장미들의 합은 6송이이다. 따라서 붉은 장미는 1송이, 하늘색 장미는 2송이, 하얀 장미는 3송이이다.

따라서 옳은 내용은 ㉠과 ㉢이다.

38 사고력 거짓을 말하는 사람 구분하기

|정답| ④

|해설| A, B, E는 서로 상반된 진술을 하고 있으므로 셋 중 두 명 이상은 거짓을 말하고 있다. 따라서 C와 D는 진실을 말하고 있는데, D의 말이 진실이므로 A의 말 또한 진실이다. 따라서 거짓을 말하는 사람은 B와 E이다.

39 사고력 반드시 참인 것 찾기

|정답| ④

|해설| D는 수요일 이후로 당직을 서지 않으므로(세 번째 조건) 월요일과 화요일에 당직을 선다. 또, A와 E는 D와 같이 한 번씩 당직을 서므로(네 번째 조건) 각각 월요일 또는

화요일에 당직을 한 번씩 선다. 조건에 따라서 당직 근무자를 배정하면 다음과 같다.

요일	월	화	수	목	금
당직	D	D	A	B	B
근무자	A 또는 E	A 또는 E	C	C	E

따라서 반드시 참인 것은 ④이다.

40 사고력 조건을 바탕으로 추론하기

|정답| ⑤

|해설| 2024년까지 A, B, C, D의 근무지를 정리하면 다음과 같다.

연도	2019	2020	2021	2022	2023	2024
동부	C	C	A, C	–	D	D
남부	B	B	–	A, C	C	C
서부	A	–	B	B	A	–
북부	D	A, D	D	D	B	A, B

또, 2025년부터 2031년까지 C와 D의 근무지만을 정리하면 다음과 같다.

연도	2025	2026	2027	2028	2029	2030	2031
C	서부	서부	서부	북부	북부	북부	동부
D	동부	동부	남부	남부	남부	남부	서부

따라서 ㉡, ㉢, ㉤이 옳다.

41 사고력 조건을 바탕으로 추론하기

|정답| ②

|해설| A가 거짓을 말했다고 가정하면 E는 진실을 말한 것이 된다. E의 말에 의하면 B와 D는 거짓을 말했는데, 이 경우 거짓을 말한 사람이 3명 이상이 되므로 불가능하다. 따라서 A의 말은 진실이고 E의 말은 거짓이다. 또한, E의 말이 진실이라고 한 C도 거짓을 말하고 있으므로 5명 중 거짓을 말하는 사람은 C와 E뿐이다. 이를 정리해 5명의 말을 종합하면 다음과 같다.

구분	A	B	C	D	E
자가용	○	×	×	○	×
택시	×	○	○	×	×
버스	○	×	○	×	○
지하철	×	○	×	○	○

밑줄은 A ~ E의 말을 통해 기록한 것이고 그 외는 밑줄을 이용하여 구한 것이다. 따라서 사원과 그 사원이 이용하는 교통수단이 바르게 짝지어진 것은 ②이다.

42 문제처리능력 자료 읽고 추론하기

| 정답 | ④

| 해설 | 필자는 글의 말미에서 생명체인 가축을 물건으로 여기고, 가축이 겪는 사육 과정과 가축의 일생에 대해서 무관심하거나 무지한 현실을 비판하고 있다. 따라서 빈칸에 들어갈 문장으로는 생명의 소중함을 강조하는 ④가 적절하다.

| 오답풀이 |

① 필자는 공장식 축산에 대하여 부정적인 입장을 취하고 있으므로 부적절하다.

② 인류의 복지와 환경에 대한 언급은 볼 수 없다.

③ 사회문제 심화로까지 이어지는 것은 논리의 비약이다.

⑤ 육류 소비가 감소하면 축산공장의 수가 감소할 수는 있겠으나, 가축에 대한 인식이 변화하지 않는 한 문제의 근본적 해결책이 될 수는 없다. 또한 제시된 글과 육류 소비의 감소는 관련이 없다.

43 문제처리능력 자료 참고하여 금액 산출하기

| 정답 | ①

| 해설 | 〈추가 절감 대상에 해당되는 경우〉

• (ㄱ)+(ㄷ)+(ㅁ) : $(58,000+26,000+34,000) \times 1.2$
$= 141,600$(천 원)

• (ㄴ)+(ㄷ)+(ㅅ) : $(55,000+26,000+23,000) \times 1.2$
$= 124,800$(천 원)

• (ㄷ)+(ㄹ)+(ㅂ) : $(26,000+50,000+46,000) \times 1.15$
$= 140,300$(천원)

• (ㄷ)+(ㅂ)+(ㅅ) : $(26,000+46,000+23,000) \times 1.15$
$= 109,250$(천 원)

〈추가 절감 대상에 해당되지 않는 경우〉

월 절감 단가가 가장 큰 (ㄱ)과 (ㄴ)의 조합을 고려한다.

• (ㄱ)+(ㄴ)+(ㄷ) : $58,000+55,000+26,000$
$= 139,000$(천 원)

따라서 (ㄱ)+(ㄷ)+(ㅁ)를 실천하였을 때 에너지 절감량이 최대가 된다.

44 문제처리능력 자료 참고하여 금액 산출하기

| 정답 | ④

| 해설 | • 지난달 절감 비용 : $55,000+26,000+46,000$
$= 127,000$(천 원)

• 이번 달 절감 비용 : $(58,000+50,000+34,000) \times 1.15$
$= 163,300$(천 원)

∴ $163,300-127,000 = 36,300$(천 원)

45 문제처리능력 근거 추론으로 타당성 여부 파악하기

| 정답 | ③

| 해설 | • 다 : 자사 신제품의 장점과 특징을 타사의 제품과 비교하여 정리하고 홍보 및 판촉 성공 국내 사례를 분석하는 것은 개발부의 업무이다.

• 라 : 홍보물 유통 경로를 체크하고, 신제품 홍보 및 판촉 행사 방안을 구상하는 것은 영업부의 업무이다.

| 오답풀이 |

• 가 : 해외 판촉 사례 분석은 마케팅부의 업무이다.

• 나 : 자사의 홍보 및 판촉 행사 분석은 영업부의 업무이다.

46 문제처리능력 자료를 참고하여 시안 결정하기

| 정답 | ④

| 해설 | 회의록에서 최신 홍보 · 트렌드를 따라간다고 명시되어 있고, 제시된 글은 주요 소비층인 20 ~ 30대가 SNS를

많이 사용하니 기업들이 SNS를 활용한 마케팅 전략을 시행한다는 내용이다. ④의 경우 유명 인사를 활용하는 것은 트렌드에 맞지만 오프라인 강연이 제시된 글과 맞지 않아 적절하지 않다.

| 오답풀이 |

① SNS상의 유명 인사를 상품 모델로 내세워 영상을 제작한 A 기업의 사례를 참고하여 영상 홍보 대신 후기 글을 통한 홍보를 기획할 수 있다.

② 친숙한 해시태그를 만들어 홍보하는 사례를 참고하여 보다 특색 있고 자사 신제품의 특성을 잘 살리는 해시태그를 만들 수 있다.

③ 확산 속도가 매우 빠른 해시태그의 특성을 파악하여 실제 홍보 과정에서 적용할 수 있다.

⑤ 화장법을 알리는 영상을 유통한 B 기업의 사례를 참고하여 최신 유행 화장법을 소개하는 게시글을 올릴 수 있다.

47 문제처리능력 자료 분석하기

| 정답 | ③

| 해설 | • 정◎◎ : 기초생활수급자, 연구원 소재지 지역 인재의 경우 서류전형 단계에서 가점을 받는다. 이때 우대 혜택이 중복되는 경우 가점이 제일 높은 항목 한 개만 적용되므로 우선 해당되는 증명서를 모두 제출하는 것이 유리하다.

• 류□□ : 관련 분야 최종학력성적 증명서에서 출신학교를 삭제하였으므로 적절하다.

| 오답풀이 |

• 박○○ : 부연구위원 응시 시, 학위논문은 연구실적으로 인정하지 않는다.

• 김◇◇ : 전문연구원에 응시하기 위해서는 석사학위가 있어야 한다.

• 채△△ : 부연구위원급에서는 국제협상 및 국제관계 관련 분야 전공자를 모집하지 않는다.

48 문제처리능력 자료 읽고 추론하기

| 정답 | ②

| 해설 | 업무 분야 변경 가능 여부에 대한 언급은 없다.

49 문제처리능력 자료 읽고 추론하기

| 정답 | ⑤

| 해설 | ⑤는 지질관광에 대한 설명이다. 세 번째 문단의 '지질관광은 깊은 지질학적 지식을 요구하고 있어 방문객들이 근본적으로 이해하기 어려운 구조적 문제점을 안고 있다. 이는 지질관광의 일반화를 위해 지질관광의 콘텐츠 개발이 재고되어야 함을 의미한다'를 통해 추론할 수 있다.

| 오답풀이 |

① 세 번째 문단에서 '깊은 지질학적 지식을 요구하고 있어 방문객들이 그 내용을 근본적으로 이해하기 어려운 구조적 문제점을 안고 있다'고 하였다. 따라서 옳은 설명이다.

② 두 번째 문단에서 '현재 우리사회의 관광 콘텐츠는 주로 역사 중심의 프로그램으로 구성되어 있다'고 하였다. 따라서 옳은 설명이다.

③ 네 번째 문단에서 '광범위한 지역의 공간 특성을 관광 대상으로 하는 지리여행은 어떤 지역의 자연은 물론 문화, 역사, 민속 등 인문적 특성 모두를 관광의 관심대상으로 삼는다'고 하였으므로 옳은 설명이다.

④ 첫 번째 문단에서 '지리여행은 우리 주변의 산지, 하천, 해안지형 및 물이 빚어낸 자연경관, 그리고 이러한 자연경관 위에 펼쳐지고 있는 도시, 농산어촌의 생활양식이 시공간적으로 결합된 지리콘텐츠(Geographical Content)를 현장답사를 통해 이해하는 체험여행인 것'이므로 자연경관뿐만 아니라 도시 및 여러 지역의 생활양식 또한 여행 콘텐츠가 될 수 있음을 추론할 수 있다.

50 문제처리능력 자료 읽고 추론하기

| 정답 | ③

| 해설 | 지리여행은 자연은 물론 문화, 역사, 민속 등 인문적 특성 모두를 관광의 관심대상으로 삼는 여행이다. ⓒ의 경우 지질, 지형학적 특징에 대해서만 중점적으로 설명하고 문화, 역사, 민속 등에 관련된 내용은 담고 있지 않으므로 적절하지 않다.

과목 2 철도관련법령 [51~60]

51

| 정답 | ①

| 해설 | 철도시설관리자는 철도시설의 건설 및 관리 등에 관한 업무를 수행하는 자로서, 철도의 관리청인 국토교통부장관(「철도산업발전기본법」 제19조 제1항), 국가철도공단, 철도시설관리권을 설정받은 자와 이들로부터 철도시설의 관리를 대행·위임 또는 위탁받은 자가 여기에 해당한다(「철도산업발전기본법」 제3조 제9호).

| 오답풀이 |

② 「철도산업발전기본법」 제3조 제9호 나목

③ 철도시설관리자는 그 시설을 설치 또는 관리할 때에 법령에서 정하는 바에 따라 해당 시설의 안전한 상태를 유지하고, 해당 시설과 이를 이용하려는 철도차량간의 종합적인 성능검증 및 안전상태 점검 등 안전확보에 필요한 조치를 하여야 한다(「철도산업발전기본법」 제14조 제2항).

④ 「철도산업발전기본법」 제31조 제2항

⑤ 「철도산업발전기본법」 제37조 제1항

52

| 정답 | ②

| 해설 | 철도운영 관련사업을 효율적으로 경영하기 위하여 철도청 및 고속철도건설공단의 관련조직을 전환하여 특별법에 의하여 설립한 것은 한국철도공사이다(「철도산업발전기본법」 제21조 제3항). 국가철도공단은 철도시설 관련 업무를 추진하기 위해 설립된 법인이다(「철도산업발전기본법」 제20조 제3항).

| 오답풀이 |

① 「철도산업발전기본법」 제21조 제2항

③ 「철도산업발전기본법」 제3조 제3호 가목, 나목

④ 「철도산업발전기본법」 제14조 제3항

⑤ 「철도산업발전기본법」 제3조 제11호

53

| 정답 | ③

| 해설 | 철도시설관리자와의 시설사용계약은 해당 철도시설의 사용목적이 여객 또는 화물운송이어야 하며, 그 사용기간은 5년을 초과하지 않아야 한다(「철도산업발전기본법 시행령」 제35조 제2항).

| 오답풀이 |

① 철도시설을 사용하려는 자는 관리청의 허가를 받거나, 철도시설관리자와 시설사용계약을 체결하거나, 그 시설사용계약을 체결한 자의 승낙을 얻어 사용할 수 있다(「철도산업발전기본법」 제31조 제1항).

② 철도시설관리자는 철도시설을 사용하려는 자와 사용계약을 체결하여 철도시설을 사용하게 하려는 경우에는 미리 그 사실을 공고해야 한다(「철도산업발전기본법 시행령」 제35조 제4항).

④ 철도시설관리자는 사용료를 정하는 경우에는 각 호의 한도를 초과하지 않는 범위에서 「철도산업발전기본법」에서 규정한 철도시설의 유지보수비용 등 관련 비용을 회수할 수 있도록 해야 한다. 이 때 국가 또는 지방자치단체가 건설사업비의 전액을 부담한 철도시설의 경우 해당 철도시설에 대한 유지보수비용의 총액을 한도로 한다(「철도산업발전기본법 시행령」 제36조 제1항 제1호).

⑤ 시설사용계약을 체결하여 해당 철도시설을 사용하고 있는 자는 이를 계속하여 사용하고자 하는 경우에는 사용기간이 만료되기 10월전까지 계약의 갱신을 신청하여야 한다. 이때 철도시설관리자는 특별한 사유가 없는 한 해당 시설의 사용에 관하여 우선적으로 협의하여야 한다(「철도산업발전기본법 시행령」 제38조 제1항, 제2항).

54

| 정답 | ⑤

| 해설 | 한국철도공사는 업무수행을 위하여 필요하면 이사회의 의결을 거쳐 하부조직을 설치할 수 있으며(「한국철도공사법」 제3조 제2항), 하부조직을 설치한 때에는 「한국철도공사법 시행령」 제3조에 따라 등기하여야 한다.

| 오답풀이 |

① 「한국철도공사법」 제1조

② 「한국철도공사법」 제4조 제1항

③ 「한국철도공사법 시행령」 제2조

④ 「한국철도공사법」 제3조 제1항, 제5조 제1항

55

| 정답 | ④

| 해설 | 「한국철도공사법」에 따른 공사가 아닌 자가 한국철도공사 또는 이와 유사한 명칭을 사용한 자는 500만 원 이하의 과태료를 부과하며, 이는 국토교통부장관이 부과·징수한다(「한국철도공사법」 제20조).

56

| 정답 | ⑤

| 해설 | 사업연도 결산 결과 발생한 이익금은 이월결손금의 보전 후 일정 비율로 이익준비금과 사업확장적립금으로 적립하고, 남은 금액은 국고에 납입한다(「한국철도공사법」 제10조 제1항).

| 오답풀이 |

① 한국철도공사는 매 사업연도 결산 결과 손실금이 생기면 사업확장적립금으로 보전하고, 그 적립금으로도 부족하면 이익준비금으로 보전하되, 보전미달액은 다음 사업연도로 이월한다(「한국철도공사법」 제10조 제2항).

② 「한국철도공사법」 제10조 제1항 제1호

③ 「한국철도공사법」 제10조 제1항 제2호

④ 이익준비금 또는 사업확장적립금을 자본금으로 전입하고자할 때에는 이사회의 의결을 거쳐 기획재정부장관의 승인을 얻어야 한다(「한국철도공사법 시행령」 제8조 제1항).

57

| 정답 | ①

| 해설 | 국토교통부장관은 철도사업자에게 사업정지처분을 하여야 하는 경우로서 그 사업정지처분이 그 철도사업자가

제공하는 철도서비스의 이용자에게 심한 불편을 주거나 그 밖에 공익을 해칠 우려가 있을 때에는 그 사업정지처분에 갈음하여 1억 원 이하의 과징금을 부과·징수할 수 있다(「철도사업법」 제17조 제1항). 「철도사업법」에서는 해당 사유로 하는 사업정지처분에 과징금을 병과할 수 있도록 하는 내용은 제시되어 있지 않다.

| 오답풀이 |

② 「철도사업법」 제25조의2 제1항 제1호

③ 「철도사업법 시행령」 제10조 제2항

④ 「철도사업법」 제17조 제4항 제1호

⑤ 「철도사업법」 제17조 제3항

58

| 정답 | ④

| 해설 | 전용철도의 운영은 양도·양수할 수 있다. 전용철도의 운영을 양수한 자는 전용철도의 운영을 양도한 자의 전용철도운영자의 지위를 승계하며, 합병으로 설립되거나 존속하는 법인은 합병으로 소멸하는 법인의 전용철도운영자의 지위를 승계한다(「철도사업법」 제36조 제4항).

| 오답풀이 |

① 「철도사업법」 제34조 제1항

② 「철도사업법」 제34조 제3항

③ 「철도사업법」 제35조 제2호

⑤ 「철도사업법」 제39조 제1호

59

| 정답 | ①

| 해설 | 철도사업의 면허를 받을 수 있는 자는 법인으로 한다(「철도사업법」 제5조 제3항).

| 오답풀이 |

② 철도사업의 면허를 받으려는 자는 사업계획서를 첨부한 면허신청서를 국토교통부장관에게 제출하여야 한다(「철도사업법」 제5조 제2항).

③ 파산선고를 받고 복권되지 아니한 사람을 임원으로 하는 법인은 철도사업의 면허를 받을 수 없다(「철도사업법」 제7조 제1호 나목). 그러나 파산선고를 받은 후 복권된 자는 파산선고 이전의 상태로 돌아가며 파산선고에 인한 불이익은 제거된다.

④ 철도사업의 면허를 받으려는 자는 국토교통부령으로 정하는 수수료를 내야 한다(「철도사업법」 제48조).

⑤ 거짓이나 그 밖의 부정한 방법으로 철도사업의 면허를 받은 자는 2년 이하의 징역 또는 2천만 원 이하의 벌금에 처한다(「철도사업법」 제49조 제1항 제2호).

60

|정답| ①

|해설| 철도사업자는 열차를 이용하는 여객이 정당한 운임·요금을 지급하지 아니하고 열차를 이용한 경우 승차 구간에 해당하는 운임 외에 그의 30배의 범위에서 부가 운임을 징수할 수 있다(「철도사업법」 제10조 제1항).

|오답풀이|

② 「철도사업법」 제10조 제5항

③ 「철도사업법」 제48조의2 제2호

④, ⑤ 「철도사업법」 제10조 제3항

고시넷

응용수리 만점

기초에서 완성까지
문제풀이 시간단축
경이로운 계산테크닉

코레일 **한국철도공사**
고졸채용 NCS + 철도법
기출예상모의고사